人民 · 联盟文库

中国古代神秘文化

李冬生 著

安徽人民出版社

人民出版社

出版说明

人民出版社及全国各省市自治区人民出版社是我们党和国家创建的最重要的出版机构。几十年来，伴随着共和国的发展与脚步，他们在宣传马克思列宁主义、毛泽东思想、邓小平理论、"三个代表"重要思想，深入贯彻落实科学发展观，坚持走有中国特色社会主义道路方面，出版了大量的各种类型的优秀出版物，为丰富人民群众的学习、文化需求作出了不可磨灭的贡献，发挥了不可替代的作用。但由于环境、地域及发行渠道等诸多原因，许多精品图书并不为广大读者所知晓。为了有效地利用和二次开发全国人民出版社及其他成员社的优秀出版资源，向广大读者提供更多更好的精品佳作，也为了提升人民出版社市场联盟的整体形象，人民出版社市场联盟决定，在全国各成员社已出版的数十万个品种中，精心筛选出具有理论性、学术性、创新性、前沿性及可读性的优秀图书，辑编成《人民·联盟文库》，分批分次陆续出版，以飨读者。

《人民·联盟文库》的编选原则：1. 充分体现人民出版社的政治、学术水平和出版风格；2. 展示出各地人民出版社及其他成员社的特色；3. 图书主题应是民族的，而不是地区性的；4. 注重市场价值，要为读者所喜爱；5. 译著要具有经典性或重要影响；6. 内容不受时间变化之影响，可供读者长期阅读和收藏。基于上述原则，《人民·联盟文库》未收入以下图书：1. 套书、丛书类图书；2. 偏重于地方的政治类、经济类图书；3. 旅游、休闲、生活类图书；4. 个人的文集、年谱；5. 工具书、辞书。

《人民·联盟文库》分政治、哲学、历史、文化、人物、译著六大类。由于所选原书出版于不同的年代、不同的出版单位，在封面、开本、版式、材料、装帧设计等方面都不尽一致，我们此次编选，为便宜读者阅读，全部予以统一，并在封面上以颜色作不同类别的区分，以利读者的选购。

人民出版社市场联盟委托人民出版社具体操作《人民·联盟文库》的出版和发行工作，所选图书出版采用联合署名的方式，即人民出版社与原书所属出版社共同署名，版权仍归原出版单位。《人民·联盟文库》在编选过程中，得到了人民出版社市场联盟成员社的大力支持与帮助，部分专家学者及发行界行家们也提出了很多建设性的意见，在此一并表示诚挚的感谢！

《人民·联盟文库》编辑委员会

目　录

前　　言

　　中国神秘文化，这是一个玄奥而又古老的话题。

　　我为什么会对这个话题感兴趣，并且殚精竭虑来写这本书呢？说起来也很简单。长期以来，一直有个东西吸引着我，这个东西就叫做"迷信"。童年时代生活在封建的大家族中，举凡喜庆节日、婚丧之事，一切仪式祭典，都是按照古礼进行的，使人感到眼花缭乱，神秘莫测。祖母一辈的老人，迷信思想非常严重，既信佛，又信巫，她们朝山进香，算命卜卦，招魂叫惊，关亡过阴，整个家庭处在神秘的氛围之中，时时激发着儿童的好奇心。就读以后，远古神话、笔记小说中那些神奇诡诞的记述，又把我引进光怪陆离的迷宫。由那些神鬼妖魔敷演的"天人交感"的故事，言之凿凿，似幻似真，掩卷之后，常常产生似信非信的感觉。在社会上，由于封建迷信思想长期积淀，形成"集体无意识"，潜伏在人们心灵深处的迷信思想，一经触发，往往就会像沉渣一样从神秘的底层浮泛起来。即使是在思想统治那样严厉的"史无前例"期间，在我下放的九华山麓，依旧可以看到不顾禁令，来自南方的成群的香客。在这个问题上，我由好奇而逐渐萌生出探索的想法。

　　对一切迷信的思想和行为，我们惯常的做法是一概斥之为"封建迷信"。我总感到这种简单化的做法不能解决问题，实际情况也是这样。

迷信思想至今并未绝迹，在科学昌明的新的历史条件下，不是又沉渣泛起吗？说明对这个玄奥而又古老的话题，需要研究、剖析，弄清它的来龙去脉；需要综合排比，梳理抉剔，辨别是非，去伪存真。使人们在了解它的性质、起源、内容、发展脉络及其历史的实践以后，能够由迷惑而清醒，由笃信而不信。即使是已在历史进程中被淘汰了的，作为一种曾经存在过的文化现象，也有必要进行清理。因为，中国传统文化的内容极其丰富庞杂，对未经科学分辨而被泼出去的"污水"，也要回过头来看看其中是否夹带着有生命力的"婴儿"。

于是，我尝试着在前人研究成果的基础上来做这件工作。追溯"神秘文化"的源头，概述它的基本内容，探索它的历史演变过程，然后进行综合分析，作出较为科学的评价。

这桩事想了很久，直到去年秋天才在朋友们的鼓励下动笔。动笔以后，发觉一切远非预想的那么简单。想把门类尽量介绍得完备些，但搜集抉择资料就很困难。想把内容尽量叙述得浅显些，但把那些深奥的、晦涩的古文献资料通俗化，实在不是件容易的事。想把问题尽量剖析得深入些，但涉及的学科太广，有些问题又处在尚未被认识的领域，这又远非笔者学力所逮。尽管力求写得严谨些、深刻些、通晓些，但时感力不从心，因此错漏也就在所难免。

神秘文化这一领域，已逐渐受到学术界的重视。为了从学术思想上来研究它，使中国传统文化中的这个独特的分支，在两个文明建设中能够起到资鉴的作用，我斗胆闯进这个迷离扑朔的殿堂，抛出了这一块砖。

李冬生

1992 年 10 月 28 日于庐阳

导言：
蒙上一层迷雾的文化现象

　　中国历史悠久，民族文化源远流长，不仅内容极其丰富，而且具有独特的魅力。在世代承传演变的传统文化中，不少带有浓厚的神秘色彩，包含着令人不可思议的因素，可谓形形色色，光怪陆离。千百年来，迷惑过多少民众，愚弄过多少权贵，激起过多少玄学家的幻想，触发过多少艺术家的灵感。举凡政治、军事、历史、科技、艺术、文学以至衣、食、住、行等，无不受到它的影响。包罗在先民以其智慧和愚昧编织的这张巨网中的种种方术，迄无统一名称。近年来，传统文化中的这一重要部分受到有关学者的重视，并被称之为"中国神秘文化"。

　　这里讲的就是中国神秘文化这个古老的话题。这个话题实在过于庞杂，过于玄奥，很难用简短的言词来概括它的涵义。思考再三，觉得形象的描述总比抽象的概念易于接受，因此，还是先从中国古典小说中的几个故事谈起。

一、由《红楼梦》、《三国演义》和
《金瓶梅》中的几个故事说起

　　《红楼梦》第二十五回"魇魔法叔嫂逢五鬼"中，讲到赵姨娘买通马道婆用"射偶人"巫术暗害贾宝玉和王熙凤。文云：

> 马道婆道："不是我说句造孽的话，你们没本事！明里不敢罢咧，暗里也算计了！还等到如今！"

> 赵姨娘不及再问，忙将一个小丫头也支开，赶着开了箱子，将首饰拿了些出来，并体己散碎银子，又写了五十两欠约，递与马道婆道："你先拿去作供养。"马道婆见了这些东西，又有欠字，遂满口应承，伸手先将银子拿了，然后收了契。向赵姨娘要了张纸，拿剪子铰了两个纸人儿，问了他二人年庚，写在上面，又找了一张蓝纸，铰了五个青面鬼，叫他并在一处，拿针钉了："回去我再作法，自有效的。"

果然，马道婆作法立即生效。宝玉正和黛玉说笑，突然喊道："嗳哟！好头疼！"接着大叫一声，"将身一跳，离地有三四尺高，口内乱嚷，尽是胡话"。宝玉这边正闹得天翻地覆，"只见凤姐手执一把明晃晃的刀，砍进园来，见鸡杀鸡，见犬杀犬，见了人，瞪着眼就要杀人"。读了这段惊心动魄的描述，人们不禁要问"射偶人"这种害人术到底是真还是假呢？

《三国演义》第四十九回《七星坛诸葛亮祭风》，讲到曹操率领马步水军八十三万沿江而下，西连荆、陕，东接蕲、黄，寨栅联络三百余里。孙刘联军破曹，诸葛亮早知周瑜心事，密书十六字曰："欲破曹公，宜用火攻，万事俱备，只欠东风。"周瑜求教于诸葛亮，诸葛亮乃设坛祭风。文云：

> 孔明曰："亮虽不才，曾遇异人，传授奇门遁甲天书，可以呼风唤雨。都督欲要东南风时，可于南屏山建一台，名曰'七星坛'：高九尺，作三层，用一百二十人，手执旗幡围绕。亮于台上作法，借三日三夜东南大风，助都督用兵，……十一月二十日甲子祭风，至二十二日丙寅风息。"

周瑜按照诸葛亮的意见建台筑坛，安排旗手。到时，诸葛亮"沐浴斋戒，身披道衣，跣足散发……缓步登坛，观瞻方位已定，焚香于炉，注水于盂，仰天暗祝"。诸葛亮"一日上坛三次，下坛三次"。二十二日"将近三更时分，忽听风声响，旗幡转动。瑜出帐看时，旗脚竟飘西北，一霎时间东南风大起"。

诸葛亮借东风的故事几乎家喻户晓，这位历史上著名的政治家一直被视为神人，人们读《三国演义》，对此事往往半信半疑，不禁要问：呼风唤雨，确有其事吗？

《金瓶梅词话》第五十三回《李瓶儿酬愿保儿童》中，讲到官哥惊风、李瓶儿灼龟、刘婆子收惊、钱痰火念咒、西门庆谢土地、陈经济送纸马，等等。文云：

刘道婆问道："官哥好了吆？"李瓶儿道："便是凶得紧，请你来商议。"刘婆道："前日是我说了，献了五道将军就好了。如今看他气色，还应谢谢三界土便好。"李瓶儿说："方才施灼龟说，该献城隍老太。"刘婆道："他惯一不着的，晓得什么来！这个原是惊，不如我收惊倒好。"李瓶儿道。"怎地收惊？"刘婆道："迎春姐，你去取些米，舀一碗水来，我做你看。"迎春取了米来。刘婆把一只高脚瓦锺，放米在里面，满满的，袖中摸出旧丝绢头来，包了这锺米，把手捏了，向官哥头面下手足，虚空运来运去的战。官哥正睡着，奶子道："别要惊觉了他。"刘婆摇手低言道："我晓得，我晓得。"运了一阵口里唧唧哝哝的念，不知是什么。中间一两句响些，李瓶儿听得是念"天惊地惊，人惊鬼惊，猫惊狗惊"。李瓶儿道："孩子正是猫惊了起的。"刘婆念毕，把绢儿抖开了，放锺子在桌上，看了一回，就从米摇实下的去处，撮两粒米，投在水碗内，就晓得病在月尽好，"也是一个男伤，两个女伤，领他到东南方上去，只是不该献城隍，而该谢土才是。"那李瓶儿疑惑了一番，道："我便再去谢谢土也不妨。"

却说那钱痰火到来，坐在小厅上。琴童与玳安忙不迭地挟持他谢土。那钱痰火吃了茶，先讨了意旨。西门庆叫书童写与他。那钱痰火就带了雷图板巾，依旧着了法衣，仗剑执水，步罡起来，念《净坛咒》。

马道婆作法害命，诸葛亮登坛借风，刘婆收惊谢土，这些事情看起来实在荒诞离奇，令人难以置信。但是，《红楼梦》、《三国演义》和《金瓶梅》都是中国古典小说中的皇皇巨著，作者描述的这些人物和情节，并非凭空捏造，都是有其一定的社会历史背景的。

二、从"哈哈镜"中透视的社会风习

文学作品是以社会生活为素材的。

上面列举的三部古典小说中神奇诡怪的情节，都是中国古代由来已久的习俗现象。《红楼梦》主要写上层贵族生活，《金瓶梅》主要写下层市民阶层生活，《三国演义》反映的是政治斗争和军事斗争，这就从一个侧面说明这些习俗渗透到社会生活的各个方面，在不同程度上影响着人们的思想观念，支配着人们的行为，从而形成一种畸形的意识形态，一种独特的文化现象。《红楼梦》中提到的马道婆、《金瓶梅》中的刘婆，俱属"三姑六婆"之流，在我国古代，这是社会上的一个特殊阶层。所谓"三姑"，是指尼姑、道姑（女道士）、卦姑（女算卦的）。"六婆"是指以说合买卖少女为业的牙婆（就是现在的人贩子）、以说媒为业的媒婆、装神弄鬼骗取钱财的巫婆（又称虔婆、神婆、道婆）、以走家串户卖药为业的药婆、以接生为业的稳婆和带发修行的师婆。马道婆、刘婆就是巫婆。这些"三姑六婆"专串深宅大户。因为，当时大户人家的太太、小姐以至使女，成年没有出门的机会，她们需要通过"三姑六婆"接触社会，在生活上有时也离不开这些"职业妇女"。比如，产妇必须要有稳婆接生；一些不能告人的隐私如妇科病、因私情怀孕而堕胎，势必求助于药婆。这些大户人家的妇女手中多有私房钱，"三姑六婆"就把她们视为骗取钱财的主要对象。大户人家妇女结交"三姑六婆"早在唐、宋就已成为社会风习，及至明清，这种风气益盛。元人陶宗仪的《辍耕录》中不仅记载了"三姑六婆"的名称，而且指出这些职业妇女对社会的危害："盖与三刑六害同也。人家有一于此，而不致奸盗者，几希矣。盖能谨而远之，如避蛇蝎，庶乎净宅之法。"清代限制更严，曾禁止妖邪巫觋蛊惑愚民。然而，社会习俗一经形成，也就很难禁绝。直到解放前夕，在江南一带，还可以见到媒婆，稳婆和药婆串门走户，而神汉、巫婆直到现在还在农村、城镇一些隐蔽的角落里进行活动，诈财害人。

马道婆施行的魔法叫做"厌胜"，在古代这是加害于人或进行报复惯用的一种法术。用木头、泥土或纸张做成仇家的偶像，暗藏在某处，每天诅咒几遍，或用针刺，或甩箭射。关于"诅咒"，史书中累有记载。《左传·隐公十一年》记叙隐公会合齐侯、郑庄公攻打许国，郑国大将子都出于忌恨，在另一大将颍考叔抢先登城时，用箭将颍射杀。战后，郑庄公下令，一百人献一头公猪，二十五人献一只狗和鸡，用来诅咒射死颍考叔的子都。《史记·封禅书》记叙"苌弘以方事周灵王，诸侯莫朝周、周力少，苌弘乃明鬼神事，设射狸首。狸首者，诸侯之不来者。依物怪欲以致诸侯。诸侯不从，而晋人执杀苌弘。"据裴骃集解，"狸，一名'不来'"。"设射狸首"就是制作不来朝周的诸侯的木俑，用箭射其头部。由此可见，《红楼梦》中关于马道婆作魔法加害宝玉、凤姐叔嫂二人是有历史依据的。早在先秦时期，"诅咒"术就已成为进行报复手段的一种习俗，连王公贵胄也运用"射偶人"加害仇人。这种"诅咒"术在民间还被用于咒骂人们深恶痛绝的贪官佞臣。比如，我们吃的早点油条又叫"油炸鬼"，乃隐喻南宋权奸秦桧。清人张林西《琐事闲录》中有一则关于油炸鬼的记叙："油炸条面类如寒具，南北各省均食此点心，或呼果子，或呼为油胚，豫省又呼为麻糖，为油馍，即都中之油炸鬼也。鬼字不知当作何字。长晴岩观察臻云，应作桧字。当日秦桧既死，百姓怒不能释，因以面肖形炸而食之，日久其形渐脱，其音渐转，所以名为油炸鬼，语亦近似。"至于用语言、文字诅咒仇人，相信语言和实物具有同等的魔力，作为一种思维形式，一直在民间民俗文化的深层意识中存在着。传世的著名的《诅楚文》，据郭沫若考定，就是秦惠王诅咒楚怀王的告神之辞。时至二千多年的今天，咒人不是仍然作为一种泄愤的方式存在于当代人的意识中吗？

马道婆铰了两个纸人，并将凤姐和宝玉的年庚写在上面。"年庚"就是"八字"。星命术士以人的出生年月日时为四柱，配合干支，合为"八字"，加以附会，用来推算命运的好坏。排八字作为一种风习一直流传下来，至今在群众中仍有一定的影响。"八字"应用的范围很广，议婚要合"八字"，由媒人将男女双方的生辰八字送至对方，再将男女双方的八字送给算命先生合算，看看相配还是相克。如果相克，就要终止议婚。算命要报年庚，根据八字验证过去，预测未来，推算吉凶祸福。

我国古代纪时由于干支又衍生出"属相"，属相又叫十二生肖，是用十二种动物为名称的纪时系统。以十二生肖与十二地支相配，如生在子年的人属鼠，生在丑年的人属牛，依次类推，这是我国古代盛行的一种纪年方式，直到现在仍在应用。据历史学家考证，十二生肖的纪年法，早在战国时期就已存在，本是一种纪时的方法，由于星命术士的附会，将生肖属相与五行相生相克之说联系起来，演变成生肖属相与生肖属相之间亦有相生相克的现象，而被运用到合婚、算命方面，流传民间而形成风俗。比如，属鼠的人宜配属龙、猴，牛的人，而和属马、兔、羊的人相克，属马的宜配属虎、羊、犬的人，而和属鼠、牛的人相克，等等。我国汉族就有不少有关生肖婚配禁忌的谚语，如："龙虎相斗，必有一伤"、"两只羊，活不长"、"两虎不同山"、"猪猴不到头"，等等。合婚时生肖禁忌很多，过去择偶，最忌女方属虎，尤忌夜间出生的属虎的女子。前半夜出生的，谓之"上山虎"，后半夜出生的谓之"下山虎"。同时，认为十二生肖所纪年份也带有不同的吉凶色彩，如"蛇年穷、狗年富"，"兔年结婚夫妻长不了"，等等。由于属相标明人的年龄，且又指代自我的本命，所以，历代忌言属相的禁事很多。晚清，艺人进宫唱戏，必须记住皇上、太后、皇妃的名讳、属相的忌字。慈禧太后属羊，戏文忌提羊字，《苏武牧羊》、《牧羊图》都不能演。《女起解》中"羊入虎口，有去无还"也要改成"鱼儿落网……"。

从上面列举的事例中，可以看到这些神奇诡怪的法术，作为独特的意识形态，渗透到社会生活之中，以它神秘莫测的魔力影响着人们的思想观念。透过那原始的、愚昧的迷信色彩，呈现在我们眼前的是一幅幅奇特的众生相。不论是个人还是群体，虽然好像是从"哈哈镜"中折射出来的影像，变形的、扭曲的，奇形怪状，不可思议，但它毕竟是现实的反映，只是由于变焦和折光的作用，变成近似"印象派"绘画，似是而非，令人难以捉摸。因而，也给丰富多彩的中国传统文化带来许多令人困惑不解的问题。恩格斯在论述宗教问题时曾说："一切宗教都不过是支配着人们日常生活的外部力量在人们头脑中的幻想的反映。在这种反映中，人间的力量采取了超人间的力量的形式。"（《反杜林论》）法术是作为史前的宗教形态出现的，它所表现出来的"超人间的力量"也特别明显。从现代社会来看，对于这种超人间的力量，科学观念较强的知识阶层虽然不以为意，但是也不能完全摆脱由于潜意识沉淀下的某些原始思维的因素。而在科学观念淡薄的农村和都市下层阶级中，这种"超人间的力量"仍然具有一定的影响。

第一章
原始人谋求生存的精神支柱

在人类历史的早期，原始人为了生存，不得不与自然界抗争，原始人的抗争过程中，形成原始的神灵观念、崇拜观念和神话传说，构成神秘文化的雏形。这时的神秘文化，成为原始人的精神支柱。

一、人类早期的原始心态、
对客观世界的控制意识

初民为什么对法术如此笃信，各种具有魔力性质的法术是怎样产生的呢？人们的法术观念又是怎样形成的呢？

在原始社会中逐渐发展起来的种种法术称为"巫术"。巫术是表达人们的原始信仰和原始宗教观念的唯一手段，所以也称为"原始宗教"。不论是巫术还是原始宗教，它们的出现并不是偶然的，绝不是哪个人随意编造出来的骗人的把戏。法术是随着人类的生存和发展而发展起来的，它是初民企图控制外界，增加人类自身能力的唯一途径，反映了初民对客观世界的控制意识，它是人类原始心态的表现。

恩格斯指出："宗教是在最原始时代，从人们关于自己本身及其周围外部自然界的极愚昧、极朦胧、极原始的观念中发生的。"(《马克思恩格斯文选》)关于这种原始观念，著名的人类学家马林诺夫斯基在《文化论》中以具有说服力的事例做了详尽的阐释。在初民社会中，航海是最危险的企图。在进行航海的准备工作中，诸如造船、规定航程，这些事情都是自身可以掌握和控制的。但是，出海以后，有风无风、顺风逆风、是晴天还是雨天？会不会遇到风浪，碰到暗礁？那就难以预料了。这些自然现象的发生，随时随地都可能打破他们最周密的计划，都会破坏他们最细致的安排，甚至遇到灭顶之灾。战争也是一项危险的活动，不论如何原始的民族，大概都会知道武器好坏、地势优劣、兵力多寡，以致个人膂力的强弱是决定胜负的关键。但是，在交战时会不会遇到使自己处于不利情况的偶然事件呢？比如：遭到对方的夜间偷袭，遇到埋伏，海战遇到飓风，陆战遇到风暴，行军受阻，等等。这一切都是事先难以预测，又非自身力量所能掌握的了。原始社会中的经济活动，主要依靠狩猎、畜牧和耕种。从我国的情况来看，中华民族自古以来就是一个主要依靠耕作为生的民族，即使是最落后的氏族部落，虽然刀耕火种，也能掌握一定的农业生产知识，知道土质好坏，地势高低；知道选种、施肥。但是，庄稼种下之后，会不会发生水旱灾害，长得好好的庄稼被烈日晒枯或被洪水淹没；或者突然飞来一阵蝗虫，顷刻之间把大片农田里的稻穗全都吃掉，这就难以预料。所以，晴雨丰歉，年荒年熟，人力是无法主宰的。

　　一些偶然的异常现象出现，超出了初民所具有的知识和所掌握的经验范围，这就引起他们的猜测，怀疑有另一种力量在那里支配一切。"人事之外，尚有一切，尚有天命"的观念也就由此而生。意外的现象"似乎是有预兆的，事发的推演又似乎含有内在的一贯的逻辑，于是人们觉得他们对于命运似乎有相当辩证法可以左右这种神秘的力量"(《文化论》)。初民相信有一种超自然的力量在作恶，并且认为能够设法和这种超自然的邪恶力量相对抗。于是，他们就运用法术企图把握机遇，消灾意外，预测可能遇到的自然界的偶然现象，以使得他们的劳作都能适合实际需要，得到可靠的成效。那么，法术又是怎样发生作用的呢？初民幻想通过施法唤醒附着于某一物体或个人身上的一种超自然的神秘力量，从而对这些物体或个人施加影响，得以控制。事实说明当人们在知识不能完全控制处境、掌握机遇的时候，就会相信超自然的神秘力量存在，才会意识到必须保护人类自身，才有可能创造和发展企图控制危害于人类的各种自然或邪恶势力的法术。

二、愚昧性的明显暴露，迷信的根源

初民对于天地宇宙的认识原是混沌一团的，所谓"混沌初开，乾坤始定"。他们处于极端愚昧的状态下，知识和经验都极为有限，在自然力面前表现得软弱无力。但是，这种状况并不影响他们为发展生产，争取生存而改造和驾驭大自然的愿望。不过，由于生产力水平过于低下，对改造客观世界显得无能为力，那就只有借助于超自然的神力和法术了。

法术在原始社会中的普遍应用，是和初民的原始信念联系在一起的。由于智力的低下，对自然和社会的许多事物无法理解，因而在头脑中形成各种想象的概念。既是想象的概念，自不免是虚幻的、歪曲的，当然也是无法经过科学验证的。但是，这些概念有时却会在某种偶然的情况下得到复合和印证，在经过多次复合以后，于是便会产生许多蒙昧性的观念。初民普遍信仰的万物有灵观念便是这种复合概念的产物，他们认为凡是与人发生关系的外界，包括自然界中的天地山川、日月星辰、一切动植物，以及死人，都是有生命的，也是有灵感的，人与发生关系的外界乃是一种有生命的灵感现象。在这种信念的基础上，又产生出各种各样的观念形态。反映在氏族上，便是图腾崇拜，祖先崇拜；反映在宗教上，便是自然崇拜，灵物崇拜；反映在死亡上，便是鬼灵崇拜，灵魂崇拜。对有灵的万物，有时祈求它，有时制服它，运用的手段就是"法术"。

图腾崇拜

图腾就是族徽的标记，原为北美印第安人鄂吉布瓦族的方言，意谓"他的亲族"。后被西方人类学家采用为专用学术名词。图腾这种古老的风习，曾普遍存在于世界各地。根据中国古代文献记载分析，图腾大致相当于姓氏，就是氏族或民族所由起源的物种。最早使用"图腾"这个名词的中国近代学者严复，在他的译作《社会通诠》中有一段按语："图腾者，蛮夷之徽帜，用以自别其众于余众者也。北美之赤狄，澳洲之土人，常画刻鸟兽虫鱼，或草木之形，揭之为桓表；而台湾生番，亦有牡丹槟榔诸社名，皆图腾也。由此推之，古书称闽为蛇种，盘瓠犬种，诸此类说，皆以宗法之竟推言图腾，而蛮夷之俗，实亦有笃信图腾为其先（祖先）者，十口相传，不自知其诞也。"严复指出的"实亦有笃信图腾为其先者"，在我国古籍文献中，有关记载是很多的，"二十四史"、《华阳国志》、《说文》等古籍中，不仅记有闽为蛇种、盘瓠（即盘古，开天辟地的英雄，人类的始祖）犬种，尚有西羌牦牛种、白马种、参狼种，哀牢夷龙种，夜郎竹种，党项羌的猕猴种，高车的狼父，突厥的狼母，种种记述。这些原始人的起源神话，乃是由于当时的人们对生殖系统和生殖功能茫然无知，对人的出生不能作出科学的解释，因而认为他们的女祖先是感受了某种动物或植物，或某种非生物的精灵而受孕的，于是就把这种动物或植物、非生物视为祖先感生神而加以崇拜，并将始祖所感生的灵物形象刻画在氏族的旗帜或祭器上，作为氏族的徽号和名称（姓氏），这就是图腾的起源，也是姓氏的由来。

有关"感生"的记载，在我国的古文献中是屡见不鲜的。关于夏商周三代由感生而得姓的传说，王充在《论衡·奇怪篇》中就有较详的记述："儒者称圣人之生，不因人气，更禀精于天。禹母吞薏苡而生禹，做复姓曰姒；禼（同契）母吞燕卵而生禼，故殷姓子；后稷母履大人迹而后生稷，故周姓姬。"这就是说，姒姓出自苡，子姓出自燕卵（古代称蛋为子，今人仍有称鸡蛋为鸡子的），姬姓出自大人迹。基、迹同音，基有迹义。据此，许慎在《说文解字》中也说"姓，人所生也。古之神圣之人，母感天而生子，故称天子，因生以为姓。"我们迄今仍称自己是"炎黄子孙"，炎帝即神农，黄帝即轩辕，黄帝号有熊氏，说明姬姓是以熊为图腾的民族；炎帝姓姜，姜字从女从羊，本写作羌，像头饰羊角的人，说明姜姓是以羊为图腾的民族。远古著名的人物还有人首龙身的伏羲，以龙为图腾；人首蛇身的共工，以蛇为图腾；少暤以鸟名官，即以鸷鸟为图腾。

图腾崇拜，实为祖先崇拜。初民对图腾祖先，无论飞禽走兽，莫不诚惶诚恐，匍匐礼拜。法国人类学家雷诺在 1900 年曾对图腾崇拜列出十二种表现，主要为禁止杀害或砍伐被视为祖先崇拜的动物或植物，并且禁止提及图腾的名字，任何违犯这些禁忌的人，将会受到严重疾病或死亡的惩罚。图腾动物常常被族民细心加以饲养，当它死亡时，族民则要进行哀悼和埋葬。假如由于特殊需要，必须杀死图腾动物时，在事前必须举行类似宗教仪式的赎罪仪式，以求宽恕，以防以后出现的报复。图腾如果是凶恶的动物，如食肉动物或蛇，族民认为它是不会伤害自己族人的。如果有人受到图腾动物的攻击而受伤，则被认为是得罪了图腾，就要逐出部落。许多纠纷都取决于图腾的裁判。图腾可以帮助族民免灾除病，并向族民发出预兆和警告。当图腾动物出现在某一族民的房舍时，常被看作是死亡的象征。举行出生礼、成人礼和丧礼，以及各种仪式时，所有族民都装扮成图腾的模样，同时模仿它的行为，有的族民还在自己的身上刻画图腾的形态（即文身），以强调他们与图腾之间的相似性，表示他们是由图腾动物或植物繁衍而来，图腾是他们的始祖。雷诺讲的虽然是澳洲和非洲原始民族的情况，但和我国原始社会的情况基本相似，上述种种崇拜图腾的表现，在我们的先民中，以致在现代的某些少数民族中也都屡见不鲜。概括超来大致表现在四个方面：一是每个氏族都相信其氏族与图腾动植物有密切的血缘关系，或直接承认它是本氏族的祖先，并且创造出有关图腾的神话，又从其中引出自己的世系。在身体、装饰、日常用具、住所基地等方面，用图腾作为标记，表明他们属于某一氏族。二是每个氏族对自己的图腾都有若干禁忌。三是对本氏族图腾有一套祭祀活动。四是实行外婚制，同一图腾集团内的男女成员之间禁止结婚。

图腾崇拜是在自然崇拜基础上发展起来的，是母系氏族社会的产物。在母系氏族社会，人们只知其母而不知其父，加上对生理知识的无知，所以把和自己关系密切，与生命攸关的动植物视为神灵，并看作是自己生命的来源之一。当原始社会发展到氏族公社时期，人们又逐渐萌生出对死去的祖先崇敬和怀念的意识，由此而衍生出祖先崇拜。随着社会的进化和发展，由始祖（嫡系氏族第一代祖先）、远祖（嫡系氏族高祖以上诸祖）和近祖（高祖以下的先人）构成的氏族祖先，衍生出以传说中的神语人物为主的民族祖先，如黄帝、炎帝、尧、舜、禹、契、稷，等等。同时，历史上的一些功臣或著名人物，如伊尹、吕尚（姜子牙）、孔子、孟子、关羽、岳飞以及孟姜女等作为华夏族共同的神人也都受到崇拜并定期祭祀。此外，有些地方还崇拜、祭祀虚构的神话人物，如巫山神女，在《水经注·江水》篇中就有巫山女神庙，号"朝云"的记载。

自然崇拜

自然崇拜就是自然神崇拜。上古时期信仰"万物有灵论"，崇拜的自然神很多，不同的民族所崇拜的对象也不尽相同，从古文献资料来看，大致可分三类：天体神、自然力神和灵物神。

天体崇拜的主要对象是日月星辰。中国古代认为日为众神之主，所以，以太阳为中心的原始神话很多，如羲和生日、后羿射日、夸父追日，等等。《山海经·大荒南经》中就有"东南海之外，甘水之间，有羲和者，帝俊之妻，生十日"的记述。考古发掘出来的壁画、岩画、陶片、器物的图像及纹饰，许多都有与太阳形象有关的十字纹和十字变形纹。特别是殷商时代的甲骨文卜辞中关于"宾日"、"出日"、"入日"的记载，以及周代已有"大报天而主日"（《礼记·祭文》）之类的祭日仪式，都说明我国上古对太阳的崇拜是一种非常普遍的原始宗教现象。至于汉字中皇、昊、晔、旻等有关上帝的尊敬词中都从日，从另一个侧面反映出当时人们对太阳的普遍崇拜心理。关于月神崇拜，《山海经·大荒西经》中记述："有女子方浴月。帝俊妻常羲，生月十有二，此始浴之。"把常羲当作月神，此后又逐渐演变而为奔月嫦娥。不论把谁当作月神，先秦时期就已祭月，当时祭祀对象"六宗"，其一就是"月"。"月蚀"，被初民当作"天狗吞月"，击鼓鸣锣、燃炮解救，也是月神崇拜的一种表现。战国时期称日神、月神为"东君"、"西母"，祭日于东郊，祭月于西郊。西汉时又演化为"东王公"、"西王母"。我国古代的日月崇拜具有明显的特色，《淮南子·精神训》说："日中有踆乌，而月中有蟾蜍。""踆乌"即三足乌。《史记·龟策列传》说："日为德而君于天下，辱于三足之乌，月为刑相佐，见食于虾蟆（即蟾蜍）。"《山海经·大荒东经》又说："一日方至，一日方出，皆载于乌。"在仰韶文化不同类型的遗址及仰韶文化时代以前相距很久的许多考古时代中，不断出现的绘有鸟纹（乌鸦）和蛙纹图案的陶器，据专家考证，这种鸟纹和蛙纹，"可能是太阳神和月亮神的崇拜在彩陶花纹上的体现"。"这一对彩陶纹饰的母题，是与一个民族的信仰和传统观念相联系的"。（严文明《甘肃彩陶的源流》）汉魏石刻画像和棺饰铭旌上，也有不少绘有乌鸦和蟾蜍的日月图像，如马王堆汉墓铭旌画的就是残月蟾蜍和红日金乌。由此可见，日月崇拜与乌鸦、蟾蜍有着十分密切的关系。至于星辰崇拜可分为两类，一类是由于天文历法方面的意义而受祀，主要有二十八宿神、北斗神、参商神、岁星神等；另一类是星相家所附会的恒星天官神和五星神，如北辰（北极）星被附会为昊天上帝，五帝座被附会为五帝，箕宿为风伯，毕宿为雨师，等等。

　　中国古代崇拜的自然力主要为风、雨、雷。自然力崇拜是对自然物本身进行崇拜，并把自然力拟人化，赋予具体形象，如风伯（又称风师）、雨师、雷公。传说风伯名飞廉。《楚辞》中说他"头如雀，有角而蛇尾，豹文"，为神禽，"能致风气"。雨师名蓱翳，"雨师号呼，则云起而雨下。"《论衡·雷虚篇》中说："图画之工，图雷之状，累累如连鼓之形；又图一人，若力士之容，谓之雷公，使之左手引连鼓，右手推椎，若击之状。"雷公的这副形象是很威严的。后世出现在雷公殿中的雷公塑像，变为鬼头、鸟嘴，两肩生翼，俨然是一个凶神恶煞。我国各民族都有许多关于风、雨、雷的神话传说，在不同的程度上反映了中国上古对自然力认识和崇拜的遗风。出于对自然神的信仰，上古的人们在遇到干旱时就去求雨师。甲骨文中的"舞"、"权"、"烄"（同炆）是殷人求雨祭神的三种主要仪式。"舞"即奏舞，人们唱歌跳舞，用向天呼号的方式乞求下雨。"权"是祭祀典礼，如同祭日。"烄"，《左传》中有一段记述："夏，大旱。公欲焚巫，尪。"郑玄《檀弓·注》："旱者面向天，顗天哀而雨之。"意思是天大旱，僖公将巫人仰面朝天置于木上焚烧以求雨，这就是"烄"。这种求雨形式秦以后已经废而不传。雷公是以惩治恶人的凶神面目出现的，民间传说凡有对天不敬者，或对尊长忤逆者都要受到雷公的惩罚，所谓"遭雷打"、"天雷报"等至今仍然作为一种警语流传于民众之中。关于祭祀风伯，卜辞中有"于帝史风（风），二犬"的记载。《尔雅·释天》亦称："祭风日磔。"郭璞注："今俗当大道中磔狗，云以止风。"可见，从殷商到汉魏六朝时，遇括大风，杀狗祭风神的风气很盛。

　　原始社会初期，只有对天体和自然力（风、雨、雷）的崇拜。"万物有灵"，只有众神，没有统管一切的最高神。到了原始父系社会时期，日月星辰、风雨雷电诸神开始综合为天神的群体，而孕育出昊天之神，最后演变为上帝。上帝是古人想像中总管天地万物的最高神。内蒙古狼山地区原始人岩画中，有几幅由日神月神作为主神，再配上许多星辰而构成的天神图，可视为这一"综合"的实证。随着诸神综合为天神的演进过程，先民又逐渐形成"上帝观"。在殷墟卜辞中，就已出现"王"和"帝"两个概念。"王"指诸侯之长，是人间的最高统治者，"帝"指天神之长，是天上的最高统治者。卜辞中的"帝"或称"上帝"，具有"令风"、"令雨"、"令雷"、"降祸"、"降馑"、"授我"、"害我"、"终兹邑"等威力。这位天上众神之君，不仅指挥天上诸神，而且掌握人间祸福。初民崇拜自然，信仰万物有灵，他们崇拜的任何一个神，都有明确的依附体，他们虽然相信上帝的存在，但是并未找到上帝的依附物，这种情况并不符合当时人们的心理状态。到了战国时期，由于天文观测资料的积累，人们发现在整个运转不停的星空中，唯有北极星居中不动，以此比附帝王居中不动以驾驭诸侯臣僚的政治现象，显然是最恰当的。于是星相家便把星空当作一个天上世界，把居中不动的北极星当作至高无上的神，尊称为"天官"。秦汉时期的纬书又把北极星称为北辰耀瑰宝。《史记·天官书》说："中宫天极星，其一明者，太一常居也。"泰一是天帝的别名，因为它是"天神之最尊贵者。"所以道家称之为"太一"。其他众星则分别按其相对于北极星的位置，被委任各种职官。北极星周围的几颗星，被委任为三公、后妃、太子、庶子等，再外一层的星被委任为左右枢、宰、丞、辅、弼、卫、尉等。这两圈星辰恰似两道围成的墙垣，叫左垣、右垣。左右垣围成的天庭叫紫微宫。这样，上帝及其诸臣就以星辰为其依附物，人们在夜晚就可以目睹天庭君主了。与此同时，五行家又虚构出一套五行运转的帝德学说，认为每一朝代的君主都具有五行中的某一行性质，是为"帝德"。因而，每一朝君主的始祖，都是五帝中某一天帝的儿子，禀受天命而统治天下，君主死后灵魂又重返天上，由此而产生"天主"的观念，并把君主称为"天主"。以后又由"天子"演化出帝王将相死亡被认为是"天星归位"的虚妄观念。

自然物也是自然崇拜的主要对象之一。中国古代崇拜的自然物称为地祇，主要为土地、山川、谷物，其神为土地神、出神、河伯和谷神。土地神在殷代卜辞中称为"土"。封了周朝，土神一分为二，代表大地的土地称为"地",与天相对,称地母神;代表领土的土地称为社,与五谷神"稷"合称为社稷。山川也是我国古代普遍崇拜的对象,《礼记·祭法》说:"山林川谷丘陵,能出云,为风雨,见怪物,皆曰神。"古人把山川分为两类,一类是属于小神,即一般性山川林泽;另一类是名山大川,主要指"五岳"和"四渎"。五岳为中岳嵩山、东岳泰山(岱山)、南岳衡山、西岳华山、北岳恒山,五座五方最大的高山。四渎为河(黄河)、淮(淮河)、江(长江)、济(济水)四条天下最大的江河。中国自古以来都以农为本,所以,土地神和谷神是最重要的原始崇拜物。《白虎通·社稷篇》说:"人非土不立,非谷不食,土地广博,不可遍敬也;五谷众多,不可一一祭也。故封土立社,示有土地;稷,五谷之长,故立稷而祭之也。"当时的天子和诸侯每年春秋两季都要举行祭祀社稷的大典,春祈丰年,秋示报谢。天子和诸侯也祭名山大川,清代以前的历代帝王每年都有祭山神的活动,祭祀的主要对象是泰山和嵩山。诸侯则祭祀境内的山川,如鲁国祭泰山,晋国祭黄河,楚国祭长江、汉水等。我国民族众多,居地分散,崇拜的自然物很不一样,但是,都把那些和自己生活有密切关系的自然物当作神灵崇拜。居于东南沿海的多敬海神,住在河谷平坝的多敬河神、江神,处于山林之间的多信山神、树神。如黄河流域的居民崇拜河伯。卜辞中常见"尞于河",指祭河伯时杀羊。又有"沉璧"陋习,即用年轻女子活祭。《史记·滑稽列传》中讲了一个非常有趣的河伯娶妇的故事,赞扬魏文侯时鄴令西门豹破除迷信,惩治以给河伯娶妇而敛财的巫祝。这个故事说明直到战国时期,民间还用年轻女子活祭河伯,并且描绘出一幅巫觋活动的生动情景。此外,崇拜的自然神还有湖神、潮神、火神、木神、石神、井神、蚕神、鸟神、虫神、兽神,等等。

在地祇中又有所谓"五祀",即中霤(中室,指宅门神)、门(指国门,即都城门神)、行(道路神)、户(住宅门神)、灶神。天子诸侯"五祀"都祭,大夫以下递减,庶人只祭门神或灶神。直到现在民间仍然保留了春节贴门神和腊月二十三、四祭灶(江淮之间叫"过小年")

的习俗。

《周礼·春官》中规定最高神职"大宗伯"的职责为"掌建邦之天神、人鬼、地祇之礼以佐王建保邦国",并列有天神、人鬼、地祇的具体名目：天神为昊天上帝、日月星辰、司命、司中、风师、雨师；地祇为社稷、五祀、五岳、山林川泽、四方百物；人鬼包括氏族祖先、民族祖先和杰出人物等。到了周代，自然崇拜、祖先崇拜已正式列为国家的仪礼而载入史册了。

鬼灵崇拜

远古时期的初民相信人死以后，灵魂会变成鬼。殷人以尚鬼著称，春秋战国时期民间普遍信鬼。《礼记·祭法》中就有"人死曰鬼"之说。西安半坡村遗址中发现的仰韶文化时期的瓮棺葬，就以实物证实了远古普遍存在"灵魂不死"的观念。瓮棺顶部大多凿有小孔，据认为孔是便于灵魂出入的。人死之后变成鬼灵，生活在地下。地下有一个幽冥世界，叫做阴曹地府，又叫黄泉、九泉、阴间、阴司。《汉书·武帝纪》记载"太初之年，禋高里"。意思是说幽冥世界的"鬼都"最初在山东泰山之旁的蒿里山。后来道教又构设出一个新的幽冥世界罗酆山，作为北阴大帝治理下的鬼都。梁代陶弘景在《真诰阐幽微》中说："罗酆山在北方癸地，山上有六宫、洞中有六宫，是为六天，鬼神之宫也。山上为外宫，洞内为内宫。"北方癸地在何处？连陶弘景自己也不清楚。当然，这是道士捏造的鬼话。大概在南宋时，由于道士的附会，才把四川酆都县道教洞天福地平都山当作鬼都罗酆山。南宋范成大任成都安抚使时曾作《酆都观诗》，自注中说到"道士云：此地即谓北都罗酆所住，又名平都福地也"。从南宋开始，酆都城正式成为鬼都。这个幽冥世界里有鬼门关、阴阳河、奈何桥、十王殿、东西地狱及城隍庙等建筑，整个鬼蜮光怪陆离，阴森恐怖。统治鬼魂的君主就是北阴大帝，通称阎罗王。

鬼魂观念产生以前，人死后尸体的处置没有什么严格的规定。灵魂不死观念产生以后，对尸体的处置便有了一些讲究。据考古发现，在旧石器时代晚期的山顶洞遗址中，就发现了尸体周围被有意识地撒上了赤铁矿粉。同时发现成人尸首的放置姿势、方位都有一定的规矩。进入阶级社会以后，丧葬的规模越来越大，礼仪的程式越来越繁。《礼记·檀弓上》说："古者，墓而不坟。"《淮南子·汜论训》说："有卢氏用瓦棺。"可见在殷周之前丧葬的规模还比较简单。此后，丧葬逐渐突破早期简单的乞安避邪的观念，而力图为鬼魂创造一个舒适的享乐环境，尤以帝王贵戚为甚。棺椁、墓室之内不仅放置大量珍贵的陪葬品，还用活人殉葬，称作人殉。早期人殉多用未成年少女。进入奴隶社会，奴隶被大量杀死或活埋用来殉葬，让他们在阴间继续为主人效力。"天子杀殉，众者数百，寡者数十；将军、大夫杀殉，众者数十，寡者数人"（《墨子·节丧篇》）。到了春秋时期，由于生产力发展，劳动规模扩大，奴隶的价值逐渐增大，人殉的做法开始引起非议。春秋以后，基本上改用木偶或泥偶殉葬，人殉的做法已不多见。只有秦始皇曾经杀害"计以万数"的宫女和工匠殉葬，是为中国历史上最大规模祭奠封建皇权的"牺牲"。此后直至元朝，人殉制度基本废止。到了明朝，用妇女殉葬的做法一度死灰复燃，为明太祖朱元璋殉葬的妃嫔、宫女多达 46 人；为明成祖朱棣殉葬的宫女亦有 30 余人。天顺八年（1464 年）正月，明英宗病危时下遗诏表示"用人殉葬，吾不忍也，此事宜自我止，后世勿复为。"（见《二十二史礼记》）才算最终废止了人殉制度。

既然崇拜鬼神，就要祭祀鬼神。商周以来，祭祀被视为社会生活中的头等大事。祭祀实际上是一种通过贿赂向鬼神求福消灾的仪式。向鬼魂献食献礼，是为了祈求祖先或亲人的鬼魂在暗中保佑氏族子孙和家室平安。《墨子·明鬼》中讲到，春秋战国时期民众普遍信鬼，认为到处都有鬼魂在监视，鬼魂赏贤罚暴。鬼魂既有善魂好鬼，也有厉魂恶鬼。为了消灾祈福，对好鬼要祭祀，对恶鬼则要驱除。所以，除了祭祀，又产生一种鬼魂崇拜形式，叫做"傩除"，即采取一定的强制措施把恶鬼赶走。《论衡·解除》记述："昔颛顼氏有子三人，生而皆亡，一居江水为虐鬼；一居若水为魍魉；一居欧隅之间，主疫病人。故岁终事毕，驱逐厉鬼，因以送陈迎新内（纳）吉也。"在古代逐渐形成的世俗观念中，鬼最活跃的时期是农历的七月半，这个季节正值南方酷暑之时，因而江南俗谚有"七月半鬼蒸包子"之说。以往在此时，家家均以新粮祭祀祖先鬼魂，同时举行盂篮会，打平安醮，赈济野鬼孤魂，驱除恶鬼。

在原始社会中，人们由于知识和能力的限制，产生"万物有灵"的观念，由此而引发出图腾崇拜、自然崇拜和灵魂崇拜，用现代人的眼光来看，这一切是何等的愚昧，又是何等的荒谬。但是，我们的祖先之所以如此迷信，固然是由于巫的附会、导引，究其缘由，还是人们在心理上本能地把"万物有灵"同人事相联系，特别是同与自己相关的人事相联系，这是产生种种迷信认识的内涵，也是迷信活动作为一种特殊文化形态的思想基础。

三、人类进程中的一种思想文化的表现

中国传统文化是一个多民族、多社会结构、多层次的文化整合系统

"文化"一词是指文治教化、礼乐典章制度，这是我国古代对"文化"的解释。《易·贲卦·象传》说："观乎天文，以察时变；观乎人文，以化成天下。"按唐代孔颖达在《周易正义》中解释，"人文化成"有两个内容：一是指典籍，如《诗》、《书》、《礼》等；二是指人的礼仪风俗。这个观点从西汉一直延续到近代。我们今天所用的"文化"一词则是19世纪末通过日文转译的，原为拉丁文，含有耕种、居住、练习、留心或注意、敬神等意思。英文、法文、德文中的"文化"一词都是从

拉丁文演化来的。19世纪中叶，人类学、社会学、民族学等人文学科在西方兴起，"文化"一词开始具有现代的意义，成为这些新兴学科的重要术语。被称为"人类学之父"的英国人泰勒曾经为"文化"下了一个定义："文化是一个复杂的总体，包括知识、信仰、艺术、道德、法律、风俗，以及人类在社会里所得一切能力与习惯。"（《原始文化》）此后，西方学者纷纷给"文化"下定义，做解释，众说纷纭，莫衷一是。但是，不管怎么解释，文化的基本内容大体上包涵三个方面，即意识形态、生活方式和精神的物化产品。当然，文化是一个有机的整体，绝不是这三个方面内容简单的相加和混合，三者之间是互为前提、互相影响，并按特定的序列进行有机的组合。

泰勒指出的文化"是一个复杂的总体"的概念是十分重要的。从中国的情况来看，在传统文化中，虽以古人口绝大多数的汉族华夏文化为主。但是，汉族无论在形成时期，还是在发展进程中，同政治、经济一样，在文化方面也融合了许多少数民族文化。汉族与少数民族之间在文化方面有着千丝万缕的联系，在中国传统文化中既有作为主体的汉族华夏文化，也有丰富多彩的少数民族文化。

复杂的文化现象，是人与社会各方面相互作用的结果。每一种文化的形成都有其生物的、地理的、历史的、经济的等方面的影响，各种影响对文化特性而言，都是决定性的因素，又都不是唯一的因素。每个民族都有自己的文化，每个民族的文化又都具有与别的民族文化不同的某些特点。人类作为文化的创造者和承受者，虽然有民族的区别，而在本质特征方面又是一致的。无论哪个民族，无论地处何方，无论人口多少，都会制造工具，都要从事劳动，都要进行思维，都要运用符号，如此等等。这就说明文化不仅具有多样性和一致性，而且具有个性和共性。为了进一步说明这个问题，可以图腾崇拜为例。图腾崇拜又称图腾文化，从历史文献和考古文物来看，世界各国的原始部落都崇拜图腾，中国亦概莫能外，实际意义上的图腾和图腾崇拜，广泛地存在于各民族、各部落之中。直到现代，在一些少数民族中仍然保存着图腾制度，仍可看到图腾制度的遗迹。但在图腾崇拜的表现形式上却很不一样，大多数部落将本部落的图腾绘在旗帜上，在祭祀或巫祝的仪式上作为膜拜的标志，作战时作为战旗，兼有指挥作用；还将本部落图腾的图案绘制或雕刻在各种饰物上。然而，古代南方的一些部落，如先秦两汉时代处于楚越等地的少数民族，则盛行文（纹）身之俗，将本部落、本民族的图腾花纹直接刺在人的身上，再染血丹青，形成永不褪色的黑色花纹，称为"黥身"，又称"点青"、"点涅"。《汉书·地理志》记载："粤（越）地……其君禹后，帝少康之庶子云，封于会稽，文身断发，以避蛟龙之害。"《淮南子·原道》说："九疑之南，陆事寡而水事众，于是民人断发文身，以像鳞虫。"东汉学者高诱注《淮南子》又进一步阐明"文身刻画其体，内默（纳墨）其中，为蛇龙之状，以入水蛇龙不害也。"这都是指南方民族文身。除文身外，还有"雕题"之俗的民族。就是将本部落的图腾花纹刺在额上。（题的本义为额）《山海经·海内南经》中说有"雕题国在郁水南"。《礼记》中说："南方曰蛮，雕题、交趾，有不火食者矣！"这个雕题国可能还是个不知熟食的原始民族。著名学者闻一多指出："'断发文身'是一种图腾主义的原始宗教行为。（图腾崇拜依然是一种幼稚的宗教）他们断发文身以像龙，是因为龙是他们图腾。换言之，因为相信自己是'龙种'。赋有'龙性'，他们才断发文身以像'龙形'。"又说："我们又疑心断发文身的目的，固然是避免祖宗本人误加伤害，同时恐怕也是给祖宗便于保护，以免被旁人伤害。"（《伏羲考》）断发文身又与灵魂崇拜有关，基诺族、傣族认为一个人如不文身，死后就不能进鬼寨与祖先聚合，只能当野鬼。这就说明人类群体都有他们共同生活的地域，处于不同地域的人类群体具有不同的风俗习惯。

知识、信仰、艺术、道德、法律、风俗等均属意识形态范畴，而风俗习惯与知识、信仰、道德、法律、艺术是互相影响、互相渗透的。社会风俗的某些内容，常与意识形态领域内的其他内容彼此交叉，互相作用。社会生活中这种情况是很多的。寡妇改嫁，古称"再醮"。再醮，就是再举行一次婚宴的意思。在宋代程朱理学兴起之前，并不禁止寡妇改嫁，历史上改嫁的寡妇很多，只是在程朱理学成为统治思想之后，才认为妇女丧夫守节不醮是合乎女德的行为，再嫁就会受到社会舆论的谴责。因而寡妇再嫁就有许多禁忌，如寡妇改嫁时不准走大门、正门，只能走偏门、后门，甚至在墙壁上凿个洞钻出去；不能用鼓乐，也不能迎亲，如此等等，带有很大的歧视性。然而，更多的禁忌则与鬼魂崇拜有关。中国许多民族都忌娶寡妇，以为女夫之魂魄常随妇身，娶了寡妇，必受其祟。广东俗称寡妇为鬼妻，娶了寡妇，死后到阴间将会和她的前夫争夺妻身。只有丧妻的男子可以不忌寡妇，因为条件相等，命运相同。台湾民俗，寡妇改嫁必须徒步走到半路上再乘轿，用意是让前夫的灵魂产生错觉，认为妻子出外办事，前夫的灵魂就不会找到自己，当然也就不会跟随寡妇来到新夫家中，弄得家宅不安了。有的寡妇还在上轿的地方，丢下一件自己日常穿着的衣裳，这样，前夫的灵魂就不会再认出自己。壮族有所谓"三寡"的习俗，三寡即"伞下寡"、"鸳鸯寡"、"断桥寡"。伞下寡是指在新婚期间死了丈夫的新妇，改嫁出门时不能梳妆打扮，必须在半夜里悄悄从后门出去，预先还要安排人在半路上等候，看到寡妇就朝她来的方向打枪、吆喝："不准他跟来，打死他！打死他！"认为这样就可赶走前夫的灵魂。鸳鸯寡是指已有子女的寡妇，她们改嫁须在半夜三更住进预先在深山野林搭盖的小草棚中，躲避前夫七七四十九天，然后才能嫁到新夫家。断桥寡是指丈夫非正常死亡的妇女，这类妇女改嫁必须先到野外呆上三个晚上，每晚要搂抱大树多次，认为这样"尅树"就不再尅人，以免再克后夫。由此可见，寡妇再嫁的种种禁忌，既包含着远古"万物有灵论"的信仰，又涉及伦理道德观念中的一系列问题。

又如丧葬，原始社会初期，人死之后用柴薪包裹起来，弃之野外，不用土埋，也不种树，先民最早处理尸体的方式就是这么简单。鬼魂崇拜观念产生以后，人们相信人死之后灵魂不灭，离开所在的氏族部落到另一个世界，也会像在世时一样生活，于是就想方设法保护尸体，以安抚鬼魂。据考古发现，早在旧石器时代晚期，山顶洞人就已有意识地把死人埋入土中。到了新石器时代，人们已挖掘土坑，集体掩埋尸骨，采取集体合葬的方式。他们认为鬼魂在一起，可以像生前一样，互相依赖，互相帮助。婴儿的尸体还特别用陶瓮或盆钵装殓，埋在住房附近，意在对婴儿稚弱的灵魂加以保护和照顾。到了原始社会末期，随着氏族组织的解体和一夫一妻制的建立，家庭成为社会的细胞之后，开始实行单葬或夫妻合葬。合葬意谓夫妻生死不离。上面讲的基本上属于汉族的土葬。因为汉族世代以农为主，认为土地是生命之本，"有地则生，无地则死"（《荀子·天论》）。土又居五行之中位，处于最稳定的位置上，人死后埋葬土中，是使灵魂得到安息的最好所在。进入封建社会，土葬又成为最能显示死者身份、地位、等级的方式。帝王的陵园和陵寝规模浩大，建筑恢弘；官员按官阶高低，规定不同等级的规格。墓体、墓碑、石人、石兽、华表和其他附属建筑物，莫不是死者阶级地位和生前权势的象征。而各个少数民族殡葬的方式又各个不同，与汉族差异更大。如藏族实行天葬，羌族实行火葬、水葬。即使是实行土葬的少数民族，在仪礼方面和汉族也不相同。这就说明殡葬不仅与自然环境、生产方式、生活习惯密切相关，而且受到宗教信仰、伦理观念、宗法制度的影响。所以，中国传统文化的多结构性，很难用同一的概念和模式加以简单的归纳，而风俗习惯从一开始就带有社会性和整体性。透过一时之风尚，可以看到当时社会的伦理观念、价值取向、行为模式、思维习惯、人际关系以及衣食住行等日常生活的显象。

中国传统文化中的高雅和粗野

文化是人类知识、技术、社会实践的总和，每个社会都有它独有的文化。人类进入原始社会之后，已经脱离了动物界，不再只是依靠缓慢的身体的进化，由爬行而后腿直立行走，以及脑的容积逐渐增大来适应环境，这时已经通过发明工具、进行思维来适应环境。从此，人类征服自然的进化过程就不是大脑的生物进化过程，而是文化的进化过程。可以这样认为，人类的历史就是人类控制周围环境的斗争史。原始社会表现了早期人类的生活环境，可以揭示出人类向文明迈进的历程。在人类向文明迈进的历程中，史料表明，关于人类经济活动的历史是比较清楚的。但在社会、政治和宗教方面还有不够清楚的方面，因为我们的先人为生存而进行生产的努力，大都被纳入了一种可称为"文化的神秘统治"。

原始社会的原始经济活动，最早是渔猎生产，随之出现的是农耕生产和手工业生产。在这些生产活动中，人们一方面依靠逐步发展的智慧和劳动经验，不断提高自身的技术和技能，争取获得最大的收获。但是，当时生产力十分低下，人的能力极其有限，在这种情况下，无力抗拒自然界的危害，也无法保证劳动能够取得相应的成果。面对这种情况，人们既不甘心屈服于自然，坐以待毙，又无法征服自然，改变环境。于是，在充分运用智慧改进劳动技术、提高劳动技能的同时，在初民的意念中，产生了可以控制和改变自然的"神秘力"，人们相信这种神秘力可以消除灾害，改变环境。这种神秘力附着在神灵的身上，或为山神，或为龙王，或为海神，或为风伯。因此，出海打鱼要祭海神，上山打猎要拜山神，久旱不雨要求龙王。祭神又都各有一套隆重而又独特的仪式，形成一种声生于适应过程的特殊文化。

文化既有它的特殊方面，也有它的一般方面，文化不仅产生了形态适应的结果，而且还产生了更高形态的结果。因为文化不仅随着部落、氏族的变化而演变，而且在历史发展的进程中全面演进。文化演进的过程是持续的，又是有阶段性的。每个阶段具有承上启下的作用。文化的发展不仅具有积累的性质，而且包含着进步的性质，是一个由低级向高级、由简单到复杂的循序渐进的过程。文化现象或物质化的文化，无论是知识信仰，还是仪式制度，抑或生活器物和艺术作品，都是从落后的、简单的、粗糙的阶段逐步发展到成熟、复杂和精美的阶段。原始社会信仰"万物有灵论"，崇敬鬼魂，由崇敬鬼魂而发展到富有民族、宗教、家族凝聚力的祖先崇拜，至高无上的皇天上帝崇拜和象征国家及地母的后士社稷崇拜。在原始时代，祖先神灵主要作为氏族保护神而受到崇拜，认为先人灵魂会保佑或作祟于氏族成员。到了西周初年，祖先崇拜又发展形成以嫡庶为核心的宗法制度，始祖不再是血缘意义上的祖先，而是宗法意义上的最早祖先。由于实行分封制，宗法组织和政治组织势必合二为一，从而形成封建诸侯、姓氏制度、亲属制度、庙号制度、世系谱牒，等等。由原始群婚到氏族制度又到宗法制度，就是文化发展由低级向高级循序渐进过程的体现。在历史上周朝对于中国古代文化的发展具有重大的影响。西周一统天下，不仅在生态适应性和社会适应性方面使夏商以来的华夏文化发展到新的高度，而且经过选择，使文化的各个方面都尽量达到制式化，集中表现在周代礼制文化的建立和完善，以致在相当大的程度上决定了此后三千年中国古文化的面貌。成书于战国时期的儒家经典《周礼》（原称《周官》或《周官经》），系杂合周与战国制度、寓以儒家政治理想编纂而成，就对周朝社会政治、经济、文化、礼法各种制度记载颇详。这是就文化的普同性、文化的一般进化而言。

文化的发展还有特殊进化的一面。从"文化的神秘统治"这个角度来看，占筮是用八卦敷演的，而八卦的内核则是阴阳相对、矛盾对立统一的辩证法。剥去占筮的迷信外壳，可以看到八卦的基本原理和应用，涉及天文、数学、物理等各个方面。近年来国内外科学家探索八卦的基本原理，认为"一"、"--"符号及其排列法，可以贯通等差级数，等比级数，二进位、二项式定理、逻辑数学、音响、电磁波以及连锁反应等原理，实为中华民族的哲学真髓。

中国古代星相占卜的发展是和经济、政治、科学、文化的发展同步的。人们对自然现象的观察能力和概括能为的提高，冶金术的产生，导致了五行说的兴盛。春秋末年，百家兴起，五行理论中又衍生出五行循环论。战国秦汉之际，天文学逐渐发达，五行理论中又衍化出干支五行说、阴阳五行说、纳音说、王相休囚死说。专用符号推算的无卦占取代龟卜、蓍占而独树一帜。到了汉代"罢黜百家",实行政治和学术的一元化,促成包罗万象的神学理论体系的产生,杨雄的《太玄》,焦延寿的《易林》,京房、张浩、尚广等人的《周易占》均为具有很大影响之作。太乙、遁甲、六壬三式亦相继产生,同时还出现了风靡一时、影响巨大的谶纬学,表现出占卜哲学化和哲学巫术化的时代特色。及至隋唐,在中国再次统一的背景下,产生了《乙巳占》、《开元占经》等集大成的著作,使占卜进一步系统化和理论化。到了宋代,儒、释、道互补,"三教合一",完成了对孔子儒学的第二次改造,成为中国封建社会后期统治阶级的正统思想,各种占卜术也走上了宗教化、流派化的道路。由此可见,中国的星相占卜演变的过程和中国文化的发展有着十分密切的关系。有的学者认为,中国星相占卜史可视为中国文化史的一个缩影。这是就文化的特异性,亦即文化的特殊进化而言。

由原始社会产生的"神秘力"而形成的风俗习惯,特别是信仰和禁忌,一直流传在历史的长河之中。由迷信所形成的种种文化现象,不但满足着个人机体的需要,而且是一种重要的文化功能,成为民间文化的重要构成部分。但是中国文化历来分成正统与旁道,高雅与粗俗两大块。长期以来,在研究文化的进化与发展以及文化与社会的关系时,大多侧重于社会主导性文化,即上层文化,或曰高雅文化。民间文化,特别是带有原始性、愚昧性的"神秘文化",则被"视为野蛮文化中的特殊的和附带的废物"。在中国传统文化的巨帙中,粗野文化是很难取得一席之地的。然而,"原始"一词并无任何贬义,它指的是一个曾经存在的社会,原始文化不仅是中国传统文化的源头,而且以风俗、习惯、民间艺术等形式在群众中传承。不管承认与否,在中国这个古老民族中,它一直影响着人民的生产、生活、心理和观念。时至 20 世纪 90 年代的今天,在习俗观念和宗教意识依然存在的情况下,巫术不但遗留在宗教仪式的迷信活动中,而且当人们处于不稳定的情况下,或可能遭到意外事件的变故中,巫术和巫术性的活动,仍在一定的场合和某些人群中起作用。人们仍或多或少地受到这种"文化的神秘统治",或通过占卜预测吉凶祸福，或到寺庙拜佛祈求神灵佑护。新的观念冲击和旧道德的解体带来了"诸神复活"，现代意识和古老的习俗交织在一起，形成种种独特的心态，产生种种"旧瓶装新酒"式的畸形的文化形态。由此可见，神秘文化绝不是一个孤立的存在，研究中国传统文化、中国文化史和中国文化社会学，绝不能将这一部分古老的文化置之不顾，尽管它们本身带有浓厚的迷信色彩，在许多方面表现得相当落后、愚昧、粗野；尽管它们中的一些习俗在历史的承传过程中已经消亡，或将消亡。正是由于它们独特，在文化进化的过程中产生过一定的影响，而且"总是把人类兴趣和活动的原料组织起来成为标准的和传统的风俗"（《文化论》）。因此，"神秘文化"就成为传给后代的一个传统的体系，在一个相当长的历史阶段，我们的先人自身和命运均受到这种文化的制约。如果不去研究这一部分带有神秘色彩的、真正具有中国特色的民间文化，那就无法了解中国古代社会以及生于斯、长于斯的芸芸众生，也就无法了解新旧观念冲突下"诸神复活"的缘由。

第二章
神秘文化的核心——巫术

如果我们把神秘文化看作一个有机的整体或系统的体系，那么不妨可以说，居于其中核心地位的就是巫术。巫术是一种活动，它通过特定的咒语、器物和行为追求对客观事物的控制与支配。了解巫术的特征与含义，是了解神秘文化的必要前提。

一、力灵论和泛灵论

初民信仰万物有灵，以致崇拜图腾、崇拜自然、崇拜鬼灵，因此而产生蒙上种种神秘色彩的原始形态宗教。随着社会的发展，文化不断进化，具有原始宗教性质的"万物有灵论"逐渐向着两个方面分化。一方面由信仰万物有灵而产生具有人格化的、呈人形的神灵，如灵魂、鬼魂、上帝、天神、妖魔等，并且由此而派生出一个超自然的世界。这种"心存的幻影"，促使人们去思索自己的环境和命运。人们向神灵祈祷，企求生前降福，死后超度，从神灵那里得到抚慰。这种富有感情特征的、追求精神自我慰藉的"泛灵论"，由原始宗教形态进而发展成各种宗教。另一方面由于信仰万物有灵，人们幻想通过唤醒附着于某一具体物体或个人身上的一种超自然的神秘力量，既不以客体为崇拜对象，又不依靠神力，而对这些物体和个人施加影响，按照一种固定程式，通过特定的咒语、物件和行为来实现对客体加以控制的目的，从而达到预想的效果，这种以仪式为主要活动方式的行为，就是巫术或巫术性行为。它的行为特点为机械性的，没有特定的力量源泉，没有神灵或中间媒介，这是一种以实用为目的的"力灵论"的表现。二者之间你中有我，我中有你，不仅不加排斥，而且常常互相结合，从而构成一个神秘文化体系。有些人类学学者认为巫术具有实用目的，并且是个人行为，不属于宗教范畴；有些则认为巫术涉及对行为或事物的敬畏和恐怖感，具有神圣的性质，应该归入宗教。二者说得都有一定的道理，但又都有偏颇之处。应该研究和探讨的问题，并不在于谁应纳入谁的范畴，关键是要揭示神秘文化的实质，弄清了这个问题，掀开神秘文化的外衣，暴露出它的内核，才能透过现象看本质，去剖析它，去梳理它。既然宗教是从史前宗教形态脱胎的，而史前宗教形态包含着大量巫术性活动，无疑，巫术是构成神秘文化的核心。

二、人类的原始特征，并非文明的表现

巫术产生于原始社会人类对客观世界的控制意识，它是人类为了有效地控制环境（外界自然）与想象中的鬼魂世界所使用的手段。在原始社会里，人们对一般事物的规律都有实际的了解，他们并不在日常生活的普通活动中使用巫术。比如，制造石器、引火、编织、煮水、烹饪等。在制造或使用这些东西时，是不和巫术发生联系的。因为对于这些普通的技术，先民通过长期实践，已经掌握了它们的规律，有可靠的知识作为指导，在控制这些活动时可以得到保证，只是在知识不能完全控制处境及机会的时候才使用巫术。对此，马林诺夫斯基阐释说："我们

可以就食品来说，在海岛的社会中，他们靠着海产生活，在捡拾贝蛤，或用毒药及设堰捉鱼时，只要这些方法是一定可靠的，其中就没有任何巫术。可是在任何危险的、不稳定的捕鱼方法中就免不了巫术。在狩猎中，简单而可靠的设阱或射击都只靠知识及技术，但是若是在那有危险及拿不稳的围猎中，巫术便立刻出现了。航行亦然，靠岸的活动，平安无事的，没有巫术；外出远征，没有不带着种种仪式的。"又说："在所谓'巫术的体系'中，更容易见到这情形。有些巫术和实用的工作并没有紧凑的关联。这个猎人可以用某种公式或某种仪式，那个猎人却不管这套；或是同是一人，有时他用巫术，有时却不用巫术。但是在有些情形之下，巫术是一定要用的。譬如，大规模的战争、远征、季航，或是有危险的围猎、捕鱼以及有关生命的耕种工作，巫术常是有强制性的。它有着一定的系统，关联着实用事物的程序。这二者，巫术的及实用的，互相依赖着。"（《文化论》）马林诺夫斯基讲的是外国的情况，中国的情况同样如此。黄海渔民出海，特别是到远海捕鱼，不仅敬奉龙王和海神天后娘娘，而且还要举行祈求平安和丰收的仪式，渔民称为"满栈（载）会"。仪式的主要活动有扯百脚旗，船老大向龙王和关老爷参拜，童子和香伙唱请神歌，龙把（火把）照船驱除恶鬼晦气以及"破膀"占卜等。因为出海捕鱼不仅要"碰运气"，还要对付变化莫测的天气和汹涌澎湃的浪潮。这是一个性命攸关的问题，因此祈祷卜祭的仪式特别严肃隆重。再如狩猎，我国远古流传的《弹歌》"断竹，续竹，飞土，逐肉"，反映了企图增强自身能力以求获得野兽的祈愿，就具有巫术性质。据民俗调查，属于彝族支系的白依人，普遍供奉以树叶遮身的女猎神。外出打猎，要在猎神面前将火绳点燃，带上山去，表示猎神和自己同在。选中猎场之后，要在树枝上悬挂用白绵纸画成三种颜色的"猎神纸"，还要杀一只大公鸡献给山神，以便出猎时有所捕获。杀鸡时先切开鸡冠，在每支枪头上擦一点鸡血，然后念道："今天我们出来打猎，猎神关照我们，阿老阿奶保佑我们，保佑我们打得多，帮助我们打得准。猎神的关心，我们不会忘记。我们今天打着的猎物，首先就向你们奠祭。"同时，进行占卜预示收获的多寡。占卜时把松枝剖成两半，理齐，从高处抛下，若是新剖的一面朝上，便认为吉，乃是猎神示意可以捕获猎物；反之，就是不吉，必须另选猎场，重新举行仪式。这些事例说明，"无论有多少知识和科学能帮助人满足他的需要，它们总是有限度的。人事中有一片广大的领域，非科学所能用武之地。它不能消除疾病和腐朽，它不能抵抗死亡，它不能有效地增加人和环境间的和谐，它更不能确立人和人间的良好关系。这领域永久是在科学支配之外，它是属于宗教的范围。……不论已经昌明的或尚属原始的科学，它并不能完全支配机遇，消灭意外，及预测自然事变中偶然的遭遇。它亦不能使人类的工作都适合于实际的需看及得到可靠的成效。在这领域中欲发生一种具有实用目的的特殊仪式活动，在人类学中综称为'巫术'"。（《文化论》）不过必须要到，巫术所使用的各种手段都是不可验证的，尽管巫术可以提高人的自信心和乐观态度，可以使人觉得自己是命运的主人，能够控制周围的环境。弗洛伊德曾为巫术设计了一个简单的公式："做x，y就会出现。"但是，在实践中，做x，y并不会出现，偶然出现也是巧合。所以，只有当人们失去有关信仰以后，它的蒙昧性才会被认识，因此可以这样说，巫术是人类的原始特征，并非文明的表现。

三、愚昧而又令人神往的活剧

巫术，国际学术用语以 Magie 来表示，中国通常称为法术。既是法术，就要作法，所以巫术和巫法、巫技常被人们联系在一起，又叫做巫法。在中古以前，一切属于做法的行为均被视为巫术，人们并未将巫术和巫法、巫技截然分开。将三者分开是后来人类学家研究前宗教形态的成果。他们经过实地考察，进行比较后，认为巫术、巫法和巫技具有不同的特性和特征。巫术是就一个信仰和行为的丛体而言；巫法是就施术

者（巫或觋）在施术时表现的行为而言；巫技是就巫觋本身所具有的气
质、属性和能力而言。当然，在使用巫术时三者又是构成一个整体的。

巫法的花样很多，同一种巫法，各个民族、各个地区表现的形式也
不尽相同，这个问题将在下文详细阐述。不过，尽管巫术神秘莫测，门
类繁多，但是，万变不离其宗，在施行巫法时一般都要遵循三个原则：
一是巫术的施行都有整套的仪式，巫师能够熟练地演出巫术的各种固定
的程式。这种仪式或程式，是指一套用来表示为控制某一事物所必需的
情绪性行为模式。有些巫术虽然没有整套的仪式，但对如何施术给巫术
对象都有合乎规定的具体行为和作法。中国历代沿用"祭"字，祭就是
仪式。中国祭仪名目繁多，规格不一，有祭天、祭祖、祭神等盛大祭
典；有猎祭、渔祭、稻祭、谷祭、农具祭等生产祭典；有招魂、驱鬼、
医疗等民间祭典。这些祭典不像宗教中的道场、法事、顶礼膜拜、诵经
拜忏、祈神求佛、超度亡灵，而是要凭借一定的手段，运用一定的方法
去积极影响施法的对象。所以，仪式的形式，举行仪式的地点、环境的
清扫、树物、洗涤、血衅、法器以及作法行为、所用咒语，莫不充满神
秘色彩。二是巫术的施行必须念咒。咒语是由神秘语言和名词构筑而成
的，与巫仪结合，托以神意，伴随夸张性的动作，用一套规范的语言，
申述巫术行为的目的，使它发生指令性的作用和咒煞的作用，从而达到
保护自身、被除不祥的目的。巫师在念咒时，有时还用口啸模仿风声，
以咆哮模仿雷声，以各种鸣叫声模仿鸟兽的声音，以增强行为的效果。
超出正常思维逻辑程序的咒语，虽然不知所云，但是，人们从中可以受
到镇妖杀鬼的气氛，反映出一种人对自身控制外界力量的精神驱使力。
一切真正的巫术，都以语言、声音、动作三者凑合成一场既愚昧又令人
神往的活剧，而咒语则是这场活剧的主要标志。三是巫术的施行要由能
熟练地演出巫术的各种固定程序的人，在适合的情境中主持仪式，这种
人就是巫师。我国古代文献中称为"巫"、"巫觋"、"祝"，民间称作
"师公"、"法师"。任何巫术都由巫师施行，离开了巫师，巫术也就不可
能存在（关于"巫"，将在后章加以阐述）。根据上述情况，关于巫术，

可以得出这样一个概念：在原始社会中，巫师运用一些特定的仪式与行为，能使信仰万物有灵的初民在自然界面前提高自信心和乐观精神，战胜犹豫、动摇和悲观。因此，在原始信仰中，巫术特别具有吸引力，它使人自以为能够控制环境，觉得自己是命运的主人。

个体巫术和公众巫术

在原始社会里，开始没有专门的术士，各种各样的巫术，是由具有巫术信仰和巫术观念的人自己施行的。比如，在禾苗成长的过程中，为防止鸟雀损坏庄稼，听到鸟叫，家长即命小孩手执可以敲响的器物，跑到田间边走边敲，边敲边念咒语，直到将自家所有的田埂走遍。这种咒语后来变成"咒雀词"，施行咒雀巫术时，必须要念"金嘴雀、银嘴雀，我今朝来咒过，吃着我的谷子烂嘴壳！咒呕，咒呵，吃着我的谷子烂嘴壳！"前面讲到的古代的《弹歌》，实际上也是一种具有巫术性质的咒语，直到现在彝族在狩猎活动中还流传着类似《弹歌》那样的咒歌："追鹿子，扑鹿子，敲石子，烧鹿子，围拢来，咋咋咋！"诸如此类的巫术活动都是个人施行的。因为巫术心理和巫术行为是原始感知和某些心理要求的一种行为体现，这种直接来自原始感知的巫术心理和行为，开始是处于涣散的个体状态的，也就是说，巫术是在不同感知基础上施行的。如果说那时候有术士的话，可以说人人都是术士。

在"巫"出现以后，巫术就由个体巫术发展为"公众巫术"，又称"群体巫术"、"普遍巫术"。从个体巫术发展为公众巫术，必须具备三个条件：一是施行巫术的目的是为着整个部落的公共利益；二是积累的个体巫术的经验，被公认有普遍意义；三是这些经验是可以广泛使用的。巫术发展为公众巫术，功能扩大了，仪式和手段也变得复杂起来，这就需要有专门的施行者来作法。于是，那些被认为效力好、声誉高，受到公众信仰的个体施术者就被推举为巫师。巫师是巫术仪式的执行者，在某种意义上也是一个部落的"公务人员"，其影响、地位和声望不亚于部落的首领，有的在实际上已取得首领的地位。对此，马林诺夫斯基曾以原始初民的耕种为例，作过明确而又系统的阐述：耕种巫术在原始部落里是强制施行的，负责主持耕种事宜的是世袭的酋长。这位地方领袖集法师、耕种专家于一身。每年耕种之前，由他召集居民开会，决定当年耕种的地点、田地的划分，并把耕种工作和巫术一一作出规定，由他指定开工的日期。第一次大规模的仪式是在全体参加耕种的人面前举行的。他念着咒语，祝福土地肥沃，要求祖先帮助，并且驱除一切可能发生的灾害。在划分土地后，又举行禳灾的仪式。用巫术来消除一切害虫及瘟疫。然后在法师指导下焚烧杂草及清理地面。一切预备妥当之后，在下种之前，还要举行下种仪式。当芋薯的枝叶开始茂盛时，法师每隔几天就要独自到地里去念诵咒语，促使芋薯发育，祈求收成丰富。接着又要举行一次除草仪式，然后除草。到了收获的时候，先举行仪式，再挖掘芋薯之类的果实。马氏又说："在这个例子中，我们可以很明白的看到实用的工作如何受巫术的支配及受法师的规诫。靠了这一串仪式，他们规定了工作的步骤和程序，休息和工作的时序，和社区内各分子间工作的协调。巫术又产生了他们工作中的领袖，以便指挥顾问，以及发号施令。""他们想都没有想到过，耕地是可以不用巫术的。他们认为若是这种不可能的事一旦发生，灾荒立刻降临。最重要的是，要是有谁想不施用巫术而耕种，便会伤及每个人的感情，部落的舆论会大大的震怒，所有的工作就无从组合了。这也许是'巫术体系'最重要的一点，它是全部落人民共同经营的事业里最有效的组织及统一的力量。"

白巫术与黑巫术

巫术是人类为了有效地控制环境（外界自然）与想像的鬼灵世界所使用的手段，幻想依靠某种力量或超自然力，对客体施加影响和控制，它的目的和作用表现在祈禳和制敌两个方面。前者为白巫术（又称吉巫术），后者为黑巫术（又称凶巫术）。

在"个体巫术"阶段，人们施行巫术的目的只是为了祈求平安、祝愿丰收；在遇到危险时，希冀逢凶化吉，这一切当然也是人类普遍存在的心理和愿望。及至进入"公众巫术"时期，巫师主持、参与和决策的，不外乎重大的氏族或民族祭典，村社事物的裁决，消除疾病，寻求康宁，对自然、外界的抗争，以及氏族和个人行动的确定，所有这些行为的出发点都在于保护人类自身，保护氏族。特别是在人们忧乐所系的健康问题上巫术应用得最广，在原始社会中几乎一切疾病都是用巫术治疗的。直到现在仍可见到具有巫术性质的"移病法"，如把病人服药后中药渣倒在马路中间，意在让无意踩到药渣的行人把病带走。又如巫师认为某人有亡身之灾，便制成草人、泥像或木偶，附上某人的生辰八字，或火烧，或投水，或针刺、刀砍，以偶像代替真人身亡，以求免灾。据人类学家考察，在原始社会首先得到发展的是白巫术。

用于制服敌对势力，将巫术的功能扩大到报复或捉弄敌对者的做法是"黑巫术"。它的出现晚于"白巫术"，二者不是同步发展的。保护自身必然要对付对自身造成威胁的外力，只是在这种对付外力的意识突出以后，用以制服他人的企图和做法才会突现出来，黑巫术通常采用"嫁祸于人"的手法，如前章提到的"射偶人"，按照敌人的样子做个假人，通过毁坏假人，幻想可以给真人带来灾害。这种作法颇似传说中的"含沙射影"，在暗中攻击或诽谤他人。

积极巫术和消极巫术

巫术信仰付诸实施便是巫术行为，以祓、禊、祛、符、咒、诅、袜、禳、祝、祝由、厌胜（压胜）等积极行为去消除祸端的法术属于积极巫术。（以上诸项，将在下章详述）

消极巫术是以无行为表现的方式避开祸端的一种方术，主要表现为禁忌。当人们不能充分掌握自己的命运时，往往把严格遵守某种禁忌想像作为改善环境、逢凶化吉的特殊的有效手段。这种因恐惧、忧患而希望回避的情绪和要求，除了影响到人们的精神和心理状态外，还有可能形成"禁止的"和"抑制的"行为，也就是行为上的讳、避，戒、止，等等。这种"禁止的"和"抑制的"行为，在外观形态上通常是无所表现的。禁忌不但对于危害人身的事物具有警示作用和回避作用，而且在巫术范畴中还可起到某种抵御作用和扼制作用，具有保护的功能。比如渔民出海捕鱼除要举行隆重的仪式外，在语言和动作中还有许多必须遵守的禁忌。如山芋不能叫"番芋"或"番薯"，因"番"与"翻"同音，出海是最怕翻船的。吃鱼不能吃过半边，翻过来再吃另半边，这个"翻"字，对渔民来说从语言到动作都是最为犯忌的，吃饭时筷子不能搁在碗口上，因为"搁"有"搁浅"的意义。在海里看到鲸、海狮等海兽，不能问"这东西吃不吃人"或"会不会掀大浪"之类的话。

　　但是，作为一种具有实用目的的特殊仪式活动的巫术，在原始社会中，在巫术施行的过程中，它并不是一种单一的存在，在歪曲虚妄的信念中，往往渗和着各种信仰观念和原始宗教的因素，历史愈向前，社会愈发展，渗和的因素也越复杂，这就必须从狭义和广义两个视角去理解巫术。虽然二者的思想基础都是出于歪曲虚妄的信念，但是，内涵却不相同。从神秘文化的角度来看，凡是企图影响神，影响鬼，影响人，影响自然，影响生产，影响猎获，影响繁衍，影响生活，以符合自己的意愿，达到自己的目的，所使用的方法和手段，都应属于巫术范畴。

第三章
光怪陆离、神秘莫测的魔幻殿堂

　　由史前人类的生活、生产以及经验、信仰构成的传统文化中的神秘文化这一分支，随着社会的发展和观念的变化而不断地演变、衍化，到了春秋战国，宫廷巫师、民间方士为了谋生、干禄，总结推算的经验和理论，分门别类，纷纷著书立说，各有所专，各成系统，各具自己的特点和功能。据《汉书·艺文志》记载，中国古代"凡数术百九十家，二千五百二十八卷"。数术分为六类：天文，日月星辰之占；历谱，考察时历以推算吉凶；五行，按金木水火土"五常"生克关系，预测前途命运，蓍龟，蓍占、龟卜；杂占，"纪百事之象，候善恶之徵"；形法，"大举九州之势以立城郭定舍形，人及六畜骨法之度数，器物之形容，以求其声气贵贱吉凶"。数术基本上是命相之术。由此可见，到了汉代，预测之学的数术已经相当成熟。《隋书·经籍志》中记载的五行（数术）著述就有二百七十部。如果包括天文、历谱，那就数量更多，约有五百部，其中有周易占、天文占、基占、阴阳算历、风角占、太一经、遁甲、六壬、龟卜、占梦、鸟占、相书、相宅图、阴阳婚嫁书、杂筮，等等。预测吉凶祸福的命相数术占了主要部分，此外尚有包括禁忌在内的巫术活动。可谓光怪陆离，五花八门。

　　为了便于叙述，兹按特点、性质、功能，分门别类，加以介绍。

一、卜筮·占卜·占筮

卜筮

卜为占卜，筮为占筮，是最古老的迷信习俗中预测吉凶、推断命运的两种法术。这两种法术以龟甲和蓍草为主要工具，源于对龟和蓍草的崇拜。古人视龟和蓍草为灵物，有所谓"蓍神龟灵"之说。《史记·五帝本纪》有"推策迎日"一语，注释说："神策者，神蓍也。"由于黄帝用蓍草推算历日，预知节气和日辰，所以叫做"推策迎日"。蓍草又叫"锯齿草"，为多年生菊科草本植物。《易纬·乾凿度》引古《经》说："蓍生地，于殷凋殒一千岁，一百岁方生四十九茎，足承天地数，五百岁形渐于实，七百岁无枝叶也，九百岁色紫如铁色，一千岁上有紫气，下有灵龙神龟伏于下。"《说文解字》也说蓍草"生千岁（才）三百茎。"《艺文类聚》引《孙氏瑞应》说："龟者神异之介虫也，玄采五色，上隆像天，下平像地，生三百岁，游于藻叶之上，三千岁尚在蓍丛之下，明吉凶，不偏不党，唯义是从。"这些传说说明龟和蓍草不仅寿命很长，而且二者关系密切。"蓍之言耆，龟之言久。龟千岁而灵，蓍百年而神，以其长久，故能辨吉凶也"。既然传说龟和蓍草具有灵性，可以预知未来，于是人们就用它们来进行卜筮，预测人事。古人是十分迷信的，凡事都用卜筮来问吉凶。开始，卜筮纯属民间活动，到了殷商时代，民间卜人进入宫廷，成为宫廷巫师。周代就已设置掌管卜筮的官，称为"卜人"。《周礼》中就有"春官太卜之属有卜人"的规定。事实上，当时已有人认为卜筮并不可信，反对这种迷信活动。王充在《论衡》中就提到"太公推蓍蹈龟"的传说："武王伐纣，卜筮之逆，占日大凶。太公推蓍蹈龟而曰：'枯骨死草，何知吉凶。'"姜太公大概是历史上批判卜筮迷信的第一人。

占卜

卜是以火灼甲骨取兆，占是观察兆象。占卜就是占卦问事。用火灼烤龟甲或兽骨（多为牛的肩胛骨），甲骨上裂出"丫"状的纹路，这些纹路预示事物的兆头，"卜"字字形源出于此。"卜"字读音则为火灼甲骨时的爆裂声。占卜时，卜人在甲骨上记录占卜的情况、所得的征兆，预测的结果以及占卜者姓名，这种占卜文辞叫做"卜辞"，上面的文字统称甲骨文。是谓"卜人定龟，史定墨，君定体"（《礼记·玉藻》）。20世纪20年代初，出土于河南安阳小屯村的殷墟甲骨文，便是商朝占卜的较为完整的记事文字，记载了自盘庚迁殷至纣亡国凡270余年的卜辞，它们成为研究上古时代社会和文化的重要资料。

商代殷人占卜，先将龟的腹甲（或背甲）取下涂上牛血，叫做"衅龟"；再将龟甲刮磨平滑，存放起来以备应用。占卜时郑重其事地取出龟甲，在其背面钻一圆窝，称作"钻"；再在钻旁凿菱形凹槽，称作"凿"；然后用火灼钻凿，使龟甲爆裂成纹。爆裂出来的纹路，一般钻处兆纹较粗较直，称为"墨"；凿处兆纹较细，横向开裂，称作"坼"。坼分首、身、足三部分，靠近"墨"处称首，中间为身，末端是足。如果首仰身正足敛，就是吉兆，反之则为凶兆。卜人根据兆的吉凶来预测人事。观兆之法大致有三：一是观兆的位置，定所问之事；二是观兆的形态，定事件的吉凶；三是观兆的定向，定事态始末。大约在东汉以后，占龟逐渐失传。

占筮

占筮古代称"筮"，近代俗称"算卦"、"问卦"，就是演八卦。占筮时用蓍草或小竹片分组，据分组后余数的奇偶得爻画，积爻成卦，再参考卦辞、爻辞以定吉凶。《易》就是蓍占的专书。

八卦的基本符号为爻，爻分阳爻"一"、阴爻"--"。演算时以一截无节蓍草茎代表阳爻，一截有节蓍草茎代表阴爻，用三个爻组成另一符号；共得八个符号，或把阳爻和阴爻重迭三次，就有了☰、☷、☱、☲、☵、☳、☴、☶八个卦符，分别代表大自然中的天、地、泽、火、水、雷、风、山八类事物的性质，由此构成八个卦。所胃八卦，就是某种机遇的表现形式，是从包含着互相对立的两种因素的事物中，任意选取三次，而构成八种不同结果的书写符号。八卦古人称为卦画，每一个卦都有一个专用的名称：

乾（天）☰、坤（地）☷、巽（风）☴、震（雷）☳、

离（火）☲、坎（水）☵、艮（山）☶、兑（泽）☱。

长沙马王堆三号汉墓出土的《帛书周易》，八卦则分别写作键（乾）、川（坤）、筭（巽）、辰（震）、罗（离）、贛（坎）、根（艮）、夺（兑）。这两种写法虽然不同，但在西汉时它们的读音大体是一致的。八卦的每一个名称都有一定的含义，代表一种卦象：乾卦—刚健，坤卦—柔顺，巽卦—散入，震卦—震动，离卦—明丽，坎卦—深陷，艮卦—基址、止住，兑卦—夺取、脱卸。八种象征是分析卦象的最基本的原理。古人为了便于记住卦名与卦画符号的对应关系，编了一套歌诀，叫《八卦取象歌》：

☰ 乾三连　☷坤六断

☳ 震仰盂　☶艮覆瓿

☲ 离中虚　☵坎中满

☱ 兑上缺　☴巽下断

古人在演算八卦时，又把两个单卦（经卦），即三爻构成的八卦任意相迭合，排列成八八六十四重卦，按算术公式表达为 $8^2 = 64$ 或 $2^6 = 64$。构成重卦的两个单卦，在上的叫"上卦"，或"外卦"；在下的叫"下卦"或"内卦"。由两个相同的单卦迭合而成的重卦名称不变，如两个震卦迭合重卦☳☳，仍称为震卦。在六十四重卦中这样的重卦有八个，称为"八纯卦"。六十四重卦的每一卦也都有一个名称。排列如下：

乾　夬　大有　大壮　小畜　需　大畜　泰　履　兑　睽　归妹

中孚	节	损	临	同人	革	离	丰	家人	既济	贲	明夷
无妄	随	噬嗑	震	益	屯	颐	复	姤	大过	鼎	恒
巽	井	蛊	升	讼	困	未济	解	涣	坎	蒙	师
遁	咸	旅	小过	渐	蹇	艮	谦	否	萃	晋	豫
观	比	剥	坤								

为了便于记忆六十四重卦的卦名和卦画符号，迅速地推算出任意两个单卦迭成重卦的卦名，古人编了一首《八卦诀》。这个卦诀不用卦名而用基本卦象代替单卦，所以先要记住基本卦象，即乾天、兑泽、离火、震雷、巽风、坎水、艮山、坤地。八卦两两相配，得出八卦诀，《八卦诀》皆以八纯卦为首：

乾为天，天泽履，天火同人，天雷无妄，天风姤，天水讼，天山遁，天地否；

兑为泽，泽天夬，泽火革，泽雷随，泽风大过，泽水困，泽山咸，泽地萃；

离为火，火天大有，火泽睽，火雷噬嗑，火风鼎，火水未济，火山旅，火地晋；

震为雷，雷天大壮，雷泽归妹，雷火丰，雷风恒，雷水解，雷山小过，雷地豫；

巽为风，风天小畜，风泽中孚，风火家人，风雷益，风水涣，风出渐，风地观；

坎为水，水天需，水泽节，水火既济，水雷屯，水风井，水山蹇，水地比；

艮为山，山天大畜，山泽损，山火贲，山雷颐，山风蛊，山水蒙、山地剥；

坤为地，地天泰，地泽临，地火明夷，地雷复，地风升，地水师，地山谦。

重卦由六爻组成，六爻的次序是从下往上数的，最下的一爻叫初爻，然后倒序为二爻、三爻、四爻、五爻、上爻。每一爻都有一个由两个字组成的名称，一个字表示六爻的位置，另一个字表示阴阳。古人以奇数为阳，所以奇数九代表阳爻。以偶数为阴，所以偶数六代表阴爻。阴爻与阳爻称为"六"、"九"，说明爻来源于数字。根据传统说法，阴爻阳爻各分老少，因而重卦是由老阴少阳、老阳少阴四个数字构成的。"—"既可以表示老阳九，也可以表示少阳七；"--"既可以表示老阴六，也可以表示少阴八。初爻和上爻的名称中，表示位置的"初""上"放在名称前面，表示阴阳的九、六放在后面；其他各爻的名称则相反，表示阴阳的九、六放在前面，表示位置的二、三、四、五则放在名称的后面，如上述"泰"卦䷊的各爻名称应读为：

上六

六五

六四

九三

九二

初九

《周易》自秦汉以来，虽然一直作为占卦的范本，但是，从考古发现的商周时代的数字卦来看，数字的构成也不尽相同，四种数字有的为"五六七八"，有的为"一五六八"或"一六七八"，其得数和《周易·系辞》也不一样，可以肯定在商周时代还流行过其他的演算法。同时，"连山"、"归藏"虽已亡佚，但也有后人的伪托流传，由此可见，从流派来看，并非唯有《周易》一家。现在可以见到的，比较系统的、具有研究价值的著述还有在敦煌石窟发现的写卷《管公明卜要诀（经）》、《占卜书残卷》和《卜法》。

管公明即管辂，三国魏人，是古代著名相术家。《三国志·魏书·

管辂传》记述："辂年八九岁，便喜仰视晨星，……与邻比儿共戏土壤中，辄画地作天文及日月星辰。""及成人，果明《周易》，仰观、风角、占、相之道，无不精微。"于此分蓍下卦，用思精妙，占覈上诸生疾病死亡贫富丧衰，初无差错，莫不警怪，谓之神人也。又曰："至于仰察星辰，俯定吉凶，远期不失年岁，近期不失日月。""观骨形而审贵贱，览形色而知生死"；"若夫疏风气而探微候，听鸟鸣而识神机，亦一代之奇也"。陈寿评述管辂的"术筮"，"诚皆玄妙之殊巧，非常之绝技"。

　　《管公明卜要诀一卷》卷首有"一十六卦"字样，存十一卦。同类写卷尚有《管公明卜要诀经一卷》存三卦，两卷共存十四卦。另外，两卷各存一首残卦。《卜法》则存十五卦。《管公明卜要诀经一卷》有序言，云："竿（算）出天门，易出九宫，乘驾六龙，占相决疑，有事自用。竿子卌四杖，从上四四除之尽即成卜。凡为卜者，清净礼拜管公明，专心念卜，又称七佛名字。若卜得一吉，再卜后卦恶，可使。若卜三卦，两卦好，一卦恶，用；如两卦恶，一卦好，不可用。凡卜唯须念七佛名字，管公明为后贤，吴仲占吉凶，观万事。凡竿子三十四杖，咒曰：灵竿审完乾坤，乘驾天龙，同游八门，以占吉凶。某乙决疑，横以四除，除尽则卜事，依卦万无一失，有事自卜，不劳问师。"这个序言说明：（1）管公明卜卦是自卜卦；（2）卜卦时要清净礼拜。所谓清净，按佛家说法就是心地清净，"暂永远离一切恶行烦恼垢"；（3）要念佛，又称"七佛名字"。"七佛"，即"毗婆尸、尸弃、毗舍、俱留孙、俱那舍牟尼、迦叶波、释迦牟尼"（《佛说七佛经》），还要念咒；（4）卜卦时先将三十四杖算子打乱，然后用四四除之，取其尾子卜卦。规定必须吉多于凶。

　　管公明卜卦虽然保留着卦的特征，但是其内容和形式已和八卦明显不同，主要表现在：（1）八卦由阳爻—和阴爻--构成，管公明卦已无阴爻，只有阳爻。阴爻已由横道"--"演变为竖道"｜"、"‖"、"‖‖"、"‖‖‖"。（2）八卦的构成规则，单卦为三横式，两个单卦构成一个重卦；管公明卦构成规则为三段式，或两段式。三段式即上横中竖下横，如亖。两段式：上竖下横，如𝌆。（3）占卜符号的排列不像八卦那样具有规律性，可以随心所欲的变动。（4）占卜的结果没有用以对照解释的固定结论，对占卜符号可以任意加以解释，使用同一符号甚至可以作出相反的结论。

《管公明卜要诀（经）》和《卜法》每一卜包括卦、卜要诀、结论三个部分。十四个卦的符号为（1）䷀大吉，（2）䷁凶，（3）䷂大吉，（4）䷃吉，（5）䷄大吉利，（6）䷅大凶，（7）䷆大吉，（8）䷇大凶，（9）䷈吉利，（10）䷉凶，（11）䷊吉，（12）䷋大吉，（13）䷌大吉，（14）䷍大吉。《卜法》十五个卦的符号为（1）䷀大吉，（2）䷁大吉，（3）䷂大吉，（4）䷃大凶，（5）䷄大凶，（6）䷅大吉，（7）䷆大凶（8）䷇大吉，（9）䷈大吉，（10）䷉大凶，（11）䷊大吉，（12）䷋大吉，（13）䷌大吉，（14）䷍大凶，（15）䷎大吉。卜要诀就是卜辞。卜辞一般采用四言式（四言体），大多为四言八句，最长的有四言二十句。采用四言体，可能是受《诗经》的影响。如䷀："鱼在深泉，乘云上天。待我吉时，与我同迁。不期而会，不求自前。大富大贵，高枕高眠。大吉利。"䷁："河水波浪，逆风徘徊。人不乐外，人悲衰衰。家室离别，失散钱财。病者不差，行人不来。大凶。又如䷂："此雕之卦，吉兆也。良言善术，神明辅之。王爱中敬，所求勿疑。君子加禄，小人加衣。病者自差，行者即归。欲求四方，不用三思。但行前路，云奔雨飞。无滞无寻，财禄何疑。卜得此卦，大吉喜之。婚嫁和合，参见贵人。拜受印信，并皆大吉。"《卜法》卦另有两个特点：一是以古人中著名人物的姓名为卦名，共有八个卦，即周公卦、孔子卦、屈原卦、赤松卦、桀纣卦、越王卦、子推卦、太公卦。卦根据这八个人的遭遇、结局以定吉凶。如周公辅佐武王灭纣取得胜利，孔子建立儒家学说成就辉煌，越王勾践卧薪尝胆灭吴复国成功，姜太公八十岁遇文王，赤松子在昆仑山成仙都是善终，俱为吉卦。屈原受谗被放逐自投汨罗，夏桀和商纣两个暴君死予非命，介子推不肯出山而被火焚皆非善终，俱为凶卦。以八卦的卦名命名，共有七个卦，即坤卦、离卦、虹（乾）卦、巽卦、坎卦、震卦，艮卦；没有兑卦，另有一个"先"卦。这七个卦虽以"八卦"中的七个卦命名，但在含义上与"八卦"并无关联。如"离"卦，八卦中的离作丽解。按朱骏声《六十四卦经解》："《易经》云：'离'，利贞亨。畜牝牛吉。《彖》曰：'离丽也，日月丽乎天。百谷草木丽乎上，重明以丽乎正。乃化成天下。柔丽乎中正。故亨。是以畜牝牛吉也。'"是一个吉卦。《卦法》的卦辞为："鸟鼻天余，高望徘徊。行人在路，穷道不开。求事难得，横失钱财。病者沉重，哭泣悲哀。此卦大凶。""离"则被解释为分离之意，可见，取"八卦"之名，只是在字面上附会其意，和"八卦"不可同义而语。

杯珓占。杯珓又叫杯教，或写作杯筊、杯校，是我国古代一种占卜的器具，把两块海贝的背面磨平用以占卜。曰杯，"乃是蛤蜊中空，可以受盛，其状如杯也。"曰教，则表示"神所告教"。（见程大昌《演繁露·卜教》）以后，这种卜具有的用木制，所以写作"校"；有的用竹制，就写作"筊"，有的用玉石琢成，遂写作"珓"。占卜时，问卜者在敬香之后，手捧杯珓跪在神像前，心中默诵卜求事由和祝祷之词，然后将杯珓抛掷于地，视其正反俯仰，以占吉凶。两正或两反均不吉，一正一反则吉。两正、两反、一正一反为三种不同的结果。

杯珓卜所构成的卦不同于八卦。据学者考证，杯珓卜是以西汉杨雄的太玄卦为依据的。太玄卦仿照《周易》每卦都系占辞，但它不像易卦由两种爻构成，而是由三种爻构成的。易卦的"爻"，太玄卦叫"赞"。三赞为一二三，分别用"— -- ---"三种符号表示，两正为"—"，一正一反为"--"，两反为"---"。它也不像易卦由三爻或六爻构成单卦或重卦，而是由"四重"构成。四重的名称由上至下依次为：方次、州次、部次、家本。把一、二、三这三种"赞"分布在方、州、部、家四个"赞"位上，就可以构成 $3^4＝81$ 种四重，如☰、☷、☲。太玄卦的四重不叫卦而叫"首"，合称为 81 首，每首都有一个名称，如☰叫"周"，☷叫"闲"，☲叫"少"。这 81 首是按数学的三进位法来排列的，即1111、1112、1113、1121、1122、1123、1131、1132、1133、1211、1212、1213、1221、1222、1223……依此类推。

　　太玄卦的占卜方法也是演算蓍策，演算时用三十六策，其中三策是虚策，搁置一边，再在三十三策中取出一策挂在指间，实际上只用三十二策演算，演算分三个步骤进行：第一步将三十二策任意分成两份，用三分别去除，一边或可除尽，一边定有余数，除尽的一边留下三作为余数。假若左手余数为一，右手余数一定也是一；左手余数为二，右手余数则为三；左手余三，右手则余二。把两手的余数加在一起，其和不是二就是五，将二或五从三十二策中扣除，总数则为三十或二十七。第二步将三十或二十七策按同样的方法演算一遍，总数剩下二十七或二十四或二十一。第三步将剩下的总数用三去除，其商为九，或八，或七。如为七就算"一"，八为"二"，九为"三"，这样求得一赞（一爻），按上述办法演算四次，就可得到四赞，从上至下排列，即构成一首（一卦）。和易卦的卦辞一样，《太玄经》每首都有首辞，首辞叫"九赞"之辞，其标志为"初一"、"次二"、"次三"、"次四"、"次五"、"次六"、"次七"、"次八"、"上九"。九赞是由每一种赞重迭一次衍生出来的，"一"、"二"、"三"三个数字重迭一次，即有"一一"、"一二"、"一三"、"二一"、"二二"、"二三"、"三一"、"三二""三三"九种情况，是谓"九赞"。九赞的象叫"测"，占卦时运用首辞和"测"进行分析，从而判断吉凶。杨雄设计太玄卦时，可能受到杯筊卜得卦的启示，从太玄卦卦画符号反映的三类爻现象似可证明。而在揲蓍法、系辞法和卦象分析法等方面，和杯筊卜并无任何关联，可以明显看出是对《周易》的改造。由于太玄卦演算方法过于复杂繁琐，连司马光都说："疲精劳神三十余年，讫不能造其藩篱。以其用心之久，弃之可惜，乃依《法言》为之集注。"（《太玄经集注序》）所以，两千多年来，《太玄卦》并未流传开来，《太玄经》只是作为一种学术著作得以传世。

　　金钱卜。金钱卜又叫金钱课。由于最早记述这种占卜方法的书名《火珠林》，所以又叫"火珠林法"。据朱熹考据，此书记述的掷钱占卦大概是汉代的遗法。

　　金钱卜演算办法比较简便，古卜者焚香祝祷之后，将三枚铜钱抛掷于地，记下其正反情况。抛掷一次，得到一爻，抛掷三次，可得一个单卦；抛掷六次，就可得到一个重卦。演算方法和易卦基本相同。三钱掷地全都反面向上，叫"重"，代表老阳爻九，用○号标记；全都正面向上叫"交"，代表少阳爻七，用"一"号标记；两反一正叫"坼"，代表少阴爻八，用"--"号标记。可以假设，某求卜者掷钱六次，其结果为：

三反　　　○　老阳九（初爻）

二反一正　--　少阴八（二爻）

三正　　　×　老阴六（三爻）

二正一反　一　少阳七（四爻）

二反一正　--　少阴八（五爻）

二正一反　一　少阳七（上爻）

按照初爻在下，上爻在上的原则，上列六次结果便可画成䷔，为噬嗑卦。根据老变少不变的原则，初爻（老阳九）、三爻（老阴六）应变，故变为䷷，按易卦的解释便是遇噬嗑之旅（䷷）。

金钱卜有极大可能是脱胎于杯珓卜，因为古代最早是以海贝作为商品交换的等价物的，由海贝而逐步发展为圆形方孔的铜币，这样一来就有可能产生以钱币代替海贝（蛤蜊）的掷钱法了。金钱卜简便易行，所以出现之后即在民间普遍流行。据学者考据，《仪礼·士冠礼》："筮与席，所卦者，具馔于西堂。"唐人贾公彦《疏》："筮法依七八九六之爻而记之，但古用木画地，今则用钱，以三少为重钱，重钱则九也；三多为交钱，交钱则六也；两多一少为单钱，单钱则七也；两少一多为坼钱，坼钱则八也。"（《十三经注疏》）清代学者钱大昕认为，贾公彦关于"筮与席"注疏，是以北朝齐的黄庆和、隋的李孟哲二家学说为依据的，由此可见，在南北朝隋唐时期，金钱卜已很盛行。

棋占。棋占又叫"灵棋占"，源于西汉东方朔撰写的《灵棋经》。传说灵棋占是由战国术士黄石公传授给张良的，张良又传给了东方朔，此说并无根据，大概是作者的伪托。据《四库总目提要》考证，早在南北朝时《灵棋经》已经问世。现传的《灵棋经》是明初刘伯温整理的。

棋占用十二枚特制的圆形棋子演算，棋子一般以梓木、枣木或檀香木等硬质木料制成。十二枚棋子以三枚为一组，共四组，每组棋子分别写上"上"、靠中矽、"下"，厦面不写。演算时，占卜者先诵祝辞，然后将十二枚棋子同戚抛掷出去，棋子落地后面朝上的，有的是"上"，有的是"中"，也有的是"下"，按照排列组合原则，上、中、下加上反面的"0"，共有 125 种不同的组合，所以《灵棋经》有一百二十五卦。每卦都有一个名称，卦没有特别的卦符，名称全用文字表达。每个卦的下面都有供占卦用的卦象和解象之辞。在一百二十五卦中，"上"、"中"、"下"都有的共六十四卦，"上"、"中"、"下"只有其中两种的共四十八卦，只有其中一种的共十二卦，全部反面向上的仅有一卦。为节省篇幅，仅举数卦说明：

一上一中一下，　大通卦
　　阳得令。乾天西北。
　　象曰：从小至大，无有颠沛，自下升高邃至富豪。宜出远行，不
　　　　　利伏韬。

二上一中四下　未还卦
　　群阳制阳。坎水正北。
　　象曰：荒田土虚，人民迁居。待年之丰，乃归故庐。

四上三中　戒逢卦
　　阳居阴立。震雷正东。
　　象曰：前有寇盗，后无行人。安步止住，可得全身。

二中　岁登卦
　　孤阴失助。坤地西南。
　　象曰：天地开通，万物皆隆。事方决定，岁终大丰。

棋占用十二枚棋子，象征一年十二个月，上、中、下象征每个季度的孟月、仲月、季月，各三枚象征四季，合起来代表十二神，叫做"三经四纬"。一说"上中下"代表天地人，谓之"三才"，上为君，中为臣，下为民。（刘基《灵棋经解序》）灵棋占也讲阴阳，奇数为阳，偶数为阴。阴阳又分老少，一为少阳，二为少阴，三为太阳，四为太阴。少阳与少阴的配合关系叫"偶"，太阳与太阴的配合关系叫"敌"，得偶则相合，得敌则相争。灵棋经的卦象原理和卦象分析同易易卦基本相似。灵棋占的占卜法虽然比较简便，但棋子是特制的，制作棋子又有一套繁琐的程式："甲子日旋子，甲戌日书子，甲申日刻子，甲午日填硃，甲辰日入柜，甲寅日致祭"。这不如钱币随手可取来得方便，所以问世以后，并未普遍流传开来。

字占。字占流传下来的有两种占卜法，即汉字笔画占和测字占。

汉字笔画占源于南宋邵雍的《易数一撮金》。邵雍是著名的易学家，《易数一撮金》中记载了一套利用汉字笔画数求卦的简易占卜法。这个方法大体是先由求卦者随意写两个汉字，占卦者即按字的笔画数进行占卜。为了使笔画数与八卦对应，按易卦次序将八卦编上数码："乾一、兑二、离三、震四、巽五、坎六、艮七、坤八。"两个字的笔画数在八以内，就直接以八卦作为笔画数的代号，如一画取乾卦，三画取离卦，六画取坎卦。如果笔画数超过八画，则用八去除，取其余数。如两字笔画相加是十四画，则为坎卦（六）。如果可以除尽，就定为八，为坤卦。这样每一个字都可以转换成一个单卦，两个字就可以构成一个重卦。假设求卦者随手写了"休想"两个字，就可换成"坎"、"巽"二卦：休，六画——坎卦；想，十三画，除八余五为巽卦。然后再根据"上字为内卦，下字为外卦"的原则，即求得坎下巽上的涣卦䷺。

《易数一撮金》和《周易》比较，有三个不同的特点：一是没有变卦；二是没有卦辞，但有爻辞；三是每卦下面只有三个爻有爻辞，或取奇数的初爻、三爻、五爻，或取偶数的二爻、四爻、上爻。在求爻辞时，先将所写的两个字的笔画数相加之和除以六，取其余数；可以除尽的定为六，余数为一，即从下至上取初爻，为二取二爻……依此类推。然后再从所求得的卦中去找该爻的爻辞。仍以"休想"两字为例，字画之和为十九，余数为一，则取涣卦的初六爻的爻辞，以判断吉凶。《易数一撮金》的六十四卦是按《八卦诀》的次序排列的，并用《八卦诀》的诀语作为标题，只凭卦题即可换成卦符。每爻下面注有区别吉凶程度等级的标志，吉凶程度分上中下三等，每等又分上中下三级，共有三等九级，按吉凶等级排列次序为上上、上中、上下；中上、中中、中下；下上、下中、下下。等级下面是爻辞，爻辞均为韵文，或三言，或五言，或七言，亦有四、六言的，便于记诵。试举数卦为例：

一乾为天

䷀二爻　上上　得意宜逢贵，前程去有缘，利名终有望，三五同团圆。

䷀四爻　中中　欲行不行，徘徊不已，藏玉怀珠，片帆千里。

䷀六爻　下下　心戚戚，口啾啾，一番思量一番忧，说了休时又不休。

二天泽履

䷉初爻　上中　不远不近，似易似难，等闲入学，云中笑看。

䷉三爻　下下　桃李谢春风，西去又复东，家中无意绪，船在浪涛中。

䷉五爻　中中　狂风吹起黑云飞，月在天心遮不得，时闲无事暂相关，到底依然无刻剥。

三天火同人

䷌二爻　上上　心和同，事和同，门外好施工，交加事有终。

䷌四爻　中中　意孜孜，心戚戚，要平安，防出入。

䷌六爻　上中　一水绕一水，一山绕一山，水尽山穷处，名利不为难。

测字占。测字占自古迄今长期流行。这种占卜方法比较简单，由求卜者随手写一两个字，进行分析，占卜吉凶，后又简化为拈阄，占卜者在每张纸块上写上一个字，卷将起来，放在一个小筒内，求卜者随意取出一枚，然后根据拣出的字进行分析，判断祸福。分析的方法主要是拆字，根据所问之事，随意附会解释。

签占。签占也是一种比较简便的占卜方法，至今仍在流传。寺庙庵堂的僧尼制作竹签若干根，编上号码，并在每根竹签上分别写上"上上"、"中上"、"下下"等三等九级区别吉凶程度的标志，置于竹制的签筒中。同时，按编号、等级将爻辞刻印在黄籤纸上，备用。求签者焚香礼拜，跪在神像之前，一面喃喃祝祷、诉说企求缘由；一面双手捧着签筒轻轻抖动，抖落一签，即终止祷告，将抖落的竹签拿去兑换爻辞。爻辞均为五言、七言韵文，一般四句，通晓易懂，但多为模棱两可的语言，求签者可以按照自己的意愿从中求解。

牌占。牌占是用纸牌或骨牌占卜吉凶，民间常用的方法叫做"通关"，视牌是否可以通顺地拿完，以测问卜之事的顺与逆。全部贯通则顺；中间遇阻，虽然补救，亦无法贯通则逆。另外在民间流行的方法俗称"黄雀看相"，为鸟占与牌占的结合。占卜者将黄雀蓄于笼中，笼前陈列一排呈扇形的纸牌。求卜时，占卜者将笼门打开，黄雀即走出笼外，衔出一张纸牌，然后回到笼中。纸牌上写有区别吉凶程度等级的标志、卦辞，并画有示意图，占卜者据此判断吉凶。

破膀占。这是流行于黄海渔民中的一种特殊的占卜方式。每年春汛，渔民首次出海捕鱼都要举行称为"满栈会"的祭祀仪式。仪式的一项主要内容就是进行"破膀"占卜。在人们的信仰上，认为以人血取兆，比其他方法更加灵验可信。破膀，由童子或香伙将左手袖子卷起，右手举起带环的"法刀"，向着左臂用力一砍，然后看血流的情况以取征兆。血若是一点点起泡，叫做"鱼泡"是为吉兆，意味着出海丰收。假若血流的痕迹不长，称为"豁梢"，表示捕获不多。要是血流分岔，则不吉，预示出海后可能出岔子。为了防患于未然，还要采取一系列驱鬼去晦的做法。

筳篿。筳篿是我国古代流行于南方楚地的一种占卜方法，《辞海》

解释："古楚地人用灵草编结筵竹，占卜人事称籙。"它和蓍占基本相似。屈原在《离骚》中说："索琼茅以筵籙兮，命灵氛为余占之。"后人解释这种占法是取与求占者小臂长短相当的茅草，自中点分别往两头掐断，以四掐为一组，根据余数得出"料"、"伤"、"疾"、"厚"等结果，再参照所占之事与所古之时，求出吉凶祸福。

二、占星术·建除

占星术

占星术是通过观察天象，根据星的运行、星的分野、星的变异和气象的征兆来预测人事，推断吉凶的一种占卜。

天象包括天文和气象两个方面。我国古代对天象的观察，时代之早、数量之多、范围之广、记录之详，在世界上都是首屈一指的。早在原始社会，初民就根据日月星辰的变化，用以划分季节，确定农时，安排生产。不过那时人们还无法认识天象变化的真正原因，只能归结为神的意志。认为天象的变化与人间的祸福密切相关，尤为重视天象的异常变化，一旦出现天象的变异，便认为必将发生灾祸。古籍文献如《史记·天官书》、《汉书·天文志》中有关这一方面的记载就很多。

占星活动最早见之于文字的是甲骨文，在殷代武丁时期的甲骨卜辞中，不但记载"月有食"，而且还有干支纪日、纪月，如"乙酉夕月有食……八月"。说明早在3200年前的殷代，已有占星活动。有关日食、月食、日戠（日中黑子）、新星、出虹、云气、四方风等天象的记载，在甲骨文中亦时有所见，并已涉及问卜，预测人事。周代已设占星之官。《周礼》记述："保京氏掌天星，以志日月星辰之变动，以观天下之迁，辨其吉凶，以星土辨九州之地，所封之域，皆有分星，以观妖祥。"说明周代已把星占作为国家的礼制。到了战国时期，由于长期观察，基本上摸清了天体视运动的主要规律，此时神学已进入理论化的阶段，天文学理论与阴阳五行理论、天人感应理论相结合，衍生出一套以天官理论、黄道太岁理论、星辰分野理论为基本理论的占星理论，星占术由此而逐臻成熟，并开始理论化。

天官本是官名，《周礼》分设六官，以冢宰为天官。《礼记·曲礼》下："天子建天官，先六大。掌祭祀鬼神、治历数等职。"疏："释曰郑云象天者，周天有三百六十余度，天官亦揔摄三百六十官，故云象天也。云官者，亦是管摄为号，故题曰天官也。"这就是说古人将天上的日月星辰和包括二十八宿在内的恒星世界与人间的国家机器联系起来。日行一年的轨道称为"黄道"，黄道是地球上的人观察太阳在恒星之间一年内所走的视路线。古人把黄道分为 $365\frac{1}{4}$ 等分，每等分称为一度，每度正好代表了一年中某一天太阳在恒星坐标上的位置。古人把永远居中不动的北极星视为天神的最高主宰，称为"皇天大帝"。又将其他恒星按照国家机构和社会组织加以命名，有丞、宰、辅、弼、枢、卫、将、司命、司中、司民、司禄，等等。这便是天官的由来。为了便于天人比附，星占家将天上众星按"十二次"分为十二星区，分别与地上十二个地域相配，叫"十二"分野，（也有以二十八宿与州国比配的）藉以将有关星相与地上的州国相比附。所谓"十二次"是指古人作为纪年标志的岁星（木星）在天幕上运行的轨道，即黄道和赤道附近的一周天等分为十二个区域。木星运行一周天的时间约为十二年，这十二次是木星运行一周天过程中的止息处。岁星自西向东，每运行一次就是一年。古人给这十二次逐个起了名字，岁星运行到哪一次，就用这一次的名称来纪年。

为了便于对照参阅，将十二次（十二星区）、二十八宿，与十二地域（国名、州名）归纳列表如下：

十 二 次	二十八宿	国　名	州　名
星　纪	斗、牛、女	吴、越	扬　州
玄　枵	虚、危	齐	青　州
诹　訾	室、壁	卫	并　州
降　娄	奎、娄、胃	鲁	徐　州
大　梁	昴、毕	赵	冀　州
实　沈	觜、参	晋	益　州
鹑　首	井、鬼	秦	雍　州
鹑　火	柳、星、张	周	三　河
鹑　尾	翼、轸	楚	荆　州
寿　星	角、亢、氐	郑	兖　州
大　火	房、心	宋	豫　州
折　木	尾、箕	燕	幽　州

　　星占家占星时主要观察黄道处于恒星天官星座的位置，据此进行推测。假设某日黄道正处于恒星天官某个司灾丧的星座附近，就认为这一天不吉利，是为"黄道凶日"；反之，则为黄道吉日。《札记·月令》中就讲到这个问题：季春之月"命国难（傩），九门磔攘，以毕春气。"郑玄注："此难（傩），难阴气也。阴寒至此不止，害将及人。所以及人者。阴气右行此月之中，日行历昴，昴有大陵，积尸之气，气佚（逸）则厉鬼随而出行。命方相氏帅百隶，索室殴疫以逐之。又磔牲以攘于四方之神，所以毕止其灾也。"这里的"阴气"，本来是指春季阴寒之。"阴气右行"是指阴气随太阳的运行而行。这个月黄道逐渐由胃宿移至昴宿，昴宿北边正好有个"大陵"星座，大陵座中又有颗"积尸"星。《石氏星经》指出："大陵八星在胃北，主死丧。"星占家便认为这个月是灾凶之月。"积尸"的厉鬼逃逸出来，散布瘟疫，就会危害世人，所以必须驱鬼攘灾。

　　星占家还根据五星轨道之顺逆、交会及其光泽色度，按照五星所处恒基坐标的分野，来判断地上州国的人事吉凶。此外，还有依据太岁轨道所处的星官分野来判断吉凶祸福的。太岁轨道就是上述的作为纪年标志的岁星（木星）在天幕上运行的轨道。五星为岁星、荧惑、镇星、太白、辰星，由于五行理论的附会，而被依次更名为木星、火星、土星、金星、水星。星占家认为五星各有所司，木星司年岁，火星司火旱，土星司五谷，金星司甲兵死丧，水星司大水。关于五星的占测，《史记·天官书》中记述颇详。如"西宫咸池，曰天五潢。五潢，五帝车舍。火入，旱；金，兵，水，水。中有三柱，柱不具，兵起。"索隐："案：《元命包》云：'咸池主五谷，其星五者各有所职。咸池，言谷生于水，含秀含实，主秋垂，故一名'五帝车舍'，以车载谷而贩也。"《正义》又说："五车五星，三柱九星，在毕东北，天子五兵车舍也。西北大星曰天库，主太白，秦也，次东北曰天狱，主辰，燕、赵也。次东曰天仓，主岁，卫、鲁也。次东南曰司空，主镇、楚也。次西南曰卿，主荧惑，魏也。占：五车均明，柱皆见，则仓库实；不见，其国绝食，兵见起。五车、三柱有变，各以其国占之，三柱入出一月，米贵三倍，期二年；出三月，贵十倍，期三年；柱出不与天仓相近，军出，米贵，转粟千里；柱倒出，尤甚。火入，天下旱；金入，兵；水入，水也。"《索隐》还说："谓火、金、水入五潢，则各致此灾也。"在通过天象预测吉凶方面，古人特别重视天象的异常变化，主要有日食、月食、日戟、彗星现、新星、陨星、日月晕、出虹、云气、四方风，等等。对天象异常的占测，原理亦如五星占，也是利用分野理论预测灾祸发生的州国。如"汉之兴，五星聚于东井。平城之围，月晕参、毕七重。诸吕作乱，日蚀，昼晦。吴楚七国叛逆，彗星数丈，天狗过梁野；及兵起，遂伏尸流血其下。"对《史记·天官书》的这段记述，《索隐》作了具体阐述："案：《天文志》'其占毕者、毕昴间天街也。街北，胡也。街南，中国也。昴为匈奴；参为赵，毕为边兵；是岁高祖自将兵击匈奴，至平城，为冒顿所围，七日乃解'。则天象有若符契。七重主七日也。"司马迁说："未有不先形见而应随之者也"。司马贞说："天象有若符契。"在他们看来，通过天象预测人事祸福是绝对灵应的。《汉书·五行志》中亦多天象变异的记载，如庄公"二十六年'十二月癸亥朔，日有食之'。"董仲舒以为宿在心，心为明堂，文武之道废，中国不绝若线之象也。刘向以为时戎侵曹，鲁夫人滛于庆父、叔牙，将以弑君，故比年再蚀以见戒。刘歆则认为十月二日楚、郑分。对同一天的日食，董仲舒、刘向和刘歆三人分析的结果却不一样，显然三人的分析纯系附会，否则，结果何以竟会如此不同呢？

建除

建除又称"建除十二辰"或"建除十二神"，是战国时代民间占卜家比照岁星在十二种星宿间的运行，按干支推算，以定日辰吉凶的一种占卜方法。"建除"以"建、除、满、平、定、执、破、危、成、收、开、闭"十二字为标志，占卜家将此十二字作为十二时辰，与十二地支相配，就变成"寅为建、卯为除、辰为满，巳为平，主生；午为定，未为执，主陷；甲为破，主衡；酉为危，主杓；戌为成，主少德；亥为收，主大德；子为开，主太岁；丑为闭，主太阴。"（《淮南子·天文训》）这是寅年（摄提格）中每月所配的十二神。占卜家就运用上述方法来占卜吉凶。在唐代以前，这种占卜法影响很大。

属于星占范畴的占卜，还有"丛辰"，俗谓"翻老皇历"，这是一种运用阴阳五行配合岁月日时以定吉凶，确定禁忌与否的一种占卜方法。

三、占梦术

占梦术是根据梦境预测吉凶的一种占卜，民间又叫"圆梦"。

初民不理解梦是一种由生理因素和心理因素造成的特殊的意识活动。他们认为梦是独立于人体之外并为神灵与魂魄所操纵，是一种征兆活动，给人以好的预兆或坏的警示，这就产生了依据梦境中景象来推断人事吉凶的占卜方法。有关占梦的确凿记载，最早见于殷墟卜辞，如"壬午卜，王曰贞，又梦"，"庚辰卜，贞：多鬼梦，不至祸"。这两条卜辞说明梦已作为前兆而被问卜。

　　在原始神话时代，初民认为梦是由神所控制的，梦境、梦景和梦象都是神志的表现。《拾遗记》中就有帝喾的妃子按神的旨意在梦中吞太阳而生子的神话故事："帝喾之妃，邹屠氏之女也。……妃常梦吞日，则生一子，凡经八梦，则生八子，世谓八神。"到了殷商时代，人们又认为梦是人与神沟通的一种渠道，并开始出现梦的预兆。及至周代，作为前兆的占梦术已经十分完备，并且蔚然成风。《诗经》中就有一些具体反映因梦得兆的篇章，如梦熊为生男的征兆，梦蛇为生女的征兆，就出于《诗·小雅》："下莞上簟，乃安斯寝，乃寝乃兴，乃占我梦。吉梦维何？维熊维罴，维虺维蛇。大人占之，维熊维罴，男子之祥；维虺维蛇，女子之祥。"梦见鱼预兆丰年，梦见旗帜飘扬预兆家室繁荣，则见于《诗·小雅·无羊》："牧人乃梦，众维鱼矣！旐维旟矣！大人占之，众维鱼矣，实维丰年；旐维旟矣，家室溱溱。"武王伐纣灭殷，姜太公起了重要作用，关于姜太公就有许多梦的传说。《搜神记》中记有周文王梦神得吕尚（太公）。《博物志》中记有"海妇之梦"，说是文王梦见东海龙女诉说灌坛令姜太公当道，因"太公有德"而"不敢以暴风雨过"。有的梦与现实的联系比较紧密，如孔子梦见自己"坐奠于两楹之间"，知道此梦预示自己将要死亡。因为，"夏后氏殡于东阶之上，殷人殡于两楹之间，周人殡于西级之上"。孔子祖先是宋国贵族，属于殷人后代。做梦七天之后，孔子果然死了。有的梦比较隐晦，并非人人都能理解梦的含义，只有巫人、卜人才能做出恰当的判断。如晋侯梦见一个大鬼，披头散发，捶胸顿足，说："你杀了我的子孙，这是不义，我已经请求天帝惩罚你了。"大鬼破门而入，晋侯惊醒，召见桑田的巫人，巫人所说的和晋侯梦见的情况一样，晋侯要他解梦。巫人说："君王吃不到新收的麦子就要死去。"后来晋侯果然得了重病，从秦国请来的医生感到束手无策。病拖到六月初六，这时新麦已经收割，晋侯想吃新麦，让甸人奉献，馈人烹煮，这时又把桑田巫人找来，指着煮好的新麦斥责他预言不确，立即把巫人杀了。可是当晋侯将要进食的时候，忽然感到肚子发胀，去上厕所，不料竟在厕所里跌死。有一个宦官早晨梦见背着晋侯登天，等到中午，他背着晋侯出厕所，于是就用他殉葬，果然成了晋侯的殉葬品。从古代有关占梦的资料来看，殷人占梦主要通过龟甲以断吉凶；到了周代基本上是按梦的内容释梦，将梦作为前兆。当时，普遍认为在各种占卜活动中，占梦是最重要的手段。"众占非一，而梦为大，故周有其官"（《汉书·艺文志》），梦事由"梦官所掌"。

　　周代盛行占梦活动，设立了梦官，并逐渐形成一套解析梦兆的理论。梦官（占梦家）已经不是简单地依据梦境来解梦，而是利用天文星相、阴阳五行等理论，和做梦的日辰相附会，并参考求占者的具体处境，加以主观的解释，并以占梦书的占辞作为占梦的结论。关于这个问题，《周礼·春官宗伯》中就说得很清楚："占梦，掌其岁时观天地之会，辨阴阳之气，以日月星辰占六梦之吉凶。""六梦"就是把梦分为六类："一曰正梦（指平居自梦），二曰噩梦（指惊愕而梦），三曰思梦（指思念而梦），四曰寤梦（指恍惚如有所见的梦），五曰喜梦（指喜悦而梦），六曰惧梦（指恐怖而梦）。"梦的分类形成以后，便按梦的分类来占卜吉凶。自周代以后，梦的分类越来越细，占卜吉凶的内容也越来越具体。例如敦煌本《新集周公解梦书》就把梦分为23类：天文章（天部第一）、地理章、山林草木章、水火盗贼章、官禄兄弟章、人身梳镜章、饭食章、佛道音乐章、庄园田宅章、衣服章、六畜禽章、龙蛇章、刀剑弓弩章、夫妻花粉章、楼阁家具钱帛章、舟车桥市谷章、生死疾病章、冢墓棺财凶具章、十二支日得梦章、十二时得梦章、建除满日得梦章（也是建除占卜法的一种表现形式）、噩梦为无禁忌等章、厌（yàn 销）攘噩梦章。以上23章，除第22章为防止做噩梦的20种禁忌、第23章为驱除噩梦的符和咒文外，其余21章均为梦的分类及其解释，足见占梦分类之细。及至唐朝，又提出了梦魂说，这对解梦来讲是一个重要的发展。关于梦魂说早在先秦就已广泛流传。《易》说："精气为物，游魂为变。"《左传》说："子产云：人生始化曰魄，既生魄阳曰魂，用物精多，则魂魄强。"唐人把做梦和魂魄直接联系起来，认为人在睡梦中，灵魂可以离开身体而悠游。"三魂六魄，梦是神游"，就是俗话说的"灵魂出窍"。唐诗中不乏反映"梦魂说"的诗句，如"五年生死隔，一夕梦魂通"（白居易《梦裴相公》），"天长路远魂飞苦，梦魂不到关山难"（李白《长相思》）。由于认为魂魄附于人体，超自然而存在，"不疾而速，不行而至"，所以梦不仅来自魂魄神游的启示，卜知未来百年之事；而且可以托梦，把别人引入梦境，预示前途祸福。

梦兆是由梦和梦的分类组成的，解梦书则是梦占的答案。传说最早的一本占梦书《占梦经》是黄帝撰述的。《汉书·艺文志》中列有《黄帝长柳占梦》十一卷，据专家考证，这个传说是战国秦汉人的伪托。《周礼》有太卜职，太卜除了负责占龟占筮以外，又"掌三梦之法"。"三梦"即"致梦"、"解梦"、"咸涉"，是夏商周三代的占梦书，其性质和区别可能和连山、归藏、周易"三易"相似。《周礼》中又指出"其经运十，其别九十"。意思是古梦经分为十经，每经九变，计有九十种占梦辞。一直广为流传的占梦书是《新集周公解梦书》，此书有多种版本，内容芜杂，繁简不一，是道、释、儒思想观点和民俗的大杂烩。

四、相术·相人

相术

相术又称面相术、相人术、相命术，俗称"看相"，是观察人的形貌气色以推度和揣测人的命运的方术。

相命是从占卜中衍化出来的派生物。传说黄帝龙颜，颛顼戴午，帝眢骈齿，尧眉八采，舜目重瞳，禹耳三漏，汤臂再肘，文王四乳，武王望阳，周公背偻，皋陶马口，孔子反羽。可以视为古代相术萌芽于原始社会晚期的依据。先秦对看相已有专门的称呼，叫做相人。《左传·文公元年》记载："王使内史叔服来会葬。公孙敖闻其能相人也，见其二子焉。"叔服相过公孙敖的儿子榖和难后，说："榖可以祭祀供养您，难可以安葬您。榖的下颔丰满，后嗣必然在鲁国昌大。"说明当时已根据人的外貌特征，推测人的性格品德，猜度未来命运昌隆与否。叔服可算是相骨的先驱，《左传》中关于相人的记述很多，如"初，楚子将以商臣为太子，访诸令尹子上。子上曰：'君之齿未也，而又多爱，黜乃乱也。楚国之举桓在少者。且是人也，蜂目而豺声，忍人也，不可立也。弗听。"这是根据商臣的外貌，眼若蜂、声若豺而断定他生性残忍，不可立为太子。又如"初，楚司马子良生子越椒。子文曰：'必杀之。是子也，熊虎之状而豺狼之声，弗杀，必灭若敖氏矣。谚曰：狼子野心，是可畜乎？'子良不可。"这是从越椒的外貌声音，推度此人具有狼子野心，杀了可以免除后患。根据上述记载，说明相命术在先秦已逐臻成熟。战国末期出现了四大相术家，就是荀子提到的许负、唐举、邓通和条侯，许负是个老妇人，河内温地人，汉朝初年还活着，被汉高祖刘邦封为鸣雌亭侯。这位老太太曾给魏王的妃子薄姬看相，说她"当生天子"，后来薄姬成为刘邦的妃子，果然生了汉文帝。许负又曾给汉初名将周亚夫相命，说："君后三岁而侯，侯八岁为将相，持国秉，贵重矣，于人臣无两，其后九岁而君饿死。"周亚夫问他：何以见得会饿死？许负指着他的口说："有纵理（纹）入口，此饿死法也。"后来果如其言，周亚夫因"功高震主"，遭到汉景帝的猜忌，被捕下狱，绝食而死。秦汉之际，相人术跟星占术、堪舆术一样风行起来，汉代不仅出现了专给宫廷贵族看相的"相工"，民间相术亦大为发展。如吕公善于相人，看到刘邦"隆准而龙颜、美须髯"，左股还有七十二颗黑痣，是大贵之相，就把女儿嫁给了他，是为吕后。刘邦在当泗上亭长时，吕后生有一子一女。一天吕后母子三人在田间操作，有一老者来请刘邦饮酒，看到吕后说："夫人天下贵人也。"又给刘邦的子女看相，说："夫人所以贵者，乃此男也。"于是刘邦也请他看看，他又说："向者夫人儿子皆以君，君相贵不可言。"就是说刘邦妻子皆因刘邦而贵。妻以夫贵，居然也能反映在外貌上，不知有何依据？汉代相术之盛行于此可见一斑。

随着西汉相术的风行，有关相人术的著作相继问世，《汉书·艺文志》著录有《相人》二十四卷。后世所传的有《许负法相》十六篇、《姑布子卿相法》三卷。这类相书，版本学家王重民先生指出："此盖均为相近之书，自古传行民间，久失撰人姓氏（或出于众人之手，原无撰人姓氏），尊许负者便题许负相法，……更多托古人，以炫其名贵。"到了东汉，相命之术经过王充的阐述，进一步理论化。他的哲学名著《论衡》中就有解释相命的专章《骨相篇》。他首先提出这样一个命题："人曰命难知。命甚易知。知之何用？用之骨体。人命禀于天，则有表候于体。察表候以知命，犹察斗斛以知容矣。"这就是说，人的命运可以通过观察形体了解，因为人的命运既然由天掌握，必然会有某些征兆体现在人的形貌上。接着他又指出，只要观察人的骨骼形状和皮肤纹理，就能判断人的命运，说"案骨节之法，察皮肤之理，以审人之性命，无不应者"。在列举了历史上许多有关骨相判断人的命运的事例后，他做出这样的结论："故知命之工，察骨体之证，睹富贵贫贱，犹人见盘盂之器，知所设用也。……富贵之骨，不遇贫贱之苦；贫贱之相，不遭富贵之乐，……论命者如比之于器，以察骨体之法，则命在于身形定矣。"王充是东汉前期的唯物主义者，进步思想家。他的唯物主义认识论，是在同当时谶纬迷信所宣扬的神秘主义思想斗争中建立起来的，然而在他的认识论中也包含着某些神秘的成分。如他相信祸福到来事先有预兆，可以"案兆察迹"，进而相信星占术、相命术，这又使自己或多或少地沾上了神秘主义的色彩，可见当时黎民百姓对相面术的推崇。到了东汉末年，王符对面相又做了进一步的发挥，他说："夫骨法为禄相表，气色为吉凶候，部位为年时。"（《潜夫论·相列篇》）这样，骨法、气色、部位就构成了面相的一个相当完整的体系。

　　东汉以后，面相术不断发展，历代都有一批著名的相命家，如魏晋南北朝的管辂、朱建平、张裕、刘琬等。到了隋唐之际，出了一个大相术家，此人就是袁天纲，他曾为武则天相面。《太平广记》中有一段相当生动的记述："唐则天之在襁褓也，益州人袁天纲能相，士䕶令相妻杨氏。天纲曰：'夫人当生贵子。'乃尽召其子相人，谓元庆、元爽曰：'可至刺史、终亦屯否。'见韩国夫人曰：'此女大贵，不利其夫。'则天时在怀抱，衣男子衣服，乳母抱至，天纲举目一视，大惊曰：'龙睛凤颈，贵之极也。若是女，当为天下主。'"这则故事来自民间传说，袁天纲的预言是巧合还是伪造，都很难说，不过从这则故事可以看出唐人对相面的崇信。骨相发展到唐代，不仅相骨，还出现了摸骨。《太平广记》中也记载了一则瞎子看相人，用手摸人脸骨来预言吉凶祸福的故事："唐贞元末，有相骨山人，瞽双目，人求相，以手扪之，必知贵贱。房次卿方勇于趋进，率先访之，及出户时，后谒者盈巷。觌次卿已出，迎问之曰：'如何'。答曰：'不足言，不足言。且道个瘦长杜秀才位极人臣，何必更云。或有退者。后杜循果带相印镇西蜀也。"

　　相命理论，东汉以后继续有所发展，相人之法也更为细致。魏晋南北朝时期出现了一批相命著作，如魏王朗的《相论》、梁陶弘景的《相经序》、梁刘孝标的《相经序》，连曹植也著有《相论》。这些著作的一个共同特点，就是强调相形；而形，又强调奇形，认为天生之奇形，是天生的"神睿"，"天姿之特达，圣人之符表"。形越奇似乎就越富贵。曹植《相论》中说："宋臣有公孙吕者，长七尺，面长三尺，广三寸，名震天下。若此之状，盖远代而来，非一世之异也，使形殊于外，道合其中，名震天下，不亦宜乎。"由于强调奇形贵人相术，便有了武则天的"龙睛凤颈"；唐太宗的"龙凤之姿，天日之表"。也有了明成祖的"龙行虎步，日角插天"。到了宋代相命术的著作大量出现，郑樵《通志·艺文六》中记载的相术著作就有七十三部之多。这里需要着重提出的是明以来广为流传的《麻衣相法》、《柳庄相法》和《相理衡真》。《麻衣相法》大概成书于宋代，传说中国道教著名人物、宋代的陈搏曾拜一位麻衣老翁为师，学习相法，此书大抵与此有关。《柳庄相法》是元末明初著名相术家袁珙和袁忠彻父子的著作。集历代相术著作之大成的《相理衡真》为清代陈淡埜所著。

相术家对人的骨骼、身体各个部位的比例，五官形状、面部气色、手足纹理，以致人体的各种器官都要细致观察，各种相书所列的相目繁简不一，内容亦不尽相同。相目最多的大概要算敦煌民间《相书》，在九个残卷中，写有三十六篇（项），第一篇已佚失，三十五篇的具体相目有：相躯干、相五官、相六府、相面、相发、相额、相眉、相眼、相鼻、相耳、相人中、相唇、相口、相齿、相声、相舌、相颐颌、相玉枕头、相背胸臆、相心肋腹、相奶肚脐、相玉茎袋器、相脾膝、相脚踝、相行步、相臂手、相毫毛、相人面三亭、相男子、相女人九恶、相额文、相手掌文、相脚足下文、相人面色、相妇人背痣。特别令人惊奇的是，看相居然包括看生殖器。第23篇"相玉茎袋器"，就是相男子阴茎和阴囊，共从条："1. 凡人玉茎如鸟，阴而不显、生毛、违妻。2. 玉茎头上有黑子者，贵。3. 遂（阴）囊如烂椹色，多智富。4.（玉茎）旁有黑，妨子孙。大□□□大起处，毛多迹（迹为隐意），多衣食。5. 阴头有黑子者，国师。6. 阴茎中睿黑子，二千石。7. 阴茎本中有黑子，男得贞妇，女得贞夫。8. 一说云："黑子生阴头贵。"相命家不仅能相男子生殖器，也能相女子生殖器和乳房，敦煌《相书》写卷中就有如下的内容："1. 妇人玉泉毛迹孔，宜子孙。2. 女人黑子著阴左右，应作公王妻。3. 女人产孔有黑子，贵。4. 女人阴毛中有黑子，多婬。"另有"女子乳间有毛者，生贵子"的条文。相生殖器和乳房，连现代妇女也不敢想象，足见唐代妇女思想之解放，这也可视为中古民俗意识和社会民俗的反映。上述条文中，主要是观察黑子的部位，这是继承了人体"黑子"主贵的传统观念。黑子，也称黑痣、黑记，古代又称"黡（演）子"。相命理论认为身体及躯干有黑子者，对男子来说都是贵人之相。如刘邦"左股有七十二黑子"，安禄山两足皆有又黑又大的黑子。而对女性来说则相反，如《相妇人背痣图》所示，颈下及双肩的黑子都是凶痣。相人虽然概括了人体从头到脚的各个部位，但是流行于民间的主要是相面、相手。

面相术

五官是面相术的重要组成部分，相面主要是论五官。五官，指眉、眼、鼻、口、耳。在面相术中，五官又有特定的名称：眉为保寿官，眼为监察官，耳为采听官，鼻为审辨官，口为出纳官。面相术除论五官外，还论头、额、印堂（两眉之间的部位，又称"命宫"）、法令（鼻翼旁边两条下伸到嘴唇旁边的纹路）、唇、舌、颧、发、骨、肉、声音和气色。相术家在为人相面时对面部的各种器官和各个部位进行具体分析后，都从整体上进行论证。相书对面部器官的位置和长相都有结论性的判词，在相面时可以对号入座。

眉："翠眉入鬓，位至公卿。眉如弩弓，衣食不穷。眉高耸起，威权禄厚。眉毛长垂，高寿无疑。盾毛润泽，求官易得。眉如初月，聪明越越。眉长过目，忠直有禄。眉毛细起，不贤则贵。眉角入鬓，为人聪俊。眉如弯弓，性善不雄。眉如高直，身当清职。眉清高长，四海名扬。眉清有彩，孤腾清高。眉交不分，早岁归坟。眉如扫帚，恩情不久。眉短于目，心性孤独。眉如新月，好善贞洁。红黄之气，荣贵喜庆。眉不盖眼，财离人散。眉骨棱高，长受波涛。眉散浓低，一生孤贫。眉毛相连，寿命难全。眉毛生毫，寿命坚牢。眉头纹破，坎坷多难。眉毛过目，兄弟和睦。眉毛中断，兄弟分散。短促不足，分散孤独。眉毛逆生，兄弟不和。眉头婆娑，女少男多。眉秀神和，必享清福。眉毛纤细，重重伎艺。眉中黑子，必有伎俩。眉如新月样，名誉播四方。眉长于目，兄弟五六。眉如扫帚，兄弟八九。与目同等，兄弟一两。短不及目，兄弟不足。纵有一双，也非同腹。"（《相理衡真》）

"眉是人伦紫气星，棱高疏淡秀兼清。一生名誉居人上，食禄荣家有盛名。眉浓发厚人多贱，眉逆毛粗不可论。若有长毫过九十，愁容蹙

短少田园。"（《麻衣相法》）

眼："眼如点漆，聪慧文笔，举止从容，清名远烈。目秀而长，必近君王。目长一寸，必佐圣主。目如凤鸾，必定高官。龙睛凤目，必食重禄。目烈有威，万人皈依。目尾朝天，福禄绵绵。两睛常明，贯朽粟陈。两眼藏睛，富贵高名。眼似鲫鱼，必定家肥。目大而光，多进田庄。目短眉长，愈益田粮。目头破缺，家财歇灭。目露面白，阵亡兵绝。眼如鸡目，性急多毒。睛黑口阔，性灵文博。目有三角，其人必恶。目光如电，贵不可言。目如卧弓，必定奸雄。眼如深露，诡诈多妒。眼细而倾，机关莫测。眼似虎盼，威严莫犯。红眼金睛，不认六亲。目细深长，执拗不良。黑白分明，其人聪慧。"（《相理衡真》）

"眼如日月要分明，凤目龙睛切要清。最怕黄睛兼赤脉，一生凶害活无成。浮大羊睛必主凶，身孤无着贷财空。细深多是无心腹，斜视之人不可逢。"（《麻衣相法》）

鼻："鼻似截筒，衣食丰隆。鼻如悬胆，家财巨万。鼻准圆红，不受贫穷。鼻耸天庭，四海驰名。鼻高洪直，宝贵无极。鼻如缩囊，到老吉昌。鼻如狮子，聪明达士。鼻高而昂，仕宦荣昌。鼻上光泽，富贵盈宅。鼻头短小，一生贫夭。鼻直而厚，王子诸侯。鼻若广长，必多伎俩。鼻梁不正，中年遭困。鼻梁无骨，必遭夭没。露肯鼻薄，一生漂泊。"（《相理衡真》）

"鼻如悬胆身须贵，土曜当生得地来。

若见山根连额起，定知荣贵至三台。

鼻头尖小人贫贱，孔仰家无隔宿钱。

又怕曲如鹰嘴样，一生奸计不堪言。"（《麻衣相法》）

耳："耳如提起，名播人耳。两耳垂肩，贵不可言。耳耸相朝，富贵官高。耳薄无轮，祖业难存。耳白过面，名满天下。棋子之耳，成家立计。耳有垂珠，衣食有余。耳门广阔，聪明豁达。耳有成骨，寿命不促。耳高于目，食受师禄。高眉一寸，永不贫困。耳高轮廓，亦生安乐。耳有刃环，五品官高。耳门垂厚，富贵长久。耳有毫毛，富贵寿高，为人安乐，灾难不遇。耳门宽大，富寿久耐。光明润泽，财源不绝。耳坚如木，到老不哭。两耳朝口，衣禄不少。轮廓相成，有利有名。耳薄如纸，夭死无疑。耳薄向前，卖尽田园。两耳张风，卖田祖宗。反而偏侧，居无屋宅。耳反无轮，祖业如尘。轮廓桃口，性最玲珑。耳薄无根，必夭天年。尘粗黑焦，贫薄愚鲁。耳里飞花，离祖破家。耳下骨圆，剩下余钱。耳门窄小，命短食少。耳窍容针，家无一金。耳门如星，二十之客。两耳贴肉，富贵自足。（《相理衡真》）

　　"轮廓分明有坠珠，一生仁义最相宜。

　　木星得地招文学，自有声名达帝都。

　　耳反无轮最不堪，又似箭羽少资粮。

　　命门窄小人无寿，青黑皮粗走异乡。（《麻衣相法》）

　　口："口如泼砂，食禄荣华。口如抹丹，不受饥寒。口如红硃，富贵相宜。口如中唇，必是贤人，非特口德，又且性纯。口如角弓，位至三公。口紫而方，广置田庄。口角不张，缺乏储粮。口不见唇，主有兵权。口大容拳，位至公侯。重两角，衣食消缩。口角高低，奸诈便宜。口尖如婆，与乞为邻。口如缩囊，饥饿无粮，纵然有子，必主别房。口如缩螺，常乐独歌。口边紫色，贪财妨害。口如撮聚，破产飘蓬。口不见齿，老亦成立。口唇乱纹，一世孤单。口如吹火，到老独坐。口上生纹，有约无成。轻薄口唇，惯说他人。口阔又丰，食禄万钟。口角向上弯，终身不怕难。"（《相理衡真》）

　　"贵者唇红似泼砂，更加四字足荣华。

　　贱贫似鼠常青黑，破尽田园不住家。

　　水星得地口唇方，荣贵肥家子息昌。

　　上下各偏棱角薄，出言毁谤大难防。"（《麻衣相法》）

　　头：头骨短圆，福禄绵绵。巨鳌入脑，尚书到老。中头四方，富贵吉昌。燕颔虎头，威镇九州。耳耸头圆，万倾田园。头皮宽厚，富贵现在。额头尖大，夫妻必碍。头小颈长，贫乏异常。蛇头屈曲，糟糠不足。男子头尖，福禄不全。鼠目獐头，富贵难求。蛇头平薄，财物寥

落。头大好古。头小愚鲁。额如鸡卵，庸俗之党。头大无角，腹大无
橐，不是农夫，必是屠割。青色聪明，白色伶仃，黄色贫贱，白色多
恨。"（《相理衡真》）

"头短者欲圆，头长者欲方。骨取半而起，皮取厚而润。两角骨起
为卿相，天庭平满定家丰。天削者刑伤（指天庭狭窄），地削者贫夭
（指地阁狭窄）。太阳穴有骨名曰扶桑骨，耳后有骨名曰寿骨，主长寿，
低陷者贫夭。耳上有骨名曰玉楼骨，并主福寿。老祖诗曰：顶平头圆额
又方，定主富贵早功名。五岳相朝四渎深，清贵声名四海闻。头顶平窝
仙圣品，脑后连山富贵流。头小颈长贫且夭，蛇头屈曲食糟糠。顶骨连
鼻终拜相，脊骨连枕武侯封。头偏额削难言寿，仓空根陷定财空。头圆
方颈还多福，头尖颈细苦忧忧。虎头燕颔封侯相，兔头鳖脑性轻浮。"
（《神相水镜集》）

　　额："头小而窄，至老孤厄。额大面方，至老吉昌。额角高耸，职
位崇重。天中丰隆，仕宦有功。额阔面广，贵居人上。额方峻起，吉无
不利。额莹无瑕，一世荣华。"（《神相全编》）

　　印堂："印堂润，天庭广，日月角开，眉目得其舒展，两颧得其有
印。天庭高爽，印堂平阔，土星（指鼻）直贯天中，兰庭（指鼻翼）准
头朝拱，可掌八方之印绶。印堂倾陷，额角尖塌，眉头交锁，腮短少
髯，定主多业多破，常忧常虑。印堂侧而山根断，鱼尾（指眼角）低而
仓库陷，妻子难为。印堂宽广，两目秀长，定应功名显达。印阔颧开，
可得呼聚喝散之权柄。印堂圆满，早有腾升。印堂大忌纹冲痣破，主一
生刑伤破败无休。印堂又为紫气星，一身气色之聚处，福堂印堂准头三
光气运明亮，定主名利两通。"（《神相水镜集》）

　　"命宫光明，定超群方众之士。印堂开阔，操出生入死之权。"（《相
理衡真》）

　　法令："法令者，主号令之端肃，上能连接八部三台之拱应，下能
带令地阁仙库之归朝。兰庭分明清楚为贵，两旁为根基，长而至地阁者
为寿带。短而入口者为腾蛇。腾蛇侵入水道，饿死台城。财食艰难，只

因漏糟侵破。丰衣足食，只为纹理圆长。缺柴少米，皆因法令冲破。法令紫色，喜兼勅命。法令青灰，灾病来侵。"（《神相水镜集》）

唇："唇为君、齿为臣。唇为口之城郭，舌之门户，一开一阖，荣辱之所系也。故欲端厚，不欲尖薄。欲红润，不欲黑白。上下唇相当，为人宽厚。上下俱厚，忠信而好集文章。上下俱薄，妄言而劣。上唇长而厚，主命长。下唇长而薄，主贪食。龙唇者富贵，羊唇者贫贱。唇尖撮者穷死，唇坠下者孤寒。唇若绽血无纹，为人自满不谦。唇若周围有棱利者，忠信。唇含丹者贵而多富，青而灰黑者多病而夭。唇色杏红，不求自丰。唇如鸡肝，久病少痊。"（《神相水镜集》）

舌："舌至准头，位必封侯。舌大而方，位至王公。舌上长理，王公可拟。舌小多纹，安乐不已。舌如朱红，位至三公。舌长而薄，万事虚耗。舌短唇长，晚年慌忙。舌薄而小，贫穷无了。舌小口大，言语捷快。舌头粗大，饥饿无怪。舌小而短，贫贱所管。舌上黑子，必无终始。舌上绣纹，奴马成群。舌大口小，言语不了。舌厚而长，仕宦吉昌。舌有交纹，贵气凌云。舌无纹理，寻常之子。舌似红莲，广积田园。未言舌见，多招人怨。"（《相理衡真》）

颧："双颧插天，两目有威，方有威权，万人皈依。颧高鼻丰地阁（指下巴）朝，中年享用到老。颧高颐削，作事难明，晚岁伶仃。独颧无面，中年败业，有面无颧，为人少力。颧起鼻高颐又丰，晚岁更多钱益。颧高鬓疏，老见孤独。颧高插天，目长印满，面起重城，贵享八方之拱。若目大睛浑，印陷眉低，又为文星失陷，印绶无根，但得贵人之权力，非贵器也。颧高鼻陷，多成多败。鼻高颧拱，主多帮助。须清鬓秀，必得贵人之力。紫气侵颧主大吉。青气侵颧，兄弟口舌。"（《神相水镜集》）

发："侵眉乱额，多见灾厄。鬓发粗疏，财食无余。鬓发乱燥，忧愁到老。头小发长，散走他乡。发黄而焦，不贪则夭。发短如拳，立性刚强。或赤或白，必主贫贱。发细润泽，直求官职。发细如丝，荣贵之资。发鬓乱生，狡诈人憎。发中赤理，必主兵死。额发乱垂，妨母之

宜。鬓发不齐，克害妻儿。发稀而细，有名有利。发粗如麻，穷苦多磨。"（《神相水镜集》）

  "发疏光润具天慧，秉性仁慈亦浑融。

  若得眉清兼目秀，何愁身不到穿宫。

  光如黑漆细如丝，便是人间富贵姿。

  广发长垂尤迈俗，南形北相更矜奇。

  头小发长性倔强，发长额窄命难长。

  发生到耳贫顽子，发卷如螺带克伤。"（《相理衡真》）

  骨："人身骨法，莫出于头额颧之骨。头骨之奇者，莫出于脑骨。脑骨成枕者，如山蕴有玉，江藏有珠。故人虽有奇骨，亦必形貌相当，神气清越，方受天禄。夫额之伏犀骨，其名不一，有朝天伏犀、武库伏犀，主大贵。《博物志》云：龙头上有一物，如博山形，名尺木。龙无尺木，不能开天，可见头骨最为紧要。内府百合骨起者，边塞之职。辅角骨起者，藩抚之职。边地骨起者，侍郎给事侍中之职。日月角骨起应天庭者，宰辅之权。司空骨起，公卿之位。中正骨起，二品三品之任。太阳穴有骨，名曰扶桑骨。耳上有骨，名曰玉楼骨，并主富贵。耳后有骨，名曰寿骨，主寿。印堂有骨隆起，如分五指，大入发际者，名金城骨，一曰五柱骨，主贵。印堂有骨至天庭，名天柱骨，刺史之职。日月角两骨至耳，名将军骨，主极品。眼下有独骨，名奴仆骨，为人驱使。耳后棱棱骨起，为罗汉骨，主孤寿。鼻上突起反吟骨，中年破败。"（《相理衡真》）

  肉："肉当坚而实，骨当直而耸。肉不欲在骨之内，为阴之不足。骨不欲生肉之外，为阳之有余。故人肥则气短，马肥则气喘，是肉不欲多，骨不欲少也。乃阴阳和平，刚柔得中，骨肉相称，理之善也。故暴肥气喘，速死之兆。肉不欲横，横则性刚而多横。肉不欲缓，缓则性柔而多滞。肥不欲纹满者，近死之应。肉欲香而煖，色欲白而润，皮欲细而滑，皆美质也。"（《太清神鉴》）

  "骨人肉细滑如苔，红白光凝富贵来。

揣着如绵兼又煖，一生终是少凶灾。

肉紧皮粗最不堪，急如绷鼓命难长。

黑多红少须多滞，遍体生光性急刚。"（《神相全编》）

声音："人有声犹钟鼓之响，若大则声宏，若小则声短。神清气和，则声温润而圆畅也。神浊气促，则声焦急而轻嘶也。

故贵人之声，出于丹田之内，与心气和通，汪洋而外达。何则？丹田者，声之根也。心气者，声之端也。舌端者，声之表也，夫根深则表重，根浅则表轻。若夫贵人之声，则清而圆，坚而亮，缓而烈，急而和，长而有力有威。若音大如洪钟发响、音小似寒泉飞韵，接其语则粹然而后动，与之言则悠悠而后应。是以声之善者。远而不断，浅而能清，深而能藏，大而不浊，小而能新，余响激烈，笙簧宛转流行，能圆能方，如斯之相，并主福禄长年。若夫小人之声，发于舌端，喘急促而不远。不离唇上，紊杂而断续，急而又嘶，缓而又涩，深而带滞，浅而带躁。或大而散，或如破鼓之声，或如寒鸡哺雏，或似孤雁失群。细如蚯蚓发吟，大以寒蝉晚噪。雄者如犬暴吠，雌者似单孤鸣。如斯之声，皆为浅薄也。或男作女声细者，一世孤穷；女作男声暴者，一世妨害。"（《太清神鉴》）

相脸色，又称气色，根据人脸上的颜色来判断吉凶。相脸色（看气色），是以古人对颜色的传统看法为依据的。脸色分黄、黑、白、青、赤五种颜色。黄色是吉祥之色，面呈黄色，便为大吉大利。其他四种颜色都是不吉之色，称为恶色。黑色是凶恶的颜色，是死亡的征兆。白色是较恶的颜色，是丧、病、忧、哭的征兆，青色与白色的征兆相同。赤色为中性象征，遇恶色（如黑、白、青）则变凶；遇着色（如黄色）又变吉。如面孔发赤，则是打斗、受伤失妻、流血和讼事的征兆。

手相术

手相术是根据手纹推测人的吉凶祸福、未来命运的一种方术。手纹学起源于周代，此后历代都有探讨手纹的著述。古代正规研究手纹，一般均和医治疾病有关。到了中古，手纹才被相术家概括为推算人的命运的手相学。手相学大体包括三个方面的内容：（1）指纹相术；（2）手指相断法；（3）分析生命线相术。

指纹相术把指纹分为三十二个类型：皆涡纹（天幸纹）、宠涡纹、亲幸纹、感通纹、照满纹、性急纹、不定纹、雷鸣纹、潜龙纹、畅和纹，三光纹（大过纹）、散解纹（渔纹）、三鼎纹、善果纹（离纹）、后荣纹（革纹）、万慎纹（节纹）、凤地纹（观纹）、速随纹（颐纹）、济喜纹（临纹）、雁连纹（二连纹）、人和纹（咸食纹）、集迟纹（屯纹）、残花纹、旋意纹、常守纹、溺水纹、渐吉纹、威德级、兵器纹、虎游纹、后盛纹、皆纹纹（坤纹）。这三十二种指纹，反映出不同的性格和命运。比如，皆涡纹（天幸纹），五指纹均卷成涡状。这种人正直、威严、刚强；如在左手，中年一定兴旺；如十指皆为涡状，好则走上最高，坏则落至最低。后盛纹，仅拇指卷涡，其他全为流线纹。这种人能干、顽固，幼年至中年，时而命运不济，晚年可获成就。

手指相断法，按手指的形状，男女各分三类。男性：（1）拇指坚实，不向指甲面弯曲，各指端为方形或方圆形，短指甲，食指比无名指长，指饱满。这种类型的人，在事业上有作为。（2）拇指不坚实，各指端方圆形，无名指长过食指，指甲长短不论。这种类型的人一生平凡，无大作为。（3）拇指软弱，严重向指甲面弯曲，指端呈尖形或圆形，食指短、无名指长，小指短而弯曲，或短而不曲，每个指间有漏缝。这种类型的人在事业上很难获得成功，家庭亦不幸福，属于庸碌之辈。女性：（1）十指尖尖，饱满面不粗壮。这种类型的人多为贤妻良母。（2）拇指坚硬，指端呈圆形或方形。这种类型的人，婚姻上多有波折，难以成家。（3）拇指与其他各指均坚硬，指端呈尖形、方形或方圆形。这种类型的人多为普通妇女。

分析生命线相术，通过对手掌上各种线纹的分析来预测后果，主要是分析生命线。生命线指拇指与食指之间所发源的那条延伸到腕间的股线。这条线越长，表示生命力越强韧，寿命越长久；生命线短，表示生命力软弱，多疾病，但不一定表示寿命短。因为，生命线长，有的也有旁线的干扰，而使命运变坏。生命线短，有的也有好线补救，反而变好。生命线呈弧形大弯曲，一直延伸到拇指球下的掌边，表示长寿。若在下部中途断线，则表示命短。至于生命线和旁线的关系，亦有多种表现和反映，多为臆测的无稽之谈。

五、堪舆·罗盘

堪舆

堪舆又叫相地术、地理、相宅、青乌、青囊术等，民间叫做看风水。它是指导人们确定阳宅（住宅）和阴宅（坟地）的位置、朝向、布局、营建等一系列的主张和方法，是选择宅基和坟地的风向山水的一种术数。"堪舆"，堪（通勘）意为勘察，舆指地，即勘地之义。亦解释为"堪，天道也；舆，地道也"（许慎《淮南子·天文训》注）。"地理"之称，是与"天文"对言，理，与文同义，指文理，脉络，变化规律。"青乌"得名于汉代（一说黄帝时）相地家青乌子，一称青乌先生。"青囊"得名于郭璞的《青囊经》，郭璞因此书而被尊为相地舆之祖师。我国古代专营相地职业者被称为"地理先生"或"风水先生"。

我国的传统建筑，传统墓地，无不讲究风水。"风水"一词始见于托名为晋代郭璞所著的《葬书》："葬者，乘生气也。经曰：气乘风则散，界水则止，古人聚之使不散，行之使有止，故谓之风水。"清人范宜宾注郭璞《葬书》："无水则风到而气散，有水则气止而风无，故风水二字为地学之最重，而其中以得水之地为上等，以藏风之地为次等。"由此可见，风水是堪舆、相地术的两大要素。

　　堪舆可能起源于原始村落宅邑的营建，风水最初是一种与地理有关的学问。殷商卜辞中有不少占卜建筑的记载，当时人们把这种在修建城邑房屋之前进行占卜以判明吉凶的活动叫做"卜宅"。关于殷王修建城邑，进行占卜以问吉凶的记录就有"□子卜、宾贞、我乍（作）邑？""乙卯卜、争贞：王乍（作）邑，帝若（诺）？我从，之（兹）唐"。周人自后稷以降，曾多次迁都营建新邑，每次营邑，都要勘察地理，相地占卜以定吉凶。如古公亶父迁岐，《诗经·大雅·绵》中就有这样的描述："古公亶父，来朝走马，率西水浒，至于岐下，爰及姜女，聿来胥宇。周原膴膴，堇荼如饴，爰始爰谋，爰契我龟。曰止曰时，筑室于兹。"意谓古公带着夫人姜女，到岐山下"相宅"（"胥"与"相"同义）。发现此处土地肥美，野菜味甘，通过龟占，得到吉兆，于是就在这里营造宫室。成王营洛邑，亦曾反复"相宅"。《尚书》中描述："予惟乙卯，朝至于洛师。我卜河朔黎水，我乃卜涧水东，瀍水西，惟洛食。我又卜瀍水东，亦惟洛食。伻来以图，及献卜。"由此可见，殷周相地之术，一是根据自然条件，选择适宜的营造地点；二是通过占卜解决能否兴建，在何地兴建，建于何时的问题。相宅的方法基本上是唯物的，至于占卜则含有浓重的迷信成分，这与当时的宗教礼俗有关。事实上，在先秦相宅实践和卜宅活动二者是糅杂并用的。

　　到了战国末年，燕齐方士以阴阳五行附会人事，相地术逐渐脱离周代以前相宅的朴索唯物因素，而披上玄秘的、唯心的色彩，成为一种迷信术数。各种流派、家法，各有传承，但是，大体不出形法和堪舆两派。一派是形法家。《汉书·艺文志》中解释形法的特点为"大举九州之势以立城郭定舍形，人及六畜骨法之度数，器物之形容，以求其声气贵贱吉凶。"可见形法包括相地、相宅、相人、相物，等等。其代表作为《宫宅地形》二十卷（已散佚）。一派是堪舆家，亦称"日者"，讲究立宅下葬的时令，通过观察天象判断地域的吉凶，其代表作为《堪舆金匮》十四卷（已散佚）。但在实际应用中，形法与堪舆的关系密切，所以逐渐相互交融，合而为一，后世流传的看风水就包含着二者的主张在内。

汉代已将阴阳、五行、八卦、四方、四时、五音、十二月、十二律、二十八宿、天干、地支以及数字、色彩相互配合，形成了宇宙的总体构架，这个构架对风水具有特别重要的意义。风水家有所谓"五音看命法"。其辨五音："舌为徵，齿为商，牙为角，喉为宫，唇为羽，以人之姓氏呼之。如其音在舌则为徵姓，余类推。"（见《三命通九》）他们认为人的姓氏分宫、商、角、徵、羽五行，即所谓"五姓"。选择居室和葬地，必须注意它们的方位，时日的阴阳五行，以与五姓相配合。《论衡·诘术》篇在批判"图宅术"中对此作了具体记叙："图宅术曰：'宅有八术，以六甲之名数而第之，第定名立，宫商殊别，宅有五音，姓有五声，宅不宜其姓，姓与宅相贼则疾病死亡，犯罪遇过'。""图宅术"将住宅和宅主的姓名联系起来推测，是以五行的相生相克原理作为理论依据的。关于通过观察天象判断地域的吉凶，从而决定下葬立宅的时令，《论衡·诇时篇》中讲得也很清楚："世俗起土兴功，岁月有所食，所食之地必有死者。假令太岁在子，岁食于酉，正月建寅，月食于巳，子、寅地兴功，则酉、巳之家见食矣。"风水家把营造时日和观天相扯在一起，认为动土兴功，必须考虑黄道、太岁、月建等天体运行情况。如果于太岁在子之年动土，月建在寅之月，而在地上子位寅位动土，那么，势必殃及酉位巳位的居民，甚至死人。这就是谚语说的"太岁头上动土"，自找苦吃。葬地同样如此，"葬避九空地臽及日之刚柔、月之奇耦。日吉无害，刚柔相得，奇耦相应，乃为吉良，不合此历，转为凶恶"。（《葬历》）在风水家看来，如能择一吉日，选一善地营葬，则被葬者后世自有富贵。《晋书·羊祜传》中讲了这样一个故事：风水家曾对晋朝名相羊祜说，他家的祖坟上笼罩着帝王之气，如将这风气破坏，就会绝后。羊祜担心会引起皇帝的猜忌而遭杀身之祸，遂将祖坟上的风水破坏。这位风水家察看现场后又说，破坏得不彻底，虽不至于绝后，但犹出"折臂三公"。后来，羊祜果然坠马折臂，"位至公而无子"。

看风水（相地术）的核心是"风水"。何谓风水？郭璞有"藏风得水说"，认为"藏风聚气，得水为上"。从我国原始社会后期聚落的特征来看，一是环境近水，二是方位朝阳。这种聚落布局模式可以归纳为四个字："近水向阳"，这正是后世风水讲求的基本模式。最为风水家所推崇的乃是公刘迁豳。《诗·大雅·公刘》中描述豳地的形貌为"笃公刘，既溥既长，既景遒冈，相其阴阳，观其流泉。其军三单，度其隰原，彻田为粮。度其夕阳，豳居允荒"。环境、朝向都很理想，这就是后世风水家所称道的"背山面水"模式的一块利国富民的风水宝地。风水又有"四灵说"，见于《葬书》："故葬者以左为青龙，右为白虎，前为朱雀，后为玄武。"这也是阳宅风水关于住宅环境的理想模式。据考据，以"四灵"比拟地形的最早记载，见于《三国志·魏书·管辂传》："辂，随军西行，过毋丘俭墓，倚树哀吟，精神不乐，人问其故，辂曰：林木虽茂，无形可久；碑言虽美，无后可守；玄武藏头，苍龙无足，白虎衔尸，朱雀悲哭，四危以备，法当灭族。不过二载，其应至矣。"及至唐宋时代，与"四灵说"同时流行的还有"水口论"。风水的理论相当驳杂，但不外乎形法和理法两大类。形法，又称峦头，承袭江西派之说。"其为说主于形势，原其所起，即其所止，以定向位，专指龙、穴、砂、水之相配。""龙者何？山之脉也，……土乃龙之肉，石乃龙之骨，草乃龙之毛。"（《陔余丛考》）龙，指地脉之行止起伏。砂，指主龙四周的小山。砂与龙之间存在着一种主仆关系。风水家根据砂山形体来判断吉凶。尖圆方正呈珍贵之物状者为吉，歪邪破碎似凶恶之器者为凶。对阳宅来说，观砂时还特别注意左右护砂，并且根据风向分为上砂与下砂。若风从右边来则右边之砂为上砂，上砂要长、高、大，"盖收气挡风落头结构全赖于此"。水，水随山而行，山界水而止，水与山不可分离。入山首先要观水口。水口本有流入之处和流出之所两种，流入之处要开敞，流出之所应封闭，是谓"源宜朝抱有情，不宜直射关闭，去口宜关闭紧密，最怕直去无收"。（《地理大书》）此外，还要观察水城（指水的形局），审理水态，注意水流（水的流向以由西向东流为佳）。穴，指阳基，即住穴所立之基。阳基"喜地势宽平，局面阔大，前不破碎，坐得方正，枕山襟水，或左山右水"。（《阳宅会心集》）通常阳基又与明堂（指阳宅大门之前方的范围）合而论之。明堂亦宜宽敞大聚。龙、砂、水、穴本身的条件及其相互间的关系是决定建筑基址及位向布置的四大要素。考察四大要素的同时，还要注意望气（望山川所升之气，以辨其龙之结作）、尝水（品水味可知地脉之美恶）、辨土石（土石决定阳基的取舍）。由此可见，"觅龙、察砂、观水、点穴"的考察和踏勘乃是构成风水形法的主要内容，也是看风水的起点。

理法，又称作理气。"地径是山川，原有形迹之可见，天纪是气喉，未有形迹之可窥，故必罗经测之，定其位而察其气……阅冈峦而审龙定气、验地中之形类，鉴砂水之吉凶"。（《天机素书》）理法在考察山川形气之时，以八卦、十二支、天星、五行作为理论根据，同时重视以罗盘定方位。此如流行于清代的《八宅周书》，赋予住宅方位以"文王八卦"的特性，各方位的数字则依《洛书》的数字安排，用一种"大游年"变爻的方式来推导"宅"与"命主"（即主人的命数）的配属吉凶。

大游年变爻法是通过八卦的变爻来判断吉凶。卦每变一爻即成另一卦，同时产生另一术语叫做"九星"，每卦爻变可变七次（七种不同形式），变换七次循环回复原状。试以乾卦为例：变第一爻称为"生气"，由乾☰变为兑☱，吉；变第二爻称为"绝命"，由乾☰变为离☲，凶；变第三爻称为"祸害"，由乾☰变为巽☴，凶；变第一、二爻称为"五鬼"，由乾☰变为震☳，凶；变第二、三爻称为"天医"，由乾☰变为艮☶，吉；变第一、三爻称为"六煞"，由乾☰变为坎☵，凶；三爻皆变称为"延年"，由乾☰变为坤☷，吉；本卦（不变）则称为"辅弼"（又称伏位），吉。

九星：生气"贪狼"木，上吉；延年"武曲"金，上吉；天医"巨门"土，中吉；伏位"左辅"木，小吉；绝命"破军"金，大凶；五鬼"廉贞"火，大凶；祸患"禄存"土，次凶；右弼，不定。在决定住宅方位时，首先要看住宅的坐向属于八卦中的哪一卦（即推导住宅的属性），如坐北朝南，称为"子山午向"。在推导时必须遵循三条规则：

（1）根据"野马跳涧"口诀："野马跳涧走，从寅数到狗，一年隔一位，不用亥子丑。"判断住宅属性，子山午向属"坎"性，称为"坎宅"。
（2）根据"阴阳之气"将八卦分为两组：乾、兑、艮、坤为一组，称作西四宅；离、震、巽、坎属东四宅，所以只能住属于东四命的宅主人。
（3）宅主人的命亦归属于八卦的属性。一般采用"三元法"推算宅主的出生年月，以六十甲子为一元，共上、中、下三元。风水家将上述方法列表，以查找宅主八卦属性，分为东四命或西四命，再根据宅的属性，按照"大游年变爻法"，推断住宅各个方位上"九星"流布，从而决定住宅各个方位的吉凶。

　　关于各命坐向，皆有规定：亥卯未命，宜坐北（大进方）向南大吉，坐东（小进方）向西次吉，坐南（退方）向北可用，不宜坐西向东，犯坐煞大凶。寅午戌命，宜坐东（大进方）向西大吉，坐南（小进方）向北次吉，坐西（退方）向东可用，不宜坐北向南，犯坐煞大凶。巳酉丑命，宜坐南（大进方）向北大吉，坐西（小进方）向东次吉，坐北（退方）向南可用，不宜坐东向西，犯坐煞大凶。申子辰命，宜坐西（大进方）向东大吉，坐北（小进方）向南次吉，坐东（退方）向西可用，不宜坐南向北，犯坐煞大凶。各命指人之生年，例如，亥卯未命，即在亥卯未年出生者，煞是可向、可看不可当。退方宜取大进，生旺秀气合补，反凶招吉无妨。住宅、坟墓、神位、灶位、安床（床位）都论此坐向。

　　理法看风水，还有"紫元飞白法"、"阳宅三要和阳宅六事"及"三合宅法"。"紫元飞白"出现于明朝初年，也是以宅的卦位和人的命运相配以推断吉凶，常与《八宅周书》配合使用。"阳宅三要和阳宅六事"中的三要为户、门、灶；六事为门、灶、井、路、厕、碓磨。三要和六事都是住宅的主要元素，在设计住宅时，按元素的特点进行系统的布局。此法可能源于古代原始崇拜的五祀。"三合宅法"是以一种称作"双山五行"的五行推论作为立论根据。所谓"三合"，即申、子、辰——三合"水"局；寅、午、戌——三合"火"局；巳，酉，丑——

三合"金"局；亥卯未——三合"水"局。

形法和理法中的一些推理方法相当晦涩难懂，夹杂着大量虚无玄妙的东西，一般很难理解，而且两派各执一说。不过，近代的风水家大多主张合而用之，提出"峦头为体，理气为用"的观点，认为既要考虑形势，又要讲究理气。

堪舆家曾将繁琐复杂、玄奥难懂的相地术加以概括，编为"九歌十诀"，即歌分九类，每类十诀：

地有十紧要：一要化生开帐，二要两耳插天，三要虾须蟹眼，四要左右盘旋，五要上下三停，六要砂脚宜转，七要明堂开睁，八要水口关阑，九要明堂迎朝，十要九曲回环。

地有十不葬：一不葬祖顽块石，二不葬急水滩头，三不葬沟源绝境，四不葬孤独山头，五不葬神前庙后，六不葬左右休囚，七不葬山冈缭乱，八不葬风水悲秋，九不葬坐下低小，十不葬龙虎尖头。

地有十富：一富明堂高大，二富宾主相迎，三富降龙伏虎，四富木雀悬钟，五富五山耸秀，六富四水归朝，七富山山转脚，八富岭蛉圆丰，九富龙高抱虎，十（缺）。

地有十贵：一贵青龙双拥，二贵龙虎高耸，三贵嫦娥青秀，四贵旗鼓围峰，五贵砚前笔架，六贵官诰覆钟，七贵圆生白虎，八贵顿笔青龙，九贵屏风走马，十贵水口重重。

地有十贫：一贫水口不锁，二贫水落空亡，三贫城门破漏，四贫水破直流，五贫背后仰瓦，六贫四水无情，七贫水破天心，八贫潺潺水笑，九贫四顾不应，十贫孤脉独龙。

地有十贱：一贱八风吹穴，二贱朱雀清索，三贱青龙飞去，四贱水口分流，五贱摆头挠尾，六贱前后穿风，七贱山飞水走，八贱左右皆空，九贱山崩山裂，十贱有主无宾。

二十八要：龙要生旺，又要起伏；脉要细，穴要藏，来龙要真，局要紧，堂要明，又要平，砂要明，水要凝，山要环，水要绕，龙要眠，虎要缠，龙要高，虎要低，案要近，水要静，前要富，后要神；又要枕乐，两边夹照；水要交，水口要关阑，穴要藏风，又要聚气；八国不要缺，罗城不要泻，山要无凹，水要不返跳，堂局要周正，山要高起。熟读到此，引用无穷。

二十八怕：龙怕凶顽，穴怕枯寒，砂怕反背，水怕返跳，穴怕风吹，山怕乾枯破碎，水怕牵牛直射，砂怕送水走窜，水怕反局倾泻，对山怕胸，龙虎怕压穴，堂怕反斜，前怕枯阴，后怕仰屋，窝农怕顽闷，山方怕八煞，水怕兼八煞，山怕坐泄鬼，水局怕黄泉，龙虎怕断腰，明堂怕野旷，穴前怕堕胎（堕胎指低陷），来龙怕乘煞，高怕伤土牛，低怕脱气脉，胎怕露胎，风怕劫项，水怕淋头，又怕割脚，穴怕乘风，棺怕挨死，龙怕起浪，虎怕窜堂，罗经上面怕双金，立穴乘气怕火坑（相克曰火坑）。

二十二好：龙好飞鸾舞凤，穴好星辰尊重，砂好屯军拥从，水好生蛇出洞，龙好不换正星，穴好凶星藏屏，砂好有朝有映，水好如蛇过径，龙好迎送重重，穴好遮藏八风，砂好屯起千峰，水好形如卧弓；龙好卓笔顿枪，穴好四正明堂，砂好朝阳秀江，龙好如僧坐禅，砂好如人秉笔，水好如弓上弦；龙好有盖有座，穴好有包有裹，砂好有堆有垛，水好有关有锁。

罗盘

罗盘又称"罗经"，为堪舆不可或缺的工具。罗盘集阴阳二气、八卦五行之理、河图洛书之数、天星卦象之形的大成，能相天，"乘气，立向，消砂，纳水"；能测地，"测山川生成之纯爻，以辨其地之贵贱大小"；还能推时，判断吉凶。清人叶泰在《罗盘经》中说："凡天星、卦象、五行、六甲也，所称渊微浩大之理，莫不毕具其中也。"

罗盘普遍应用于明代，不过早在汉代就用"司南"、"六壬盘"卜算日辰，判断方位的吉凶。从出土的六壬盘看，它由同轴重叠的上下两盘构成，上盘圆形称为天盘，下盘方形称为地盘，象征天圆地方。天盘盘面正中是北斗七星，周缘为两圈篆文，内圈是正月至十二月的月将，以数字表示。外圈是二十八宿。地盘四周为三层篆文，内层为四干八维，中层为十二支，外层仍为二十八宿。天盘和地盘上的二十八宿顺序交错排列，和后来的风水罗盘的正针、缝针的二十四向交错的现象十分相似。据专家考证，风水罗盘应为六壬和司南结合的产物。它的磁针很可能是由司南中间的"匙"（又称"柄"，为磁石）衍化的。

罗盘的内容相当繁杂晦涩，从五行来看，它将金木水火土五种要素按不同关系排列，而有老五行（又称正五行）、双山五行、小玄空五行、洪范五行、宿度五行之分。从八卦来看，有先天八卦、后天八卦；六十四卦又有方卦、圆卦。至于阴阳二气，则有静阴静阳、红黑阴阳，等等。罗盘的类型花样繁多，有两三圈的，有六七圈的，有的竟多至四十几圈。从制造地域划分，有以福建漳州、兴宁为代表的沿海式，有以安徽休宁、江苏苏州为代表的内地式。

尽管罗盘结构复杂，但删繁就简，加以破析，它的基本框架不外乎三盘三针，犹如多波段的收音机，除了开关、旋转，其他按钮都属微调辅佐性的数据。三盘三针为：地盘正针，天池内浮针所指南北方位即磁极子午。从直观来看，浮针（指南针）所测之南北是基于地球上的方位，故曰天盘。看风水时用此针"格定来龙"测定山的具体方位。天盘缝针，臬影（臬为古代用来测日影定方位的标杆）所测之南北是基于天上太阳的光影，故曰天盘。看风水时，二十四山方位向左错开半格，即指臬影子午。人盘中针，指北极之子午，以示与天盘、地盘相呼应。看风水时，二十四山方位向右错开半格，即指北极子午。正针与缝针错开半格，是出于对磁偏角的校正。现代物理学测定，磁针所指南北，非地理子午线，其间存在着一个角度即地磁偏角。地磁偏角之值因各地所处经纬度不一而有所不同，且随时有微小差异。由于科学水平的局限和堪舆的神秘化，旧时的风水著述只凭感官直觉，附会五行之气、天地之气来解释地磁偏角这一现象。如《罗经会心集》在解释缝针何以必须向左错开半格时说："盖针体属金，虽经火炼，终不能胜南离真火之气，因避真火之气，故不能指其正位而偏于左，乃五行之气使然。"

运用罗盘测定风水，必须遵循"罗盘八奇"。由于地磁力的影响，罗盘天池内的磁针不断晃动，"罗盘八奇"就是根据磁针晃动的情况，判断地质的优劣，探测地下有无杂物。"八奇"即："搪"，慎也，浮而不定，不归中线，说明地下有古板古器。"兑"，突也，针横水面，不归子午，说明地下必有金属矿质或铁器。"欺"，诈也，以磁石引之，针转而不稳。"探"，击投也，落针而半沉半浮，上不浮面，下不沉底，或一头沉一头浮。"沉"，没也，说明地下有铜器。"遂"，不顺也，针浮而乱动。"侧"，不正也，偏东偏西，不归中线（似上七者皆为不吉之地）。"正"，收藏中线，为吉地。

风水把中国古代哲学、天文学、地理学引入建筑（包括住宅、村落、城镇和墓地），形成气、理、形与数的系统结合，并渗入大量的巫术礼仪；汉代以后，又投上五行的阴影，而使风水理论笼罩在神秘主义的氛围之中，始终没有走出巫术迷信的帷幔。

六、太乙·遁甲·六壬三式

太乙、遁甲、六壬三式是依据干支五行之数推算吉凶的三种方术。太乙式的特征是据时历成"局"；六壬式的特征是以壬为循环之首，分为四课、六十四课或三百八十四课；遁甲式的特征是按天、人、地三重图式循环推算。"三式"以遁甲（奇门遁甲）流传较广。

奇门遁甲是把握"时"、"空"要素的一种方术。时间的因素在于选择吉日良辰，空间的因素在于选择适宜的方位。"穷则变，变则通"；"动者，生吉凶"。（《易经》）动就会发生变化，或向好（吉）的方面变，或向坏（凶）的方面变，主要看时间和空间配合得如何。配合得当，事物就向好的方面发展，产生吉的效果；配合不当，事物就向坏的方面变化，产生凶的反映。"奇门"原为行军择吉之用。根据天地之术数，奇门到山，到向，到方，适合自然，行军、作战即吉。"遁甲"是指在演算时，把"十干"中的"甲"干遁（隐）去，用九千演算。"奇门遁甲"由"奇"、"门"、"遁甲"三个概念组成。"奇"，乙、丙、丁谓之"三奇"。"门"，即方位。休、生、伤、杜、景、死、惊、开谓之"八门"。"遁甲"，遁指隐藏；甲，指六甲，即甲子、甲戌、甲申、甲午、甲辰、甲寅。在"十干"中，甲最为尊贵，藏而不现，隐遁在"六仪"之下。"六仪"即戊、己、庚、辛、壬、癸。隐遁的法则为甲子同六戊，甲戌同六己、甲申同六庚，甲午同六辛，甲辰同六壬，甲寅同六癸。在演算时还要与"九星"配合。"九星"即天蓬星、天任星、天冲星、天辅星、天英星、天芮星、天柱星、天心星、天禽星。若"三奇"遇到八门中的吉门，就得了奇门。

　　传说奇门遁甲术是黄帝发明的。黄帝与蚩尤在涿鹿大战，无法取胜，一天晚上梦见九天玄女下降，把奇门遁用术传授给他，应用此术终于将蚩尤击败。《龙甲书》中说得神乎其神：黄帝致祭于天有感。夜三更时分，忽见轩辕丘上，神光缭绕，天鼓大震，当召纪官同往视之，乃彩凤自天降，啣玉匣一端，长九寸按九宫，阔八寸按八卦。黄帝启匣视之，中有天等文册，龙甲神章，一十八籍，命容成明正其字。乃知是除奸绝邪，灭叛安邦之书。另一说，黄帝由于天神的启示，乃叫"风后"制定奇门遁甲术。后来吕尚（姜子牙）应用奇门辅佐周武王伐纣灭商；张良得黄石公传授，应用奇门扶助刘邦而得天下。应用奇门而著名的历史人物还有诸葛亮、刘伯温等。

　　奇门遁甲在黄帝时代据说是以"时"定局，一年三百六十五日，一日十二时，一年四千三百二十时，一时定一局，所以有四千三百二十局。风后则按冬至阳生，夏至阴生的原则，分为阴阳二遁，约为一千八百局。到了吕尚，又以八卦为据分为八节，每节分三气，每气分三候，一年计七十二候，设七十二活局。张良加以改造，又在七十二局的基础上简化为阳遁九局，阴遁九局。当然，这些传说都是不足为信的，至今尚无任何史料可以证明。《汉书·艺文志》中著录有《风鼓六甲》、《风后孤虚》、《周易明堂》、《周易阴阳》等，但这些书籍均已佚亡，是否和奇门遁甲有关，现在尚无定论。与奇门遁甲有关的记载，最早见于《南齐书·高帝上》："史臣曰，案太乙九宫占推汉高五年，太乙在四宫，主人与客俱得吉，计先举事者胜，是岁高帝破楚。晋元兴二年，太乙在七宫，太乙为帝，天日为辅佐，迫胁太乙，是年安帝为恒帝所逼出宫。"昇明元年，"是岁太乙在杜门，临八宫，宋帝禅位，不利为害，安居之世，举世为主人，禅代之应也。"还谈到史臣以"太乙九宫占"为依据，验证刘宋元嘉、泰始、元徽、昇明年间政局的变化，其中也涉及九宫、八门、太乙和主客问题。看来《南齐书》中所提到的"太乙九宫占"即属奇门。这也证明所谓黄帝创造奇门遁甲之说的虚妄。奇门遁甲既是黄帝所创，何以《左传》、《史记》、孔子的言论以及先秦诸子的著作均无只字记述，直到南北朝时才见诸文字，可见奇门遁甲实始创于两晋之后。

流传的奇门遁甲流派众多，师承不一，定局排盘的方法互有差异。有年家奇门，月家奇门，日家奇门，时家奇门。应用最多的是时家奇门和日家奇门，月家奇门和年家奇门用得较少。因为，从占卜来说，年吉不如月吉，月吉不如日吉，日吉不如时吉，特别是用兵作战，时效性是很强的。流传的奇门遁甲著述很多，被命相家视为经典的《烟波钓叟歌》为时家奇门的代表作。

奇门遁甲的占测主要分天、门、地三盘，所谓"造式三层，以法三才。上层像天而置九星，中层像人以开八门，下层像地以分八卦，以镇八方"。天盘的九宫有九星，中盘的八宫（中官寄二宫）布八门，地盘的八宫代表八个方位，静止不动。在天盘、地盘上都分配着特定的奇（乙、丙、丁三奇）、仪（戊、己、庚、辛、壬、癸六仪），运算时根据具体时日，以六仪、三奇、八门、九星排局，以占测事的关系、性状、动向，选择吉时吉方。奇门遁甲的有关概念，都有特殊的含义，兹介绍如下。

定局　时家奇门所定的一个格局就是一个时辰。我国古代把一天分为十二个时辰（十二地支），每个时辰相当于两个小时，按北京标准时间推为：

23	0	1	2	3	4	5	6	7
	子		丑		寅		卯	

7	8	9	10	11	12	13	14	15
	辰		巳		午		未	

15	16	17	18	19	20	21	22	23
	申		酉		戌		亥	

奇门历法规定，头年冬至上元到次年冬至上元为一个循环，共360日；每日十二个时辰，每个时辰一个格局，全年为4320个格局。实际上，在这4320个格局中，每一局重复了四次。因为，地支是十二个，一年的月份也是十二个，一个地支配一个月份称为"月建"。正月建寅，二月建卯，三月建辰，四月建巳，五月建午，六月建未，七月建申，八月建酉，九月建戌，十月建亥，十一月建子，十二月建丑。古人又把十二地支与四季相配，春季为寅、卯、辰，夏季为巳、午、未，秋季为申、酉、戌，冬季为亥、子、丑。每季的三个月又分为"孟"、"仲"、"季"，正月为孟春，二月为仲春，三月为季春，即寅为孟、卯为仲，辰为季，按此类推，则可得出这样的结论：寅、申、巳、亥分别代表四个孟月，子、午、卯、酉分别代表四个仲月，辰、戌、丑、未分别代表四个季月。同时，一年又有二十四个节气，一个节气十五天，每个节气分上中下三元，每元五天。任何一个节气的上元头一天的地支，必为四仲之一，出不了子、午、卯、酉；中元头一天的地支必为四孟之一，出不了寅、申、巳、亥；下元头一天的地支必为四季之一，出不了辰、戌、丑、未。这样推算下来，全年4320个时辰（局）应用4除（四次重复），而为1080局。由于奇门排局实际演示的仅是从甲子到癸亥的60个时辰的格局（即一个花甲），所以1080再除60，则为18局。就是说用十八活盘就可演示全年所有时辰的格局。亦即所谓"子房（张良）删

提冬至十二节为阳九局，夏至十二节为阴九局，一岁计之十八局，此活局之捷径也。"由此可见，每个时辰定为何局，是受节气和日干制约的，要看这个时辰所在的这一天属哪个节气，是这个节气的哪一元？从冬至开始到芒种结束为阳遁，从夏至开始到大雪结束为阴遁。二十四节气中的"二至"（冬至，夏至）、"二分"（春分、秋分）、"四立"（立春、立夏、立秋、立冬）称为"八节"，是谓"地有八方，以应八节。节有三气，气有三候。如是八节，以因之成二十四气，更乘之七十二候，备焉。"八个节气的上元局数按阳顺阴逆的法则依次推算，即阳遁顺推，如冬至上元为阳遁一局，冬至后面的两个节气为小寒、大寒，依次排列，小寒上元为阳遁二局，大寒上元为阳遁三局。反之，阴遁逆推，如夏至上元为阴遁九局，夏至后面的两个节气是小暑、大暑，依次逆推，小暑上元为阴遁八局，大暑上元为阴遁七局。这是因为"冬至以后，阳爻升进，用阳遁顺，行其生气；夏至以后，阴爻起发，用阴遁逆，行其阳气"。

超神・接气・置闰 一个节气的上元与交这个节气的起始之日（称"符头"）并不完全同步，或在节气的前边，即符头先至而节气未到，这叫"超神"；或符头未到，节气先至，这叫接气。如果节气的头一天和上元的头一天为同一天，这叫"正授"。超神如超过九天就要置闰。"凡一节气，必三十日零五时二刻，以三十日分六局，以余五时三亥置闰。超神不过十日，遇芒种、大雪，超过九日，即置闰也。"置闰就是重复一个节气。如在芒种置闰，就是在芒种下元阳遁九局的最后一天（芒种下元第五天），按芒种上中下三元为阳遁六、三、九的次序再排局一次，然后才开始夏至上元阴遁九局。置闰的三元称作"闰奇"。置闰只能放在芒种和大雪进行，因为这两个节气恰在冬至和夏至之前，阳遁从冬至开始，阴遁从夏至开始，在"二至"之前的节气置闰，便于调整符头，使它和节气尽量接近，以免超得过多。该置闰而不置，就会造成次年所有节气的各元错乱。为了便于记忆，前人曾将超神、接气和置闰内容概括为一首《超接闰奇歌》："闰奇闰奇有妙诀，神仙不肯分明说。甲己二日号符头，子午卯酉为上列。寅申巳亥配中元，辰戌丑未下元节。节过符今符超节，闰积原来为准则。节前得符谓之超，节后得符谓之接。有时超过近一旬，便当置闰真妙绝。要知置闰在何时？端在芒种与大雪。超神接气若能明，便是天边云外客。"

九宫·六仪·二奇　九宫是奇门遁甲排局的框架和阵地，它是"洛书"和后天八卦的结合。其排法为："坎一、坤二、震三、巽四，五乾、六兑、七艮、八离，九乃九宫也。天有九星以镇九宫，地有九宫以应九州，其式托以灵龟洛书之数。戴九履一（即上为九、下为一），左三、右七、二四为肩、六八为足、五足；中宫者，土火之子，金之母，所寄理于西南坤位也。坎一白水居正北，坤二黑土居西南，震三碧木居正东，巽四绿木居东南，中五黄土居中宫，乾六白金居西北，兑七赤金居正西，艮八白土居东北，离九紫火居正南。"简化为：一宫坎（北），二宫坤（西南、中五宫寄北宫），三宫震（东），四宫巽（东南），五宫中（中宫三数为五，寄于坤宫），六宫乾（西北），七宫兑（西），八宫艮（东北），九宫离（南）。六仪，即戊（甲子）、己（甲戌）、庚（甲申）、辛（甲午）、壬（甲辰）、癸（甲寅）。三奇，即乙奇（日奇）、丙奇（月奇）、丁奇（星奇）。"三奇者，按经云：日乃木之华，阳之精所成，乙木为日奇也。本理按经云：正月日出于乙，故以乙为日奇。丁火，南方离明之象，老人星，凡行见于丁位，故以丁为星奇。月照交到丙而下明，故以丙为月奇也。六乙属太阳，六丙属太阳，六丁属里曜，乃三光也。"排局时的次序为：戊、己、庚、辛、壬、癸、丁、丙、乙。所谓几局，是看甲子戊居于几宫？一局就是甲子戊在坎一宫，二局就是甲子戊在坤二宫，其他各局依次类推。例如，从坎一宫起甲子戊，仪、奇次序为：甲子戊坎一宫，甲戌己坤二宫，甲申庚震三宫，甲午辛巽四宫，甲辰壬中五寄坤二宫，甲寅癸乾六宫，星奇丁兑七宫，月奇丙艮八宫，日奇乙离九宫。阳遁二局的排法是从坤二宫起甲子戊，仪、奇依次类推，其原则是顺布六仪，逆布三奇。阴遁九局的排法是从离九宫起甲子戊，仪、奇次序为：甲子戊离九宫，甲戌己艮八宫，甲申庚兑七宫，甲午辛乾六宫，甲辰壬中五寄坤二宫，甲寅癸巽四宫，星奇丁震三宫，月奇丙坤二宫，日奇乙坎一宫。阴遁八局的排法是从艮八宫起甲子戊，仪、奇依次类推，其原则是逆排六仪，顺布三奇。关于排局，《奇门遁甲》有一首《起例诗》："甲乙庚辛壬癸顺，阳仪丁丙乙逆行；休门随军顺数去，甲子起时当仔细。阴转六仪当逆推，乙丙下奇顺而随；门随始时同逆起，休门排位顺风吹。"

八门·九星·八神　八门、九星已在前面讲到。八神即直符、腾蛇、太阴、六合、勾陈（下有白虎）、朱雀（下有玄武）、九地、九天。在八门中，开、休、生三门为吉门；伤、杜、景、死、惊五门为凶门，但凶门也各有所宜之用。关于八门的性质、克应判断，《八门吉凶诗》均有表述：开门：开门欲得临照来，奴婢牛羊百日回；财宝进时地户入，兴隆宅舍有资财。田园招得商音送，巳酉丑年绝户来。印信子孙多拜受，紫衣金带拜荣回。开门大吉，出行四十里内见猪、马，逢酒食。若政治，和人谋起。开门宜远行，所向通达。开门与乙奇临巳，得月精所蔽，为地遁百事吉。开门临三、四宫（即震宫、巽宫），金克木也，凶。休门：休门最好足钱财，牛马猪羊自送来。外口婚姻南上应，迁官职位坐京台。定进羽音入产业，居家安稳永无灾。休门宜修造进取，并有所合出。五十里见蛇、鼠、水物，吉。休门宜合集万事。休门与丁奇临太阴，得星精所蔽，为人遁，百事吉。休门临九宫（即离宫）水克火也。凶。生门：生门临着土星辰，人旺孳牲每称情。子丑年中三七月，牛羊鞍马进门庭。蚕丝谷帛皆丰足，朱紫孙儿守帝庭。南上商音出地进，子孙禄位至公卿。生门出行六十里，见贵人车马吉。生门宜见贵人，求事皆获，又宜婚姻娶嫁，上官吉。生门宜见贵人，营造百事吉。生门与丙奇临戊，得日精所蔽，为天遁百事吉。生门临一宫（即坎宫），土克水也分。凶。伤门：伤门不可说，夫妇又遭迍。疮疼行不得，折损血财身。大灾人枉死，经年有病人。商音难得好，余事不堪问。伤门竖立，埋葬、上官出行俱不吉，只宜捕物、索债、博戏，吉。伤门宜渔猎、捕捉盗贼吉。伤门临二八宫（即坤宫、艮宫），木克土也。大凶。

杜门：杜门原属木，犯着灾损频。亥卯未年月，遭官入狱迍。生离并死别，六离逐时瘟。落树生脓血，祸来及子孙。杜门出行六十里，见恶人，宜掩捕断奸谋。如月奇临，主烽火。日奇临，主弓弩。星奇临，主两女人身着青衫，此应三奇神也。杜门宜邀遮伏诛伐凶逆。杜门临二八宫（即坤宫、艮宫），土克木也。大凶。景门：景门主血光，官符卖田庄。非横多应有，儿孙受苦殃。外亡并恶死，六畜也遭亡。生离并死别，用者要提防。景门小利，宜上书、献策、选士。如出行，三十里外见赤纹大蛇，七十里有水灾。失物，如起造、嫁娶，杀宅长及小口。景门临七宫（即兑宫），火克金也。凶。吉门被克，吉事不成。死门：死门之宿是凶星，修造逢之祸必侵。犯着年年田地退，更防人口损财凶。死门宜行刑、诛谬、吊死、送葬。若射猎出此门吉。远行、起造、嫁娶，主宅母死，新媳亡，大凶。死门临一宫（即坎宫），土克水也。大凶。惊门：惊门不可论，瘟疫死人丁。辰年并酉日，非横入门庭。惊门宜博戏，捕捉、斗讼吉。出行四十里损伤，道路不通。四十里见二人争打则吉，如无，主惊恐凶。惊门临四宫（即震宫、巽宫）金克木也。大凶。

　　九星，吉凶，奇门各派说法不一，一般以《奇门遁甲》中的《九星吉凶诗断》为据：天蓬：天蓬水星字子禽，居一坎宫。歌云：讼庭争竞遇天蓬，胜捷威名万事同。春夏用之皆大吉，秋冬用此半为凶。嫁娶远行应少利，葬埋修造亦闲空。须得生门同丙乙，用之万事得昌隆。天蓬时不宜嫁娶、移徙、斗争、入室及修宫室。天芮：天芮土星字子成，居二坤宫。歌云：授道始交宜芮星，行方值此最难明。出行用事当先退，修造安坟发祸刑。盗贼惊惶忧小口，更宜因事被官嗔。纵得奇门争此位，求其吉事也虚名。天芮时，宜授道结交，不可嫁娶、诉讼、移徙、筑室。秋冬吉，春夏凶。天冲：天冲木星字子翘，居三震宫。歌云：嫁娶安营产女惊，出行移徙遇灾迍。修造葬埋皆不利，万般作事且逡巡。天冲时不宜嫁娶、移徙、入宫、筑室、祠祀、市贾。天辅：天辅木星字子卿，居四巽宫。歌云：天辅之星运行良，埋葬起造福绵昌。上官移徙皆吉利，喜溢人财万事昌。天辅时宜请谒、通财。四时吉。嫁娶多子孙。入宅移徙、筑室吉。天禽：天禽土星字子公，居五中宫附二坤宫。歌云：天禽运行偏宜利，坐贾行商俱称意。投谒贵人两益怀，更兼造墓皆丰遂。天禽时宜远行、商贾，投谒见贵，造葬并吉。天心：天心金星字子襄，居六乾宫。歌云：求仙合药见天心，商途旅福又还新。更将遇葬皆宜利，万事逢之福禄深。天心时，宜疗病合药，不宜嫁娶，不宜筑室祠祀、商贾。秋冬吉，春夏凶。利见君子，不利见小人。天柱：天柱金星字子申，居七兑宫。歌云：天柱藏形谨守宜，不须远出及营为。万种所谋皆不遂，远行从此见凶危。天柱时不宜入官、市贾，惟宜修造、嫁娶，祭祀。天任：天任土星字子韦，居八艮宫。歌云：天任吉宿事皆通，祭祀求官嫁娶同。断减群凶移徙事，商贾营葬喜重重。天任时宜祭祀求福，断减群凶，四时皆吉。又移徙、入官、祠祀、商贾、嫁娶吉。天英：天英火星字子威，居九离宫。歌云：天英之星嫁娶凶，远行移徙不宜逢。上官文武夫□□，商贾求财总是空。天英时，宜蕴身守道，设教修礼。将兵，春夏胜，秋冬败。无子孙。移徙、上官、修营皆吉。春夏用之有喜。八神：直符为诸神之首，六合、太阴、九天、九地为四吉神，螣蛇、勾陈、朱雀为三凶神。八神的特征为：直符：察中央土，为天乙之神，诸神之首。所到之处，百恶消散。事急可从直符所临之方出，此谓'急则从神'。螣蛇：禀南方火，为虚诈之神。性柔而口毒，司惊恐怪异之事。出螣蛇之方主精神恍惚，恶梦惊悸，得奇门则无妨。太阴：禀西方金，为荫佑之神，性阴匿暗昧。太阴之方可以避城藏兵，避难。六合：禀东方木，为护卫之神，性和平。司婚姻变易中间介绍人之事。六合之方宜婚娶，避害。勾陈（下有白虎）：禀西方之金，为凶恶刚猛之神，性好杀。司兵戈争斗杀伐病死。勾陈之方须防敌方偷袭。得奇门无忌。朱雀（下有玄武）：禀北方水，为奸谗小盗之神，性好阴谋贼害。司盗贼逃亡口舌之事。朱雀之方须提防奸细盗贼。得奇门则无妨。九地：坤土之象，万物之母，为坚牢之神，性柔好静。九地之方，可以屯兵固守。九天：乾金之象，万物之父，为威悍之神，性刚好动。

九天之方可以扬兵布阵。

奇门遁甲演算的工具叫做活盘。活盘由天盘、门盘、地盘组合构成。在运算时，根据时辰的干支，拨动天盘的直符和门盘的直使，构成这个时辰的定局，从而选择吉时吉方，推断事物的性质、踪迹。什么是直符？直符是指在特定时间里九星中的某一个星。由于阴阳遁、局数的不同和时辰的不同，所以有不同的直符。在活盘中，一个宫管十个时辰，满十个时辰就移到下一宫，所以十个时辰有一个共同的直符。以六十甲子来说，就是一旬一个直符，其旬头（甲子戊、甲戌己、甲申庚、甲午辛、甲辰壬、甲寅癸）都分别标在地盘各局中。以阳遁一局为例，甲己日有甲子、乙丑、丙寅、丁卯、戊辰、己巳、庚午、辛未、壬申、癸酉十个时辰，这十个时辰的旬头甲子戊所在宫中的星是天蓬星，所以就以天蓬星为直符。甲、己剩下的两个时辰甲戌和乙亥，则和乙、庚日中的丙子、丁丑、戊寅、己卯、庚辰、辛巳、壬午、癸未合为十个时辰，旬头甲戌己所在坤二宫的星是天芮星，就以天芮星为直符。其余时辰，以此类推，十个为一组，分别以天冲、天辅、天禽、天心、天柱、天任、天英诸星为直符。时辰的直符一看时辰的干支，二看时辰的旬头，三看旬头处于地盘上的哪一宫，四看所处宫中的星。例如，阳遁一局，时辰为辛丑，辛丑的旬头为甲午，甲午辛在地盘的巽四宫中，巽四宫为天辅星，所以，天辅星就是阳遁一局辛丑时的直符。什么是直使？直使是在特定时间里所确定的八门中的某一个门，就是正时（时辰）所属旬中旬头所在宫所临的门。寻找直符、直使，必须熟悉名为《直符直使歌》的一套口诀。例如，阴遁九局，正时为丁酉，丁酉属甲午旬，甲午在乾六宫。歌诀云："禽星死五心开六"，乾六星为天心，门为开门，所以，阴遁九局丁酉时直符为天心，直使为开门。了解干支、直符、直使以后，就可以拨转天盘、门盘和地盘。拨转"三盘"，也有一套叫做《奇仪总要歌》的歌诀："星符每逢时干转，直使常随天乙奔。"又云："直符随时干，直使随时宫。""直符随时干"，就是天盘直符加地盘时干之宫；"直使随时宫"，就是门盘直使加地盘时支之宫。地盘（神盘）拨转则按"小直符对大直符"的法则，就是将地盘中的直符，对准天盘的直符。演算奇门，手续极为繁杂，概括地说：一是掌握排局，二是熟悉各盘的格局，三是根据时辰干支把天盘、门盘、神盘拨转到正确的位置，三者配合，就能推出时辰的定局，从而在活盘上显示出这一时辰的吉凶情况。

关于排局和活盘的拨转运用已如上述，这里还要着重谈一谈"格局"。格，是《奇门遁甲》运算时择时择方、趋吉避凶的基本依据。奇门的格多达四五十个。如吉格有"青龙回首"（"龙反首"）："六戊（甲子），地盘丙奇。作为大利。如遇门克宫或地盘为震三宫（击刑）则吉事成凶。""飞鸟跌穴"（"鸟跌穴"）："天盘丙奇，地盘六戊（甲子）。百事洞彻。"凶格有"青龙逃走"（"龙逃走"）："天盘乙奇，地盘六辛。奴仆拐带，六畜皆伤，失财破败，百事为凶。""白虎猖狂"（"虎猖狂"）："天盘六辛，地盘乙奇。主客两伤，不宜举事。出入则有惧恐，婚姻修造大凶，远行多有灾殃。""大格"："天盘六庚，地盘六癸。百事皆凶，求人不在，反招其咎；修造人财破散，出行车破马死。"格又涉及主客关系，有些格利主，有些格利客。主、客在这里寓有特殊含义：从动静来说，动者为客，静者为主；从动的先后来说，先动为客，后动为主；从态度来说，积极主动为客，消极被动固守为主；从活盘来说，天盘为客，地盘为主。至于是利客，还是利主，要看时干和格，并用五行生克来衡量天盘、地盘的五行生克关系，还要联系到时间和克应景象（如云气的颜色）。关于主客关系亦有一首歌诀："天盘动用占为客，地盘安静占主穴。细看星宫奇门知，察其刑克吉凶决。分其日月旺相方，更辨其方云气色。假如天蓬加九宫，旺相之月在秋冬。喜逢壬癸亥子日，北方黑气客有功。若还天英加一地，冬时北方主反利。奇门星位仿此推，人在时方分仔细。"

在奇门遁甲中，十干（天干）是三奇、六仪、直符的组成部分，排局、演算均涉及十干的赋性和寓意。同时，也涉及九星的性质、旺衰和颜色。《奇门遁甲》中对十干的赋性和九星的性质都做了明确而又具体的规定。如十干，甲为天福，劲健性直。色青，味酸；作为声音则浑浊，形体则方长，有萌动的作用。如得时令，可以成为栋梁之材；如失时令，则成为废弃之材。如受克伤严重，则腐朽无用。但也不能生旺太过，否则漂泊无依。其性格过于自负高傲，不平易近人，不谙世故。乙为天德，湿润纤曲。色碧，味酸甘；作为声音则婉转，体质则柔嫩。如得时令，则繁华茂盛；如失时令，则枯萎坏朽。其性质矫揉造作，依附世情。又如九星，天辅、天禽、天心、天冲、天任为吉星，天辅、天禽、天心为大吉；天冲、天任为小吉；天蓬、天芮、天柱、天英为凶星，天蓬、天芮为大凶，天柱、天英为小凶。天蓬贪狼主坎一宫属水。其色为白。为水星。十、十一月相，旺于正、二月，休于四、五月，废于七、八月，囚于三、六、九、十二月。九星旺衰的歌诀云："与我同行即为相，我主之月诚为旺，废于父母休于财，囚于鬼兮真不妄。"此外，排局、演算还要考虑奇门克应，其中又有十干克应、八门克应、九星克应和三奇到宫克应等。

奇门占法大体分为两种：一是以八门五行属性推占事物，一是以诸格推占事物。在奇门中不同门类的事物占法亦不相同。占出符，以日干落宫为出行之人，要看去哪个方位，去的方位如有吉格奇门来生日干之宫者，此行一定顺利；如出行之方虽无吉格奇门，此宫之六仪却与日干比合，也为顺利之兆。反之，如果此宫为凶门格来冲克日干所落之宫，则为太凶之兆。占疾病，以天芮星代表疾病，主要依据天芮星所落之宫进行判断，其法有三：一是采取"洛书"的"戴九履一"之法，以离宫代表头部，坤宫代表右耳右肩，巽宫代表左耳左肩，兑宫代表右胁，震宫代表左胁，乾宫代表右腿右脚，艮宫代表左腿左脚，坎宫代表阴部。天芮星落在哪一宫，即可断定相应的部位有病。二是按八卦的人体取象。乾为首，坤为腹，坎为耳，离为目，震为足，巽为股，艮为手，兑为口，断法与"戴九履一"相同，两种方法并可互相参照，灵活处理。三是观察脏腑五行所属与八卦五行属性的联系。离宫为心为火症，坤宫为胃为蛊胀，兑宫为肺为痰喘，乾宫为大肠为疮痈，坎宫为肾膀胱为泄淋疝气，艮宫为脾为虚肿，震宫为胆为血虚惊悸，巽宫为肝为中风。断病时根据节气时令，按天芮星所落之宫的天干来断相应脏腑的寒热虚实，以及疾病的发展趋势。天芮星得生门者生，得死门者死。天芮星属土，落乾、兑二宫，土生金，病难治。落离宫，离火生土，落中五也为土，其病缠绵难愈。落坤、艮宫亦然。落坎宫休囚，病虽不能很快就好，但终归可以痊愈。落震、巽二宫，病受宫克，不药而愈。采取此法断病还要看病人生日天干的衰旺，病人生日之干休囚。占命运和亲属情况，地盘干为父母，月干为兄弟，日干为本人，时干为子女。男占，乙奇丁奇所落之宫为妻；女占，六庚所落之宫为夫。旺相得奇，富贵运好；囚休无奇门，贫贱命运不佳。天盘六庚临乾宫，父早亡；临坤宫，母早亡。六庚临时干，子女少而难养。生门得奇，产生丰足；生门天盘为六庚，背井离乡。

七、算命术

算命术又称算八字（排八字），是根据人的出生年月日所配干支，依五行生克关系推算吉凶的一种占卜。它起源于星占术，是从占卜术独立出来的一大分支。算命术虽然产生较晚，但早在汉代卜筮者就提出"禄命"问题，以人的生日所值星象来推测人的盛衰兴废和富贵贫贱，亦即推测人的禄与命。《史记》中的："夫卜者多言夸言以得人情，虚高人禄命以说人志"，指的就是这种占卜术。它和算命术虽不完全一样，但可看作算命术的雏形。到了唐代元和年间，殿中侍御史李虚中创造出一套系统的、复杂的算命方法，"以人之始生年月日所值日辰枝干，相生胜衰死相王斟酌，推人夭寿，贵贱利不利。"（《韩昌黎文集·李虚中墓志》）使算命术正式成为占卜中的一个重要方术而流传繁衍开来。及至五代，由于徐子平的推动和发展，算命术益臻成熟。他从人的出生年月日时四项立论，将四项各配两个干支（一干、一支），共为八字，根据八字依五行关系推算，方法更加精密。由此，算命术又叫"算八字"，也称"子平术"。

算命术推算的主要原理是五行相生相克、五行与五方四时配合、五行生肖相克等说。天干地支、五行、四时、五方、生肖是算命术的五大思想支柱，此外，还涉及九宫、神煞等。敦煌残卷中就有唐代的以十二时辰对十二生肖的《推十二时人命相属法》和《推九宫行年法及其吉凶卦》。关于天干地支、五行、四时、五方、生肖等基本概念，前章已作介绍，但从算命术来看，这些基本概念的配置，又各有其特点。古代一些学者认为，人的命是由所禀赋的五行决定的。王充在《论衡》中说："人生性命当富贵者、初禀自然之气养育长大，富贵之命效也。……命，谓初所禀得而生也。人生受性，则受命矣。性命俱禀，同时并得，非先禀性，后乃受命也。"又说："则富贵贫贱皆在初禀之时，不在长大之后，随操行而至也。"朱熹说得更为具体，"盖天地所以生物之机，不越乎阴阳五行而已。……而物之所赋，贤愚、贫贱不同，特昏明厚薄毫厘之差耳。"命相家据此而认为看一个人的命，关键是看所禀赋的五行；而看所禀赋的五行，首先要看其人出生时自然环境的五行状况。自然界的五行状况因时因地而异，所以，人的禀赋不同，命也因人而异。

五行因时因地而异，代表时间的干支所含五行也就不同。从总的方面来看，天干的五行强些，地支的五行弱些。天干的五行为：甲、乙木，丙、丁火，戊、己土，庚、辛金，壬、癸水；地支的五行为：寅、卯、辰木，巳、午、未火，辰、戌、丑土，申、酉、戌金，亥、子、丑水。五行中又有"正五行"和"纳音五行"。正五行是指：甲木（森林大木）、丙火（太阳）、戊土（大土地）、庚金（铁）、壬水（海水）。乙木（花草小木）、丁火（灯火）、己土（田园土）、辛金（珠玉）、癸水（雨露）。命书中对各种五行的特性均用歌诀加以说明。甲木性质强壮。歌云："甲木天干作首排，原无枝叶和根荄。欲存天地千年久，直向泥沙万丈埋。成就不旁炎水锻，资扶偏受湿泥佳。断就栋梁金得用，化为炭灰水为灾。"乙木性质软弱。歌云："乙木根荄种得深，只宜阳地不宜阴。漂浮最怕多逢水，克断何须苦用金。南去火炎灾不浅，西行土重祸犹侵。栋梁不是连根物，辨别工夫好用心。"丁火，不如甲火的太阳威力大，得时方有用，失时全无用。歌云："丁火其形一烛灯，太阳相见夺光明。得时能铸千金铁，失时难熔一寸金。虽少干柴犹可引，纵多湿木不能生。其间衰旺当分晓，旺比一炉衰一檠。"地支，每三支代表一种五行，也有盛衰之分。每一种五行的第一支表示初兴，第二支表示极盛，第三支表示渐衰。如寅卯辰，寅木初兴，卯木极盛，辰木渐衰。纳音五行，是将六十甲子每四个干支代表一种五行，它的含义和正五行又有所不同。其歌诀云："甲子乙丑海中金，丙寅丁卯炉中火，戊辰己巳大林木，庚午辛未路旁土；壬申癸酉剑锋金，甲戌乙亥山头火，丙子丁丑涧下水，戊寅己卯城头土；庚辰辛巳白腊金，壬午癸未杨柳木，甲申乙酉泉中水，丙戌丁亥屋上土；戊子己丑霹雳火，庚寅辛卯松柏木，壬辰癸巳长流水、甲午乙未沙中金；丙申丁酉山下火，戊戌己亥平地水，庚子辛丑壁上土，壬寅癸卯金箔金；甲辰乙巳复灯火，丙午丁未天河水，戊申己酉大驿土，庚戌辛亥钗钏金；壬子癸丑桑柘木，甲寅乙卯大溪水，丙辰丁巳沙中土，戊午己未天上火，庚申辛酉石榴木，壬戌癸亥大海水。"

　　五行相生相克，五行之间各有所宜，亦各有所忌，按照五行的宜忌推算命的好坏，是算命术的一个重要依据。生，分被生、所生，克，分被克、所克；另有消泄。其歌诀为："被生：金埋土生，土多金埋；土赖火生，火多土焦；火赖木生，木多火炽；木赖水生，水多木漂；水赖金生，金多水浊。所生：金能生水，水多金沉；水能生木，木多水缩；木能生火，火多木焚；火能生土，土多火晦；土能生金，金多土弱。被克：金衰遇火，必见销熔；火弱逢水，必为熄灭；火弱逢土，必为汗塞；土衰逢木，必遭倾陷；木弱逢金，必为斫折；金能克木，木坚金缺；木能克土，土重木折；土能克水，水多土流；水能克火，火炎水灼；火能克金，金多火熄。消泄：弱金得水，方挫其锋；强水得木，方泄其势；强木得火，方化其顽；强火得土，方止其焰；强土得金，方制其壅。上述生克关系，又具体化为克、刑、衝（冲）、害（穿）、化、合。所谓克（相害）就是木克土，土克水，水克火，火克金，金克木。所谓刑（相妨害）就是子刑卯，卯刑子；寅刑巳，巳刑申，申刑寅。丑刑戌，戌刑未，未刑丑。辰午酉亥自刑。所谓冲（相克相害）就是子午相冲，丑未相冲，寅申相冲，卯酉相冲，辰戌相冲，巳亥相冲，又名"六冲"。子午冲，子代表水，午代表火，故相冲。冲是算命的一个重要原则。所谓害（相妨害）就是子午相害，丑午相害，寅巳相害，卯辰相害，申亥相害，酉戌相害。所谓化就是甲与己合化土，乙与庚合化金，丙与辛合化水，丁与壬合化木，戊与癸合化火。所谓合，又分"六合五行"与"三合五行"。六合五行为子丑合为土，寅亥合为木，卯戌合为火，辰酉合为金，巳申合为水，午未为太阳太阴。三合五行为申子辰合为水，亥卯未合为木，寅午戌合为火，巳酉丑合为金。

　　算命，也要运用四时五方：一是四时和干支五行相配，五行在四时各旺一季，所以，五行在四时有盛衰之别。（见附表一）

　　附表一

天　　干	地　　支	五　　行	所旺的季节
甲　　乙	寅卯辰	木	春
丙　　丁	巳午未	火	夏
庚　　辛	申酉戌	金	秋
壬　　癸	亥子丑	水	冬
戊　　己	辰戌丑未	土	旺于四季

　　二是五行在各季也有兴衰之别，即王（旺盛）、相（次旺）、休（退休）、囚（衰落）、死（全灭）。如春季木当令，生长旺盛，故称王；火是木所生的，次旺，故称相；木已长，水可以退休了，故告退；金克

木，木旺盛时，金失去作用，故被囚；木克土，土正当时，故土被克死。（见附表二）

附表二

四季	五行	我 生 的	生 我 的	克 我 的	我 克 的
春	木王	火 相	水 休	金 囚	土 死
夏	火王	土 相	木 休	水 囚	金 死
秋	金王	水 相	土 休	火 囚	木 死
冬	水王	木 相	金 休	土 囚	火 死
四季	土王	金 相	火 休	木 囚	水 死

　　三是用四时与五行说明"生旺死绝"的关系。以天干代表五行，地支代表月份（寅为正月孟春），相互对照，以观察某个五行在某个月份的盛衰，即从生长到死亡的过程，分十二个阶段，各以一个名词表示：（1）生长（出生），（2）沐浴（婴儿出生后沐浴），（3）冠带（长大成人），（4）临官（年壮可以出仕做官），（5）帝旺（相盛时可以为相，辅佐帝王），（6）衰（中年以后渐衰），（7）病（更衰），（8）死（气尽身亡），（9）墓（遗骸入土），（10）绝（生气尽绝），（11）胎（重新孕育新的胚胎），（12）养（培养胚胎，使之发育成长）。（见附表三）

附表三

状态 \ 时令	五 阳 干					五 阴 干				
	甲木	丙火	戊土	庚金	壬水	乙木	丁火	已土	辛金	癸水
生 长	亥	寅	寅	巳	申	午	酉	酉	子	卯
沐 浴	子	卯	卯	午	酉	巳	申	申	亥	寅
冠 带	丑	辰	辰	未	戌	辰	未	未	戌	丑
临 官	寅	巳	巳	申	亥	卯	午	午	酉	子
帝 旺	卯	午	午	酉	子	寅	巳	巳	申	亥

五行 时令 状态	五 阳 干					五 阴 干				
	甲木	丙火	戊土	庚金	壬水	乙木	丁火	巳土	辛金	癸水
衰	辰	未	未	戌	丑	丑	辰	辰	未	戌
病	巳	申	申	亥	寅	子	卯	卯	午	酉
死	午	酉	酉	子	卯	亥	寅	寅	巳	申
墓	未	戌	戌	丑	辰	戌	丑	丑	辰	未
绝	申	亥	亥	寅	巳	酉	子	子	卯	午
胎	酉	子	子	卯	午	申	亥	亥	寅	巳
养	戌	丑	丑	辰	未	未	戌	戌	丑	辰

　　五行在四时中各有所忌，宜忌之诀是算命所必须掌握的法则。此诀载于命书《穷通宝鉴》，内容冗长，举数例即可窥其全豹。如论四时之木宜忌："春月之木，犹有余寒，得火温之，始无盘屈之患，得水润之，方有舒畅之美。然水多则木湿，水缺则木枯，必须水火既济方佳。至于土多则损力堪虞，土薄则丰财可许。如逢金贵，见火无伤，假使木强，得金仍发。"论四时之火宜忌："春日之火，母旺子相，势力并行。喜木生扶，不宜过旺，旺则火炎。欲水既济，不宜太多，多则火灭。土多则晦，火盛则亢。见金可以施功，纵叠见富余可望。"论四时之土宜忌："春月之土，其势最孤；喜火生扶，忌木克削；喜比助力，忌水扬波。得金制木为强，金重又盗土气。"论四时之金宜忌："春月之金寒未尽，贵乎火气为荣，体弱性柔，欲得土生乃妙。水盛则金寒，有用等于无用。木盛则金折，至刚转为不刚。金来比助，扶持最喜。比而无火，失类非良。"论四时之水宜忌："春月之水，性滥滔滔。若逢土制，则无横流之害。再逢水助，必有崩堤之忧。喜金生扶，不宜金盛；欲火既济，不宜火炎。见土施功，无土散漫。"

　　五行在四时中之忌，总括起来讲：凡日主属木者，须辨其木势盛衰。木重水多则为盛，宜金砍木，金少者逢土亦佳。木微金刚则衰，宜火制金，少火者逢木亦妙。至于水盛则木漂，取土为上，火次之。土重则木弱，取木为上，水次之。火多则木焚，取水为上，金次之。凡日主属火者，须辨其火力有余不足。火炎木多，则为有余，宜水济火，水衰者逢金亦妙。火弱水旺，则为不足，宜土制水，土衰者逢火亦佳。至于木多则火炽，取水为上，金次之。金多则火熄，取火为上，木次之。土多则火晦，取木为上，水次之。凡日主属土者，须辨其土质厚薄。土重水少则为厚，宜木疏土；木弱者逢水亦佳，土轻木盛则为薄，宜金制木，金弱者逢土亦妙。至于火多则土焦，取水为上，金次之。水多则土流，取土为上，水次之。金多则土弱，取火为上，木次之。凡日主属金者，须辨其金质老嫩。金多土厚则为老，宜火炼金，火衰者逢木亦妙。木重金轻则为嫩，宜土生金，土衰者逢金亦佳。至于土多则金埋，取木为上，水次之。水多则金沉，取土为上，火次之。火烈则金伤，取水为上，金次之。凡日主属水者，须辨其水势大小。水多金重则为大，宜土御水，土弱者逢火亦妙。水少土多则为小，宜木克土，木弱者逢水亦佳。至于金多则水浊，取火为上，木次之。火炎则水灼，火为上，金次之。木多则水缩，取金为上，土次之。

　　算命术还有两个重要的因素，一为生肖，一为神煞。生肖已在前章介绍。神煞也是一种看命的方法。它以生日的干支和年月时的干支相配合，如年月时的干支内有生日干支的某字，便是碰到了某种神煞。普通神煞多在八字四柱中论其吉凶，主要有天德。天德合、月德、月德合、天赦、天乙贵人、文昌、华盖、驿马、将星、三奇、禄神、劫煞、六甲空亡、亡神、羊刃、四大空王、天罗地网、咸池（一名桃花）等。神煞有吉有凶，有的遇吉则吉，逢凶则凶；有的须视格局而定。如天德、月德和天德合、月德合皆主慈祥和善，逢凶化吉。又如华盖，是地支三合会局中的末一字，假若生日的干支为寅午戌，而年月时中见戌字者，即为运交华盖。华盖名为吉星，然而吉凶随它星而异。

　　天干地支、五行、四时、五方和生肖的相配，相生相克，千变万化，头绪纷繁。为此，星命家逐步将复杂的推算加以简化，而形成固定的格式。在算命术中占重要地位而又经常应用的是"神趣八法"和"命理格局","神趣八法"是看命定格的关键。

"神趣八法"包括返象、照象、鬼象、伏象、属象、类象、从象、化象。其定义为：返象者，"乃所谓值身主用神，引至时上一位为绝之乡，谓之用而不用，皆为返象。又遇返之太甚者，不吉"。照象者，"如丙日巳午未年月日，遇时上一位卯木，谓之木火相照，甚吉。如壬癸日申子辰全，遇时上一位金，谓之金水相照，大吉。年干有照者，亦吉"。鬼象者"及秋金生甲乙日，地支四柱纯金，谓之鬼象。只要鬼生旺运，皆吉。怕见死绝之乡，而支身旺则不吉（按此即弃命从杀之论也）。"伏象者，"乃寅午戌三合象，又值五月生，逢壬日而天干无气，丁字透露，壬水又无根，乃取月支午中有丁火，合壬水而伏之。所谓伏象，运至水火之乡皆吉，只愁水旺之乡不利也"。属象者，"乃天干甲乙木，地支亥卯未全者是也。水火金土同"。类象者，"乃天地一类也。如春生人，甲乙天干，地支寅卯辰全无间断破坏，谓之夺东方一片秀气，最怕引至时为死绝之乡，谓之破了秀气。运至死绝，即不吉。或时上年上引之生旺，谓之秀气加临，十分大美"。从象者，"如甲乙日重无根，地支全金，谓之从金。四柱金土，谓之丛土。有秀气者吉，无秀气者凶。或天干有甲己字者不吉。其从火者，火旺运吉，死绝地凶"。化象者，"乃甲乙日生人，在辰戌丑未月，天干有一己字合甲字，谓之化土。喜行火运，如逢甲乙木生旺，逢化不成，反为不吉。己字中露出二甲字，为之争合，有一个乙字露出，谓之妒合，均破格不成"。

格局，实际上就是五行生克之理，以日为主，财官为用。算命术通常应用的格局有四十个：①刑合格；②时马格；③飞天禄马格；④倒冲格；⑤井栏叉格；⑥壬骑龙背格；⑦子遥巳格；⑧丑遥巳格；⑨六阴朝阳格；⑩六乙鼠贵格；⑪拱禄拱贵格；⑫曲直仁寿格；⑬稼穑格；⑭炎上格；⑮润下格；⑯从革格；⑰夹邱拱财格；⑱六壬趋艮格；⑲六甲趋乾格；⑳勾陈得位格；㉑青龙伏刑格；㉒白虎持势格；㉓朱雀乘风格；㉔玄武当权格；㉕财官双美格；㉖金神格；㉗日贵格；㉘月德格；㉙魁罡格；㉚福德格；㉛专财格；㉜岁德扶杀格；㉝岁德扶财格；㉞四位纯全格；㉟一气生成格；㊱天元一气格；㊲天干顺食格；㊳两干不杂格；㊴地支夹拱格；㊵棣萼聊芳格。如"飞天禄马格"，《喜忌篇》云："若逢伤官同建，如凶处未必为凶。内有倒禄飞冲，忌官星亦嫌羁绊。"此为飞天禄马格之由来。此格惟有庚子壬子辛亥癸亥四日，以生秋冬之际，金清水寒，柱无财官，方用此格。且须多见与日支相同之支辰，方能冲起巳午中丙戊丁己为辛癸庚壬之官星。柱中忌见官星，喜见合巳或合午之字。如辛亥日见酉丑字，癸亥日见酉字，庚子壬子日见寅字之类，惧合子字或亥时。以见则子亥贪合确羁绊，不能去冲也。庚子壬子日格，忌午字，辛亥癸亥惧巳字，见则为填实。庚子日不喜水太旺，水多则金沉，为僧道贫苦之命。如庚子日生子月，虽可冲午，但天干若多见壬癸则不吉。如坐丑月，得酉字合丑，运行西方，虽可如意而不贵。壬子月又不宜见丁字，若丁字旺，必犯淫乱。辛亥日怕见巳丙字，癸日怕己戊字，见则破格。此格如柱中无合贵之支（如子日见合午之字，亥日见合己之字），多漂流无定。有冲，则为江湖九流之士。又如"刑合格"，《喜忌篇》云："六癸日时逢寅位，岁月怕戊己二方。"此为刑合格之所由来。故此格以六癸日为主，用戊土为官星，而不喜星见。戊禄巳，故喜逢甲寅时，寅刑巳，以刑出巳中戊土，为癸之正官，丙为癸之正财。喜财透印助，行财印刑冲会合运。四柱支干均怕见土，见则其福亦减。若月令见正偏官，或真伤官，亦不入格。此格与"飞天禄马格"大同小异；既冲官，故亦喜合，以见酉丑一字合巳为妙，申虽合，而能冲寅，故不取。寅时支畏合，若见亥，或午戌，则不能刑巳，见巳则填实，皆为破克不贵。

推八字是算命推测吉凶的主要依据，就是用推年法、推月法、推日法和推时法，推出出生年月日时的干支。推年、推日比较简单，可查万年历。不过，推年应注意节气，在正月立春后生的，用本年干支；在立春前生的，须用上年干支；在十二月立春节后生的，也须用下年干支。推月、推时较为复杂，各有歌诀。推月法歌诀云："甲己之年丙作首，乙庚之岁戊为头，丙辛必定寻庚起，丁壬壬位顺行流，更有戊癸何方觅，甲寅之上好追求。"推时法的歌诀云："甲己还生甲，乙庚丙作初，丙辛从戊起，丁壬庚子居，戊癸何方发，壬子是真途"。出生年月日时的干支（即八字）推出后，再化为五行，以便在算命时推测八字中各干支的相互关系。天干的五行前章已作介绍。地支的五行也有歌诀："子宫癸水在其中，丑癸辛金己土同。寅宫甲木秉丙戊，卯宫乙木独相逢。辰藏乙戊三分癸，巳中庚金丙戊丛。午宫丁火并己土，未宫乙巳丁共宗。申位庚金壬水戊，酉宫辛字独丰隆。戌宫辛金及丁戊，亥藏壬甲是真踪。"表述如下：

地支昕含的天干及其五行	子	丑	寅	卯	辰	巳	年	未	申	酉	戌	亥
	癸水	癸水辛金己土	甲木丙火戊土	乙木	乙木戊土癸水	庚金丙火戊土	丁火己土	乙木己土丁火	庚金壬水戊土	辛金	辛金丁火戊土	壬水甲木

　　八字的推算，先看日干的五行，再看月支属何季，在那一季中，日干的五行是强是弱，是得时还是失时？最后再看这些干支所代表的五行与日干有何关系？是同类，我生我克；抑或生我克我，亦即所宜所忌。大抵一个日干与个别干支的关系，可用扶抑二字推论，具体做法为推生克，推干支冲合，查神煞，安命宫。安命宫即按推命宫法，查出生时命在何宫。推命宫运用手掌图（附下），由手掌的子位起正月，逆数上溯到出生之月，再将出生之月改作所生之时，顺数下去，到卯时为止，所止之位的字，便是命宫的地支。再按由年循月干的例，推得其天干的一字。

巳八月　午七月　未六月　　申五月

辰九月　　　　　　　　　酉四月

卯十月　　　　　　　　　戌三月

寅十一月　丑十二月　子正月　亥二月

　　　　　　　　　　　（手掌图）

　　看八字运用最广的是合婚。过去，男女结偶必须先排八字，看八字合不合。合婚的原则为"男家择妇，八字贵看夫子二星，盖夫兴子益，其福必优也。女家择夫，八字贵得中和之气，盖不偏不倚，其寿必长也。若男命比肩劫财重者，必择女命偏官食神重者以配之；女命伤官食神重者，必择男命比肩劫财重者以配之，始可琴瑟和谐，子孙繁衍。"又如"男命木盛宜金者，得女命之刚金补之，则为尽美。得土生金者亦佳，得火者较次，得水木者则无取矣。如女命金则喜火者，得男命之烈火助之，则为尽美，得木生火者亦佳；得水者较次，得金土者则无取矣。"合婚涉及男女生年地支的刑、冲、破、害，以及三元、九宫、神煞，等等，如岁差，生肖的相克，名堂很多。

　　看八字又普遍运用于推大运。星命家认为人在一生中都交运，运有好有坏，大运以五年为一期，用干支表示，每运二字，各管五年吉凶。起运的时间并不一致，有的从出生之日起运，有的从三岁起运，也有的要到十岁才起运。推算大运起行的岁数从生日起，阳年生的男或明年生的女，顺数到未来截止；阴年生的男或阳年生的女，则逆数到过去截止，均以三日为一岁。遇有余或不足，须加以注明。推大运的时、日含义亦与一般不同，一时为十天，一日为四个月。例如，己酉年七月三十日生的男孩，是阴年生的男，应逆数，从七月三十日他的生日倒数过去，到七月二十四日白露节得六天，按三日为一岁，计二岁，此人则从两岁起运。但白露节是在申时（据万年历），而此男生于未时，尚差一时，即差十日，故应注明差十天，其生日为七月三十日，差十日，即在七月二十日交运。大运的干支根据生日的干支推排，顺数的由下一字顺排，逆数的由上一字依次逆排。如出生之月为乙卯，则顺数的大运为丙辰、丁巳、戊午等；逆数的为甲寅、癸丑、壬子等。如从三岁起运，则三岁到十三岁为一运，如顺数，其运的干支则为丙辰；十三岁到二十三岁为一运，干支为丁巳；以次下推到七十三岁、八十三岁，直至死亡方止。

　　看八字也用于推小运。推小运的方法比较简单，阳男阳女顺行，阴男阴女逆行，方法与推大运基本相同。有所不同的是推小运以时为纲，每年行一甲子。如辛丑年卯时出生的人，男命应逆行，一岁为庚寅，二岁为己丑，三岁为戊子，四岁为丁亥，其余依次类推。若为女命，则应顺行，一岁为壬辰，二岁为癸巳，三岁为甲午，其余依次类推。

看八字还可看性情体貌；看地方宜忌，即一个人适合于何方，不宜于何方；看命名宜忌，如命中缺火，命名多用火旁的字；命中缺水，则多用水旁的字。看疾病，星命家认为五行影响病症。

八、扶乩·关亡·过阴

扶乩（扶箕）是祈求神鬼降示的一种方术，近乎占卜。"乩"是"箕"的俗写。箕卜，源自古代的箕占或筛占，就是观察畚箕、桌椅、木板之类器具的移动，得到所问人事的解答。原始的箕卜只是观察箕动的次数，如以不动为"否"，动为"是"；一动为吉，三动为凶。后来逐渐发展为书写，甚至能够作画。"箕"在古籍中又写作"鸾"、"鑾"、"栾"、"神卟"。如"文孝庙在吉安府东，祀梁昭明太子统。有'飞鸾'，判事甚灵应。"（《图书集成·神异典》）"飞鸾"就是扶乩。《道藏》中有许多仙人降笔的故事，仙人就是通过扶乩的方术降笔（降示）的。

扶乩的工具为箕、箸和沙盘。最初是将箸插在箕上，受术者（受到神仙或鬼灵托附的人）扶着摆动的箕，使箸在沙盘上写字。后来将箕改成丁字形的木杆，将笔插在垂直的一端，用两手或由两人执着横的两端在纸上写字；有的不用笔，而将垂直的一端直接安置在沙盘上，用同样的方法书写，并且记录下来。

扶乩先要请仙下降。请仙下降，一般要念几道咒，先念净天地咒，次念北斗咒，再念揭地咒（七遍）、揭谛咒（七遍），然后画符，符画好后，还要反复念四句诀："我今请大仙，顺降蓬莱阙；骑鹤下云端，谈风咏明月。"（见周密《志雅堂杂钞》）有些高尚的乩坛，请神时不用咒语，仅拈香磕头默祷而使神（鬼）降。神（鬼）降临之后，一般都用诗词自道身世，然后再回答问卜之事。他们不仅可以预示行止吉凶，而且可以请仙（鬼）唱和、猜谜、讲究建筑技术、医药等事，甚至还可以请仙（鬼）写字画画。历代笔记小说中关于扶乩降神的记载，内容十分丰富。降坛的神鬼既有神仙，也有死鬼；既有文臣，也有武将；既有名人，也有凡夫。如关帝、岳飞、吕祖、文昌帝君、铁拐先生、笑口大仙、辛元帅、杜少陵、杨升庵、文天祥、何楷、巫山神女、叶小鸾，等等，是神是鬼，皆可降坛。如"岳侯死后，临安西溪寨军将子弟因请紫姑神，而岳侯降之。大书其名，众已愕然，请其花押，则宛然平生真迹也。复书一绝云：'经略中原二十秋，功过多少未全酹。丹心似石今谁愬，空有游魂遍九州。'丞相秦公闻而恶之，擒治其徒，流窜者数人，有死者。"（郭象《睽车志》）史可法殉国后成为"天曹稽查大使"也被请来降坛：扬州谢启昆太守扶乩，灰盘书《正气歌》数句，太守疑为文山先生，整冠肃拜，问神姓名，曰'亡国庸臣史可法。'时太守正修葺史公祠墓，环植梅松，因问'为公修祠墓，公知之乎？'曰'知之。此守土者之责也，然亦非俗吏所能为。'问自己官阶，批曰：'不患无位，患无以立。'谢无子，问"将来得有子否？'批曰'与其有子而名灭，不如无子而名存，太守免旃。'问'先生近已成神乎？'曰'成神。'问'何神？，曰'天曹稽查大使。'书毕，索长纸一幅。问'何用？'曰'吾欲自题对联。'与之纸，题曰：'一代兴亡归气数，千秋庙貌傍江山。'笔力苍劲，谢公为双钩之，悬于庙中。"（袁枚《子不语》）神鬼降坛不仅写字，而且作画。"严州建德县俞宪副夔，嘉靖戊子兵备四川。云：川之筰都间有曹将军家，久会一仙，自称宋状元何魁，或悬笔空书，或箕头染翰，谈诗论文，评书作画，往往有出入处，虽三司亦与之唱酬。……有一佥宪自幼无父，欲求其父像于仙。仙曰'待予探去。'明日画一像送其衙，家人识者无不曰'俨然'也。"（《七修类稿》）降坛的神鬼还会对对子。"唐伯虎召乩仙，令对'雪消狮子瘦'，乩即书曰'月满兔儿肥'。又令对'七里山塘，行到半塘三里半'；乩又书曰'五溪蛮洞，经过中洞两溪中'。时刑部郎中黄炜亦令仙对'羊脂白玉天'，乩云：'当出丁家巷田夫口中'。黄明日往试之，见耕者锄土，问'此何土?'耕者曰'此鳝血黄泥土耳'。众始信其仙。"(《坚瓠首集》)

扶乩，问神鬼预示吉凶祸福，本来是很严肃的事。但是，有的神鬼的判词却相当俚俗，近似戏弄，颇具讽刺的意味。"有诸生群集鸾坛问功名者，鸾书曰'赵酒鬼到。'众皆詈曰'我等请吕仙，野鬼何敢干预？行将请大仙剑斩汝矣！'鸾乃止而复作曰'洞庭道人过此，诸生何问?'诸生肃容再拜，叩问科名，鸾书曰'多研墨。'于是各分砚研之，顷刻盈碗，跪前所用。鸾曰'诸生分饮之，听我判断。'众乃分饮，讫。鸾大书曰'平时不读书，临时吃墨水。吾非吕祖师，依然赵酒鬼。'诸生大惭，而毁其坛。"(《客窗闲话初集》)"大比之年，有父子同叩鸾仙，问得失。鸾书曰'速往南行，路遇疯僧，问之不已，可决前程。'父子大奔而去。其子年少足捷，果追及一僧，问之不应，牵袖苦缠不休。僧瞪目大骂：'入你娘的，中！生怒欲殴，经众劝释。是科其父捷，始悟其言。"(《客窗闲话》)

根据文献记载，近代扶乩其渊源可回溯到唐代的紫姑神。紫姑又称子姑、紫女，通称"坑三姑"。江苏嘉兴一带称为"灰七姑"，广东有些地方又称"月姑"，是一位具有全国影响的女仙。据宋人洪迈考证："紫姑仙之名，古所未有，至唐乃稍见之也。世但以箕摇笔，使两人扶之，或书字于沙中，不过如是。"(《夷坚志》)紫姑何许人也？刘敬叔在《异苑》中说她是唐人子胥的小妾。沈括在《梦溪笔谈》中说她是上帝后宫诸女。苏轼在《东坡集》中说她是寿阳的何媚，又说她自称李全、刘苞。《三教搜神大全》则说何媚不是寿阳人，而是莱阳人。孔平仲在《孔氏谈苑》中又说她姓竺，是南史竺法明的孙女。在众说中，还是《异苑》记载较详："世有紫姑神，古来相传云是人家妾，为大妇所嫉，每以秽事相次役，正月十五感激而死。故世人以其日作其形，夜于厕间或猪栏边迎之。祝曰：'子胥（指其丈夫）不在，曹姑（指其大妇）亦归，小姑可出哦！'捉者觉重，便是神来，奠设酒果，亦觉貌辉辉有色，即跳蹑不住。能占众事，卜未来蚕桑，又善射钩。好则大傩，恶便仰眠。"在宋代，扶乩降神，多请紫姑仙，据说这位女仙不仅能文，善书法，工诗词，而且医卜无所不能，棋与国手为敌。然而，《搜神记》中又说紫姑与狐鬼有关。道教徒每好以"紫"字表示尊贵、神异，据说古时修道之士住在深山之中，常遇幻化为美丽女子的狐仙。汉魏时代，狐仙自称"阿紫"。"后汉建安中，沛国郡陈羡为西海都尉，其部曲王灵孝无故逃去，羡欲杀之，羡久不见，因其妇，妇以实对。……羡乃求于空冢中，其人但呼阿紫。阿紫狐字也。狐者先古之滛妇也，其名曰阿紫，化而为狐，故其怪多自称阿紫。"由此可以说明，扶乩降神也是鬼灵崇拜的余续和反映。

扶乩作为一种古占法，源远流长，影响深远。明清科举时代乩坛最盛，士人学子多信奉扶乩，乩坛大多设在文人举子活动的场所，有些地方并设有专祀乩仙的乩坛。直至20世纪40年代，江南一带城市仍有专设乩坛，供人请神降示。旧时士子赴试之前，为问试题、问功名多以扶乩卜命为依据。官吏为解疑难，或遣兴，参与扶乩活动的人也不少见。如第二次鸦片战争时两广总督叶名琛因信乩示而使广州失陷，就是中国近代史上的一大丑闻。

关亡（问亡）、过阴是介于扶乩和巫术之间的一种方术。关亡是把死者的灵魂招到人间来对话答问；过阴是把生者引入阴间去会见亡故的亲人。这两种方术在古代由方士施行，近代则由巫婆充任召引的媒介。在施行关亡术时，巫婆先是装疯卖傻，跌跌荡荡，表示已有鬼灵附身；然后垂首跌坐，口中念念有词，逐渐进入昏睡状态；过了片刻，巫婆的口中或腹中开始说话，声音尖细。起先巫婆询向死者的姓名、年龄、葬地等情况，死者一一作答。关亡者辨出亡灵的声音，确信亡故的亲人已被召引到自己的身边，于是进行对话。答问进行到一定时间，亡灵说明必须离去，对话中止，巫婆则从昏睡状态中逐渐苏醒过来。过阴，巫婆运用法术使"过阴"者处于似睡非睡状态，进入地府与亡灵会晤。据说，"过阴"者的神志清楚，的确见到了亡故的亲人。在叙述"过阴"的过程时，绘形绘色地描述亡灵的神态和衣着打扮，说得煞有介事。关亡和过阴反映的都是人天、生死、离合之间的关系。

这两种长期流传于民间的方术的产生，不会迟于唐代，因为在白居易的《长恨歌》和《李夫人》中，已有类似关亡、过阴的描述。《长恨歌》在叙述唐玄宗李隆基思念赐缢于马嵬坡的杨玉环时写道："临邛道士鸿都客，能以精诚致魂魄。为感君王辗转思，遂教方士殷勤觅。排空驭气奔如电，升天入地求之偏。上穷碧落下黄泉，两处茫茫皆不见。忽闻海上有仙山，山在虚无缥缈间。楼阁玲珑五云起，其中绰约多仙子。中有一人字太真，雪肤花貌参差是。金阙西厢叩玉扃，转教小玉报双成。闻道汉家天子使，九华帐里梦魂惊。……含情凝睇谢君王，一别音容两渺茫。……回头下望人寰处，不见长安见尘雾。……但教心似金钿坚，天上人间会相见。"《李夫人》中也有类似描述："君恩不尽念未已，甘泉殿里令写真。丹青画出竟何益，不言不笑愁杀人。又令方士合灵药，玉釜煎练金铲焚。九华帐深夜悄悄，反魂香降夫人魂。夫人之魂在何许，香烟引到焚香处。既来何苦不须臾，缥缈悠扬还灭去。去何速兮来何迟，是耶非耶两不知。"临邛道士在海上仙山上找到杨玉环，这和过阴仅是仙山、鬼蜮之别；方士用返魂香招来李夫人之魂，与关亡就几乎没有什么两样了。

九、谶纬·推背图

谶纬是流行于汉代的一种方术。"谶"是一种诡为隐语、预示吉凶的神秘预言；"纬"是方士化的儒生用神学观点对儒学经典进行解释和比附的著述。战国以前，并无谶纬之说。秦代开始出现利用预兆吉凶的符验，史称"秦谶"。西汉中叶，董仲舒建立了一套完整的封建神学唯心主义思想体系，统治了西汉末直至东汉社会的意识形态领域。谶纬神学就是在儒家学术神学化的基础上发展起来的。它和汉代，特别是东汉的政治、思想、社会、文化的关系极为密切，并被汉光武帝刘秀抬高到钦定法典的地位（将在下章"神秘文化与政治历史的关系"中详述）。

推背图是一种运用图谶预言历代兴亡变乱之事的图册。《宋史·艺文志》著录有《推背图》一卷，列为五行家著作，不题撰人。南宋岳珂《桯史》以为唐代李淳风所撰。现存传本一卷共六十图。前五十九图预测历代兴亡变乱；第六十图画的是唐代袁天纲示意李淳风停止预测而推李的背脊的动作，所以后来又被认为是李袁二人同撰，书亦由袁推李背而得名。《桯史·艺祖禁谶书》说："唐李淳风作《推背图》。五季之乱，王侯崛起，人有幸心，故其学益炽，闭口张弓之谶，吴越至以遍名其子，……宋兴，受命之符尤为著明。艺祖（按历代称太祖或高祖为艺祖，此处指宋太祖）即位，始诏禁谶书，惧其惑民志，以繁刑辟。然图传已数百年，民间多有藏本，不复可收拾，有司患之。一日，赵韩王以开封具狱奏，因言'犯者至众，不可胜诛。'上曰：'不必多禁，正当混之耳。'乃命取归本，自己验之外，皆紊其次而杂书之，凡为百本，使与存者并行。于是传者懵其先后，莫知其孰讹；闻有存者，不复验，亦弃复藏矣。"由此可见，《推背图》在宋朝已广泛流传，由于宋太祖怕它淆惑人心，"皆紊其次而杂书之"，掺了一些假造的东西在里面，这样一来就出现了多种传本，把原来"灵验"的图本弄得论述不明，难以凭信。

《推背图》六十图，即六十象，各象均有卦象，并附一幅图，两首诗（"谶"与"颂"）。图是象征性的；诗则通过隐语来预言历史事件主要人物的姓名、事件的经过与结局。各象都记载了甲子、乙丑的干支，六十象顺序记载了六十甲子；六十象干支之下又分别记载了六十四卦。据命相学家考证，《推背图》是根据谶纬学和象数易学的理论制作的。从第一象至第三十六象是预言清代以前历史事件的。如第六象是唐肃宗即位的预言，第十七象是澶渊之盟的预言。第三十七象至四十六象是辛亥革命以后这一历史时期的预言。如第三十七象为中华民国诞生的预言。第四十二象、四十三象居然预测到尼克松访华、中美建交、四人帮垮台。第四十五象竟然预测到 1988 年 9 月第三次世界大战在海上爆发（即海湾战争）。从第四十七象至五十九象为未来事件之预言，据说一直可以预言到 3733 年。如说 2870 年左右，"男女皆去衣而行，禽兽皆着衣奔驰于天下"，真是越说越荒诞，越说越离奇。

《推背图》预言未来事件，是如何进行推测的呢？试举第三象、第三十九象为例：

第三象　丙寅☰乾上艮下遁

谶曰：日月当空，照临下土；

扑朔迷离，不文亦武。

颂曰：参遍空王色相空，

一朝重入帝王宫。

遗枝拔尽根犹在，

喔喔晨啼孰是雄。

此象指武则天（武曌）当皇帝。"日月当空"为"曌"字；"照临下土"指统治国家。"扑朔迷离"一语出自《木兰辞》："雄兔脚扑朔，雌兔眼迷离。"意谓雌雄莫辨，指花木兰女扮男装，影射武曌；"不文亦武"指武则天。这是对"谶"的解释。再释"颂"，第一句"参遍空王色相空"，指姿容姣好的武则天皈依佛门；第二句"一朝重入帝王宫"，指唐高宗将武则天从兴隆庵接回宫中，武玩弄权术，夺得皇后地位；第三句"遗枝拔尽根犹在"，指武则天排除异己；第四句"喔喔晨啼孰是雄"，指当时唐高宗和武则天并称"二圣"，但唐高宗徒有其名，掌握实权、君临天下的是武则天。"喔喔"，鸡鸣之声，晨鸡报晓，两只鸡究竟哪一只是雄的呢？是对高宗和武后的讽喻。据说，唐太宗将武则天纳入宫中之前，当时任司天监（天象台长官）的李淳风曾加以劝阻，说："阴盛则阳衰。臣卜得天将降祸于亲王（皇太子），不但女流专权，且不久将即帝位，诚然遗憾之至。其为武姓之女子。"太宗不太相信李的预言，转而探问本科状元将为何人？并言明李若能猜中，当即听从李的谏言。李淳风思索后答曰："本科状元，即火犬二人杰。"等到放榜，状元竟为狄仁杰，太宗惊愕不已，遂按李淳风的建议，将武则天放逐到兴隆庵为尼。

第三十九象　壬寅☷☶震下艮上颐

讖曰：鸟无足，山有月；

　　　旭初开，人都哭。

颂曰：十二月中气不和，

　　　南山有雀北山罗；

　　　一朝听得金鸡叫，

　　　大海沉沉日已过。

此象预言日本侵华，太平洋战争爆发，日本无条件投降。所谓"鸟无足"就成了"乌"字，"山有月"一般解释都指"岛"字，因"乌"加"山"则成"岛"。"旭"指岛国日本，盖日本处于旭日初开之处。"人都哭"则指日军侵华，到处杀掠奸淫，无恶不作，男女老少，哀号遍野。再释"颂"："十二月中气不和"，指 1941 年 12 月 8 日日本派遣大使赴美谈和的同时，却又偷袭珍珠港，从而爆发了太平洋战争。"气不和"指表面言和、暗地进攻的背信弃义行径。"南山有雀北山罗"，"雀"指日本，日本虽为小国，但"麻雀虽小，五脏俱全"。国土虽小，而国力强大。"北山罗"此处"北山"指美国。此象图上画有一鸟，可解释为鹫，而鹫（鹰）正是美国的象征。"罗"，一说指美国总统罗斯福，一说指日本自投罗网。1945 年 8 月，干支为乙酉年甲申月，酉、申均属金，金意谓动干戈，乃指日军被击败而无条件投降。"一朝听得金鸡叫"，亦寓美国打败日本之意。"大海沉沉日已过"，喻日本联合舰队在海上被击溃，使日本蒙受毁灭性打击，由此而日落西山。

《推背图》中的"讖"和"颂"都是民谣或歌谣。所谓讖（语）就是仍能起到影响人心作用的过时谣言。所以，对讖语的了解，明白其所指，都是回过头来看的。讖语的本质是谣，解讖实际上就是回观，根本无法弄清谣谶所指的事态及其产生的背景实指什么，因而只能举事比附，以成事附会谣谶，以证明谶语（颂）的灵验。事实上，《推背图》的谶、颂，文句都是模棱两可的，并无确定性。天灾人祸，水火兵刃，朝代兴亡，既不实指时间，也不明指地域，这些情况随时随地都可发生，随便选择哪个时期的史实都可以解释得通，从上面举的两个"象"，即可看出所作解释大多牵强附会，甚至极其荒诞。当然，它也能言之成理，这或许就是《推背图》之所以能够迷惑人的缘故。

十、祝由科·发须爪·走方医

上古时代存在着"医巫不分家"的现象。传说，黄帝有两位大臣都精于医术，一个是岐伯氏，一个是祝由氏。"岐伯氏治疾按脉，能知人七十二经，投以药无不效；祝由氏治疾不用药，唯以清水一碗，以手捏剑诀，敕勒书符水面，以饮病者，亦无不效。"（许叔平《里乘》）岐黄之名源于岐伯氏，"祝由"之名可能源于祝由氏。祝由氏治病以捏剑念咒吞饮符水为主，这就充满着巫术的味道。据说祝由是湖南辰州府人，直至近代辰州操祝由之术的人仍然很多。古籍中记述著名巫医巫咸时也说到"巫咸，尧帝时臣，以鸿术为尧之医。能祝延人之福，愈人之病"。又说巫咸"祝树树枯，祝鸟鸟坠。"（《世本》）《素问》在论述巫咸的这种神技时指出，这种本领实"唯其移精变气，可祝由而已"。这也可能是祝由的来历。祝由列为中医的一个科目始于唐代，此后历代太医院均有"祝由科"的设置。祝由科在中医学的分科上又称"禁科"。

唐代著名医学家王冰（王太仆）认为祝由是"祝说病由，不劳针石而已"。明代著名医家张介宾认为"祝，咒同；由，病所以生也"。祝由是运用祝祷，符咒来为患者治病。从表面上看是借助神灵的威力，但是加以仔细分析，即可看出"言似而实非也"。关于祝由治病的原理，成书于春秋战国时期、后世又有所增补的《灵枢》中已有较为具体的阐述："黄帝曰：其（人）毋所遇邪气，又毋怵惕之所志，卒然而病者，其故何也？唯有因鬼神之事乎？岐伯曰：'此亦有故邪留而未发，因而志有所恶及有所慕，血气内乱，两气相搏，其所从来者微，视之不见，听而不闻，故似鬼神'。"又曰："其祝而已者，其故何也？岐伯曰：'先巫者，因知百病之胜，先知其病之所从生者，可祝而已矣！'"这就是说，这类病人之所以发病，乃是由于"所恶"、"所慕"不遂其志，情绪恶劣而导致气血的逆乱，从而引起神志恍惚，似有鬼灵附身作祟，祝由则"言求其致病之由，而释去心中之鬼也"。这颇近似于现代的心理治疗。

古籍中有关祝由的记载很多，如韩世良为一女子治病，这个女子未出嫁前，母女相亲相爱；出嫁以后，其母突然亡故，因思念成疾，百治不愈。韩诊断此女为思想病，非药石可治。于是他贿赂一个巫婆，并授以密语。一天，这个女子的丈夫建议请巫婆关亡，将女母的亡灵招到人间，以慰女思。巫婆焚香礼拜降神。忽呼"汝母降矣！"言行酷似女母，女见此情景放声悲泣，而其母竟大声叱责说："不许哭，我之所以早亡，都是被你所克，现在阴间要报此仇。你之所以生病，就是我在九泉之下咒你。生虽为汝母，死则与你犹仇敌。"女闻听此言，顿时面呈愠怒之色，气愤地说："我是因为想念你才生的病，你反来害我，我为什么还要如此想念你呢？"从此，病即霍然而愈。（见《类经》）《里乘》里也记载了一个祝由治病的故事：许叔平途经豫州，听说有个工匠从旗杆顶上掉了下来，全身造成粉碎性骨折，昏死不省人事。一位辰州樵夫路过此处，说是能够起死回生。他命人取来四块木板，在一块木板上铺上黄土，将昏死的工匠放在土上，左右夹上木板，又在伤者身上遍撒黄土。然后，他"手捏剑诀，敕勒书符，口中喃喃咒毕"，再用木板将伤者盖上，并用麻绳将木板四壁捆扎固定。过了七天，辰州樵夫解开绳索，移去木板和黄土，只见热气腾腾，匠人竟然大汗淋漓，奇迹般地活了过来，手足均可活动。这个故事说明，祝由虽然夹杂着巫术迷信的成分，但是，"移精变气"之说，也不是毫无道理的。只是自称擅长祝由术的人虽多，而真正得到真传，能够操持这种秘术的人却很少。那些巫婆、神汉则"借神鬼为妖祥，假符咒为欺诳"，"以伪托其名以欺人"，致使祝由在人们的眼里变成纯属一种巫术性的骗人的迷信把戏。

发、须、爪是历代流传的具有浓厚"方士气"的一类药方，认为有药物的功效。发、须、爪在民间历来被认为有治病、辟邪和下蛊（作为施行黑巫术的手段）的作用。在方士（祝由的巫医往往亦即方士）的手里，治病和辟邪常常兼而用之。这里可以"鬼箭"（神箭）为例：江苏常州一带的民众过去相信"鬼箭"、"神箭"，夜间听到铜铁器、瓷器不击自鸣，认为是中了神鬼的箭，因为瓷器往往真的碎了，铜器也凹下去了。有时人体的某一部分无故疼痛，也认为是鬼神射箭作祟引起的。解救的办法是用属虎者的头发和桃枝尖端上的树叶，蘸烧酒揉搓痛处。揉搓之后，皮肤上出现紫色的斑点，就被认为是中箭的地方。搓时还要边搓边念咒。咒曰："鬼箭，神箭！莫在人身上射箭，墙头墙脑射箭，壁角落头射箭!"传说，鬼神射箭是没有固定目标的，所以人们必须提醒它们。相传鬼类怕虎，桃枝辟邪，所以要用属虎者的头发和桃叶揉搓痛处。发爪辟邪治病必须因人而异，哪种人患哪种病，该用哪种人哪处的发爪，都是有讲究的。例如去目翳（治白内障）要用怀孕妇女的甲爪，月经不通要用童女的头发，鼻血不止男用母发、女用父发，咳嗽有血用胎发，腹痛用本人须，破伤中风用本人"手足十指甲"。妇女生产，胞衣不下，"取本妇手、足爪甲，烧灰酒服；即令有力妇人抱起，将竹筒于胸前赶下。"（见《圣惠方》）"诸痔肿痛，蚕茧内入男子指甲令满，外用男子顶发缠裹，烧存性，研末，蜜调敷之。"（见《万表积善堂方》）这一类处方往往带有浓厚的方士气。发须爪既能治病，也能致病。"凡梳头发及爪，皆埋之，勿投水火，正尔（?）抛掷；一则敬父母之遗体，二则有鸟曰鸺鹠，夜入人家取其发爪，则伤魂"（《云笈七籖》）

发、须、爪具有药用的功效，在中医学古文献《神农本草》、《千金要方》、《外台秘要》和《本草纲目》中屡有记述。《神农本草》中记载的方药"发髲"，后世医家有的认为指"童男发"，有的认为指"乱发"，有的认为指"发根"，有的认为指"陈发"，有的则认为指"男子二十已来，无疾患，颜貌红白，于顶心剪下者"。我们的先人认为发、须、爪能治百病，从小儿吻疮到多年吐血都能治疗。唐朝重臣李勣患病，医嘱服须灰，太宗听说后，自己将胡须剪下烧成灰，赐给李勣，李服后病果然好了。白居易诗云："剪须烧灰赐功臣"就是讲这件事的。宋仁宗也曾剪须为大臣吕夷简治病。并说："古人言髭可治疾，今朕剪髭与之合药，表朕意也。"从上述二例，可以看出古人对发、须、爪可以治病笃信的程度。

据近代民俗学家江绍原研究，古人对发、须、爪的观点总括起来有以下几端：（1）一切人的发、须、爪甲，皆有治病的功效。特别是贵人、胎儿、童男童女，或强壮的男子身上的。发则以生在顶心的为最可贵。（2）男病宜用女子的发爪，女病宜用男子的发爪；小儿病大半用父母的发爪。（3）发、须、爪的功效，有一大部分相同。有些古方就是发爪兼用。在较早的时代，三者的功能似乎并无严格的区别，三者之间或许可以换用，或许可以合用。（4）发、须、爪三者所具有的功用，有一大部分同于人血和各种生物的血。血能治多种皮肤病，发须爪也能治；血被认为善止诸窍出血，例如，鼻血、便血、吐血，而发与爪也能收此功效。昔人重视发须爪不下于重视血。（5）发与爪都能治两性病若干种，例如，《肘后方》里用"膏发煎治"的"女痨黄疸"，《千金方要》里用爪灰去治"阴阳易病"。又如《外台秘要》所云"疗童女交接阴道违理"，烧发并青布末为粉，涂之。还要点明，治这一类病，有些古方是用阴毛的。如《千金方要》治"阴阳易"方："用手足爪甲二十片，中衣裆一片（中衣为贴身的衣服，此处指内裤）烧灰分三服，温水下，男用女，女用男。"《圣经总录》治同病方："病后交接，卵肿，或缩入腹，绞痛欲死，取妇人阴毛烧灰饮服，仍以洗阴水饮之。"发、爪、阴毛的功能还有一个相同之处，即都被认为能止淋。用发须、爪甲，甚至用阴毛、洗阴水以及中衣来作药物，乃是一个系统里的思想。你如其信，就应全信，如其不信，就应全不信。（6）在发的许多功能中，有一项应特别注意，是为"发为生发"之说。乱发煅治服饵，令发不白；研末擦发，亦能使之长黑。这种以发生发之方，古今相传，迄未少变；药物学书籍和药方辑录中有之，道书《云笈七籤》、《遵生八笺》中有之，一切卫生指南、居家备览中亦莫不有之。《神农本草》中所谓"仍自还神化"，似指此事而言。（据《发须爪：关于它们的迷信》）

古代医学文献中虽然对发须爪的药用价值及其功效均有著录，但并不都是著录者的创见，也并不都具有科学性和实用性。由于是著录，所以，很多观念和观点并不是著录者本人的思想，也不是他们（都为医家）的医方，其中就有不少是"传方"。同时，还要看到古代著名医家的思想同样受到时代的局限，在他们的医学理论和处方中，也有一些非科学、甚至是伪科学的东西。因此，不难看出在发须爪的药用功效方面，夹杂着不少术之类的东西，在许多方面并未摆脱巫术的范畴。

走方医又称"铃医"、"虎撑医"、"草泽医"，俗谓"走方郎中"，指周游四方卖医治病的民间医生。走方医采用的独特的治疗技术中，有一些属于祝由治病范畴的"禁"法，是谓"治外以针刺蒸灸胜，治内以顶、串、禁、截胜，取其速验，不计万全也。"取牙（拔牙）、点痣、去翳（白内障，俗谓眼内生翳子）、捉虫（治虫病）是走方医的绝技。这些绝技往往又和方术纠合在一起，成为相命术的一个内容。如点痣，经过相命，吉痣保留，凶痣则点去。民间时有一些巫婆、神汉以取牙、挑牙虫为幌子，游走四方，诈骗钱财。

十一、禳鬼驱魅·招魂

禳鬼驱魅是巫术和宗教活动的一个重要组成部分。禳鬼就是祭鬼、祈鬼。采取贿赂的办法，祈求鬼灵保佑。让鬼吃饱喝足，从它们那里得到一定的许诺，不再作祟。禳鬼有几种情况：一是在五谷丰登、人丁兴旺，没有天灾人祸的情况下进行祷祭，感谢鬼灵的保佑。二是在传说鬼魂活跃的时期进行祭祀。如相传农历七月初一开"鬼门关"，七月三十关"鬼门关"，在整个七月中，所有无人祭祀的孤魂野鬼都从地狱跑到人间，四处流窜，寻觅食物。因此，古人把农历七月称为"鬼月"。道教在七月十五"中元节"这天，诵经做法事，以三牲五果普度十方孤魂野鬼。佛教在这一天举行"盂兰盆会"，超度孤魂。民间则于七月十五前后，祭祀祖先，并在十字路口撒纸钱，烧锡箔，供孤魂野鬼使用。对水上的孤魂野鬼，许多地方有放水灯的风俗，把用纸扎成的盒状灯笼，插上蜡烛，放在筏上，漂放到水面，以引导水中孤魂上岸。在放水灯时，通常在河边摆开桌子，供上三牲饭菜，钱纸中衣，由道士或和尚念招魂之咒。这样，水上的鬼灵就可以登岸享受盛宴。在江南一带，夏天如疫病流行，还盛行打平安醮，出五猖会，以祈求平安消灾。五猖分上五猖、下五猖。上五猖一说即五通神，供祀在城隍庙的五猖殿内。下五猖为各种横死的厉鬼。出会时五猖由人装扮，形象十分恐怖。三是在病人经久不愈的情况下，认为有鬼作祟，于是祭鬼请罪。通常是在病人卧室门口的墙角处插上三根香，家主口中喃喃向鬼请罪，许诺享以酒食，赠以冥钱，祈求鬼灵快快离去，以使病人早日痊愈。当晚，在病人卧室门口，点上香烛，供上酒肴饭食，焚化钱纸，诵唱祷词。祭祀完毕，紧闭病者的房门，将酒饭等祭品捧到三岔路口，泼在地上。

　　驱魅就是逐鬼。我国古代举行"傩礼"，"傩（nuò）"与"撵"古音相同，傩就是驱撵的意思。举行傩礼，目的就是驱魅除疫。举行傩礼有三种形式：一是季节性的"时傩"。时傩每年举行三次，季春三月撵除阴寒之气，仲秋八月撵除秋暑毒气，冬季十二月送走寒气。（见《礼记·月令》）二是在发生瘟疫时举行。三是在下葬时为驱撵墓地阴宅野鬼而举行。民间逐鬼多由巫师或道士主持，一般均为单家独户进行，小说《家》中就有高老太爷久病不愈，延请巫师进宅驱鬼的具体描写。驱魅有时也和其他巫术、宗教仪式混合在一起进行。比如，旧时江南一带，农历七月为防止瘟疫流行，街道打平安醮，道士做完法事后，然后由五猖神逐家逐户驱鬼。驱魅大多在整个村寨集体举行驱鬼活动。家庭驱鬼一般是为了辟邪治病，村寨驱鬼则多为保佑人畜清吉平安。驱鬼活动有送、赶、撵、驱、砍、捉各种方式和办法，不论采取哪种办法，都以巫术为基础，并结合占卜进行。驱鬼首先要弄清是什么鬼在作祟，然后才可依据目标行事。摸清目标，一靠占卜测鬼，二靠过阴了解。过阴在这里的作用，是通过巫婆或鬼师到阴间去查探作祟鬼灵的情况，测鬼是驱鬼的前奏。

送鬼、赶鬼的方式比较温和，家庭所赶的鬼是作祟于病人的鬼，送的方法多种多样，有的烧黄绿纸；有的许愿以后送走；有的以"太上老君如律令"的符箓使鬼慑服，自动离去；有的则由巫师或道士手执桃木剑，弹洒公鸡血，胁迫鬼灵离开；有的以鸡代鬼杀而扔之，或以草人代鬼以弓射杀。在我国东北和江南地区，也有采取水中立筷的办法送鬼。家中有昏迷抽搐或精神失常的病人，则认为是鬼灵作祟。用一碗清水，将一双（或一支）筷子立于水中，边立边呼家中已亡之人的名字，如果筷子立住，便认为是所呼之鬼作祟。于是，家人则用祈求的口吻请鬼宽恕，并提出还愿的条件，然后收起筷子，将水碗端到门外，向远方泼洒，表示鬼灵已送出家门。

撵鬼、驱鬼是采取强制性的办法，属于暴力手段。驱鬼一般是为保佑村寨平安，一年或几年举行一次。如遇瘟疫（传染病）流行，全村全寨必须举行驱鬼活动。驱鬼活动至今依然流行于一些少数民族地区，方式则因信仰和习俗而异。但不论采取什么方式，都少不了以下几件事情：一是由巫师或道士主持驱鬼仪式，他们穿戴法衣法帽，以示威严；二是使用法印、利剑等法器和桃枝、铁链等为鬼祟惧怕之物，有的还备有熊熊燃烧的油锅，以慑服厉鬼；三是念咒、画符作法，威慑恶鬼；四是由巫师或道士挥舞利剑率领齐声吆喝的众人，逐家逐户进行清宅。清宅以后在门上插上桃枝，贴上符箓，以示将鬼邪封在门外。如在农村，清宅以后还要清田清地，即沿着全村寨的田地跑上一圈，一直将鬼赶到村外。在赶鬼时，一般多敲铜锣，有些地方在将鬼赶出村寨时还开枪放铳，用土枪土炮将鬼赶得远远的。也有焚烧纸帛草船送鬼远去的。在些少数民族在驱鬼后，还规定在三天到七天内，禁止生人进入村寨。

砍鬼、捉鬼是最严厉的手段，是将鬼置之于死地而加以消灭。不过所砍、所捉的鬼多为恶鬼。如女鬼出现在男子的梦中，或男鬼出现在女子的梦中，形成鬼交，致使被鬼缠住的人精神恍惚，病体不支，这就需要把作祟的鬼砍死或捉住。砍鬼主要流行于某些少数民族地区。由被缠的姑娘或青年把恶鬼引出，埋伏的巫师及其助手用力去砍。当然，砍是象征性的。捉鬼则比砍鬼普遍。提到捉鬼，人们就会想到钟馗。钟馗原为终南进士，在唐朝初年赴京赶考。高中状元却因貌丑被黜，愤而撞死阶前，死后被封为"驱邪斩祟将军"。据说，唐玄宗在梦中，"俄见一大鬼，破帽蓝袍，角带朝靴，捉小鬼刳其目，劈而啖之"（《唐逸史》）。唐玄宗梦见的这个大鬼就是锺馗。此后，钟馗捉鬼的故事就流传开来，人们都认为钟馗是个吃鬼的魔王，具有驱邪除魅的威力。到了宋朝以至元明，钟馗又由捉鬼吃鬼的魔王演变为管理和役使众鬼的鬼王。《长物志》中说："悬画月令，十二月宜钟馗迎福驱魅嫁魅。"意思是说十二月适合挂钟馗迎福驱魅图。嫁魅的"嫁"是转嫁的意思，把灾祸转嫁给他人。起先，人们把钟馗当作门神，除夕之夜贴在大门之上以驱魅辟邪，以后则在端午节挂钟馗图以辟邪。自唐以后，钟馗捉鬼吃鬼的形象一直存在人们的心中。《笑赞》里就讲了一个钟馗吃鬼的笑话："钟馗专好吃鬼，其妹与他做生日，写礼帖云：'酒一尊，鬼两个，送与哥哥做点剁；哥哥若嫌礼物少，连挑担的是三个。'钟馗命人将三个鬼俱送庖人烹之。担上鬼看挑担者曰：'我们死是本等，你如何挑这个担子……'"由于钟馗吃鬼，所以在驱鬼时，人们常把钟馗请出来缉拿鬼邪。在少数民族中，也有通过巫师施法，把鬼捉来装在盛火灰的陶罐中，活活烫死。

初民相信人有灵魂存在，灵魂的存在表现在两个方面：一方面灵魂支配着躯体、灵魂可以脱离躯体而存在，人如受到某种惊吓，就会因失魂而致病；鬼怪作祟也可使人失魂落魄。另一方面主魂离散，躯体仅存空壳，人即死亡。人死以后，魂魄依然存在，只是大多被阴间地府的无常鬼勾去。当人的灵魂失落时，就要想方设法把魂招回体内，以继续生存于世。尤其是儿童，因为躯体和心魄都未成熟，魂魄容易出窍，加上妖魔鬼怪喜欢在儿童身上打主意，所以，儿童精神萎靡，食欲不佳，夜晚吵闹，就被认为是失魂所致，要为之招魂。只有把魂招回，附在原体之上，病才会好。

招魂，各民族、各地区方法不尽相同，流行较广的是喊魂，又称喊惊、叫魂。喊魂一般由两人进行。病儿的母亲（或祖母）在前面边走边喊："××，回家来吧！"跟随在后的妇女（亲属或女仆）随声应答："回来啰！"喊魂时走在前边的人手提灯笼，跟在后边的人手捧盛有茶叶和米的碗钵，边走边洒。也有由母亲拿着病孩的兜肚、衬衣之类贴身衣物，喊魂回家后立即给孩子穿上，然后将门窗紧闭，不使魂魄再走。喊魂要喊病儿的名字，有喊有应，表示喊到了魂，这样才能把魂携带回家。喊魂，有的早上在门口或在病儿的床头喊，叫做"喊寅时惊"。有的正午在自家的檐下喊，叫做"喊午时惊"。大多数在晚间到病孩白天所去过的地方喊。有些地方还在每年端午、冬至、除夕三个节日的晚上，替孩子喊魂，叫做"喊平安惊"，方式和晚上喊魂相同。喊魂的词语亦因各民族的习俗不同而迥然不同，有的长篇大论，有的短短数言。最常用的词大体如下："梦儿的三魂七魄回家来啊！快回家来啊！街头巷尾失落魂，庙前庙后失落魂，跌倒绊倒失落魂，鸡叫狗叫失落魂，快回家哟！梦儿的三魂七魄快回家来哟！"简短的一般仅呼"××嗳！家来啊！"

在某些少数民族中，不仅病儿要招魂，成年男女如因受惊，一旦生病，也要延请巫师招魂。如果病情严重，或是长期缠绵病榻，还要延请巫师追魂。巫师跋山涉水，快速追踪，在追踪时不管抓到何种小动物，如蛇、蜘蛛等，都被视为病人失去的魂魄，立即带回还给病者，表示魂已返舍。不仅如此，就是平安无事的人，每年或隔几个月，也常举行叫魂仪式，由巫师或家人手捧一碗米，米上放一枚鸡蛋，到村外山神庙跪伏祷告，口呼被叫魂者的姓名，"某某归来！某某归来"，边走边叫，一直叫喊到家。认为这样就能精力充沛，延年益寿。

江南一带还为死者招魂。客死他乡葬于异地的人，无人奉祀香烟，供奉酒食，亦无经忏超度，这种沦落外乡的孤鬼，十分凄苦，长久漂泊，难以投胎转世。如果家人替他招魂，即可听从家人的呼唤，循着飘扬的宝盖幢幡，返回故里。招灵，择定适宜的日子，请和尚或道士主持仪式。和尚或道士手执"引魂幡"，后随由两人抬着的纸扎的彩亭，迎接死者的魂魄归来，家人及亲友则在亭后随行。到了郊外预定地点，停于死者所在的方向，秉烛焚香，响动法器，招引长幡，诵经念咒，然后将死者的魂魄招入"神主"（灵牌）之内，置于彩亭中，抬回家中，享受奉祀。"神主"为雕刻精细的木匣，内置木片一块，上书"××××x之神主"字样。过去一般人家长者去世，在发丧之前，大抵都要举行隆重的"点主"仪式，聘请当地有名望的士绅前来书写神主牌，"神"字一竖、"主"字一点，要用死者长子或长孙的中指血液书写。

十二、祈雨——雩祭·晒龙王

祈雨，又叫求雨，是围绕农业生产、祈禳丰收的巫术性活动。早在殷商时代已有祈雨活动，殷商卜辞中就有祈咒性的求雨词句，如"今日雨，其自西来雨！其自东来雨！其自北来雨！其自南来雨！"祈雨的方式很多，如求天、许神，古代叫做雩礼。"雩"是天旱求雨的祭祀名称。求雨祭祀的主要对象为山川百源。初民已经观察发现山川具有生云降雨的威力，百源则为一切水源。古人认为山有山神，水有水神，还有管辖山神水神的天帝以及各路神灵，所以祭祀就是为了求天保佑，向神许愿。在战国以前，雩的基本形式是舞蹈，祭祀时由巫女组成舞蹈队，一边跳舞一边呼号，同时献上牺牲玉帛等供品。在商代把雩礼称为"羑"（無，即舞字），有时写作"霖"；周代才改变声符写作"雩"。周代的雩礼分常规雩礼和临时雩礼。常规雩礼每年夏历五月举行，由天子主持，组成盛大的乐舞队伍，祭祀天帝，祈求风调雨顺，五谷丰登，称作"大雩帝"。临时雩礼则在天旱时举行，祭祀时只跳舞，不奏乐，以示心情沉重，祈祷殷切，甚至以人作为牺牲品上供。战国时代举行"大雩帝"，主祭五方天帝，并按五行方位配祭传说的五帝；诸侯则祭祀句龙、后土诸神。汉以后"大雩帝"仍祭天帝；天旱时的临时雩礼则祭龙王。在古代，民间也有为消除雨灾求晴而"扫晴娘"的。"雨久，以白纸剪妇人首，剪红绿纸衣之，以苕帚苗缚小帚，令扬之。竿悬詹际，曰'扫晴娘'。"（《帝京景物略》）

民间祈雨主要有三种方式：一是游神，俗谓"抬菩萨"。久旱不雨，人们迁怒于神，抱怨菩萨无动于衷，于是到庙里去把菩萨抬出来游街。游街以后，有的还把菩萨的衣服脱光，赤身露体放在烈日之下曝晒，让他尝尝烈日焦烤的滋味，迫使他到玉帝面前汇报旱情，奏请降雨。在江南一带，一般是到龙王庙里去抬龙王菩萨，所以，游神又叫"晒龙王"。二是杀旱魃，大旱之时，往往出现光打雷不下雨的气象，据说这是旱魃作祟。当大旱之际，雨伯准备降雨时，旱魃乘其不备，而将雨吸干，所谓"旱魃且虐，如惔如焚"（《诗经·云汉》）。对旱魃示虐，老百姓恨之入骨，必除之而后快。杀旱魃时，在空地上搭一戏台，上置用纸扎成的旱魃王像，地方官员上台向天祝祷后，先向旱魃劝诫，然后拔出刀剑，将旱魃王砍为两截，大呼"旱魃杀了，雨要来了！"三是称木履、烧木履，这个习俗主要流行于福建漳州一带。久旱不雨，未出嫁的姑娘把自己日常所穿的木履拿来用称秤，据说这样便会下雨；若是仍不下雨，则把木履放在露天焚烧，这样，老天就非下雨不可。因为古代轻视妇女，认为妇女身上穿着的衣物都是亵秽的，而"秽能冲天"。烧木履时秽气冲天，冲得上帝受不了，只好降雨。传说，木履必须由处女秤、烧才灵。

十三、巫蛊术——诅咒术·射偶人·毒蛊术

巫蛊术是加害于人的方术，包括三个方面的内容：诅咒术、射偶人和毒蛊术。

诅咒术

诅咒术俗谓"咒人"，就是用恶毒的语言诅咒仇敌，"诅"或"咒"，古代也称"祝"，祝与咒（呪）古音相同，原为一个词。祝愿包含求神保佑自己和求神加害于人两层意思，以后为了避免正反概念的含混，才把祝与呪的用法区别开来。诅咒术在原始社会非常盛行，且历代延绵，直到现在对仇敌或厌恶之人往往仍然加以诅咒。春秋战国时，郑伯伐许，为了惩治用暗箭射死颖考叔的子都，"郑伯使卒出豭，行出犬鸡，以诅射颖考叔者"（《左传·隐公十一年》）。"以诅射颖考叔者"，就是对射杀颖考叔的人进行诅咒。《史记》和《汉书》中都有关于诅咒术的记载。如《史记》中记述：汉哀帝太初元年"西伐大宛。蝗大起。丁夫人、雒阳虞初等以方祠诅匈奴、大宛焉。"这是以诅咒加害于敌国。《汉书·武五子传》中记述："昭帝时，胥见上年少无子，有觊欲心，而楚地巫鬼，胥迎女巫李女须，使下神祝诅。女巫泣曰：'孝武帝下我。'左右皆伏。言'吾必令胥为天子'。胥多赐女须钱，使祷巫山。会昭帝崩，胥曰：'女须良巫也！'杀牛塞祷。及昌邑王徵，复使巫祝诅之。后王废，胥寖信女须等，数赐予钱物。宣帝即位，胥曰：'太子孙何以反得立？'复令女须祝诅如前。"胥是汉武帝的儿子，他不断用重金聘请女巫诅咒他的政敌。《汉书·王莽传》中也有王莽的孙女、卫将军王兴的夫人妨，诅咒她的婆母，并杀婢以灭口的记载。可见，诅咒术在汉代是很盛行的。

射偶人

射偶人是自古流传的习见的害人法术，用木头、泥土或纸制作仇人的偶像，暗藏起来，每天加以诅咒，或用箭射，或用针刺，这样做就能使仇人害病、发狂甚至身亡。前章举过《红楼梦》中"魇魔法叔嫂逢五鬼"的例子，在历史上这类事情是屡见不鲜的。战国时，"秦欲攻安邑，恐齐救之，则以宋委于齐。曰：'宋王无道，为木人以像寡人，射其面。寡人地绝兵远，不能攻也。王苟能破宋有之，寡人如自得之。'"（《史记·苏秦列传》）秦王以宋人使用射偶术加害于他为借口，诱使齐国去攻宋国。汉代流行射偶术，以江充利用射偶人加害太子戾的"巫蛊案"亦可得以证明。元陶宗仪《辍耕录·中书鬼案》中记述元顺帝至正三年九月，神汉王万里杀死丰县黑河村周大亲女月惜，以其生魂作奴婢使唤。衙役在王的房中"搜获木印二颗，黑罗绳二条，上钉铁针四个，魇镇女身，小纸人八个，五色彩、五色绒上俱有头发相缠。又小葫芦一个，上栓红头绳一条，内盛琥珀珠二颗，外包五色绒，朱书符命一沓。"这个神汉惯用魇魔法残害童男童女，以致受到惩处。清代，宫廷斗争往往把魇魔法作为加害政敌的手段。康熙二十八年二月下了一道谕旨："皇太子胤礽前染疯疾，朕为国家而拘禁之，后详察被人镇魇之处，将镇魇之物俱令掘去，此事乃明。今调理痊愈，始行释放。"（见《东华录》）同书康熙四十七年十一月又有这样一段记述："以大阿哥（直郡王）胤褆令蒙古喇嘛巴汉格隆咒诅废皇太子用术镇压，革去王爵，幽禁于其府内，凡上三旗所分佐领尽撤回，给与胤禩……以废皇太子病由魇魔，至是治疗已愈，谕众释之。"这个事件的原委是康熙十四年原立二皇子理密亲王允礽为太子，三十三年之后，又废太子。康熙的长子企图乘机陷害允礽，上奏说："允礽所行卑污，失人心，术士张明德尝相允禩（皇八子）必大贵，如诛允礽，不必出皇父手。"康熙大怒，下诏斥责允褆"凶顽愚昧"，并告诫诸皇子不得纵属下人生事。允褆用射偶人魇魔术加害废太子允礽的事亦东窗案发，康熙下令将允褆监守起来。由此可见《红楼梦》中马道婆用魇魔法残害宝玉、凤姐实为清初这场宫廷斗争的曲折反映。

毒蛊术

早在两千多年前，史籍中就有蛊毒的记载，《左传·昭公元年》记述：晋侯在秦国求医，秦伯让一位名和的医师去为晋侯治病，和说："病不可为，是谓近女，生病如蛊。"看病出来，医和将情况告诉赵孟。赵孟问他什么叫蛊？医和说："於文，皿虫为蛊。穀之飞亦为蛊。在《周易》中，女惑男，风落山谓之蛊☶。皆同物也。"毒蛊术就是用毒虫害人。《说文》解释为："蛊，腹中虫也。"《春秋传》曰："'皿虫为蛊'，晦淫之所生也。枭磔死之鬼亦为蛊。"《通志》中还讲了造蛊之法："以百虫置皿中，俾相啖食，其存者为蛊。"所谓"皿虫为蛊"，是指将毒虫如蛇、蜈蚣之类置于容器（釜、瓮或罐）中，加以密封，埋在土中，或放在床下，使虫自相残杀，经过一段时间开封，视其独存者，便可为蛊害人。制蛊，多在端午那天，乘其阳气极盛时制药，据说这样才能致人于病、死。关于制蛊法，李时珍《本草纲目》亦有记述："取百虫入瓮中，经年开之，必有一虫尽食诸虫，即此名为蛊。"几种说法大体一致。说明蛊毒术确为一种充满神秘色彩、令人畏惧的法术。

据民俗学家调查，蛊，大体有十一类，具体分为：金蚕蛊、蛇蛊、篾片蛊、石头蛊、泥鳅蛊、中害神、疳蛊、肿蛊、癫蛊、阴蛇蛊、生蛇蛊。金蚕是种特殊的虫类。《汀州府志》记述："赖子俊、廖高蒲，皆上杭人，翁婿也。子俊传其妇翁张德之术，于每年提取百虫封贮瓦罐，令自相残食，逾年启视，独有一虫，形如蚕色。"《说郛·蟆府燕闲录》记述："南方人畜金蚕，蚕金色，食以蜀锦，取其遗粪置饮食中以毒人。人死，蚕能致他财使人暴富。而遣之极难，水火兵刃所不能害。必多以金银置蚕其中，投入路隅，人或收之，蚕随以往，谓之'嫁金蚕'。"根据以上说法，金蚕是用多种（一说十二种）毒虫密置皿中制作的，即

"皿虫为蛊"。过去福建、广西一带养金蚕的人很多。据说养金蚕的人家特别干净，没有一点蛛丝，过去旅客遇到这样人家就要特别警惕，因为吃了他家的食物，便会腹胀而死。毒蛊除金蚕非常特殊外，其他蛊毒皆为虫蛇之类，但毒性亦极大。癫蛊，把蛇埋入土中，取菌以毒人，中毒后心跳头眩，喜怒无常。饮酒，药毒辄发，俨同疯癫。疳蛊，又谓之"放蛋"、"放疳"、"放蜂"，用蜈蚣、小蛇、蚂蚁、蝉、蚯蚓、蛐虫和头发等研末为粉，置于房内或箱内所刻的五瘟神像前，久之便成毒药。中蛊后腹胀、腹鸣、腹痛、欲泻，上下冲动。泥鳅蛊用竹叶和蛊毒放入水中浸泡，使泥鳅带毒。吃了这种泥鳅，肚内似有泥鳅游动，有时冲上喉头，有时滑到肛门，如不知治，必死无疑。中害神使人中毒后额焦、口肿、神昏、性躁，耳闻邪鬼声，自感如犯大罪，如遇恶敌，常想自尽。其他如阴蛇蛊、生蛇蛊中毒发作后，都很难救治。

蛊，或有形或无形，中毒后从表面上看，很难辨认。但是，可用下述三种办法加以判断：一是以黑豆（或黄豆）放在口中咀嚼，如口中不感腥味，则已中毒。二是以炙甘草一寸咀嚼，咽汁随之吐出的，已中毒。三是把银针插在煮熟的鸭蛋内，含入口中，一小时后取出，如蛋白俱黑，则已中毒。预防中蛊也有五种办法：一是凡房屋干净，无灰尘蛛网的，多为藏蛊之家，不可与之往来。二是旅途留宿进食，在饮食茶水、菜饭之先，看到主人用筷子在杯碗上敲动，说明是在施毒，必须立即向主人发问："食内莫非有毒?"一经点破，即可免于受毒。三是外出携带大蒜头，进食前，先吃大蒜头，有蛊必吐，不吐则死，主人怕受累，也就不敢下蛊。四是用大荸荠切片晒干，碾成粉末，每天早晨空服用白开水冲服二钱，纵入蛊家，也可避害。五是外出不宜饮酒，因为蛊由饮酒而中毒，分外难治。中蛊毒后也不是不可解除，一般用雄黄、蒜子、菖蒲混合以开水吞服，使之泻去恶毒。也有用蜈蚣、蚯蚓等以毒攻毒的。据说金蚕最怕刺猬，所以刺猬是专治金蚕的特效药物。

史籍方志中关于用蛊制人的记载很多，下面择举三例，以说明这确是一种神秘的、值得研究的问题。《粤东笔记》："粤东之估（指商人、

行商）往赘西粤土州（土著住地，即少数民族地区）之妇人，寡者曰
'鬼妻'，人弗取也。估欲归则必与要约三年返，则其妇下三年之蛊；五
年，则下五年之蛊，谓之定年药。愆期，则蛊发膨胀而死。如期返，其
妇以药解之，辄得无恙。土州之妇盖以粤东夫婿为荣，故有谚曰：'广
西有一留人洞，广东有一望夫山。'以蛊留人，人亦以蛊而留。"《湘西
苗族调查报告》（商务印书馆 1947 年版）："旧刑律有'造蓄蛊毒'之
条，而苗族中则至今仍秘密存在，"《乾州厅志》卷七云："苗妇能巫蛊
杀人，名曰'放草鬼'。遇有仇怨嫌隙者放之，放于外，则虫蛇杀五体；
放于内，则食五脏，被放之人或痛楚难堪，或形神萧索，或风鸣于皮
肤，或气胀于胸膛，皆致人于死之术也。将生前一月，必见放蛊人之生
魂，背米而医物，谓之催药。病家如不能治，不一月人即死矣。闻其法
不论男女皆可学。必秘设一坛，以小瓦罐注水，养细虾数枚，或置暗室
床下土中，或置远山僻径石下。人得其瓦罐焚之，放蛊之人亦必死矣。
放置时，有能伸一指放者，能戟二指放者，能骈三指、四指放者。一、
二者尚属易治，三指则难治，四指则不易治矣。苗人畏蛊，不学其母
法，唯苗妇暗习之。嘉庆以前，苗得放蛊之妇则杀之。嘉庆以后，苗不
敢杀妇，则卖于民间，民间亦渐得其法。黠者遂挟术以取利。"《永绥厅
志》卷六亦云："真蛊妇目如朱砂，肚腹臂背均有红绿青黄纹，无者即
假。真蛊妇家无有毫厘蛛丝网。每日又须置水一盆子堂屋，将所放之虫
蛊吐出，入水盆食水，无者即假。真蛊妇平日又必在山中，或放竹篙在
云中为龙斗，或放斗篷在天上作鸟舞，无者必假。真蛊妇害人百必死，
若病经年，即非受蛊。"又：蛊术只女相传。如某蛊妇有女三人，其中
必有一女学蛊，但不一定要传亲生之女，普通女子亦得相传。如有一女
子向蛊妇学习女红与唱歌，蛊妇见此女可以传授蛊术，即在无意之中问
女："你得了！"女即生病。如欲病好，非向其学习蛊术不可。传授的仪
式与咒语，无从究得其详。蛊妇设有蛊坛，或在家中隐蔽处，或在山洞
中。闻有一蛊妇设坛在家，一日早饭后，俟寨中人上山工作之际，妇即
关门在家烧温水为神偶沐浴，不意为小儿所见。翌日，妇上山工作，小

儿仿效之，烧沸水为神偶沐浴，将蛊偶烫死。中有一偶即为蛊妇自己之魂所附。妇在山上即已自觉，返家换衣后，即气绝身亡。蛊妇眼红，如不放蛊，自己要生病，脸变黄色。放蛊中一人，蛊妇自己可保无病三年；中一牛，可保一年；中一树，可保三个月。猪亦可放，狗则不能。故蛊妇怕狗。中蛊者的病象，脸呈黄色，想吃吃不下，大都腹胀。急医亦能痊愈。1928年，凤凰县发生一蛊毒案。有一苗人，二子相继而亡，疑为同寨蛊妇作祟。后告官抄搜其家，在隐蔽处抄出一瓦罐，内有蛇、鳖、蛤蟆等物，并有纸剪的人形。因证据确实，即将蛊妇枪毙。

十四、赶尸

赶尸是曾经流传于湘西沅陵、泸溪、辰豀、溆浦一带的奇特而又神秘的风俗。湘西沅江上游一带，地瘠人贫，农民无以为生，多赴黔东山区采药、狩猎，或作小贩。这些地方崇山峻岭，瘴气很重，恶性疟疾流行，环境极端恶劣，外地人进入山区，很容易染病身亡。汉族在传统上"落叶归根"的观念很重，人死以后定要将灵柩运回故里安葬。但是，在外谋生的人家大多经济困难，无力跋山涉水将死去的亲属从外地运回，于是，巫师就创造了一套奇特的运尸办法。

过去，在湘西沅江上游一带的沿途村镇里，夜晚听到由远而近的敲锣声，人们就知道是赶尸者经过，行人赶快避开，养狗的人家则把狗关将起来。赶尸，由法师走在前面领路，边走边敲锣，被赶的尸体跟在法师后面，像麻雀似的跳着行走。如有两个以上尸体则用草绳联系起来，每隔六七尺系上一个。尸体戴着高筒毡帽，额头压着几张画着符咒的黄表纸，一直垂到脸上。赶尸昼伏夜行，白天住旅店。那一带的旅店一般都做赶尸者的生意。这种旅店一年到头不关大门，因为赶尸者都在黎明前进店，入夜后离去，尸体放在门后倚墙而立，如遇雨雾天气，山路难走，往往一停就是几天。盗贼从不光顾这种旅店。情景虽似荒诞不经，但据民俗学家调查，曾经在这一带开过旅店的老人大多亲眼目睹过赶尸。据他们说，赶尸者是身穿道袍的法师，不管多少具尸体，都由一个人赶。尸体之所以能够跳行，全靠蒙在尸体脸上的那一纸黄表符咒。进入旅店后，法师首先要将那张符咒揭下来，不然尸体就会自动跳动起来。

赶尸这一行业流传于湘西一带，与这个地区的自然条件、风俗习惯密切相关，若在其他地方也就很难通行。因为，首先住店就成问题。其次夜间行人听到锣声不知避让，反而去看热闹，岂不出事。加上山区路少，赶尸非从村中经过不可，按照民间习俗，一般是不准尸体进入村庄的。再一敲锣，狗跑出来，扯住尸体，那就麻烦了。而在湘西由于习俗使然，这些问题就不复存在，直至抗战期间，在重庆街头仍可见到"代办运尸回乡"的招贴，据内行人说，"运尸"就是湘西的赶尸。

十五、神判·发誓·掷骰·抽签·拈阄

神判

神判就是通过神灵来鉴别和判定人间的是非真伪，是原始社会中、晚期逐渐形成的一种企图以超然力量来解决疑难纠纷的习惯法。这些具有原始法律性质的习惯法，是在初民长期社会生活实践中逐渐形成的一系列氏族的、部落的行为规范。初民由于处于蒙昧状态，在鉴别和判断是非真伪时，不能依靠本身的力量和智慧，去搜索犯罪证据或者迫使嫌疑犯吐露真情，因而借助于神祇和鬼灵，通过种种奇特的方式，乃至用十分残酷的手段来体现神的意志，根据神的意志作出最后的裁决，有关神判的记述早在汉代的文献中即有所见，二十四史中有关少数民族的传记中亦多有叙述。最早见于史籍的是"獬豸决讼",这是一种以兽断曲直的神判法。獬豸,亦作解廌、觟𧣾、屈轶,是古代传说中的一种神兽。《异物志》中记述:"北荒之中,有兽名獬豸,一角,性别曲直。见人斗,触不直者。斗人争,咋不正者。"传说尧时大臣皋陶有一只具有神性的独角羊。皋陶管五刑与监狱,怀疑哪个有罪,便令"獬豸"去触此人。这就是王充在《论衡》中说的:獬豸"性知有罪,有罪则触,无罪则不触,故皋陶敬羊,起坐事之。"此后,历代均以獬豸作为法官的代称。古代法官戴的帽子叫"獬豸冠",明清法官的官服上均绣獬豸图案。我们现在通用的"法"字,也是从獬豸衍化的。"法"字古代作"灋",就是解廌的廌加水、加去。加水意谓平之如水,含有均平、公平的意思;加去意谓"触不直去之",含有正直的意思。解放前少数民族中仍普遍采取神判方式解决疑难纠纷,在汉族中也流行某些神判的方式。直至现在,由于"泛灵论"的潜意识作用,神判的某些形式依然流传于民间。

发誓

　　发誓又叫赌咒,是神判中最普遍的、也是最温和的解决是非争执的一种方式,所谓"讼事易理,往往神盟了事"。发誓又有几种做法,一是对天发誓。人们认为苍天至高无上。它创造了万物,也最了解人间是非善恶。因此遇到是非冤屈,就对天发誓祈求老天爷惩恶扬善,辨别是非。比如发生盗窃纠纷,原告和被告焚香祷告后,各自发誓,被告说:"我没偷某某的东西,如果偷了,被雷打死,被火烧死,被水淹死!"原告则发誓说:"我的东西就是某某偷的,我若诬赖他,我也被雷打死,被火烧死!"被告或说:"我若偷了你的东西,断子绝孙;你若诬赖我,你也断子绝孙!"一是对神发誓。"若争讼两不相下,则就显赫神灵叩庙设誓,限日求报。有验者讼即得理,众皆直之。"(《广西省上林县志》)。"常有两造争执,黑白难分,辄令取香烛向土偶发誓,表明心迹,理曲者，恒惶恐不敢为，事反因此得解。又与人谋事，虽有契约，恐后失其效力，辄于事前当神发誓，则此后信如金石"（《广西省邕宁县志》）。事实上上面讲的情况，全国很多地方民间都是这样做的。就"显赫神灵叩庙"来看，有的到城隍庙，因城隍是一县的阴间长官；有的到雷公庙，因雷公正直最具威力；有的到土地庙，因土地菩萨是管一方的行政领导；有的则去找判官，因判官掌管生死簿，具有生杀予夺的权力。对神发誓一般都要焚香礼拜，隆重的还要杀猪宰羊上供。发誓时有的宣读固定格式的誓词；不用誓词的，双方要跪在神像前申报自己的名姓和生辰八字；有的在焚香烧纸后，还要击鼓请神。若是纠纷发生在一个家族之内，那么，双方就到本族祠堂，跪在祖宗神位前发誓，请列祖列宗判断是非。因为家丑不可外扬，家族内发生纠纷，传出去容易遭人耻笑。在祖宗面前发誓，誓词一般都较和缓。什么"断子绝孙"、"全家死绝"之类的词句是绝对不许用的，以免危及整个家族。一是杀牲发誓。"凡有争讼不告官，必杀鸡狗誓于神，以求平其曲直。"（《云南图经志书》）。"负屈莫白，诣神前发誓者，曰：'赌咒'；执雄鸡瞥斩其颈者曰：'砍鸡'。"（《铜仁府志》）还有剁狗的。用砍鸡剁狗解决是非争执，主要流行于西南少数民族地区。采取这种方式，只要一方愿意买鸡或狗，另一方愿意砍鸡剁狗即可进行。双方约定时间地点，并各约请二、三证人到场。砍鸡在土地庙前边进行。剁狗则在土地庙旁侧进行，因为土地菩萨不吃狗肉，届时，双方先发誓，然后由买鸡者双手将鸡按在土地庙的门枋上，砍鸡者以左手抓鸡头，右手持刀将鸡头砍下。按当地习俗，在砍鸡剁狗三年内，如有一方死亡，则认为此人做了亏心事而应了誓言。有的少数民族则在庙内由"魔公"（巫师）主持杀牲发誓。一是饮血酒和洒血酒。这种发誓方式，在湘西苗族地区相当盛行。苗人"遇有冤愤，必告庙誓神，刺猫血滴酒中饮以盟心，谓之'吃血'，吃血后三日，必宰牲酬愿，谓之悔罪做鬼。其入庙，则膝行股栗，没敢仰视。抱欠者则逡巡不敢饮。其誓必曰：你若冤我，我人发人旺，我若冤你，我九死九绝，犹云祸及子孙也。不能赴庙者，建拜亭于路，于亭前誓盟。舆骑过亭必下，尊之至也。事无大小，吃血便无反悔。否则官断亦不能治。盖苗人畏鬼，甚于畏法也。"（胡朴安《中华全国风俗志·湖南部》）。吃血酒又有两种方式：一种是"吃鸡血"。原告备雄鸡一只，酒一碗，纸钱若干，与被告、巫师同去土地庙。先将鸡宰杀，滴血于碗内，巫师同时念咒请神，然后当事者各喝一口鸡血酒，就此了却纠纷。另一种就是"吃猫血"多在发生重大盗窃案或严重纠纷时采用。吃猫血必须在天王庙白帝天王神前发誓。苗族最敬畏白帝天王，认为在天王庙发誓是最郑重的举动。洒血酒以怒族和傈僳族最具代表性。凡发生纠纷，如侵犯他人财产、偷盗或通奸，由失主宰鸡，将鸡血滴于酒中，再秘密地将血酒洒于寨外某处，洒后，谁若是首先路过此地，即被认为是肇事者。此人定会被鬼魂附身而死。争执双方有则时请本寨几位男性老人做仲裁，由方当裁着双仲者的面将一碗血酒泼洒在地，然后对天赌咒，至此，纠纷即告了结。饮血酒，砍鸡要用雄鸡，可能是由于雄鸡司晨，"喔喔"一啼，天即拂晓。古代日出而作，日落而息的初民在度过漫长的、恐怖的黑夜后，看到日出光明，因而认为雄鸡是一种具有神性的特殊动物。敬神祭鬼用雄鸡，在汉族地区亦同此俗。

掷骰、抽签、拈阄

掷骰、抽签、拈阄这些"碰运气"的办法，直到现在仍在广泛应用，实质上这些办法都是神判的表达方式。骰子本是一种赌具，打麻将、推牌九必须使用。在四川西北及甘孜藏族地区则将掷骰子作为裁决是非的手段，遇到是非难以判明的纠纷，当事者双方就到寺庙中去，在菩萨面前各掷一次骰子，土司则按各人所掷的点子多少而判定是非，以点子少者为无理，并按规定受罚。以抽签的方式解决是非争执，一般多在家族内进行。由舅父或族长主持，双方先祭祀禀告祖先神灵，然后抽签，一经抽签决定，任何一方不得反悔，因为，抽签反映了祖先神灵的意愿。有的少数民族还以抽签方式选举领袖、头人。这种由抽签体现神的旨意的判断方法由来已久。《后汉书·南蛮西南夷传》就记载巴郡南郡蛮"本有君长，俱事鬼神，乃共掷剑于石穴，约能中者，奉以为君。巴氏子务相独中之，众皆叹，又令各乘土船，约能浮者，当以为君。余姓悉沉，唯务相独浮。因共立之，是为禀君"。抽阄这种方式，颇有民主、公平的味道，直到现在人们还用以解决在日常生活中发生的、无须采用行政或司法手段解决的某些问题。

十六、捞油汤·热铁神判·上刀山·动物神判

捞油汤和热铁神判

这两种方法都是用以鉴别是非真伪和解决疑难案件的极端残酷的神判形式，主要流行于我国西南一些少数民族地区和广西壮族某些地方，黑龙江的赫哲族也有这种流俗。捞油汤有两种基本形式，一是"捞油"，一是"捞开水"。"捞油"又称作"捞油锅"，"摸油锅"。将一锅植物油或动物油（赫哲族用鱼油）或黄蜡烧沸，向锅内投入金属（如钱币、手镯）、鸡蛋、石子等物（以投石子为多），令被认为理曲者或偷盗案件的怀疑对象，赤手空拳伸到沸腾的油锅中将投入之物捞上来，以皮肉是否被烫伤作为判断是非的依据。有的地方采取被告和原告同捞的形式。"捞开水"又称"热水审"，做法和"捞油锅"一样，只是将油换成水。也有的少数民族不用锅烧水，而用竹筒、水壶烧水，并在其中置放一枚虎牙，这比在锅中捞物更为艰巨，仪式均由巫师主持。这种习俗由来已久。《梁书·诸夷列传》中记述扶南国，"国法无牢狱。有罪者，先斋戒三日，乃烧斧极赤，令讼者捧行七步。又以金镮、鸡卵投沸汤中，令探取之，若无实者，手即焦烂，有理者则不。又于城沟中养鳄鱼，门外圈猛兽，有罪者，辄以喂猛兽及鳄鱼，鱼兽不食为无罪，三日乃放之"。

康熙《云南通志》也讲到武定府彝族"畏官府，无讼。有争者，告天煮沸汤，投物，以手捉之。屈则糜烂，直则无恙"。我国西南少数民族地区流行"捞油锅"和"捞开水"，可能受扶南国的影响。热铁神判是把烧红的金属器物（一般为铁器）放在被怀疑者身上的某个部位，以其皮肉是否被烙伤而定其是否有罪，一般采取手捧的方式，如扶南国将斧头烧赤，"令讼者捧行七步"。四川大凉山彝族"捧铧"。也有采取足踩以及其他方式的。《大唐西域记》记述滥波国、那揭罗曷国、健驮罗国热铁神判的做法是"火乃烧铁，罪人踞上，复使足蹈，既遣掌按，又令舌舐，虚无所损，实有所伤。懦弱之人，不堪炎炽，棒未开华，散之向焰，虚则华发，实则华焦"。他们不仅令当事人掌按足蹈，还要用舌舐，这就更加残酷了。更古老的民族还有"握石头"和"拔石桩"的。就是令当事者手握烧红的石块，或用手将烧得炽热的石桩拔出，以手掌是否灼伤进行判断。据民俗学家调查，在西藏山南地区还将炽热熔化的铅液滴在当事者手掌里，或在他们的身上泼洒熔化的锡水，甚至令当事者骑烧红的铜马，以判断是非，这些令人发怵的做法，已无异于酷刑了。

上刀山

与"捞油"和热铁神判相类似的神判形式，在广西毛南族中还流传着"爬刀山"，又称"上刀山"，就是爬刀梯。在梯子的横档上逐级绑上刀，刀刃向上，令当事者赤脚踩在刀刃上爬一个上下，若手脚不被划破则为理直，否则即被判为理屈。

动物神判

动物神判是以某种动物是否伤害诉讼双方，或以某种动物相斗，以判断是非的一种神判方式。古代扶南国用鳄鱼判断是否有罪。过去，广东等地则以毒蛇是否噬人判断曲直。屈大均《广东新语》记述."广有三界神者，人有斗争，多向三界神求蛇以决曲直。蛇所向作咬人势则曲，背则直。或以香花钱米迎蛇至家，囊蛇而探之，曲则蛇咬其指，直则已。"在云南景颇族中，又以田螺相斗决定是非曲直。斗田螺多用于盗案，断案时由"山官"和头人作证。诉讼双方各从田中取来一只大田螺，注上记号。原告先将田螺置于碗内，被告再将田螺放入，诱使两只田螺在碗内相斗。被告的田螺若被斗输，则认定其行窃，应交还所盗之物。若原告的田螺斗输，则认定为诬告好人，要向对方赔偿一头"洗脸牛"。所谓"洗脸"，就是恢复名誉的意思。

十七、禁忌

　　禁忌，民俗学中称为"塔布"，我国民间叫做忌讳，它涉及人们生活的各个方面。禁是禁止的意思，一般是指社会或宗教的外力干预；忌是"抑制"的意思，一般是指自我情感的避戒行为。禁忌既含有集体（社会、宗数）对个体某种行为禁止的意思，又有个体对某些意念自我"抑制"的意思。它代表了一种约定俗成的禁约力量，是一种在自然状态下的禁制形态，也是一个社群中扎根于最基层的共同的文化现象。在古代，它对社会可以起到保证安全，维持稳定的作用；对个人则可起到约束行为，避祸消灾的功能。具体地说，禁忌就是神物和不洁之物或危险之物不能随便接触和使用，否则，便会亵渎神灵，受到惩罚；接触了不洁、危险之物，便会蒙上晦气，遭到不幸。《汉书·艺文志》中说："及拘者为之，则牵于禁忌，泥于小数，舍人事而任鬼神。"《论衡》中说："夫忌讳非一，必托之神怪，若设以死亡，然后世人信用。"禁忌也是源于原始社会初民对鬼魂和神灵的畏惧和敬仰，我国民间有不少禁忌就是从鬼魂崇拜中产生的。

　　禁忌几乎涉及社会生活的一切方面，有些禁忌至今仍广泛流传于民间，并有一定的影响。许多民族都忌眼跳，俗语中有"左眼跳财，右眼跳祸"的说法，遇到眼跳，民间常用一小块红纸粘在跳动的眼皮上，作为破法，以此消灾。合婚，生肖禁忌很多，女方忌属虎；也忌属羊，谚云："眼露四白，五夫守宅。"羊眼露四白，所以属羊的克夫。如果犯忌，合婚时可以采取补救的办法，就是把年龄多报一岁或少报一岁。上半年出生的多报一岁，将虎变成牛，将羊变成马；下半年出生的少报一岁，将虎变成兔，将羊变成猴，禁忌就可解除。所以，民谚又云："女命无真，男命无假。"馈赠喜庆贺礼忌讳单数，要用偶数，以示"成双成对"。即使是单数的东西，如一头猪，也应写为"全猪成头"。又忌用白纸，要用红纸。关于色彩也有许多禁忌。封建时代，黄色、紫色、秋香色（次明黄）为贵色，特别是黄色为帝王专用之色，皇帝登基谓之"黄袍加身"。民间绝对禁止使用黄色，否则就被视为谋反、篡位，招来杀身之祸。绿色为贱色。元以后"人以龟头为绿色，遂目着绿头巾为龟头。乐户妻女大半为妓，故又叫开设妓院以妻女卖淫的人为龟，或叫当龟。又以官妓皆籍隶教坊，后人又呼妻女卖淫的人为戴绿头巾，或叫戴绿帽子"。（《中国娼妓史》）"又以妻之外淫者，目其夫为乌龟，盖龟不能性交，纵牝者与蛇交也"（翟灏《通俗编》）。郎瑛《七类修稿》云："吴人称人妻有淫者为'绿头巾'，今乐人朝制以碧绿之巾裹头。"所以，民间相沿男子的帽巾忌用绿色。民俗认为白色、黑色为凶色，黑白二色都与丧事相关，举办丧事，家族穿白色孝服，佩戴黑纱，俗谓"戴孝"。所以，婚嫁、弥月、过年等喜庆日子都忌穿纯白、纯黑的衣服，尤忌穿白鞋、戴白色的头饰。若穿白色服装（如结婚礼服）则须佩带红花。相反，吊丧则忌红色服饰，古人认为：白色"于凶事为吉，于吉事为凶"；红色"于吉事为吉，于凶事为凶"。吃也有许多禁忌，吃梨忌两人分食一个，尤忌夫妻、恋人分食，意谓"分离"。江南民间喜用荷包蛋待客，但忌打两个蛋，一般都打三个。两个蛋象征卵蛋（睾丸），待客有所不敬。

　语言方面的禁忌是中国神秘文化的一大特色。语言禁忌包含的内容很多，最有特色的莫过于避讳，所谓"讳"，是指帝王、"圣人"、长官以及尊长的名字。避讳就是称谓禁忌。大概从周朝开始就有避讳的习俗。"周人以讳事神名，终将讳之。"《疏》："自殷以往，未有讳法。讳始于周。"（《左传·桓公六年》）可见，在当时人死之后已讳称其名。此后，避讳作为一种制度逐臻完善，及至秦朝避讳已形成一种习俗而流行于世，所谓："秦俗多忌讳之禁。"到了唐宋以后，讳禁之严可谓登峰造极，不仅回避字样，而且"随音旁避"，嫌名嫌字，也要避，稍有疏忽，就会遭到杀身之祸。避讳在今人看来非常可笑，而在古人眼中却又那么神圣不可侵犯。这种习俗的形成可能与古代巫风兴盛有关。因为黑巫术中"射偶人"之类的法术也常用来诅咒仇人的名字，将对方置于死地。所以人死之后要讳名，生前也要讳名。避讳，一是避国讳，主要避皇帝本人及其父祖的名讳。秦始皇姓嬴名政，就把正月改成"端月"。唐太宗姓李名世民，连观世音菩萨也得将名字中的世字避掉，而称观音。二是避"圣人"讳，就是为封建"圣人"避讳。宋朝规定"禁文字斥用黄帝名号故事"。金代规定"臣庶民犯古帝王而姓复同者禁之，周公、孔子之名亦令回避"。清雍正时规定，孔孟名讳必须敬避，姓、名及地名中的"丘"必须改为"邱"。三是避家讳，就是避亲属内部尊长的讳。小辈不仅不能和长辈的名字同字同音，连涉及的事物若与长辈的名字同字同音，也要加以回避。司马迁的父亲名谈（司马谈），司马迁在写《史记》时，凡有名"谈"的人，均将谈字换掉，如把赵谈改为赵同，李谈改为李同。李贺的父亲名晋肃，李贺就不能举进士，进、晋同音，犯讳。用现在的话说，就等于剥夺了李贺参加高考的资格，以致影响了李贺的仕途，只当了一个协律郎，搞搞作曲，这位具有"鬼才"之称的著名诗人郁郁不得志，27岁就离开了人世。对长辈连同音字也要回避，当然更不允许直呼长辈的名字了。南宋名将张俊在绍兴十一年四月被任命为枢密使，因"密"字犯了他父亲的名讳，皇帝赵构应其请求，将枢密使的密字去掉，只称枢使。此外，还有避"宪讳"，就是下属官员避长官的名讳。谚云"只许州官放火，不许百姓点灯"，就出于避州官田登的名讳，而把"放灯"（灯、登同音）改为"放火"。同辈之间表示尊敬也要避讳。对兄弟姐妹、亲戚朋友不能直呼其名，而应称呼字（号）。"字"是与"名"相表里的，所以又称表字。如诸葛亮，字孔明，"亮"与"孔明"含义相近。岳飞字鹏举，"飞"与"鹏举"相辅相成。关羽，字云长，意谓展翅入云，"羽"与"云长"亦相为表里。古人"男子二十，冠而字"；"女子许嫁，笄而字"（《礼记·曲礼》）就是说男女成年后才取字。称呼"字"这一习俗，一直沿袭到现代。看影片《大决战》，稍加注意就会发现国民党的高级官员均以"字"称呼，如张治中称其字文白；白崇禧称其字健生。为了避讳，一般采取改字、空字、缺笔、避音四种方式。改字，是对帝王或所尊者之名用同音近义的字代替，或干脆改称。如陈寿写《三国志》，为避司马懿讳，将东汉并州刺史张懿改作"张壹"。又如唐祖讳虎，凡称"虎"的地方均改为"武"或"兽"。空字，就是将避讳的字空而不书，或作□，或称"某"，或直书"讳"。如《隋书》中为避李世民讳，将"王世充"写作"王□充"。《史记》中为避汉景帝刘启讳，而将"启"写作"某"，如"子某最长，纯厚慈仁，请建以为太子"。《宋书》中为避刘家帝王之讳，凡名均作"讳"字。（永初元年八月，西中郎将、荆州刺史宜都王讳进号"镇西参军"。）缺笔，就是将所避之字的最后一笔不写。缺笔始于唐初，盛行于宋代。避音，就是在口语中回避正呼，汉字有平上去入四声，君讳字属平声，则读上、去、入声；若讳字属入声，则读平、上，去声，余皆类推。

在禁忌问题上另一堪称奇特文化现象的是年龄忌讳。民间普遍忌讳七十三、八十四。传说孔子卒年七十三，孟子卒年八十四，既然像孔、孟这样的圣人都难逃这两个关口，一般凡夫俗子也就更难避过了。所以，俗谓："七十三、八十四，阎王不请自己去"、"七十三、八十四，不死也是眼窝刺"。民间也忌讳十、百庆贺诞辰，俗谓"做生日"。"生日做九不做十"，五十九岁做"六十大寿"，六十九岁做"七十大寿"，这一习俗直到现在仍在流传。这是由于"十"和"百"都有极限的含义，老人如活到一百岁，也只说九十九，中原一带也有忌讳四十五岁的。《北平风俗类征·语言》中记述"燕人讳言四十五岁，人或问之，不曰'去年四十四岁'，则曰'明年四十六岁'，不知何所谓也，"禁忌涉及至数字的除岁数外，还有数字的单双亦有吉凶的感应性质，谚云："福无双至，祸不单行"，所以一般喜事喜双忌单，凶事喜单忌双。

词语方面的禁忌，也可视为一种独特的文化现象。这种禁忌主要表现为回避一些不吉利的、义含凶祸的字眼。人人惧怕死亡，所以人们最忌"死"字。皇帝死了谓"崩"，皇后、诸侯死了谓"薨"，大夫死了谓"卒"。士大夫阶级称死为"疾终"、"溘逝"、"物故"、"弃养"、"捐馆舍"等等；平民百姓把死称作"卒"、"没"、"下世"、"逝世"、"谢世"、"升天"、"老了"，或直截了当地说"走了"、"不在了"，千方百计避开一个"死"字。为国家和民族而战死于沙场的将士，因公殉职的志士仁人也不说死，而称"捐躯"、"牺牲"。船民忌说"翻"、"沉"、"漏"之类词语。江南民间称"吃药"为"吃香茶"，忌言生病。民间也忌讳亵渎性的词语，特别是涉及性器官和性行为的词语，认为这些事物本身不洁，使用这类词语不敬，同时容易引起性行为的联想。所以称生殖器为"下部"、"阴部"、"下身"；称性交为"房事"、"同房"、"同床"、"夫妻生活"；称男女私情为"偷鸡摸狗"、"寻花问柳"、"拈花惹草"。拉屎叫"出恭"、"如厕"、"大便"；撒尿叫"解溲"、"方便"、"小便"。月经称"月信"、"例假"。怀孕称"有喜"、"添喜"。还有一些独特的禁忌，北方人忌用蛋字，因为"北人骂人之辞，辄有蛋字，曰浑蛋、曰操蛋、曰倒蛋、曰黄巴蛋（王八蛋）"。（见《清稗类钞》）蛋指睾丸，是男性生殖器的组成部分，用它骂人，有亵渎、诅咒的意思。北方的菜肴凡用蛋的，一律将蛋字避开，鸡蛋叫"鸡子儿"，皮蛋叫"松花"，煮整个鸡蛋叫"卧果儿"，蛋花汤叫"木犀汤"。山东一带称人"二哥"，对方高兴，称人"大哥"，人则不悦。原因在武松排行老二，人称"武老二"，大哥则指丑陋矮小、媳妇与人私通的武大郎。过去，农历正月初五为财神日，民间有走街串巷卖财神画像的风俗。财神画像忌说卖买，要说"送、请"。不买不能说"不要"，应说"已经有了"。说"不要"会得罪财神，就要破财。直到现在，人们还以高价争购谐音吉利的各种编码，如电话号码、汽车牌照。1992 年元月 14 日重庆举办"移动电话特殊号公开拍卖大会","901168"和"908888"均以万元以上高价成交，前者的"168"谐音"一路发"，后者的"8888"谐音"发发发发"，乃为大吉大利的词语。这也从一个侧面反映了词语禁忌影响之深。另外，各种行帮还有各自的、具有行业特点的禁忌语。

十八、厌胜·姜太公·石敢当·公鸡·女人血

厌胜。厌胜又叫辟邪物。辟邪物是作为一种禳解的物品而对禁忌产生消除作用的。也就是说，辟邪物是通过某种事物产生的力量使禁忌失去应有的作用，或在事先进行预防，形成一种无禁忌的状态；或在违犯禁忌后，由于采取了某种措施，而不致遭到恶报。

无禁忌状态可分三种情况：一是广泛性的，就是针对一切神灵鬼怪，泛指一切禁忌，没有具体对象；二是针对某一方面的，禁忌的对象比较具体；三是针对某一具体事物的，有具体的禁忌对象。事先预防的无禁忌状态，汉族民间通常的措施有以下几种："百无禁忌"。百无禁忌用于定期或不定期驱邪。过去，汉族一般都在腊月三十（除夕日）举行各种驱邪仪式。《东京梦华录》对此有较详的记述："至除日，禁中呈大傩仪，并用皇城亲事官、诸班值戴假面，绣画色衣，执金枪龙旗。教坊使孟景初身品魁伟，贯全副金镀铜甲装将军。用镇殿将军二人，亦胄，装门神。教坊南河炭丑恶魁肥，装判官。又装钟馗、小妹、土地、灶神之类共千余人，自禁中驱祟出南薰门外转龙弯，谓之'埋祟'而罢。是夜禁中爆竹山呼，声闻于外。士庶之家，围炉团坐，达旦不寐，谓之'守岁'。"《梦粱录》中亦有"禁中除夜呈大驱傩仪"的记载，所述情节与《东京梦华录》大同小异。傩仪就是驱逐疫鬼的仪式。这种"大驱傩仪"是由宫廷举办的国家祭典。民间则在除夕之前打扫卫生，去尘秽，

净庭户，在除夕那天贴门联、换门神，挂钟馗、钉桃符，以逐邪驱祟。现在，春节贴春联（农村还有贴门神的），是为这一习俗的延续和发展。在贴门联的同时，有些人家也用红纸裁成条幅写上"百无禁忌"或"童言妇语，百无禁忌"，或"姜太公在此，百无禁忌"，贴在梁柱门窗之上，这是"无禁忌"的最简便、最广泛的应用。民间把姜太公看作"神上之神"，可以驱除一切神魔鬼怪。姜太公即姜子牙，史称吕尚、姜尚，文王访贤尊称为"老太公"，后讹传为姜太公，是商周时期的大军事家。《封神演义》中说各路神仙都是由他所封，因此成为神上之神。如果姜太公在此，诸神不敢冒犯，都会乖乖地退位，所以有的红幅上则写"姜太公在此，诸神退位"。关于"姜太公在此"作为厌胜之具，在《清稗类钞》中还有一段有趣的记述："乾隆时，江浙间之烹豚鱼也，皆和以酱。当三伏时，有自制之者，取其便也。制时，必书'姜太公在此'五字于门，为厌胜之具。或问袁子才曰：'何义？'袁笑：'此太公不善将兵而善将酱'，盖戏语耳。然颜师古《急就章》云：'酱者，百味之将帅，酱领百味而行'。久之而门窗皆有此五字，且有加'百无禁忌'四字，不专在制酱时矣。"这也可看作是对"姜太公在此"的一种铨释。

泰山石敢当。在一些古老的城镇农村，经常可以看到刻着"泰山石敢当"五个大字的石碑，或竖在村落入口处，或竖在门前巷口，或竖在三岔路口直冲处，这是民间常用的一种厌胜之具。关于石敢当的来历，一说源于黄帝时代。当时蚩尤无人能敌，某次登泰山而藐视天下，自称天下谁敢当，女娲遂投所炼之石制其狂暴，上镌"泰山石，敢当"，蚩尤溃退。黄帝于是四处遍立泰山石敢当，蚩尤见到此石，便畏惧而逃，从此，民间遂以"泰山石敢当"为辟邪神石。一说源于周朝。姜子牙灭纣有功，死后谥封"泰山——石敢当"，其神权为执守鬼门关道。东岳泰山雄伟，富有神气，被视为具有无边法力的神，能镇压一切厉鬼，此后便衍化为驱邪之神。当然，这些都是无稽的神话传说。倒是《清稗类钞》的记述比较可信："石敢当，立石于里巷之口以禁厌不祥者也。此三字，始见于汉史游《急就篇》。颜师古曰：'敢当，言所当无敌也'，颜谓《急就》之例，首陈诸姓，其名字或是新构义理，非实相配属，真有其人。是石敢当云者，亦虚构二字，与石姓相配成文耳。后人乃镌诸石，为禁厌之用。宋庆历中，张纬宰莆田，再新县治，得一石铭，其文曰：'石敢当，镇百鬼，厌灾殃。官吏福，百姓康。风数盛，礼乐张。唐大历五年，县令郑押字记。'后有加'泰山'二字于上者，曰泰山石敢当。"由此可见，早在汉代就以"石敢当"作为驱邪禳解之具，这种流风若追根溯源，实为原始社会灵物崇拜的余绪。

除了上述几种"无禁忌"的辟邪物之外，民间还常以太极八卦图、铜镜、太阳图形以及麒麟、凤凰、狮子等灵兽和凶兽的图像或饰物，绘在（或挂在）门楣之上，用以驱邪镇宅。这种古风，在皖南山区仍随时可见，一些新盖的房舍，门橱之上几乎都有上述种种饰物，说明厌胜之风在民间、特别是在农村仍有广泛的影响。

厌胜的主要作用在于驱鬼。人类早期形成的鬼魂观念，把鬼分成两类，一部分鬼常做善事，是为善鬼，善鬼又往往被奉为神。对神，人们焚香膜拜，加以供奉。另有一部分鬼专干坏事，危害众生，是为恶鬼。对恶鬼，人们敬而远之。而这些恶鬼喜食生人，往往找上门来作祟，所以家家户户在岁尾年头，一定的节期，都要选用厌胜之具驱鬼。鬼并不是无所禁忌的，鬼和人一样也有许多禁忌。鬼不仅怕专门捕捉他们的钟馗、张天师；还怕阳光，怕火，怕爆仗，怕红色，怕铜镜，怕鸡鸣，怕老虎，怕桃木，怕米豆，怕秽物，等等。上面列举的这些东西都是鬼所忌讳的，鬼看到这些东西就会溜之大吉，所以，鬼只出现在阴暗的角落里，而不敢在光天化日之下活动。明亮的灯和阳光近似，所以鬼不敢靠近灯。听到公鸡报晓，知道太阳就两出山，所以吓得赶快躲避。人们抓住鬼忌鸡鸣的这个特点，在禳灾驱鬼时，法师手上都拎一只公鸡，并把公鸡杀死，喷洒鸡血，驱赶厉鬼。民间驱鬼避邪都放爆仗，有些地方还打火炮，以"噼里叭啦"的巨响震慑鬼怪。民间在举行禳解活动时常以红布、硃砂、公鸡血（或狗血）以驱鬼。为了驱鬼引魂，江南一带在"叫魂"时，就边走边喊，边撒米。由于鬼忌桃木，民间就在除夕将桃符钉在门楣之上，还以桃木做成弓箭、刀、棒挂在室内。在农村走黑路，有时遇到"鬼打墙"，转来转去仍在原处，这时只要撒泡尿，人就清醒过来，路就通了，因为鬼怕秽物，被人尿吓跑了。

秽物在禁忌和厌胜方面所起的作用，在中国的民俗中也是很独特的。原始社会晚期，父权制代替了母权制，女性变成受压迫者，在社会上逐步形成男尊女卑的观念。进入封建社会后，妇女更被视为"不洁之物"，是万恶之源，由此而形成一系列歧视和侮辱妇女的禁忌。如男女"不共巾梳"，男女衣饰不能晾在同一根竹竿之上。女人的内衣、月经带被视为亵渎污秽之物，男人如从晾晒的女人亵衣下穿过，就会沾上晦气，所以女人的内衣只能晾在墙边屋拐。女人不能从男人身上跨过，更不能用手摸男人的头，否则，男人一切都不顺利。女性也不能祭祖、送灶，不能亵渎神明。特别是女人的经血被视为禁忌的秽物。女性在月经和生产期间又有许多禁忌，妇女生孩子，男人严禁进入产房，不是为了保护妇女，而是怕血腥冲了男子，会遭凶祸。反之，正因为女性的亵衣，特别是经血被视为秽物，这又变成厌胜之具。鬼祟既怕秽物，当然害怕女性身上的不洁之物，所以，在民间也有用妇女的经血、内裤、月经带秽物来施行法术以制服鬼祟的。

第四章
神秘的语言文字——符咒

　　道士、方士驱妖赶鬼、巫觋医病都要念咒画符，叫做符咒。符咒是巫祝和道士（僧尼）作为人与神相通的一种神秘的韵语。咒，就是咒语，来源于先秦时期巫觋的"咒禁法"。施行巫术，依靠巫力，巫力通过咒语产生力量，产生威力。所以，咒才是巫术里面最重要的成分，可以说咒是巫术的神秘部分。"我们分析一切巫术行为的时候，也永远见得到仪式是集中在咒语念诵的。咒语永远是巫术行为的核心"（《巫术科学宗教与神话》）。佛教传入中国后，咒语吸收了佛教的香咒、赞唱，加上在使用过程中又渗入了许多方言俚语，因而形成一种非常特殊的秘语。"咒禁法"本来是初民在巫觋观念支配下用来对付邪恶力量的，通过诅咒，慑服对方，从而达到制服妖鬼，袯除不祥，保护自身的目的。以后，又发展成为对神明赞诵、祈诉、传令的秘语或颂词。符，是咒语的文字化。所谓"符"，是将甲骨文、金文、籀篆文和草书等汉字的古体融合在一起，加以变化而成的一种古怪的文字，一般作屈曲状，和咒配合应用，是谓符咒。

一、咒语——巫术行为的核心

符咒是书面语言与口头语言巫术化以后相结合的产物。作为巫术的口头语言的咒语，是先于符箓而产生的。传说符在远古神话时代就已出现。《事物纪原·符箓》中记述：《龙鱼河图》云："天遣玄女，下授黄帝兵信神符，制伏蚩尤，黄帝出车决曰：蚩尤无道。帝讨之，梦西王母遣人以符授之，帝悟，立坛而请，有玄龟衔符从水中出，置之坛中，盖自是始传符箓。"这就是后人无穷无尽揣测、至今尚未破译的"河图"。实际上先秦作为祥瑞象征的河图，究竟是何物根本无从寻找了。不过从这一段记载可以看到，早在原始社会晚期就有立坛、求神、授符一套符咒风俗。到了周代，符主要用作进出门关的凭证，将籀篆文写在竹片、木片或金属片上，叫做"符节"。战国时又发展到用青铜铸成，一剖为二，可分可合的兽形符节，如著名的"虎符"。道士、方士用作驱鬼工具的符，是从符节衍化而来的。战国后期，阴阳五行学说和天人感应思想的发展，促使符应观念的流传，为符咒的产生和运用创造了条件。司马迁在《史记》中记述邹衍的认识时就指出："称引天地剖判以来，五德转移，治各有宜，而符应若兹，"又说："天瑞下，宜立祠上帝，以合符应。"迨至道教产生以后，符咒即被道士接了过去，加以发展改造而使之道教化，成为驱鬼祛邪的主要工具。傅勤家在《中国道教史》中论述"符箓祈禳禁劾诸术"时指出："此则古之巫祝史，秦汉之方士，今日之巫觋，皆为本等之行业，而今之道士，亦似舍此而外，无谋食之方耳。"

二、道教符咒与佛教符咒

符，又称符箓。箓，通常指道教记录天官曹名属佐吏的法牒，这种法牒中都画有相关的符咒，所以又称法箓。它本是道士个人修身立业，迁升道职的证书。"箓者戒录性情，止塞愆非，制断恶根，发生道业，从凡入圣，自始及终，先从戒箓，然始登真"。道教《洞玄灵宝课中法》对"箓"的作用作了明确的阐述。《隋书·经籍志》指出："其受道之法，初受《五千文箓》，次受《三洞箓》、次受《洞玄箓》，次受《上清箓》。箓皆素书，纪诸天曹官属佐吏之名有多少，又有诸符，错在其间，文章诡怪，世所不识。受者必先洁斋，然后赍金环一，并诸赞币，以见于师。师受其赞，以箓授之，仍剖金环，各持其半，云以为约。弟子得箓，缄而佩之。"说明当时凡入道者，都要举行宗教仪式，接受道箓。接受了道箓，才能成为正式的道徒。到了魏晋南北朝时期，道教的箓文又发展成为某些斋醮的名称。"其洁斋之法，有黄箓、玉箓、金箓、涂炭等斋"。设斋须上奏章，"依阴阳五行数术，推人年命书之，如章表之仪，并具赞币，烧香陈读，云奏上天曹，请为除厄，谓之上章"（《隋书·经籍志》）。这种写给"天神"的奏章，一般为骈俪体，用朱笔写在青藤纸上，所以又叫"青词"，一名"绿章"。唐宋以至明代，符箓之风很盛，陆游就有"绿章夜奏通明殿，乞借春阴护海棠"的诗句。明朝有些大臣甚至以青词邀宠，严嵩就是善于撰写青词而受到皇帝宠信的，所以有"青词宰相"的绰号。

符咒，尽管使用的范围很广，用法也不一样，但是，我们"发现到三项标准成分与巫力的信仰有关。第一是声音效力，是对自然界声音的模仿，如风吼雷鸣、海啸、各种动物的呼号之类"。"第二，原始的咒术很彰较地是要用语言，要语言来发动、申述，或命令所要的目的"。"第三，几乎每个咒都有一项仪式所没有的成分，那就是神话的徵引，徵引巫术所本的祖先与文化英雄"。（《巫术科学宗教与神话》）从作用来看，"符咒最重要的作用是在用神秘语言及名词来命令驱使其中力量"（《文化论》）。值得注意的是"命令"一词。所谓"命令"，就是条律的规令性。当然，这些条律不是人间的法规法律，而是神法神律。道士为了加强咒语的效力，迫使鬼魅无条件地、迅速执行咒语的指令，多借重太上老君的无上权威。咒语的开头和结尾多写"奉敕令"、"急急如律令"或"太上老君急急如律令"的字样。"急急如律令",意为勒令鬼神按符令照办,不得有误。从形式来看,道家的咒文多有雷字。

为什么道教咒文中多用"雷"字呢?这不只是形式问题,道教似乎特别看重雷神,因为雷神是天帝身边最公正的刑神。在神魔小说《封神演义》中,"九天应元雷神普化天勇"闻仲的部下,有二十四位天君正神,"雷部"成为天神中一个专司"执法"的独立系统。《三教搜神大全》中说:"雷部有神,名曰健儿,善走,与雷相急速。"《土风录》中则说"律令"就是善走的雷部神。这就和"急急此律令"联系起来了。用"雷"乃是为了加速执行符文的时效性。同时,雷具有强烈的威慑性,自古以来民间就广泛存在惧雷的传统观念。初民由于对自然现象如雷电缺乏科学的了解,看到电闪雷鸣,发出山崩地裂的巨响,造成屋塌人亡,认为是神祇为了惩邪驱魔而发出的巨大的威力,便凭借其丰富的想象力,从而创造出雷公和电母(俗称闪电娘娘)的形象。雷公像什么样子呢?《山海经·海内东经》说:"雷泽中有雷神,龙身而人头,鼓其腹。"《大荒东经》又说:"东海中有流波山,其上有兽,状如牛,苍身而无角,一足,出入水则必风雨,其光如日月,其声如雷。"郭璞注:"兽即雷神也。"《论衡·雷虚》中则说:"图画之工,图雷之状,累累如连鼓之形。又图一人,若力士之容,谓之雷公。使之左手引连鼓,右手推椎,若击之状。"有的记载还说,雷斧(又名雷公石斧、霹雳斧、雷楔)是雷公经常用以击人的武器。沈括在《梦溪笔谈》中说:"元丰中,予居雷州,夏日大雷,震一木折,其下乃得一楔,信如所传。凡雷斧多以钢铁为之,楔乃石耳,似斧而无孔,世传雷州多雷,有雷祠在焉。"连沈括对雷电和陨石这些自然现象尚且无知,也就难怪原始初民把雷公视为威力无比的神祇了。雷公的形象如此恐怖,手中的武器那么可怕,人们对他哪能不有所畏惧呢?道教大概正是掌握了人们畏雷、敬雷的心理,而在符咒中充分运用"雷"的威力,而使人们相信符咒威慑鬼魅的效应。

　　符咒并不是道教的专有工具，佛教也用符咒。虽然道、佛二家的咒语，曾经相互影响，相互吸收，特别是在七世纪以后，佛教密宗派的僧人曾仿照道教的咒语而创造出新的符咒。这种咒语已不具有那种"陀罗尼"密语的味道。但是道教的符咒和佛教的符咒仍然各有特色，不尽相同。道教的咒语是一种人们可以听懂的驱鬼祛邪、治病消灾的口诀。如"天灵灵，地灵灵，祖老太上君，天日是新地是利，萌萌龙水生，急急如律敕令。""白鹤林，离白鹤，神仙一点得诞龄。大化白鹤升天去，人跨白鹤驾祥云。太上玉旨亲垂盏，留传助道遁真形。走遍天涯人莫见，非灾横祸不能侵。弟子受持神仙法，逢灾遇难避刀兵。慧眼遥观来害者，须臾变态隐吾身。一化白鹤，二化紫芝。隐头其测，众神护持。吾奉太上老君，急急如律令，敕。"这些咒语有的词句虽较隐晦，但通观全篇，意思还是一目了然的。佛教的咒语就不一样，佛教教义思想来源于印度，佛教的"咒"是梵语陀罗尼（音译）的意译，一译"真言"，它是一种僧人对神讲的，一般人听不懂的密语。如"南无拨具摩阇罗唵　渡尼　渡尼　羽羽吽吽哗哗"。谁知道这像天书一样的咒语是什么意思呢？不过佛教的咒语都有与之相应的解释语，在念咒时一般先念咒语，然后再加以解释。上面的这篇咒语其释语为："是法咒至心持，此咒诵一遍，有一化佛从口出。若有盗贼（偷）物者，取小儿七岁，令咒之七遍，小儿即道贼住处。若贼在北方，向北咒，向南、东、西处所，每向咒之，其贼皆自缚来。不得食一切禁物，及秽污（处）不得住，但以好精心咒人大脸。勿妄传世，世人多不信。共荤、葫荾、五辛禁。"由此，我们可以看出道教咒语和佛教咒语的另一个不同之处。这就是道教咒语玄虚，驱鬼治病，念咒之后，鬼是不是吓跑了呢？病是不是治好了呢？这只有以观后效。佛教的咒语则直露，它说得煞有介事。"咒诵一遍"立刻就"有一化佛从口出"，找一个七岁小孩念七篇咒，就能知道盗贼的住处；如果盗贼在东方，向东方念咒，盗贼立刻就会前来投案自首。这真是咒到案破。咒语能够收到如此神奇的效果吗？显然是不可能的。创造咒语的和尚自己心里也有数，所以，在咒语中加上一句"勿妄传世，世人多不信"，这样皮里阳秋的妙语。由此，又引申出道教咒语和佛教咒语的再一个不同之处。佛教徒对佛绝对尊崇、虔诚，认为受苦是人生的本质，只要皈依佛教，修习佛理，才能脱离苦海，达到涅槃境界。所以，在念咒时要求虔诚，要有虔心习修的精神，如"金刚童子随心咒"；"在金刚前诵咒满二十万遍即法成"；"观世音应现身与愿陀罗尼（咒）"，"诵满十二万遍，即现其身，随求必从"。这就是说，你要求菩萨现身，驱鬼治病，就得虔心苦修念十万遍、二十万遍咒，这需要花费多长的时间，又要有多大的耐心，一般人是很难做到的。如果身患重病，等咒念完，不等菩萨下凡，人早已归"西天"了。道教则不然，其符咒主要建立在信念的基础上，比方说，对病人，它就说是什么鬼在作祟，念遍咒，画道符，就把恶鬼驱逐走了。或者把符化在药中，叫病人吞食下去，病就好了。如此这般，对病人来说，无疑可以缓解病人的顾虑，起到安慰的作用。同时道教的符咒也立足于防患于未然的思想，为了祛邪纳福，在鬼魅尚未前来捣乱之前，预先贴上一道符，鬼魅看到符咒自然退避三舍，溜之大吉了。正是由于道教符咒起到保护百姓，满足实现幻想的作用，所以，道教能够在民间扎根发展，其符咒得以在民间广为流传。因而只见道士画符，却少见和尚画符。

三、治病符咒·祛邪符咒·仙符

治病符咒

画符念咒的作用和目的在于驱鬼避邪，趋吉避凶，具体地说就是驱鬼、治病。驱鬼不一定是为了治病，驱鬼还有镇邪纳吉的作用。但是，治病一定要驱鬼。因为在道士们（也包括和尚、巫觋）看来，人之所以罹病、乃是遭到鬼害，就是俗话说的恶鬼缠身。我国古代特别是唐宋两代符箓治病之风盛行，在四川大足石窟中依然完整地保存着依据《大佛母孔雀明王经》雕刻的密宗造像。《大佛母孔雀明王经》是佛教密宗的经咒，密宗认为此经诸咒备说，能够禳除种种灾害病苦。根据此经创作的变相存有四窟。在石门山第八窟的左部，石像的画面为"阿难恐惧惊呼，莎底比丘趴伏于地。阿难身后有一把斧，身右有一枯树，一条毒蛇自树洞中出。"经中说："有一苾刍，名曰莎底，出家未久，学毗奈耶教。为众营澡浴事而破薪。遇大黑蛇从朽木中出，螫莎底右足拇，毒气遍身，闷绝于地，阿难见此，便疾往佛处，礼双足而请教于佛：'世尊，莎底为毒所中，受大苦恼，如何是好？'佛告阿难：'我有摩诃摩瑜利佛母明王大陀罗尼，有大威力，能灭一切诸毒饰畏灾恼，令一切有情，获得安乐。'阿难依佛念咒，莎底果然得救。"（见《大足石窟艺术》）据镌龛题记推测，这幅形象生动的石刻变相，当为南宋作品。另外，在大足宝顶山石窟还有在佛教密宗史上传灯弘法、专持大轮五部秘咒救度众生的大阿阇梨柳本尊的造像。这位生活于唐代开成、大中年间的大和尚，曾在成都、广汉等地设立道场，自残肢体，以秘咒为人治病，蜀主王建曾遣使褒奖并赐以"唐瑜伽部主总持王"的尊号。由此可见佛教密宗咒语在唐宋之际的剑南地区曾经风行一时。

按照道教分类，"符命有九：一，三光符；二，真武符；三，天罡大圣符；四，三官搜鬼符；五，铁扇符；六，九岳符；七，安胎符；八，催生符；九，斩邪符。各有其符行用之法，罡咒不谬者，其灵及验。"（《道法会元》）在这九类符中，安胎符、催生符为治病之符，搜鬼符、斩邪符为驱邪之符，其余五类不知作阿用途？如按道士（和尚）运用的符咒分类，大体可分为三类，一类为治病的，一类为祛邪的，一类为成仙的。

治病符咒：①《破伤器》（《破伤方》），这是附属于《四方金刚咒》的小咒。《四方金刚咒》等大咒用于召神，《破伤咒》则用于治病。人生各种各样的病，道士便有各种各样的《破伤方》。有治一般疾病之方，咒云："今日不祥，何日损伤。一禁便定，两禁平伏如常，急急如律令，敕摄。"有治脓疮之方,咒云:"日出东方,乍赤乍黄。上告天翁,下告地黄。地黄夫人,交(教)吾禁疮。仙人提水,玉女洗疮。一禁便定,两禁平伏如常。驴鸣马鸣疮也不,惊天雷地加疮也。莫恐我是毗沙罗摄地虫。急急如律令,敕摄。"有治牙痛之方,咒云:"虫是江南虫,身是赤勇子,合向草中藏。自何来咬人。牙齿钉在梁南头,一钉永年死,急急如律令,敕摄。"有治小儿夜啼之方,咒云:"你是厨(厨)中则火杖,著(捉)下差你作门将,与吾提取夜啼呼,直到朋(明)即放,急急如律令,敕摄。"②难产符,专为医治产妇而设的符咒。③洗眼符,专为医治眼病而设的符咒。④求子符,专为求子而设的符咒。⑤破"鬼神箭"咒,这是一种特殊的治病之咒。据说,人的身上无化哪一部分无故作痛,乃是中了鬼神的箭,可急取属虎者的头发和桃枝尖端的叶子蘸烧酒合揉痛点,如出现紫斑,即为鬼神箭射中之处。在揉搓时要念下列咒文:"鬼箭、神箭,莫在人身上射箭,墙头墙脑射箭!壁角落头射箭!"这种符咒就更具有原始巫术的味道了。

祛邪符咒

祛邪符咒:①宅符。镇宅祛邪的符咒。宅符又有镇宅四角符(将符贴在屋的四角),房内符(将符贴在房内),地窖符(将符贴在地窖内,流行于西北地区),地穴出口符(桃板制、九寸长),上书"家中地穴出口",或书"管公明神符却鬼见口走出"。②门符。亦为镇宅祛邪的符咒。贴在门口处的为门口符,贴在门楣上的为门上符。③床符。床符又有床脚符,保佑妇人顺利分娩、防止难产。床上符,可以防止做噩梦。床垫符,符上书有"此符安电(垫)上大吉"字样。④树符。树符又有树神符,贴在树上。神树符,贴在家宅院内,保护树木生长。咒云:"宅神不安钱财不散失家内准厄安上符安此神树永无殃灾大吉。"⑤墓穴符。避免死去的长辈在墓穴中受到鬼魅的骚扰。符用桃木板制作,写上"书此玄宅四角大吉利"字样,安于玄宅四角("玄宅"在唐代为墓穴的雅称），墓穴便可驱鬼，家庭便会兴旺。⑥箭符。专为士兵打仗而设，增加取胜的信心。用五色线将符绑在箭杆上，并在符上写上"香灯"二字，表示已经祭祀过神灵，受到神灵的保佑，就会箭无虚发。⑦驱噩梦符。这是一种奇异的、稀有的符咒，可以被除噩梦的不良预兆。"凡人夜得噩梦，早起且莫向人说，虔敬其心，以黑书此符（符略），安卧床脚下，勿令人知。乃可咒曰：赤赤阳阳，日出东方。此符断梦，劈除不祥。读之三遍，百鬼潜藏。急急如律令。"（见《新集周公解梦书》）据说这篇咒文可能是三国时管辂所作，曾流传于敦煌，并在唐代传入日本。

仙符

这类符指道士编造的幻术，主要有乘云符和隐身符。据说道士带上乘云符，再念一条乘云咒就能脚踏祥云飞天。咒云："谨请六丁六甲神，白云鹤羽飞游神，木身通林虚耗神。足下生云快似风，架吾飞腾在空中。吾奉三山九候生先律令，摄。"隐身符是道士的遁法符咒。道士自称根据《湘祖白鹤紫芝遁法》或《太上金锁连环隐遁真诀》能够隐蔽自己，使人目不能见。在炼遁法时必须画符念咒。咒云："万化丛中一棵草，其色青青香更好。神仙采取在花篮，千般变化用不了。吾会法练隐吾身，纵横世界无烦恼。行亦无人知，坐亦无人见。遇兵不受惊，遇贼不受拷。护道保长生，相随白鹤草。吾奉太上老君，急急如律令，敕。东岳帝君速降摄。唵喈嘧唵哆唎唵哆唎摄。"（《紫芝灵舍咒诀》）

四、符咒使用法：化符·吞符·带符·挂符

符咒的用法很多，常用的有化符、吞符、带符（佩符）、挂符、吞带（挂）并用符等。

化符

化符常见于巫觋、方士为人治病的"画水符术"。就是将符咒画入水中，命病人喝下，即可达到治愈的效果。湖南、江西、东北以及皖南等地区，过去民间均广泛应用化符治病，如皖南地区，每有饮食不慎而鱼刺咔嗓，或碎骨于喉，即请巫师前来化符。备清水一碗，巫师先念咒，然后掐着手指在水面上画几道符，再命患者将水喝下，鱼刺或碎骨即可化掉。特别是在湘西苗族地区，"画水"被广泛用于治病。不仅可以治急病，还可以治外伤。"画水"有治突然昏厥的"将军水"，有治骨髓在喉的"鹭鸶水"，有治皮肤灼伤的"雪山水"，有治受伤后出血不止的"担血水"，有治刀伤的"封刀口水"，还有治隔一山跌伤或砍伤者的"隔山水"。画水时一边作画水动作（即化符），一边念咒，画水的咒语分两部分，一为请师父咒，一为水咒。由于画水的对象不同，咒也各不相同。如"鹭鸶水"的咒语云："月出四柱起，切尽肮脏鬼，愿吾变猴生，正正变吃水。叫变就变，若有不变，弟子画起六月太阳晒变；叫融就融，若有不融，弟子画起六月太阳晒融。若再不融，弟子画起五百蛮雷打融。抬头望四方，九龙下天堂，龙来龙脱爪，虎来虎脱皮，山中百鸟脱毛衣，步步成钢，动手成划。"（反复念三次）"隔山水"的咒语云："隔山按山，隔水按水，画鬼担，砍鬼山，老龙深到深龙滩。请得木山李老格，不怕杂鬼并远鬼。左手画天雷，右手画地雷，画起五百蛮雷。"据《后汉书·皇甫嵩传》记载：钜鹿人张角在汉灵帝光和年间传播"太平道"，就是通过"符水咒说以疗病，病者颇愈，百姓信向之"，从而策动起黄巾起义的。

吞符

吞符是专为治病用的，分冷吞（和冷饮料吞下）、热吞（和热饮料吞下）、吐吞（即有呕吐症状的人，须待吐后再吞）、痢吞（即有腹泻症状的人，须待拉过肚子后再吞）和汗吞（即有盗汗、虚汗、冷汗等症状的人，须待出汗后再吞）。有些吞符是按十二地支为顺序排列的。如"子日病者，以索系头，放送泰山未去，吞此符。甲子病者至庚午差（"差"为"瘥"的古写，瘥为病愈之意），星死鬼所作，求之吉。丙子日病至庚寅差，一云甲午差，庚子病至丙午日差，天后鬼所作，解之吉。壬子日病者至己未差，客死鬼作水，解之吉。""寅日病者，以鬼箭射着人腰，吞此符。丙寅病至壬申差，星（新）死女祥鬼谢之吉。戊寅日病至庚戌日差，祟在客死鬼，大重九死一生。庚寅日病至戊戌日差，祟在女祥鬼，宜道悟。壬寅日病至戊申日差，祟在天道神，作不死解之吉。申寅日病至戊午日差，祟在客死鬼，解之吉。"

带符

亦称护身符。护身符按人物分类有下列数种：①百姓带的符。百姓带之，"利官、去官事（司），口舌，得欢心、解散"。趋吉避凶。②官吏带的符。③仙人、和尚带的符。带符还有安于袜内的脚符。用朱笔画在衣领上来驱鬼的衣领符。在敦煌写本中曾发现一套《推年立法护身符》，此符咒共十二条，按十二地支顺序排列，并附符画二十幅，每条符咒上均有"带此符大吉"字样。从下列两条即可窥全豹。"年立寅。忌正月七月，带此符大吉。年立寅，青色人襄正月寅日七月申日，若其日得病者，十死一生，非其日时不死，病难苦头痛胸肋满矩气见血，恍恍不食，祟在山神树，未狂死鬼及断后病死，不葬鬼所作。宅中有独鼠怪，忧小口，及水上神明，丈人急解之吉，忌正月七日寅申日。""年立申。带此符大吉。白色人襄七月申日正月寅，其时日时病，十死一生，非其日时不死，难苦头痛心腹胀满，四肢不举，饮食不下，祟在此君，主公土神、树神、灶君。丈人星、死鬼、客死鬼，勿恂诤不死。忌正月七月寅申日。"

挂符

挂在室内用以祛邪的符，最常见的是端午驱鬼符。唐、宋时端午节的午时称为"天中节","士宦等家以生硃子午时书'五月五日天中节，赤口白舌尽消灭'"（《梦梁录·五月》）古代，五月五日请道士画符驱鬼在民间广泛流行。端午驱鬼符咒云："五月五日天中节，一切恶事尽消灭，急急如律令。"端午节挂钟馗图也可以视为挂符。"俗画一神像贴于门，手执椎以击鬼，遂相传钟馗好啖鬼，又作钟馗图，悬钟馗之名，由来已久，特古人以除夕，今人以端午，考其用意，自亦相同耳。"（《杨慎外集》）除夕门上挂的桃符也是挂符。"桃符之制，以薄木板长二三尺，大四五寸。上画神像狻猊白泽之属。下书左郁垒，右神荼。或写春词，或书祝祷之语，岁旦则更之。"（《岁时广记》）所谓桃符，起初是用桃枝的。成书于南北朝梁的《荆楚岁时记》谓：正月一日，"帖画鸡户上，悬苇索于其上，插桃枝于其旁，百鬼畏之。"鬼为什么会怕桃枝呢？传说"羿死于桃棓"。棓就是大杖，后羿是被桃木大杖击毙的，由是以来，鬼就畏桃（见《淮南子》诠言）。至于何以要把神荼、郁垒画在桃符上，《风俗通》中也确一段记述："上古之时，有神荼、郁垒昆弟二人，能执鬼。无道理妄为人密者，神荼与郁垒缚以苇索，执之以食虎。"神荼、郁垒两兄弟专捉残害无辜的恶鬼，捉到恶鬼就捆将起来送去喂虎，鬼岂有不怕之理。据专家考证，桃符大致在夏代已经出现，后来纳入礼的范畴，由此可见，挂桃符习俗亦为上古之巫风。

吞带（挂）并用符。符咒经常一符两用，大致有三种用法：一种是吞带并用符，符上写有"去一切鬼邪，大大神效，吞带并吉"字样。有的"着病人身上及吞之"，"着病人身上"即带在身上。有的还"符朱书病人颜上，并吞之大吉"。将符画在病人脸上，实际上也是带符。一种是吞挂并用符，敦煌写本中的《推初得病日鬼法》即属吞挂并用符。此法云："卜男女初得病日鬼各是谁，若患状相当者，即作此鬼形并书符藏之，并吞及著门户上，皆大吉。书符法用朱砂闭气作之。"此法也是按十二地支的顺序排列，作符时先注明初得病日的鬼名，然后写上症状，再画两道符，一道吞食，一道挂在门上，这样一来，病人即可转危为安。下列原文两条："子日得病，鬼名天贼，四头一足而行，吐舌，使人四肢不举，五脏不流，水肿大腹，半身不遂，令人暴死，以其形废之，即吉。此符朱书之，病人吞之，并书著门户上，急急如律令。"又"丑日病者，鬼名是谁？天剌、青身赤面，手执气，一足而行。令人噎食，身体殒，目痛，暴死，失溺，水不利、多口舌，以其形厌之即吉。此符朱书吞之，并著门户上，急急如律令。"这里还要说一下，按十二地支顺序排列的此符，据符文记录共有十二个鬼名，即天赋，天剌，同炉，老目离，铁齿，程郎，文卿，嘻骄，铜咨，看看，石系械，东僧，这些离奇古怪的名字都是些什么鬼呢？尚未见考证。既是道士编造出来骗人的，也就没有考证的必要，反正都是道士创造的害人的恶鬼罢了。不过道士在创作时倒也不是凭空想象，多少还是有所依据，把《推初得病日鬼法》中所描绘的十二个鬼的形象，与《山海经》中神怪的形象对照，却有不少相似之处，由此可见符咒与上古神话、巫文化之渊源。还有一种挂带并用符，多为宅符与护身符并用。"凡人家宅不安，或凶神邪鬼作怪，此符镇之大吉。或夜行身带此符，诸邪不敢近。"（《阳宅十书·论符镇》）

符咒能够用以治病，也可以用于防身，所谓刀枪不入。在 19 世纪末叶义和团运动中，团民皆练神拳。练就神拳，身硬如铁，能避火器，不怕枪打。因为有神仙附体，神力相助。当时拳坛林立，立誓盟神，吞符念咒，以刀枪不入炫耀于人。在和帝国主义侵略军对阵时，坛主身着道袍，执剑作法，团民身带朱符纸兜，口念咒语，陷入疯癫状态，挥刀舞棍，直冲向前。说刀枪不入，实际上血肉之躯是无法抵挡帝国主义洋枪队的，敌人一开火，神拳即失去作用，因此牺牲惨重。所谓神拳，就是在练称作"金钟罩术"的硬气功时，渗入了咒语和神仙附体的内容。练拳之前，先焚烧檀香请神，用清水一碗，口中念咒，以手在碗上画三道符，头两道符水吃下去可以治病；第三道符水吃下去，即有神灵附体，也有的在练拳前先以香灰点额，或将香灰用水调饮，口念咒语，施走数转，神即附体，助其舞拳。神拳的核心内容是咒语，是咒语、降神、饮符、舞拳相结合的拳法。

按照道教的规章，化符、吞符、带符、挂符之前都要举行仪式。一般先要斋洁，"凡人入山，皆当先斋洁七日，不经污秽，带升山符出门，作周身三五法。"（《抱朴子·登陟》）所谓斋洁，是指不食荤腥，不发生性行为，焚香沐浴。隆重的还要由道士设坛祭祀土地、城隍、四方四帝和朱雀、玄武等大将。

符咒是道士画的，名目繁多，千奇百怪，不胜枚举，俗谚"鬼画符"，谁也不明就里。你相信它，就只有听凭道士的随意解释。那么，原始的符咒，或者说符咒的雏形到底是什么样子呢？这已无从查证。后汉《太平经》中虽载有萌芽期的符咒，但为"复文"，如除害复文、令尊者无状复文等，尚非正式符箓。现在我们能够看到的最早的符咒真品是南朝梁大宝二年（公元551年）的遗物，刊于《吐鲁番出土文书》第二册（文物出版社1981年版），而且仅此一件。

此符分为两个部分：第一部分——"黄"字上方手执三叉戟的人是符。第二部分为咒。咒文云："天帝神前，沾（?）煞百子死鬼，新（斩）后必道鬼不得来近，护令遣（?）若颜（?）上，急急如律令也。"这条符咒的主神为天帝神，我国原始宗教尊奉的就是天帝神，由此亦可见道教符咒和原始宗教（民间巫术）的亲缘关系。

五、惩治妖祟的手段——印·剑·镜

巫觋、方士、僧道在作法时，一般都要使用法器，法器的种类很多，通用的为印、剑、镜。印是用来安镇邪魔的，剑是用于慑鬼祛邪的，镜是用于照妖清宅的。从巫术的观点看，它们都是惩治妖祟的可靠手段，所以民间又把印、剑、镜作为镇邪物。

安镇邪魔的印

印，也称印章、图章、关防、朱记、记，古代称"钵"　（或作

"珝"），后作"玺"，亦称"宝"。秦统一六国，皇帝的印信称"玺"，官、私所用的印信均称"印"。"章"和"印章"的名称出现于汉代。唐以后，帝王的印信或称"宝"，官、私印中又出现"记"、"朱记"、"关防"、"图章"等名称。先秦以后的印章多用以取信，官印则为权力的象征。由于印章具有取信和表示权力的作用，所以，被道、佛二教撷取过去，并加以改造，使之道教化、佛教化，用以显示神力，作为神权的象征。

道教的印称作"符印"，采用玉玺的形式，在梨木上刻上变形的篆字，然后印在纸上或身上。道士设坛祭神要加盖符印，叫做"龙篆真印"、"龙篆神印"。为人治病用的吞符上也有符印。最常见的是挂符上的符印，这是用作辟邪驱鬼的。盖上神的印章，说明经过神的验证，符印一挂，如同神在，妖魔鬼怪还敢来捣乱吗？

佛教的印称作佛印。佛印的形式和道教的符印基本相同，不同的是佛印中有非四方形的印，如著名的"观音并印"和"如意印"（又称"玉女奉佛印"）就不是四方形"玉玺"式，而近似道教的符篆。另外，佛印制作材料很严，一般用驱鬼的桃木和名贵的檀木、柽木。将木头制成印，再将画好的符印图刻在上面。佛印可以印在身上，也可以直接带在身上，还可以印在巾帕、香袋之上。佛教徒去四大佛教名山朝山进香，都要加盖菩萨的佛印，以取得朝山礼佛的合法证明。据说盖了佛印，即视为在佛前正式报到，并取得佛的认可。不过，现在所有庙宇几乎都为香客、游人加盖佛印，因为，盖印收费，佛印已衍变为旅游的纪念品，寺庙则借盖印而赚取收入了。

使用佛印和使用符印一样，也要念咒。道教用印念咒，意在驱祟，以观后效。佛教用印念咒，咒到功成，立竿见影。换句话说，佛教用印比道教更富于幻想，可谓天马行空，志在必得，说得神乎其神，实际上是根本办不到的。为人治病，将"观音并印"印在病人身上。云：观音并印，印身上方，病随印消散，若是鬼气精魅小虐，印着即差（瘥，病愈）。若有疰病，（注：疰病指两类病：一类为慢性传染病。《释名》云：

"注病，一人死，一人复得，气相灌注也。"《太平御览》引《释名》：注、作疰。一类为中医外科指的脓疮。）以印照之即著。若眼疼，印之并得，立瘥。吞之带之印身印照随心用。"祈求神佛护佑，带上"旃檀摩兀印"，"一切人所有出言，令人爱禁（敬）、敬信"。用"波头摩印"印眼睛，立即能见到释迦牟尼真身。"将印印于大地，变成金玉"。带上"如意摩尼印"，便有"七十二亿金刚"，各个执持刀剑，来拥护作法之人。带上"神足印"，"若除却疑心，至诚，须臾间即到西方极乐世界，见阿弥陀如来及观音大势至尊"。把"隐形印"印在身上，"诵观世音如意轮咒千八遍，身着一净衣，余者不须，仍取丁香，烧之，取一盆水以用洗身。须隐形，万人不见。若入龙宫，化诸妃后；若入天宫，化诸天女"。还有"爱乐印"，"若带一日，万罪消灭。若带二日，万病消除。若带三日，功力无比。若带四日，神通自存。若带五日，腾空游戏。若带六日，三千大世界，所有微尘，皆悉知数。若带七日，当得解脱。"（见敦煌写经《佛说大轮金刚总持陀罗尼法》及其背面的六枚符印和说明。"陀罗尼"即梵文的"咒"字。）从上列六枚佛印的作用，亦可见佛教又是多么重视和强调佛印的神力。若追根溯源，这种产生神力的咒语，亦即请菩萨时念的不可思议与无可知晓的密语，乃是出自巫术的禁咒之法。事实上，巫觋赋予有声语言以神秘力量的咒语，与道佛二教赋予有声语言和有形文字以无穷神力的符印，在相当长的历史阶段，几乎是以相同的模式流传的，不仅蛊惑了千万民众，而且得到封建统治者的倡导。直至近代，印，仍被某些巫师视为最重要的法器，特别是太上老君之印被视为法力无边。在我国南方一些少数民族中流行的咏印歌谣（其性质实为咒）即云："玉印原来四四方，老君名字在中央。阳打阳兵都来降，阴打邪鬼走他方。若有十方来相请，玉印三声鬼喊亡。天差差，地差差，老君衙内给下来。弟子有钱来接去，无钱解转老君衙。"马林诺夫斯基在论述巫术和宗教相互渗透问题时就指出："巫术是一套动作，具有实用的价值，是达到目的的工具，现代宗教中有许多仪式乃至伦理，其实都来源于巫术。"

慑鬼祛邪的剑

剑是用于慑鬼驱邪的。古俗认为金、银、钢、铁、锡等金属制品都有一定的禳灾避邪作用。同时，钢铁（钢）铸成的剑又为刺杀的武器，人体受到金属的刺击，就要流血。远古就有血的禁忌，"视血为忌，见血而避"。血液是红色，这又犯了对红色的禁忌，看到红色就会引起伤害、流血的联想，而产生恐怖感。红色又属阳，和太阳色相同，鬼魅是害怕阳光的。大概正是由于鬼魅害怕金属，又惧怕红色，金属铸成的剑，可以造成流血见红而产生畏惧感。因此，剑就成为巫师和道士必不可少的法器。他们举行驱鬼祛邪的仪式，一般都是右手执剑，或一边挥舞，一边念咒，或将符咒戳在剑端，在蜡烛上点燃焚化；或披头散发，手持宝剑，驱赶鬼魅。在京剧《借东风》、《七星灯》中，我们就可以看到诸葛亮执剑登坛祭风的情景。民间则把剑作为辟邪物，端午在门上悬挂艾和菖蒲，也有挂剑的。我童年常在外婆家住宿，舅父的床头枕边就放着一把用以辟邪的古剑。鬼魅怕金属，辟邪为什么用剑而不用其他金属武器呢？我国少数民族也有巫师在作法时用刀的。用剑可能有两个原因：一是中国古代的宝剑，几乎都有一段神话传说，如《吴越春秋》和《越绝书》记载，越王勾践曾请当时著名的铸剑师欧冶子铸造了五把"陆斩犀兕，水截蛟龙"的稀世名剑。吴越之战，越国战败后，勾践曾将湛卢、胜邪、鱼肠三剑献给吴王阖闾求和，由于吴王无道，湛卢宝剑竟"自行而去"到了楚国。这就使剑蒙上了一层神秘的色彩。二是剑既可砍，又可刺，还可以佩带，作法时可以运用自如，既可指指戳戳，又可挑起符咒燃烧。作为巫术和道教仪式，剑既有威胁性，又有实用性。中国古代关于神剑的传说很多。比如，灭西晋建立前赵的刘曜曾隐居于汾水流域的管涔山。某夜，曾有两个童子破门而入，跪在刘的面前，奉上一柄宝剑，口称："管涔王使小臣奉谒赵皇帝，献剑一口。"说毕再拜而去。此剑长二尺，寒光闪闪，赤玉为宝，背上刻有铭文"神剑御，除众毒"。刘曜视为神剑，每有重要活动，辄佩腰间，"剑随四时而变为五色"。

照妖清宅的镜

镜是用来照妖清宅的。我国古代使用铜镜。从文献记载看，早在黄帝时代就有铜镜，《黄帝内传》说："帝既与西王母会于王屋，乃铸大镜十二面，随月用之。"《玄中记》又说："尹寿作镜，尧臣也。"这些记载只是上古的传说，不足相信。因为，商周甲骨文和金文中只有"监"字，而无"镜"字。甲骨文和金文的监字，乃"人监于水"之形，说明直到商周人们还是用器盛水，用水照容。根据考古发掘，出土于河南安阳殷墟五号墓的五面商代后期的铜镜，是我国目前发现的最早铜镜，说明铜镜大概出现于商代后期。战国时期铜镜开始流行。西汉时期，铜镜背面开始出现铭文，并造出具有透光效应的"透光镜"。东汉至魏晋南北朝时期，出现规矩四神纹镜，镜面上常有"青龙白虎掌四方，朱雀玄武顺阴阳"铭文，并出现神兽镜、画像镜。由此可见，铜镜发展到这一时期，已和阴阳五行结合起来，带上神秘的色彩，并被巫师、道士用作法器，又赋予它照妖镇邪的作用。民间相信铜镜可以驱邪，因此，常在宅院的门楣上安置一面铜镜，用以照妖避邪。这种现象直到现在，在皖南山区农民修建的新屋上依然可见。汉族旧时举行婚礼，新娘上轿前，要在胸前藏一面古铜镜；新郎在迎接新妇进入洞房时，胸前也要佩一面古铜镜，俗谓"照妖镜"，用以祛邪清宅，避凶趋吉。古人还常把铜镜嵌在墓顶上方，或在棺床的四角放置铜镜以辟邪，防止鬼怪对死者的骚扰。在神异小说中就有不少用铜镜镇妖驱魔的故事。

第五章
无所不在的无魂魄的力

神秘文化内容庞杂，在我国漫长的封建社会中，几乎渗透到政治、哲学、天文、算术、艺术、技艺、医药、风俗等各个领域，对社会生活的参与是广泛的，对中国古代文化的发展产生了深远的影响。

一、政治·历史

巫术一开始就与政治结下不解之缘。一方面，统治者利用它来诠释其统治合理性与必然性；另一方面，下层百姓则通过它祈福求安。现从四个方面说明这个问题。

图腾崇拜——龙。"图腾"（Totem）原是北美印第安人阿尔衮琴部落内的阿吉希瓦方言，意为"他的亲族"。朴素而自发的图腾崇拜是原始氏族时期产生的一种朴素而自发的宗教信仰。部落和部落联盟是原始氏族时期的社会组织形式。当时尚处于母系氏族社会时期，初民只知有母，不知其父，加上对生物进化和生理知识的无知，因而想象乃至相信每个氏族都与某种动物、植物或某种无生物之间有着血缘亲属或其他特殊关系，往往把某种动物、植物或其他无生物看作是自己生命的来源，亦即自己的祖先而加以崇拜，并选择其为本氏族的图腾，作为保护神。在我国古代文献中，有关图腾崇拜的神话传说很多，"天命玄鸟，降而生商"（《诗经·商颂·玄鸟》），是说"圣处女"简狄吞吃了玄鸟（燕子）蛋生下了商族的始祖契，所以商族以燕子为图腾。周族的高祖姒"圣处女"，姜嫄在旷野履巨人迹而生下男性始祖周弃，所以族姓为"姬"。姬即基，足迹之谓。这个巨人足迹当是一种被当作氏族图腾崇拜的巨兽的足迹。据学者考证，"姬"古字"臣"，是熊迹的象形字。姬姓是以熊为图腾的民族，所以黄帝号有熊氏（见《史记·五帝本纪》集解），以熊为图腾。又一说，有熊氏应为有能氏，"能"字生僻，因而误以为"熊"。熊即元鼋，乃三足鳖。《左传·昭公七年》记载："昔尧殛鲧于羽山，其神化为黄熊，以入于羽渊。"熊是不能下水的，古代有学者考据，"熊"当作"能"字下三点即鳖之三足。黄熊一作黄能（见《论衡·无形》）。据《尔雅·释鱼》："鳖三足，能"。所以，黄帝旗号又称轩辕氏，轩辕即天鼋，意同字假。至于"黄帝与炎帝（蚩尤）战于阪泉（涿鹿）之野，帅熊、罴、狼、豹、貙、虎为前驱；以鵰、鹖、鹰、鸢为旗帜"（《列子·黄帝》）。黄帝率领的六种野兽和蚩尤率领的四种猛禽，无疑均为部落的图腾，在进军交战时队伍各自打着以自己部落图腾为标志的旗帜。由此可见，远古部落或氏族均以始祖所感生的灵物作为图腾崇拜物。所以说"始祖之名仍然是一种图腾"。

图腾的衍化经历了几个阶段。最早是原生态图腾。这类图腾多为图腾的自身形象，如虎、豹、犬、鵰等。原生态图腾又衍化为准原生图腾。这类图腾多为半人半兽的图腾形象，如传说女娲是人首蛇身，炎帝是人首牛身。闻一多先生指出："这是代表图腾开始蜕变为始祖的一种形态。"又说："这样由全的兽类图腾蜕变为半人半兽型的始祖，可称为'兽的拟人化'。"（《伏羲考》）准原生态图腾再衍化为次生态图腾，形成了具有多种动物特征的综合性图腾形象。如龙具有大蛇的躯体，马首、鹿角、鱼鳞、鸡爪。这种综合性图腾形象，实质上反映出各个部落、氏族不断融合为华夏族的过程。

　　龙是中华民族的象征，至今我们仍自诩为"龙的传人"。以龙作为民族的象征，起源于远古龙图腾崇拜。龙的图腾形象，兼有蛇、鱼、兽等多种动物的形态，是以蛇为主的综合性的幻想物。我们知道，从战国到秦汉以至魏晋，盛行有关伏羲和女娲的传说，西汉、魏晋有关伏羲和女娲的画像很多，总括起来，伏羲、女娲有以下几个特征：①人首蛇身或人头龙身；上身为人，下身为蛇或龙；且多为相交型。②一说两人为兄妹关系，一说两人是夫妇关系。从文字记载来考证，《国语·郑语》中有这样一段记述："夏之衰也，褒人之神化为二龙，以同于王庭，而言曰：'余，褒之二君也。'夏后卜杀之，与去之，与止之，莫吉。卜请其漦而藏之，吉。乃布币马，而策告之。龙亡而漦在，椟而藏之，传郊之，殷周莫之发也。及厉王之末，发而观之，漦流于庭，不可除也。王使妇人不帏而澡之，化为玄鼋。""同"犹通滛，即交合之谓。漦，原训涎沫，实为精液。《史记·周本纪·集解》云："龙自号褒之二先君。"闻一多在《伏羲考》中指出："由二龙为'同于王庭'的雌雄二龙推之，所谓'二君'自然是夫妇二人。夫妇二人有着共同为人'先君'的资格，并且是龙的化身，这太像伏羲、女娲了。"又说："至少我们以这二龙之神，与那人首蛇身的二神，来代表一种传说上演变过程上的前后二阶段，是毫不牵强的。"在古文献中关于伏羲、女娲人首蛇（龙）身的记载几乎到处可见，如《鲁灵光殿赋》："伏羲鳞身，女娲蛇躯。"曹植《女娲画赞》："或云二皇，人首蛇形。"描绘的形象基本一致，不同的是一说蛇身，一说鳞身。根据考古发现，西安半坡仰韶文化遗址和山西襄汾县陶寺夏墟遗址出土的陶器上，作为图腾族徽的龙纹，是一种生活于水中的蛇状长鱼，头旁有类似两耳的东西。商代铜器上的龙纹，在夏墟型龙纹的基础上增加了两角。周代的铜器龙纹或图画中，龙已经有了足。长沙马王堆出土的楚帛画中的龙纹，除了足以外，其他部分明显地保留了半坡型和夏墟型龙纹的特征。特别是在洛阳出土的西汉卜千秋墓壁画中人首龙身的伏羲女娲画像，龙尾仍保留了鱼尾形态。循着历史的轨迹来加以比较，可以得出这样的结论，伏羲龙图腾实来源于半坡类型的鱼龙崇拜。蛇身实为鱼龙，也可能是已经绝灭的湾鳄，因为古人是把龙归入鳞虫类的，所以，龙为鳞身。《左传·昭公二十九年》："龙，水物也，水官弃矣！故龙不生得。"说明龙是生活在水中的，神话中的龙王就都生活在水下的龙宫之中。

古代以龙为图腾的民族很多，奉伏羲、女娲为始祖的夏族以龙为图腾。传说禹自身就是龙。《山海经·海内经》："《开筮》（《归藏·启筮》）云'鲧死三岁不腐，剖之以吴刀，化为黄龙'也。"《初学记》卷二十二引《归藏》："大副之吴刀，是用出禹。"又传说禹妻"涂山氏名女娲"。（见《史记·夏本纪》）《淮南子·览冥篇》中也有女娲"积芦灰以止淫水"之说。以龙为图腾的还有奉伏羲、女娲为傩公傩母的苗族；"断发文身，以像龙子"的越族；古俗有龙祭、龙会、龙忌的匈奴族等。据古文献记载，共工氏、祝融氏以及黄帝的别姓也都是以龙为图腾的龙族，闻一多考证，古代所谓"诸夏"，起初都在黄河流域的上游，即古代中原的西部。后来由于受到来自东方的一个以鸟为图腾的商民族的压迫，一部分向北迁徙而为后来的匈奴；一部分向南迁徙，而为周初南方荆楚吴越各蛮族，苗族即其一部分的后裔。（见《伏羲考》）由于这个缘故，以龙为图腾的民族因而分布到中原、南方东部（越）、南方中部（苗、瑶）和北方（匈双）广大地区。上面说过，原始龙图腾遗迹最早发现于地处关中的陕西西安半坡村仰韶遗址；尔后又出现于地处山西南部的襄汾夏墟遗址；后来又大量出土于地处河南北部的商代遗址。据史学家论证，关中、晋南、豫北这一广大地区，不仅是夏商周三族的活动中心，也是传说中的黄帝（黄土高原）、尧（平阳）、舜（蒲坂）活动的地域。可以确认，早在母系氏族公社的仰韶文化时代，以象征中国民族的龙文化为代表的华夏文化已经初具规模。"由上观之，古代几个主要的华夏和夷狄民族，差不多都是龙图腾的团族，龙在我国历史与文化中的意义，真是太重大了"（《伏羲考》）。

随着历史的发展，由母系氏族社会而进入父系氏族社会，由部落联盟而发展为国家，由奴隶主贵族统治集团的世袭王权和世袭贵族制而演变为封建中央集权制的君主专制政体以后，也就是说，图腾式的氏族社会变成封建的、大一统的帝国以后，图腾生物也就由全体族员的共同祖先而成为最高统治者一姓的祖先。既然始祖是龙，帝王自然是龙子、龙孙，龙的后裔了。所以，自禹以后，华夏的历代帝王都说自己是龙的化身，并且编造了许多图腾感生神话，证明自己是"真龙天子"。以汉高祖刘邦来说，一说"赤龙感女媪（刘媪），刘季兴。"（见《诗含神雾》）又说"刘媪尝息大泽之陂，梦与神遇。是时，雷电晦冥，太公往视，则见蛟龙于其上。已而有身，遂产高祖。"（见《史记·高祖本纪》）还说"汉王（刘邦）……怜薄姬，是日召而幸之。薄姬曰：'昨暮夜妾梦苍龙据吾腹。'高帝曰：'此贵征也，吾为女遂成之。'一幸生男，是为代王。"（见《史记·外戚世家》）代王就是汉文帝刘恒。这就是说，刘邦是"真龙天子"，刘邦的儿子也是"真龙天子"，由此类推，凡是当皇帝的都是真龙天子。因此，他们的宫室服舆均以龙的图形作为装饰的主题。龙则由部落和部落联盟的图腾变成帝王的符瑞，从而衍化为"帝德"和"天威"的标记。

"宗教是在最原始时代，从人们关于自己本身及其周围外部自然界的极愚昧、极朦胧、极原始的观念中发生的。"《马克思恩格斯文选》（两卷本第二卷第396页）附丽于原始宗教的图腾崇拜，自然和巫术结下不解之缘。前面讲到原始部落或氏族以始祖所感生的灵物作为图腾崇拜物，这个图腾崇拜物就是部落、氏族的保护神。保护神既能在发生灾祸时保护和警告它的部落和氏族成员，也能对部落或氏族成员预言未来，并作为他们的领袖。图腾崇拜是建立在"万物有灵论"基础上的，所以它的内涵包罗很广，自然崇拜、鬼神崇拜、祖先崇拜兼而有之。自然也和巫术掺杂在一起，难解难分。事实上，图腾崇拜中就包含着大量巫术的成分，所以，又有"图腾巫术"这一称谓。这里可以武王伐纣，纣自焚于鹿台为例。殷商隶属东夷鸟图腾族团。"天命玄鸟，降而生商"。玄鸟为燕、乌鸦或鱼鹰之类禽鸟，后神化为凤，而成为原始殷人的图腾崇拜物。我国古代有凤凰以太阳为窠巢的传说。《春秋元命苞》：

"火禽为凤皇。"《鹖冠子》："凤、鹬、火禽，阳之精也。"《周易说卦》释："禽为火，为日，为电。"太阳既是一团熊熊燃烧的烈焰，凤凰竟然可以作为窝巢，这就说明凤凰投火，不仅不会焚死，而且可以永生。所以，自称是神（即凤凰）的后裔的纣，在周武王兵临城下时，选择自焚作为归宿，并在自焚之前，"蒙衣其珠玉"。就是把彩色斑斓的珠宝佩饰裹在身上，象征凤凰"五彩以文"的艳丽的羽毛，好让前来显圣的始祖凤凰便于辨认，在始祖的庇护下得以保全性命，羽化为神。而作为对手的周武王也是极其迷信的，他的辅弼姜太公又是巫术之士，同样相信"火禽凤凰"这一属于图腾巫术范畴的神话的。纣自焚后，武王则担心他变成厉鬼，会来复仇。正像屈原在《九歌·国殇》中所描述的："身既死兮神以灵，魂魄毅兮为鬼雄。"必须采取对策以自保，于是就以巫术对巫术，用厌胜来制服已死的劲敌，肢解纣尸，生啖其肉，"手污于血，不温而食。当此之时，犹猛兽者也。"（见《尸子》辑本）史籍在记叙这件事时，说是武王在肢解纣尸前，"以黄钺斩纣头，悬大白之旗"。然后由巫尹伏"衅社，告纣之罪于天"，曰："殷之末孙季纣，殄废先王明德，侮蔑神祇不祀，昏暴商邑百姓，其章显闻于天皇上帝。"（见《史记》《周本纪》《鲁周公世家》）尹佚"告纣之罪于天"，这又是诅咒巫术。按说，对纣既施行了诅咒巫术，在天帝面前历数了他的罪行；又施行了厌胜巫术，生啖其肉，使他不得复生，本可消除心头的余悸了。但是，武王仍惴惴不安，在灭商朝的第二年，"遭厉虐疾"，突然崩逝。"遭厉"意谓撞上了厉鬼；"虐疾"意为厉鬼作祟，对武王作祟的厉鬼无疑是纣了。实际情况是武王害怕纣自焚后变成厉鬼，惶惶不可终日，以致神经错乱而猝死。由此可见图腾巫术在这个历史事件中所起的作用。

五德终始，战国时代，由于五行的出现而逐步形成五行学术。五行术起于战国的后期，始创于齐人邹衍，对此，史学界的看法基本上是一致的。不成系统的五行思想由来已久，如《左传·文公七年》：郤缺引《夏书》，释之曰"水火金木土穀，谓为六府"，是为六数；秦国有白、青、黄、赤四帝之祠，是为四数。邹衍则"案往旧造说"（见《非十二

子》），一方面"往旧"，一方面造说，对古代的尚未形成体系的五行思
想，加以整理，使之系统化，造出一大套五行学说，又在五行学说的基
础上，创立五德终始说。他认为"天地剖判以来，五德转移治各有宜，
而符应兹"。"邹衍之所言五德始终，天地广大，尽言天事，故曰'谈
天'"。（见《史记集解》）何谓"谈天"？谈天，是说五德终始所宣扬的
是一种命定论。儒家传统思想亦重视天命，但儒家说的天命比较抽象，
如"时日曷丧，予及汝皆亡"，"有夏多罪，天命殛之"（《尚书·汤
誓》），"我生不有命在天"（《尚书·西伯戡黎》）。五德始终则是一种
"极具体的天命的律法"。它把阴阳五行观念与政治联系起来，采用取象
比类的方法，把"五帝"与"四时"搭配起来，更迭用事。概括地说，
就是历史的变化要受五德终始的支配。统治者在行使政务时，必须按照
五行时令，根据当时农事经济的实际需要，选择最适宜的方案。所以它
犹如一套"政治训条"，又似一部"政治日历"。他创立了这部以五行时
令为核心内容的"政治日历"，又进而认为，历史上任何一个王朝的兴
起灭亡，都是由五德循环而决定的。每一个王朝，都要受一种"德"的
支配和支持，并相应天上的某帝。如周为火德，上应赤帝；秦为水德，
上应黑帝，等等。每一个"德"都有盛有衰，在其盛时，这个朝代则
盛，在其衰时，这个朝代则走向灭亡，而被另一个德所支持的朝代取而
代之，所谓"五德从所不胜，虞土、夏木、殷金、周火。"（沈休文《故
安陆昭王碑》注）接土、木、金、火、水类推，循环反复。自唐虞夏商
周以来，王朝不断更迭，兴废，所以，绝无万世一姓的王统，也绝无
"万岁"的帝王。任何一个王朝，经历一定时期，必然由盛而衰，为此
便应自动禅位让贤，否则就会引起平民革命，这就导致汉代学者提倡的
王位禅让论。五德终始说是邹衍把五行说应用于历史观，即用"五行"
说来描述历史的发展。诚如顾颉刚先生所言："五德终始说没有别的作
用，只在说明如何才可有真命天子出来，真命天子的根据是些什么。至
邹衍创立此种学术的用意，或在警诫当时国君，以为如果没有真命天子
的根据时切不可存在若干求天位的非分妄想，也未可知。"（《五德终始

说下的政治和历史》)从历史来看，自秦始皇统一中国后，在漫长的封建社会中，五德终始说一直被历代帝王奉为"绝对真理"，成为他们改朝换代的不可或缺的工具。

关于五行终始的中心思想，《七略》中的有段话说得比较明确："邹子有《终始五德》，从所不胜：土德后木德继之，金德次之，火德次之，水德次之。"这就是说，因为木克土，所以木继土后；金克木，所以金继木后，由此类推，可以看出邹衍的五德说，是以土、木、金、火、水的顺序各以所胜为行的，乃是按照五行相胜的原理确定的。"五行所以相害者，天地之性众胜寡，故水胜火也。精胜坚，故火胜金。刚胜柔，故金胜木。专胜散，故木胜土。实胜虚，故土胜水也。"（《白虎通》）既然，每一王朝相应于天上之某帝，把五行相胜的原理应用于朝代的更替，五行中某一行"胜"某一行，不正等同于下一代"革"上一代的命吗？概括地说：改朝换代，必然是前朝德衰而被新朝取代，新朝所据之德必为前朝所不胜之德。五德，就是为得到五行中某行而成天子者的所据之德。哪一"行"用事，人们的服色亦须随"行"而变更。这又把"五色"（四色）和"五行"（四行）联系起来。同时，五德终始说非常重视符应，所谓"五德转移，符应若兹"。符应一作符瑞，用现代汉语来说，就是"吉祥物"。符应实际上是与"德"相应的标志。《吕氏春秋·应同篇》："黄帝之时，天先见大螾（蚯蚓）大蝼（后神话为黄龙）。黄帝曰：'土气胜！'土气胜，故其色尚黄，其事则土。及禹王时，天先见草木秋冬不杀。禹曰，'木气胜！'木气胜，故其色尚青，其事则木。及汤之时，先天见金，刃生于水。汤曰，'金气胜！'金气胜，故其色尚白，其事则金。及文王之时，先天见火，赤乌衔丹书集于周社。文王曰，'火气胜！'火气胜，则其色尚赤，其事则火。"但是，从黄帝到周，仅有四代，五德终始，尚缺一德，所以，《应同篇》又根据"土、木、金、火、水"相次的顺序推断说："代火者必将水，天且先见水气胜。水气胜，故其色尚黑，其事则水。"秦取代周，周为火德，上应赤帝，秦自应为水德了。《史记·封禅书》："邹子之德论著始终五德之运，及秦帝而齐人奏之，故始皇采用之。"于是，"始皇推终始五德之传，以为周得火德，秦代周，德从所不胜，方今水德之始"。德，可以按五行相次的顺序推论，符瑞却不好随便猜测，所以，《吕氏春秋》只能说，将来天必先见水德之瑞。秦始皇当了皇帝，接受了邹衍的五德终始说，不能有"德"无"瑞"，于是，编造了一个"昔秦文公出猎，获黑龙，此其水瑞"的神话。尽管秦文公这位先祖上距秦始皇二百多年，但总算把这个缺陷圆满地弥补了起来。于是"秦更名河（黄河）曰德水，以冬十月为年首，色上黑，度以六为名，音上大吕，事统上德"（《史记·封禅书》）。请读者注意，这是中国历史上第一次用五德终始说而制定的政治制度，从而使中国封建政治史蒙上了一层浓厚的神秘色彩。

我们知道，中国封建王朝的递嬗（禅），不外乎两种方式，一是禅让，一是革命，新代推翻前代，取前代以代之，这是"相胜"。但是，祥和的禅让就不存在"克伐"的问题，五行相胜说越来越显得和历史的发展难以合拍。到了西汉中期，神学唯心主义哲学家董仲舒在五行相胜说的基础上创立了五行相生说。他说："天地之气合而为一，分为阴阳，判为四时，列为五行。行者行也，其行不同，故谓之五行。五行者五官也，比相生而相胜也。""东方者木，……木生火。南方者火，……火生土。中央者土，……土生金。西方者金，……金生水。北方者水，……水生木。"（《春秋繁露》）《白虎通》对五行相生的道理作了进一步阐明："木生火者，木性温暖伏其中，钻灼而出，故生火。火生土者，火热故能焚木，木焚而成灰，灰即土也，故火生土。土生金者，金居石依山津润而生，聚土成山，山必生石，故土生金。金生水者，少阴之气温润流泽，锁金亦为水，所以山云而从润，故金生水。水生木者，因水润而能生，故水生木。"五行相生说的中心思想，是认为"天"所发挥的主宰自然和社会的作用，是通过阴阳五行之气的变化来体现的，用五行相生来搭配五德递王，所谓"天意难见也，其道难理。是故明阴阳入出实虚之处，所以观天之志。辨五行之本来、顺逆、大小、广狭，所以观天道也"。（《春秋繁露》）这实际上是在邹衍利用阴阳五行说建立起来的天人感应的神学思想基础上，进一步神化天人关系，以五行相生济五行相胜，将相生、相胜两说一并采用。（见董仲舒《三代改制质文》）这样一来，经过董仲舒改造的"五德终始说"就全然不是本来的面孔了，从而从理论上为禅让制奠定了基础。这里需要附带说一下，在《易·说卦传》中又有用八卦的方位来说明五行相生的原理，把八卦与五行合为一物，《说卦传》上的方位和五行相生说完全一致。在五行上顺序是木、火、土、金、水，在方位上顺序是东、南、中、西、北。《说卦传》开宗明义说："帝出乎震。"震卦属木、位东。《易》曰："庖牺氏之王天下也。"庖牺氏即伏牺氏。这句话的意思是说，伏牺继天为王，为百王先首。既然"帝出乎震"。那么，作为"百王先首"的伏牺应受木德。"其后以母传子，终而复始"（见《汉书·郊祀志赞》）。刘向父子以"帝出乎震"为因由而创造了一个不同于邹衍的新的历史系统，作为五行相生说的依据。这个新的历史系统认为尧为汤之前四代，神农为汤之前八代；舜为文王之前四代，轩辕为文王之前八代，神农为文王之前九代。表述如下：

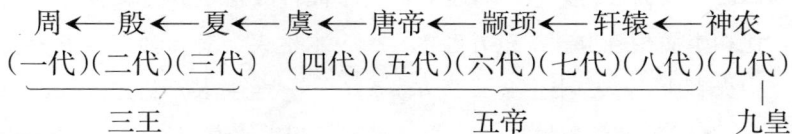

周←—殷←—夏←— 虞←—唐帝←—颛顼←—轩辕←—神农
（一代）（二代）（三代） （四代）（五代）（六代）（七代）（八代）（九代）

　　三王　　　　　　　　　　五帝　　　　　　　　九皇

这个新的历史系统，和黄帝以后即继以夏的邹衍所建立的古史系统，大不相同。从这个历史系统来看，轩辕当天子，并非推翻神农闹革命，而是由诸侯推选的（公推）。颛顼和帝喾一个是黄帝的孙子，一个是黄帝的曾孙；帝尧是帝喾的儿子，均为同一皇族。尧和舜、舜和禹都是禅让，未动干戈。在这九代中，除了殷周二代是采取克伐的手段，革前代的命，其他七代都止于祥和，建立在五行相胜说基础之上的五德终始说，对此实难自圆其说，必须另辟蹊径。这是五行相生说产生的重要缘由。所以，一说五行相生说是刘向、刘歆创建的。事实上，五行相生的排列法，早于刘向百年的董仲舒就已采用了。"五德终始"说到底是以"五行相生"说为据，还是以"五行相胜"说为据呢？实际上是你中有我，我中有你。

秦始皇接受五德终始说，创立了秦朝水德制度。"改年始朝贺皆自十月朔"。水色黑，于是秦尚黑色，衣服、旌旄节旗之类皆用黑色。水数为六，于是秦以六为标准尺度，符印、法冠皆为六寸，车宽六尺，驾车用六匹马，以六尺为一步，如此等等。秦的国祚很短，秦始皇统一天下仅仅十五年，就被刘邦等起义军推翻了，应了"五德转移，天命无常"这句话，刘邦取秦而代之，建立了汉朝。又朝在"德"的属性问题上闹得很厉害。刘邦当了皇帝，承认秦是水德，认为汉也为水德，两代的水德可以并存。刘邦击败项籍回到关中，向身边随员："故秦时上帝祠何帝也？"随员回答："秦时祭祀白、青、黄、赤四帝，建有密畤、上畤、下畤、畦畤四畤祠。"刘邦又问："吾闻天有五帝，而有四，何也？"随员回答不出来。刘邦忽有所悟地说："吾知之矣，乃待我而具五也！"于是建了一个黑帝祠，命之曰"北畤"（见《史记·封禅书》）。《史记·历书》中说："高祖曰：'北畤待我而起'，亦自以为获水德之瑞。"既然自信为水德，水气王于十月，所以仍旧沿用以十月为岁首的正朔，并且沿袭秦时的服色。过了二十多年，到了汉文帝时，贾谊对汉为水德提出异议。他认为遵照五德终始说，秦为水德，汉灭秦，乃土克水，汉理应为土德。土德尚黄，土数为五，"当改正朔，易服色，法制度，定官名，兴礼乐"，彻底变更秦的法典。由于遭到周勃、灌婴和冯敬等元老派的反对，指责贾谊为"雒阳之人，年少初学，专欲擅权纷乱诸事"，开始汉文帝很重视贾谊的意见，并越级把他提升到公卿之位。以后受到元老派的牵制，对改制不仅态度冷淡，还把贾谊谪为长沙王太傅，贾谊更德改制的建议就此化为泡影。文帝十四年（一说十二年）鲁人公孙臣又上书建议更德改制，说是"始秦得水德，今汉受之。推终始传，则汉当土德。土德之应黄龙见。宜改正朔，易服色，色尚黄"。（见《史记·封禅书》）但是，遭到丞相张苍的驳斥。也算公孙臣走运，文帝十五年，黄龙真的在成纪（今甘肃静宁县西南）显现，于是文帝兴高采烈地跑到雍

（今甘肃河西走廊）去祭祀五帝，拜公孙臣为博士，命他与诸生草土德的历法与服色制度，眼着就要宣布更德改制了。不料这时又冒出来一个赵人新垣平，上书说长安东北有神气成五采，形如人戴的礼帽，"天瑞下，宜立祠上帝，以合符应"。既有黄龙符应在先，又有瑞气符应于后，文帝高兴极了，于是在渭阳修建了五帝祠，封新垣平为上大夫，赏赐千金。接着新垣平又玩弄了一套献玉杯的把戏。他对文帝说："阙下有宝玉气来者。"文帝跑去一看，果然有人献上刻着"人主延寿"字样的玉杯。这样搞了两次，文帝相信这是天降祥瑞，乃是昌盛之兆，于是决定将文帝十七年改为后元年，这就是中国历史上正式改元（更改年号）的开端，所谓"更元年"。其实，献杯是新垣平事先安排的骗局。果然，有人告发新垣平"所言气神事皆诈也"。文帝大怒，把新垣平杀了。这样一来，更德改制的大典又被搁置下来，逐渐销声匿迹。汉武帝接位，汉朝正进入全盛时期。武帝不仅好大喜功、穷兵黩武，而且迷信鬼神，封禅求仙。且又信用方正贤良文学之士，独尊儒术。于是，沿袭多年的更德改制运动又活跃起来。以文学为公卿的儒者赵绾、王臧等搢绅之属，"欲议古立明堂城南以朝诸侯，草巡狩，封禅，改历服色事。"改制的建议虽然符合武帝的心意，但儒家势力的抬头，却引起"好老子言，不说儒术"的道家护法者太皇窦太后的不快。于是"使人微伺，得赵绾等奸利事，召案绾、臧，绾、臧自杀，诸所兴为皆废"。（见《史记·封禅书》）即将实现的改制又被窦太后采取特务手段镇压下去了。武帝建元六年（前135年）窦太后去世，武帝立即下令全国举孝廉，诏试贤良，董仲舒、主父偃、公孙弘等一批儒者登上了汉朝的政治舞台，从而确立了"罢黜百家、独尊儒术"的政策。元封元年（前110年），"望气王朔言候独家填星出如瓜，食顷复入。有司皆曰'陛下建汉家封禅，天其报德星云'"。什么是"填星"、"德星"呢？汉代是以五星分配五行的。岁星配木、荧惑星配火，填星（一作镇星。镇、填汉代通用）配土、太白星配金、辰星配水。（见《汉书·郊祀志》、《淮南子·天文训》）填星即土星，土星出现，且如瓜大，是汉承土德的象征。秦承水德，改黄河为德水；汉为土德，所以称填星为德星。填星既为土星，土色黄，所以填星的颜色也是黄的，因此附会，几乎举日皆黄。"填星，其色黄，九芒"，"迎鼎至中山，絪缊，有黄云盖焉"，"郊见泰一，是夜有美光。及昼，黄气上属天"。（均见《汉书·郊祀志》）条件既已成熟，乃于太初元年（前104年）夏五月宣布正式改制。订正历法，以正月为岁首；色尚黄；数用五，官名更印章为五字；协音律，尚黄锺；定年号为太初。经历了三十年的起伏，汉武帝终于实现了更水德为土德的意愿。汉武帝由于长期穷兵黩武，沉溺封禅巡狩，将汉代经五世休养生息而积累起来的财物耗费殆尽，弄得"吏民困苦，百官烦费"。他死后，民怨鼎沸。汉宣帝下诏命丞相、御史议孝武庙乐，长信少府夏侯胜公然站出来反对。他说：武帝"多杀士众，竭民财力，奢泰亡度，天下虚耗。百姓流离，物故者半。蝗虫大起，赤地数千里，或人民相食。"他的结论是："亡德泽于民，不宜为立庙乐。"（见《汉书·夏侯胜传》）由此可见人民对汉帝的信仰已经动摇，希望易姓受命，有一个新天子出来改变现状，拯救黎民百姓。于是，一班"五德三统论"者应时而起，提出易姓受命的主张，这就是"应让国说"和"再受命说"。第一个起来发难的是符节令眭弘。他煞有介事地委托当内官长的友人上书说，泰山有大石自立，上林苑中大柳树断枯卧地后又再生，虫食树叶成为"公孙病已立"五个字，这都是失德易代的征兆，为此建议"汉帝宜谁差天下，求索贤人，禅以帝位，而退自封百里，如殷周二王后，以承顺天命"。这个建议汉宣帝当然不会接纳，眭弘反以妖言惑众之罪丢掉了脑袋。（见《汉书·眭弘传》）过了十八年，到了宣帝神爵二年（前60年）又出了一个为民请命的盖宽饶，上书要求宣帝让位于贤人。当然，这无异于与虎谋皮，而被认为是大逆不道，盖宽饶罪自杀，自刭于北阙之下，一场公案就此了结。汉室虽然维持现状，但是，民间的怨气不仅没有消除，相反却更加炽烈。由是流言四起，灾异之说大盛，主张"让国"或"再受命"的儒士又乘机活跃起来。有的人企图以灾异证明汉有亡征，胁迫皇帝让国。如易学家京房在召对时，对汉元帝说："春秋二百四十二年灾异，以视万世之君。今陛下即位以来，日月失明，星辰逆行，山崩泉涌，地震石陨，夏霜冬雷，春凋秋荣，陨霜不杀，水旱螟虫，民人饥疫，盗贼不禁，刑人满市。春秋所记灾异尽备。陛下视今为治邪，乱邪?"汉元帝听了承认"亦极乱耳，尚何道!"(见《汉书·京房传》)又如另一个易学家、善言灾异的谷永开始企图用禳解的办法，以缓和尖锐的社会矛盾，后来因"有黑龙见东莱"，加上成帝大兴徭役，重征赋敛，改作昌陵，又指出汉室"三难异科"，"厥期不久。隆德积善，惧不克济。"谷永指的三难异科是什么意思呢? 就是说汉室的厄运共有三种：一是"三七之节纪"，即著名的谶言"赤厄三七"。约在昭、宣之间，方士路温舒根据天文历数预言"汉厄三七之间"，就是说汉室的寿命不会超过三七二百一十年。所以从汉高帝（高祖）元年到汉平帝元始四年为二百十年，当时的灾异家认为二百十年是一个大厄运。谷永说这话时是成帝元延元年，离平帝元始元年只有十五年。就是说汉室的江山长不了了。二是"《无妄》之卦运"。《易·杂卦传》曰："无妄，灾也。"京房说"无妄"，乃是认为"大旱之卦，万物皆死，无所复望。"（见《周易集解》颜注引应劭曰：'无妄者，无所望也。万物无所望于天，灾异之最大者也。）意思是汉室已无望矣。三是"百六之灾厄。"《汉书·律历志》引《易九厄》曰："入元百六，阳九次三百七十四，阴九。"颜注引孟康曰："所谓阳九之阨，百六之会者也。……百六与三百七十四（共四百八十），六乘八之数也。"《律历志》又说："凡四千六百一十七岁，与一元终，经岁四千五百六，灾岁五十七。"这是说在四千五百六十年中，定出五十七个灾岁，而第一百零六年是阳九的阨年。这与汉祚命运又有什么关系呢? 历代学者均无确解。以文义揣测，大概是说当时正处于阨年灾岁之中。刘向甚至集上古至秦汉灾异之大成，著《洪范五行传论》十一篇，论证汉运衰微。但是，当时虽然流言纷起，却没有一个人挺身而出，自居为新受命的天子起来革命。在这进退两难之际，甘忠可又创造了"汉再受命说"。《汉书·李寻传》：成帝时，齐人甘忠可诈造《天官历》、《包元太平经》十二卷，以言"汉家逢天地之大终，当更受命于天。天帝使真人赤精子下教我此道。'忠可以教重平夏贺良、容丘丁广世、东郡郭昌等。"此说一称"赤精子谶"，其中心思想是汉运已衰，将有新的天子出现，不过新受命的依然是汉，实际上是换汤不换药。但却遭到中垒校尉刘向的反对。刘向信仰灾异，企望成帝修德行仁以祛灾纳福，振兴汉室。认为再受命说怪诞不经，于是上书指责甘忠可"假鬼神罔上惑众"。甘忠可为此被下狱治罪，"未断，病死"。（见《汉书·李寻传》）成帝无嗣，死后由他的侄儿刘欣继位，是为汉哀帝。哀帝体弱多病，甘忠可的学生夏贺良等又乘机鼓吹"汉再受命说"。他们向哀帝陈说"汉历中衰，当更受命。成帝不应天命，故绝嗣。今陛下久疾，变异屡数，天所以谴告人也。宜急改元易号，酒得延年益寿，皇子生，灾异息矣。得道不得行，咎殃且亡。不有洪水将出，灾火且起，涤荡民人。"这段话是针对哀帝的心病说的，很合哀帝的口味。哀帝遂决定"再受命"，下沼改制，布告天下，以建平二年为太初元年，号曰"陈圣刘太平皇帝"。

再受命，改德问题如何处置呢？我们在前面谈过刘邦建汉始定土德，刘彻改制改定土德，哀帝再受命又提出火德问题。依据是"高祖始起，神母夜号，著赤帝之符，旗章逐赤，自得灭统矣！"神母夜号是怎么一回事呢？《汉书·高帝纪》中叙述了缘由："高祖被酒，夜径泽中，令一人行前。行前者还报曰：'前有大蛇当径，愿还！'高祖醉曰：'壮士行，何畏！'乃前，拔剑斩蛇，蛇分为两，道开。行数里，醉困卧。后人来至蛇所，有一老妪夜哭，人问：'妪何哭？'妪曰：'人杀吾子。'人曰：'妪子何为见杀？'妪曰：'吾子，白帝子也，化为蛇当道，今者赤帝子斩之，故哭。'人乃以妪为不诚，欲苦之。妪因忽不见。后人至，告高祖。高祖乃心独喜，自负，诸从者日益畏之。"不过，近代有的学者对此提出疑问：汉代开国以后，一直为水德和土德问题争论不休，既为神母夜号之事，在争论中为何没人提出火德问题呢？认为汉之有火德，并非由于神母夜号，著赤帝之符，而是刘向提出"帝出乎震"这个前提后而衍生出来的。因为伏羲始出于震，为木德，按新的系统排下去，伏羲为木，神农为火，黄帝为土，颛顼为金，帝喾为水，尧为木，舜为火，夏为土，商为金，周为水，秦为木，汉便是火了。

出人意料的是，汉哀帝改制后，"月余，上疾自若"，"久旱为灾"，夏贺良等开的"遁得延年益寿，皇子生，灾异息"的空头支票，一桩也没有兑现。加上夏贺良等得意忘形，竟然提出改组内阁的建议，并作了人事安排，哀帝因"其言亡验"，对改制已感失望；夏贺良等"妄变政事"，使他更为恼火，于是又下诏，说是对夏贺良等建言，"朕信道不笃，过听其言，几为百姓获福，卒无嘉应"。指责改制"皆背经谊，违圣制，不合时宜"。认为"贺良等反道惑众，奸态当穷竟！"夏贺良因此白白丢了性命。支持他的李寻和解光，则"减死一等"，被流放到敦煌去了。由于哀帝出尔反尔，这次更德改制又功亏一篑而付诸东流。改制虽然流产，但是，汉家应火德之说，却引起人们普遍的关注。这就给王莽托古改制、禅汉立新提供了"顺应天命"的理论根据，引出一场以圣王之治来指导社会改革的复古主义逆流。

王莽是凭借五德终始学说代汉称帝的。他博取群臣拥戴、百姓信任的手段莫不与"天命"相关，充满了"天人感应"的神秘色彩。当然，揭穿了则是一场精心策划的大骗局。王莽出身于外戚贵族之家，幼年丧父，他的姑母王政君是汉元帝刘奭的皇后，成帝刘骜的母亲，伯父王凤为大司马大将军领尚书事，益封五千户，位高权重。王凤死后，他的几个弟弟相继辅政。绥和元年，王根辞职，推荐他的侄儿王莽自代。成帝在位二十五年，政权始终不出王氏之手。《汉书》说"今王氏一姓，乘朱轮华毂者二十三人"，实乃权倾一时。王莽的兄弟都是"以舆马声色佚游相尚"的纨绔子弟，唯独他生活俭朴，好学不倦，恪守儒家礼法，所以受到朝野各界的青睐。他继王根为大司马二年，成帝死，哀帝继位，外戚丁、傅诸家起来当权，王莽失势，被迫退处达六年之久。公元1年哀帝死，王莽的姑母王太后立9岁的刘衍为帝，由太后临朝称制，复召王莽摄政。他的党羽拍他的马屁，说"周公及身而托号于周"，他也以周公自居，朝野都尊他为"安汉公"。5年后平帝暴卒，王莽指定

年仅两岁的刘婴为帝，并于次年以周公自诩而居摄帝位。在进行了一系
列的活动后，王莽的声誉益高，地位更牢，于公元 9 年正式代汉称帝，
改居摄二年为初始一年，建立新朝。王莽代汉称帝，除了使用武力、玩
弄权术，就是凭借五德终始说，大肆宣传他的"符命"于天下。他在两
个方面大造舆论：一是博求祯祥，宣传天降瑞气，既有"黄龙游于汉
中"，又有"甘露降、神芝生，蓂荚、朱草、嘉禾、休徵同时并至"；祥
瑞连骈而来，同元、成间灾异连骈而来形成鲜明对比，证明帝王受命，
必有德祥之符瑞。二是以土德代火德，制造刘汉禅让王氏合法论。五德
终始说的新历史系统依据五行相生说，伏羲始出于震为木德，按此类
推，汉应为火德，火生土，王莽以土代火，不仅完全合法，而且顺应天
命。反之，王氏既为土德，汉氏自应改为火德，这样才符合五行相生的
次序。经过大造舆论，新的五德终始说散播全国，因而形成人们的共
识。三是运用符瑞，由哀章出面制造了一个"金匮策书"的神话，这就
是将在下节论述的谶纬神学。

　　谶纬神学。"谶"是一种"诡为隐语，预决吉凶"的神秘预言。《说
文解字》曰："谶，验也，从言韱声。"谶的本意是应验，从言说明与人
的语言有关，凡是应验的预言就叫谶。"纬"，《说文解字》曰："织横丝
也。"本意是织布机上的横丝。汉代"纬"是方士化的儒生用神学观点
对儒家经典进行解释和比附的著作，叫做"纬书"，它相对于经而言。
"谶"和"纬"本来不是一个东西。由于纬书中也有谶语，所以后来往
往把谶和纬混为一谈，通称为谶纬。所谓"谶纬"，就是把儒家经典神
秘化和宗教化，把自然界某些偶然现象与人类社会政治联系在一起，假
托天意、天命，牵强附会，任意进行解释，或见诸文字，或见诸图像，
作为预兆吉凶的符验。战国以前，文献中未见谶纬之说。战国以后，儒
生和方士，儒家和阴阳家、神仙家等逐步合流，到了秦代，开始出现
"秦谶"。据说秦始皇曾派方士卢生入海求仙，得到一部图书，内有"亡
秦者胡也"一语，秦始皇认为胡为匈奴的隐语，于是在北方布置重兵，
以防匈奴内侵，未料"胡"乃秦二世胡亥。"亡秦者胡也"，大概是谶纬

的最早的文字记载。西汉董仲舒集儒家今文经学之大成，以天人感应为理论基础，建立了一套完整的封建神学唯心主义的思想体系。由这个思想体系衍生、发展，并逐臻成熟的谶纬神学，作为一种社会思潮，便盛行于西汉末年直至东汉整整一代。

西汉末哀（帝）、平（帝）之际，甘忠可、夏贺良等人以"天帝使真人赤精子下教"为由，认为"汉家逢天地之大终"，劝说哀帝、平帝更德改制已具有谶纬的性质，王莽宣称他作真皇帝是受命于天，就是直接利用谶纬取得合法地位并得到朝野拥戴的。当时，有个从梓潼来到长安求学的哀章，此人虽为儒生，但"素无行，好为大言"，实际上是个文痞。他看到王莽有篡位的意图，就制作了一个铜匮，将他伪造的"天书图"放入匮内。"天书图"说王莽是真天子，皇太后如天命，并写上王莽摄政的八个大臣的名字，又随便取了两个名字，加上哀章自己共12人，每人署名官爵，称作王莽的辅佐。还在铜匮上加了两条封签，一条上写着"天帝行玺金匮图"，另一条上写着"赤帝行玺某传予黄帝策书"。赤帝指"赤帝子"汉高祖刘邦，黄帝指自称为黄帝后裔的王莽。哀章乘着天色昏暗，穿上黄衣，捧着铜匮送到祭祀刘邦的高庙。高庙的官员将这个情况报告王莽，王莽即到高庙拜受金匮神坛。然后，"御王冠、谒太后，还坐未央宫前殿"。下书曰："予以不德，托于皇初祖考黄帝之后，皇始祖考虞帝之苗裔，而太皇太后之末属。皇天上帝隆显大佑，成命经序，符契图文，金匮策书，神明诏告，属予以天下兆民。赤帝汉氏高皇帝之灵承天命，传国金策之书。予甚祇畏，敢不钦受！"于是庆祝禅位的大典就在这场谶纬的闹剧中敲响了，赤帝正式将帝位传给了黄帝。符命、图谶就是证明承受天命的神圣的信物。

刘秀和公孙述都是竞相以谶纬作为自己取得帝位的合法根据的。刘秀是汉景帝之子、长沙王刘发的六世孙，早年丧父，家境衰败，由叔父抚养。天凤四年（公元17年）与其兄刘绞聚集南阳宗族子弟七、八千人，组成义军春陵兵。地皇四年（公元23年）六月，刘秀指挥的义军曾在昆阳（今河南叶县）大败王莽40多万大军。此后，转战河北，平定并争取了河北的铜马等部农民军，被称为"铜马帝"。更始三年（公元25年）六月，刘秀的一个老相识弹疆华玩弄哀章为王莽造作金匮策书同样的把戏，从关中搞来一个"赤伏符"奉给刘秀。此符只有三句话："刘秀发兵捕不道，四夷云集龙斗野，四七之际火为主。"前两句是指刘秀起兵反抗王莽的正义性和当时逐鹿中原的形势，容易理解。后一句是什么意思呢？"四七之际火为主"，四七二十八，隐喻从公元前206年刘邦为汉王，到公元22年刘秀起兵反对王莽，正好二百二十八年。火为主，隐喻两个意思，一是刘秀继承刘邦为火德之君；二是六月为火气最盛季节，刘秀宜在6月即位。于是，刘秀就在6月28日举行了隆重的登基大典。诏书曰："群下百辟，不谋同辞，咸曰：'王莽篡位，秀发愤兴兵，破王寻、王邑于昆阳，诛王郎、铜马于河北，平定天下，海内蒙恩。上当天地之心，下为元元所归。'谶记曰：'刘秀发兵捕不道，卯金修德为天子'。秀犹固辞，至于再，至于三，群下合曰：'皇天大命，不可稽留，'敢不敬承。"这就是说，我刘秀并不想当皇帝，曾经再三推辞，实乃天命难违，也不能辜负部下的期望，所以只得顺乎天应乎人了。大家瞧，谶记不是预言"卯金修德为天子"吗？"卯金"是"刘"字的一半，不正是我刘秀的象征吗？刘秀即位，建都洛阳，"始正火德，色尚赤"。这幕以谶纬和五德终始编造的历史活剧，和王莽禅位一样演得活灵活现，十分精彩。

刘秀利用谶纬登上皇帝宝座以后，便把谶纬作为一种重要的统治工具加以运用。有人还把刘秀义军中的一批谋臣猛将，所谓"云台二十八将"，说成是天上"二十八宿"下凡，与真命天子风云际会，共成大业。这个传说，显然有利于君权神授思想的确立。史书上说，刘秀十分相信谶纬神学，决事释疑，必依谶书。裁决政事，任命大臣，都要假托图谶来决定。建武三十二年（公元56年）十一月，刘秀颁布诏书，宣布图谶于天下，定图谶为全国功令必读书。当时儒者、士大夫争学图谶、纬书，成为一时风尚。汉章帝即位后，于建初四年召集著名经古文家和经今文家在宫中白虎观举行了一次全国性的经学讨论会，根据会议纪要由班固整理撰写成《白虎通德论》一书（又称《白虎通义》、《白虎通》）。这本书实际上把今文经学和古文经学的主要观点以及谶纬神学三者调和起来，内容多引自图谶纬书，是儒家思想和谶纬神学相结合的产物。全书对封建社会的政治制度、伦理道德、风俗教化，一一阐明义旨，加以规范，形同封建国家的法典。到了汉顺帝时，一些方士又在《包元太平经》、《赤精子谶》的基础上删纂增添，搞出一部卷帙浩繁的天书《太平经》。但是，这时谶纬神学已经遭到桓谭、王充、王符和仲长统等进步思想家的全面批判，它的荒诞性已被逐步揭露，从而使谶纬神学在群众中的威信大大降低。加上东汉末年，社会日趋动荡不安，帝国已经分崩离析，谶纬神学赖以生存、发展的政治基础已经瓦解，因此而逐渐势微。

不过，形同封建国家法典的《白虎通义》的基本思想却一直影响着一千八百多年的封建王朝，阴阳五行、五德终始一直伴随着封建王朝的始终。我们还可以看看东汉以后改朝换代的情况：三国孙吴尚土，孙吴为西晋所灭。按五行相生说，土生金，在东吴覆灭之前的晋武帝司马炎泰始元年，就已确定"晋于五行之次应尚金"。西晋灭亡后，中国陷入五胡十六国的混乱时期，"五胡"为了表明他们亦属华夏正统，又把五德终始作为"顺应天命"、"受命于天"的工具而加以利用。西晋尚金，金生水，所以刘曜灭西晋建立前赵政权，"以水承晋金行，国号曰赵，牲牡尚黑，旗帜尚玄"。隋朝忌讳谶纬，对谶纬曾下令禁毁，事实上是禁而不止，图谶、符命仍在民间广泛流传。李渊起兵时，太原流传着一首童谣："桃李子，莫浪语，黄鹄绕山飞，宛转花园里。"这首名为《桃李子歌》的童谣，实为谶语。"李"喻李渊；桃喻"陶"，即陶唐（尧）：隐喻唐李，意为李唐将取代杨隋。李氏父子即以符命谶语大造夺权的舆论。李世民说"隋历将尽，吾家继膺符命"，力劝其父起兵。李渊听到这首童谣也洋洋得意，对人说："花园可尔，不知黄鹄如何。吾当一举千里，以符冥谶。"隋恭帝禅位给李渊，确切地说应为李渊篡位，玩的也是五德终始的把戏。始尔群臣劝进，陈述"天厌隋德，历数在唐"，证明李渊禅位是奉天承运。继而隋朝的末代皇帝承认隋朝"大运去矣！"下诏禅位，声言：李渊"功德日懋，天历有归"。李渊故作姿态，执意推辞，群臣又进一步劝进，阐述"五运递兴，百王更王，春兰秋菊，绝古终古"的道理，李渊这才在山呼"万岁"声中登上大唐王朝的御座。至于唐朝是顺承隋朝的火德，还是按照王勃的《大唐千岁历》顺承东汉的土德？这个问题和汉朝一样，吵吵嚷嚷，反反复复，争论了好几个朝代。到了天宝九年（公元 750 年）唐玄宗才在"都堂集议之夕，四星聚于屋，天意昭然"的感召下，根据处士崔昌献的《五行应运历》，下诏重申王勃的建议，废魏晋、北周、隋，尊周、汉二王后。促使唐玄宗下决心的大概还是王勃在《大唐千岁历》中说的，"王者运应土德而王者，可五十代，一千年"这句话。由此可见，在唐一代亦始终未能摆脱五德终始这个心造的幻影。五代十国对五德各有所宗。宋朝对德运问题也是争论不休。到了金代由于受到汉族思想意识形态的影响，朝廷非常重视五德终始说，并且汇编了一本会官集议德运的、有说有图的《大金德运图说》。元代以后，由于理学的抬头，近代科学的传播，特别是欧洲天文学的影响，越来越暴露出阴阳五行宇宙观自身固有的缺陷，由阴阳五行宇宙观而衍生出来的五德终始说逐渐冷落，并最终退出政治舞台，也就成为历史的必然。但是，尽管日薄西山，却余响未绝。比如清朝之所以名之为"清"，一种说法认为亦缘于五德终始说。依据五德相胜说，水克火，清从水，明属火，清灭明。从五行来说，则意味着水克火，是完全顺应天命的。此外，由谶纬衍生出来的一些畸形的怪胎如《推背图》、《烧饼歌》之类的符命、谶语也一直流传到近代。时至科学极端昌明的 20 世纪 90 年代，依然有其滋生的土壤，由此可见中国神秘文化影响之深。

　　自秦以来，历代开国君主都把五德终始说作为政治斗争的工具，利用德运问题大造夺权篡位的舆论。在中国历史舞台上叱咤风云的农民起义，同样利用五德终始说，打着"替天行道"的义旗，争取广大民众的信任和支持。陈胜、吴广率领九百征发去戍守渔阳的贫苦农民在蕲县大泽乡首举义旗，是采用"鱼腹帛书"，"篝火狐鸣"的办法，取得戍卒的信任，"斩木为兵，揭竿为旗"而建立起第一个农民军事政权——张楚的。"鱼腹帛书"、"篝火狐鸣"就充满着顺应天命的神秘色彩。张角领导的黄巾农民大起义，利用当时盛行的图谶，以十六字谶语"苍天已死，黄天当立，岁在甲子，天下大吉"作为起义的口号。这个口号是以五德终始说为依据的。据晚近学者解释：苍天应木德，黄天应土德。"苍天已死，黄天当立"隐喻东汉政权已经衰亡，黄巾政权顺应天命将取而代之。但是，据五德相生说，木生火而不生土，土克水而不克木，都对不上号。那么，"苍天已死，黄天当立"究竟是什么意思呢？一说这里采用了古代历算家推算节气交移时普遍采用的"求土法"。另一说则认为古人观察天象，发现有苍（青）、丹（赤）、黅（黄）、素（白）、玄（黑）五色云气横亘太空，因而有苍天、丹天、黅天、素天、玄天的说法。按五行的说法，苍天像木气，丹天像火气，黅天像土气，素天像金气，玄天像水气。阴阳五行家认为五天五气的变化运行，影响天、地、人乃至宇宙万物的变化，黄巾起义谶语中的苍天、黄天乃是根据阴阳五行观念而构思的。尽管说法不一，但是有一点是可以肯定的，即黄巾起义口号的实质，依然是"天人合一"、"奉天承运"思想的反映。再说黄巢起义。黄巢是曹州冤句（今山东菏泽县西南）人，家里是盐商。他曾和王仙芝在一起贩过私盐，王仙芝在濮阳聚众起义后，他与同族兄弟子侄起兵响应。义军转战山东，进军河南，运动于长江中游以北及淮河上游以南广大地区。王仙芝在黄梅之战中牺牲后，乾符五年（公元878年）二月，义军将领共推黄巢为黄王，号"冲天大将军"，改元"天霸"，建立了起义政权。广明元年（公元880年）十二月，黄巢起义军攻克京城长安，唐僖宗逃往四川。义军进入长安后，立即正式建立农民政权，国号"大齐"，年号"金统"。在诏书中黄巢也涉及符命，涉及五德终始说。他说："唐帝知朕起义，改元'广明'，以文字言之，唐已无天分矣！'唐'去丑、口而安'黄'，天意令黄在唐下，乃黄家日月也。土德生金，予以金王，宜改年号为金统。"黄巢用"拆字法"，将

"廣""唐"二字拆开并合，由此而证明唐家气数已尽，以黄代唐是天意。他说得多么在理。既然是天意，这位"承天应运启圣睿文宣武皇帝"登上御座自然是顺理成章、名正言顺。非常有趣的是，自秦始皇以后，历代开国君主几乎都曾利用阴阳五行，编造符命图谶以骗取民心，取得天下。而起义农民则以同样的方式，利用阴阳五行，编造符命图谶，推翻镇压他们的王朝，宣告这个王朝的灭亡。千百年间，中国封建社会的历史在循环反复，五德终始说也在循环反复，导演着一幕幕闹剧、喜剧和悲剧。

二、天文·历法

我们知道占星术和天文（天象）有着十分密切的关系。原始社会的初民已经懂得通过日月星辰的变化，来确定生产季节。但是，在当时人们还不可能认识到这是自然现象，而把面临的一切变化统统归结为神的意志、神的主宰，因此产生自然神崇拜。反映在天象方面，就是天体和天象崇拜。人们凭借丰富的想象力，创造出各司其职的日月星辰风雨雷电诸神，再抽象为昊天之神，亦即上帝（天帝），诸神则成为上帝的属神。在殷墟卜辞中，记载着上帝有"令风"、"令雨"、"令雷"、"降祸"、"降馑"、"授我祐"、"害我"、"终兹邑"等威力。诸神既有日神、月神，又有风师、雨伯、雷公、电母。由于自然神的人格化，神话传说，上帝的妻子羲和生了十个太阳，是为日母，又称东母；上帝的另一个妻子常羲生了十二个月亮，是为月母，又称西母。两母就是月里嫦娥（见《山海经》）。在甲骨卜辞中可以看到祭祀日母、月母的记载。后来，由于阴阳观念的产生，太阳被看作阳性事物，日母才变成"日公"，由东母而变成东公，又称东王公、东君。神话还说："日中有踆乌，而月中有蟾蜍"（《淮南子·精神训》）踆乌就是三足乌。又说："一日方至，一日方出，皆载于乌。"（《山海经·大荒东经》）在半坡、庙底沟、马家窑等仰韶文化遗址出土的陶器上，其中不少绘有鸟纹（乌鸦）和蛙纹（蟾蜍）的图案，据专家考证，这些图案可能就是原始社会盛行的太阳神和月亮神崇拜的反映。

在由天象崇拜而创造出的诸神中，影响最大的是风、雨、雷、电四种。风伯，"能致风气"。雨师号呼，"则云起而雨下"。蚩尤兴兵讨伐黄帝，曾请风伯雨师相助，兴起一场狂风骤雨，阻止黄帝进军（见《山海经·大荒北经》）。又说："黄帝和蚩尤战于涿鹿之野，蚩尤作雾弥三日，军人皆惑。黄帝乃令风后法斗机以别四方，遂擒蚩尤。"（晋虞喜《志林》）风伯以后变成了女神，所以又称风后、风姨。据《史记·封禅书》记载：在战国时代的秦地，"二十八宿"中的箕毕二宿被尊为风伯雨师，是民间祭祀的重要神灵。电母俗称闪电娘娘，双手各执一面放射电光的镜子。她是雷公的妻子，所谓配偶神。威慑力最大，最令人敬畏的是雷公。雷公的形象在神话传说中描述不一，或龙身而人头，或状如牛，或似鹰，或似猕猴，或似蝙蝠。汉代的雷公是个大力士，左手执鼓，右手执椎，击鼓打雷，雷击杀人。总之，形象是很恐怖的。唐代有个关于雷公的故事，说是雷神为报叶韶之恩，送了一卷神书给他。并对他说。你带上这卷书，"可以致雷雨，祛疾苦，立功救人也。我兄弟五人，要雷声，唤雷大、雷二，必即相应。然雷五性刚暴，无危急之事，不可唤之。"叶韶一路上根据神书行符唤雨，果奏神效。一日行至某地饮酒过量，晕晕乎乎，被当地太守抓住，叶韶惊醒过来，一看形势不妙，情急大呼"雷五！"当时正值大旱，骄阳似火，突然雷声大震，人们均被吓倒在地。（见《神仙感遇传》）古人对雷神的敬畏心理，一直影响到现代。现在，有的人缺乏避雷常识，雷雨时若被雷电击毙，迷信的人就认为死者生前干了坏事而受到雷公的惩处。上面列举的种种情况，包括女娲补天、后羿射日、嫦娥奔月等神话，都是先民们凭着观测到的有限天文材料，对宇宙、天象作出的种种推测。

作为中国古代哲学思维起点，被战国后阴阳家发展、改造、利用、渗透到社会意识形态各个领域的阴阳五行观念，是在观察天象的基础上萌发的。五行观念的产生先于阴阳观念，关于五行观的起源问题，学术界历来说法不一，大致有"五星说"、"五祀说"、"五方说"、"五数说"、"五工说"等。"五星说"直接起源于对天象的观察，古人观察在浩浩太空中穿梭运行的五星，把五星的变化与人间的祸福联系起来，进行预测人事的占星活动。五星，先秦时代称作岁星、荧惑、镇星、太白、辰星。由于五行理论的附会，将五星与五行相配，并规定五星各有所司，岁星司年岁，主管农业，属木，是谓木星；火星司火旱，主管执法，属火，是谓火星；镇星（一作填星）司五谷，主管土地，属土，是谓土星；太白司甲兵，主管军事，属金，是谓金星；辰星司大水，主管气候，属水，是谓水星。五星的运行，似乎是为了传达上帝的意志，执行上帝的命令。《史记·天官书》说："水、火、金、木、填星，此五星者，天之五佐。"为了执行上帝的使命，春秋战国的星相家根据五星所处恒星坐标的分野，将天上的星区与地上的州国对应起来，所谓"天则有列宿，地则有州域"。用以判断地上有关州国的人事吉凶。木星主管年岁，是吉星，它所在的区域，"人主有福"，五谷丰登。《左传·襄公二十八年》记载，梓慎曰："今兹宋、郑其饥乎？岁在星纪，而淫于玄枵，以有时菑。阴不堪阳，蛇乘龙。龙，宋、郑之星也，宋郑必饥。"火星主管执法，被视为执法之神，它出现的区域，将会发生天灾人祸，兵燹、瘟疫。《淮南子·天文训》记述："荧惑常以十月入太微，受制而出，行列宿，司无道之国，为乱，为贼，为疾，为丧，为饥，为兵。"《论衡·变虚篇》也有对星辰分野的分析，认为"荧惑，天罚也，心，宋分野也。祸当君"。土星主管土地，土地为一国之本，是福星，它所在的州国有福。《淮南子·天文训》又说："镇星以甲寅元始建斗。岁镇行一宿，当居而弗居，其国亡土，未当居而居之，其国益地。"金星主管军事，如果运行反常，天下就会发生战事。水星主管大水，如果运行正常则风调雨顺，反之，则水旱并至。五星如果聚于一方，连成一线，是谓"五星连珠"，乃是大吉之兆。但这种天象比较罕见。所以古人说

"和气上通于天，虽五星连珠，两曜合璧，未足多也"。(《旧唐书•张廷珪传》) 另外，岁星（木星）由于被用于确定年岁，是为"太岁"理论的由来。"太岁"轨道所处的星辰分野，也是星占家用以测定人事吉凶的重要依据。关于天上的星辰与地上的州国相对应，除五星外，还有"二十八宿"与州国相配，"十二次"与州国相配等一套"星辰分野"理论。当然，古代对五星、二十八宿等的观察是从星占的目的出发的，带有浓厚的迷信色彩。但是，它在客观上却导致了对天文气象的研究，对天文学的发展起了很大的推动作用。

司马迁在《史记》中指出，"盖黄帝考定星历，建立五行。""五祀说"是指祭祀五行之神。"五祀"始见于《周礼•春官•大宗伯》"以血祭祭社稷、五祀、五岳"。郑玄注释"此五祀者，五官之神"。《左传》指出"故有五行之官，是谓五官。实列受氏姓，封为上公，祀为贵社。社稷五祀，是尊是奉。"《汉书议》又进一步指明"祠五祀，谓五行金木水火土也。木正曰句芒，火正曰祝融，金正曰蓐收，水正曰玄冥，土正同后土。皆古贤能治成五行有功者，主其神祀之"。这个说法不仅阐明了五祀与五行的关系，而且又关联到"五工说"。"古贤能治成五行有功者"，岂不是金木水火土"五工"中的杰出人物吗？至于把天上的五星和地上的州国相对应，这又衍生出"五方"之说。除此之外，与天上"五星"对应，行政有五官。"天子之五官，曰司徒、司马、司空、司士、司寇，典司五众"。(《礼记•曲礼下》) 兵有五戎，指五种兵器，即弓矢、殳、矛、戈、戟。或谓刀、剑、矛、戟、矢。人伦有五常，指旧时五种伦常道德，即父义、母慈、兄友、弟恭、子孝。一指五种伦理关系，即君臣、父子、兄弟、夫妻、朋友。又指五种道德行为，即仁、义、礼、智、信。爵位分五等，"王者之制禄爵，公、侯、伯、子、男五等"。(《礼记•王制》) 处罚有五刑，即秦以前的墨、劓、刖、宫、大辟。秦汉时的黥、劓、斩左右趾、枭首、菹其骨肉。隋唐以后的死、流、徙、杖、笞。饮食有五味，即酸、苦、辛、咸、甘。文彩有五色，即青、黄、赤、白、黑。音乐分五声，即宫、商、角、徵、羽。唐以后又名"合、四、乙、尺、工"。由此可见，在旧时真是无处没有五行的影响。

在天文、气象方面，还有一种非常变异现象，古人观察得也很精细，如日月食、太阳黑子、彗星、流星、新星以及出虹、云气、四方风等。由于没有认清它们的规律，所以，在据以占测人事、预卜吉凶时，便被认为是灾异现象。前章讲到汉代易学家京房屡次上疏，以灾异推论时政得失，这些"灾异"都是通过对天象的观察而发现的。根据文献记载，从春秋到清乾隆，有关日食的记录约有一千次。最早的日食记述见于《尚书》："乃季秋月朔，辰弗集于房，瞽奏鼓，啬夫驰，庶人走。"这里描述的是夏代某年九月初一发生日食时的情形，人们惊恐万状，击鼓救日。这就是古文献上说的，古有"鼓人"之职。"谓日月食时，鼓人诏告于击鼓，声大异以救之"（见《周礼·地官》贾公彦"疏"）。《尚书》分今、古两种，据专家考证，古文《尚书》是后人编纂伪造的。今文《尚书》也不完全可信，其中"尧典"、"禹贡"等篇大概是战国时代的作品；"盘庚"等三篇，是否商代文献，现在还难以断定。所以，那次日食是否发生在夏代也有疑问。但是，《诗·小雅·十月之交》记述的"十月之交，朔日辛卯，日有食之，亦孔之丑"，则可确定这次日全食发生在周幽王六年 9 月 6 日，即公元前 776 年。月食的记载最早亦见于《诗·小雅》，也在公元前 776 年，较日食记录早半个月，为 8 月 21 日。大概由于月、日食相继发生，所以《诗·小雅·十月之交》中有这样的话："彼月而微，此日而微，今此下民，亦孔之哀。"这种不祥之兆，使下民有大祸临头之感啊！彗星俗称扫帚星，早在公元前 661 年的春秋鲁文公十四年，就有"有星孛于北斗"的关于哈雷彗星的记录。从殷代到清末，有关彗星的正式记录约有 360 次左右，其中完整的有关哈雷彗星的记录就有 30 次。流星和陨石的记录更多，其中有 180 次左右是记流星雨的。最早的一次时在鲁庄公七年（公元前 687 年），是记天琴座流星雨的（见《春秋》）。太阳黑子，中国古代叫日斑，甲骨文中称作"日戠"。上节讲到"日中有踆乌"，实际上就是太阳黑子，见于西汉初年成书的《淮南子》，说明当时已有太阳黑子的记录。连新星和超新星（古书中叫"客星"）也有详细记录，《后汉书·天文志》中就记有"中平二年十月癸亥，客星出南门中，大如半筵，五色喜怒稍小，至后年六月消"等语。对异常天象的占测，其原理和占测五星一样，也是运用分野理论，推断发生灾害、致祸的州国。

我国古代对天象的观察不仅很早，而且极为精细。从日食的记录来看，不仅有日全食、日偏食、日环食，还有日食的时间，太阳的位置，食分的大小和初亏时的方位，甚至还有只是在日全食时短暂的时间内才能观察到的"日珥"和"日冕"。汉武帝征和四年（公元前 92 年）8 月发生过一次日环食，《汉书·天文志》是这样记述的："征和四年八月辛酉晦，日有食之，不尽如钩，在亢二度。晡时食从西北，日下晡时复。"可见观察得是多么仔细。对彗星早在西汉时就观察到了它的结构包括彗头和彗尾，形态和特征各不相同。长沙马王堆西汉墓中发现了一幅彗星帛画，上面画了二十多种形状各异的彗星，可作为古代观察彗星精细的佐证。对太阳黑子的观察，记有汉成帝"河平元年（公元前 28 年三月乙未），日出黄，有黑气大如钱，居日中"。（见《汉书·五行志》），明熹宗天启四年（公元 1624 年）"正月癸未，日赤无光，有黑子二、三荡于旁，渐至百许，凡四日"。（见《明史·天文志》）甚至在甲骨文中已有关于新星和超新星的较为详细的记载，如"七日己巳夕㞢，□有新星并火。"甲骨文包括殷墟甲骨和周原甲骨。殷墟甲骨是商代的遗物（从盘庚迁殷到帝辛覆灭），距今已三千多年。周原甲骨是西周早期的遗物，距今亦有三千年。说明我们的先人早在三千多年前，就对与天体演化关系密切的新星和超新星观察得相当仔细了。

我国古代的天文学家（星命家）为什么对天象的观察如此重视、观察得如此精细，记录得如此完整，从而为天文学的研究积累了大量珍贵的资料呢？这和星占术有着密切的关系。或者说是星占术推动了天文学和气象学的发展。古人由于蒙昧无知，缺乏科学知识，认为天象的变化是神的意志的体现，直接关系到人的吉凶祸福。天人感应理论确立以后，人们更加重视天象的异常变化。最为关心的是君主，因为"天子受命于天"，而"天有喜怒之气，哀乐之心，与人相副（符），以类合之，天人一也"。（《春秋繁露·阴阳义》）汉武帝在册问中提出："三代受命，其符安在？灾异之变，何缘而起？"董仲舒在《天人三策》中回答说："国家有失道之败，而天乃先出灾害以谴告之，不知自省，又出怪灾以警惧之，尚不知变，而伤败乃至。"（《汉书·董仲舒传》）国家失道，上天要用灾异现象来进行谴告、警惧。若对上天作为警告的变异置若罔闻，就会遭到上天的严厉惩罚，而弄得国破身亡。所以，作为一国之君是非常重视天象变化的。因为，天变会引起人间感应。这种关注实质上是对国祚和皇帝命运的担忧。如汉昭帝元平元年（公元前74年）灵台（汉代国家观测天象的机构）在七天内连续三天（二月甲申、乙酉、三月丙戌）发现流星。灵台的天文学家（也是星命家）对丙戌出现的流星进行占卜，认为"流星入紫宫，天下大凶"。果然，"其四癸末，宫车晏驾"。未过多久，昭帝就在极端恐惧的氛围中死去。昭帝的死，当然不会是由于"流星入紫宫"，受到上帝的惩处，所谓天人感应所起的作用。但是，那种"天怒重重，上皇气不得来也"的恐惧心理，却很能说明天变预兆灾祸在人们思想上投下的巨大阴影。另外某些政治野心家出于夺权篡位的需要，也要运用天象变异这个有力的工具，为"承应天命"大造舆论。至于直接观测天象或根据天象进行卜占的官方或民间的天文学家和星命家，他们对社会政治生活的参与是相当广泛的，统治者要依靠他们观测天象的变异，并根据他们卜占的结果来决定军政大事，展望前途命运。因此，他们的预言对统治集团的心理和决策，必然产生深刻的影响。统治集团越是重视他们，他们就越发卖力。在客观上，这也是推动天文气象学发展的一个重要因素。不过，这些以星卜为主要职业的天文学家，只能成为统治集团的帮凶，愚弄欺骗人民的工具。为了取媚帝王，弄得不好，反而丢掉了性命。西汉的京房就是由于擅长灾变学说，而被汉元帝立为博士，后来又因被谗言下狱而死。

从中国古代天文气象学的发展来看，预测人事的星占术和观象授时的历法工作是平行发展的。现在，我们再来谈谈历法与纪时。《汉书·艺文志》中说："阴阳家者流，盖出于羲和之官，致顺昊天，历象日月星辰，敬授民时，此其所长也。"羲和是古代掌管天文历法的官员。"黄帝曾命羲和占日"。（见《史记·历书》）尧曾派羲仲、羲叔、和仲、和叔分驻东南西北四方，观察星象，测定季节，制作历法（见《尧典》）。这些记载说明，古代制定历法的天文学家，也是阴阳家，和五行一样，是在观察天象、气候的基础上才萌发出阴阳观念的。这本是一种基于自然状态的观念。"阳"字最早出现于商代卜辞中，"阴阳"一词最早出现于西周青铜器铭文中，都是地理名词，跟太阳之间的位置有关。日出照在地上为阳，云把日遮住则为阴，由此日引申为太阳。凡向日的地方，都称之为阳，背日的面则称阴。和暖之气为阳气，寒冷之气为阴气。"阴阳，向背寒暖之宜也"（朱熹语）。日出为白天，谓阳；月出为黑夜，则谓阴。由天象来说，日出而明曰"旸"，"明"、"光"、"亮"、"朗"，古音与"阳"相近的字都属阳。天阴多云曰"叆"，闭门无光曰"阖"，日蔽无光曰"暗"，古音与"陰"相近的字都属阴。由此而产生阴阳对立的概念，如昼夜、朝夕、日月、明暗等，并衍生出天地、奇偶、暑寒、南北、赤黑等在天象方面表示阴阳对立的概念。

如上所述，阴阳概念开始只是一种可见可感的、直接描绘天象的自然状态，以后又被抽象为一种"元气"。气之较轻者上升为天，其中精华聚而成火，凝而成日；气之重浊者下沉为地，其中精华聚而成水，凝而成月。由阴与阳的对立统一发展到阴气与阳气的对立统一。"一生二，二生三，三生万物"。"一生二"是说"混沌初开，乾坤始定"，宇宙最初由一团混沌元气分为阴阳二气，才确立了天地。"二生三，三生万物"，是说阴阳二气交合生出了天、地、人；天地人阴阳交合遂生出天下万物。在阴阳家看来，阴阳二气和人类社会现象也是相互感应的。周幽王二年（前779年），"西周三川皆震"（《史记·周本纪》）三川指渭河、泾河、洛河，在今陕西境内。伯阳父（宫廷巫师或掌天象的天象的官员）对这次大地震作了这样的解释："周将亡矣，夫天地之气不失其序。若过其序，民之乱也。阳伏而不能出，阴迫而不能蒸，于是有天震。今三川实震，是阳失其所而镇阴也。"这种解释不能说没有一点道理，但是，把地震的发生归之于阴阳失序，而阴阳之所以失序，又源于"民之乱"。这是说地震不是自然现象，而是人为的结果，就不免充满着"天人感应"的说教了。到了战国时期，百家争鸣，诸子百家相互渗透，由于星占术的发展，促使阴阳与五行合而为一，形成完整的阴阳五行观念。《管子》认为阴阳是"天地之大理"，五行是阴阳所生，阴阳五行的交替，导致了四时的推移。

　　古人观测天象的目的，是为了准确掌握时令，来指导农业生产，安排生活。人们根据什么来把握季节的变化、四时的推移呢？主要靠历法。历法是根据天象有系统地连续计数时间的方式。我国最早的、较完整的历书，当推汉以前的"古六历"，即黄帝历、颛顼历、夏历、殷历、周历、鲁历。汉以后的历代，几乎都在旧的历法的基础上修订编制新的历法。迄至清代，历代编撰的历法共有 104 种；从秦代的颛顼历到太平天国的天历，通用过的历法就有 66 种。影响较大的有西汉的《太初历》、《三统历》，东汉的《后汉四分历》、《乾象历》，魏晋南北朝的《景初历》、《元嘉历》、《大明历》，隋代的《皇极历》、《大业历》，唐代的《戊寅元历》、《麟德历》、《大衍历》、《符天历》，北宋的《纪元历》，南宋的《统天历》、金的《大明历》（重修），元代的《授时历》等。这些历法编制的时代尽管不同，却有一个共同的特点，就是均为承袭"古六历"而加以发展，采用的均为阴阳合历。现在，我们和通用的公历并行应用的农历，其正式名称应为"夏历"，这个名称就是沿袭"古六历"中的夏历而来，是和华夏民族相对应的。农历就是阴阳合历。

　　阴阳合历是将阳历的年和阴历的月结合起来，兼合阴历和阳历两种历法特点的历法。阳历，也叫太阳历，就是国际通用的公历。阳历主要以太阳运动为周期，以一个回归年，即太阳从春分点运行到下一年的春分点为一年。阴历，又叫太阴历。主要以月亮运动为周期。月亮从合朔（月亮位于地球和太阳的正中间）到下一次合朔为一个朔望月，十二个朔望月总共 354，比一个回归年少了 11.2 天。我国古代的阴阳合历以回归年为一年，朔望月为一月，相差的天数每隔两、三年凑足一个朔望月之数，则以一个闰月加以调节弥补。

观象授时，编制历法以什么为主要的依据呢？天文学家告诉我们，据以编制历法的太阳运行的坐标和确定季节是以二十八宿的运行为依据的。前章已经讲到二十八宿是古人对环绕黄道和赤道附近一周天的二十八个恒星星座的总称。由于地球绕太阳公转，每天都在变换自己的位置，所以看起来，二十八宿在天幕上自东向西缓慢运行，一年之中每天黄昏时刻的天象都不相同。如西方七宿中的参宿，在初春的黄昏时位于南中天，过了几天就会发现它逐渐西偏，处于南中天的已经是南方七宿中的柳宿七星了。次年初春，参宿又会在黄昏时刻出现在南中天原先的位置上，如此周而复始，恰好一年，因而"年"成为一个时间概念。成书于战国时期、反映公元前二十三、四世纪尧舜时代的《尧典》中就有"四仲中夏"的天象记录："日中星鸟，以殷仲春；日永星火，以正仲夏；宵中星虚，以殷仲秋；日短星昂，以正仲冬。"这段话的意思是说：春分这一天，昼夜长短平分，鸟星黄昏时正处于南中天，以此确定时序正当仲春；夏至这一天，白昼最长，"大火"星（二十八宿东方七宿内心宿三星之一）黄昏时正处于南中天，以此确定时序正当仲夏；秋分这一天，昼夜长短平分，二十八宿北方七宿的虚宿黄昏时正处于南中天，以此确定时令正当仲秋；冬至这一天，白昼最短，二十八宿西方七宿的昂宿，黄昏时正处于南中天，以此确定时令正当仲冬。据专家考证，这份天文资料是在初昏以后观察南方中天恒星所确定的春分、夏至、秋分、冬至四个节气之日的记录，而且是在东南西北四个不同地点观测的，因而构成了一个系统。成书于战国末期的《吕氏春秋》中也有这方面的记载，如"孟春之月，日在营室；昏参中，旦尾中。仲春之月，日在奎；昏孤中，旦建星中。季春之月，日在胃；昏七星中，旦牵牛中"。拿孟春来说，太阳运行到二十八宿的室宿，黄昏时参宿位于南中天，黎明时尾宿出现于南中天，此书所记太阳每月所至之宿的行迹，以及昏旦星中也是相当全面的。从战国开始，历代在编制历法时，都以二十八宿为坐标，测定冬至那一天太阳所在的位置即"冬至点"，用以计算回归年的长度。因为太阳连续两次经过黄道上的春分点或冬至点的时间，相隔为一年，所以叫做回归年。《诗经》中有关天象的记载有"月离于华，俾滂沱矣"之说，(《小雅·渐渐之石》)意思是说，月亮离开二十八宿西方七宿的毕宿之后，正是雨季。这是对月亮运行于二十八宿轨迹的观察，但运用并不普遍。据专家考证，在金文中二十八宿有十三宿如"角"、"亢"、"房"、"心"等是作为氏族族徽即氏姓出现的。这说明原始社会的氏族既分别把这些星宿作为观象授时的主要依据，又把它作为本氏族图腾崇拜的对象，并以作为图腾崇拜的星宿作为本族的名称，又逐渐演变为姓氏。由于二十八宿在天象中所处的重要位置，在原始社会中，理所当然地被当作自然神而加以崇拜。在战国时代的秦地，二十八宿和七曜一起立庙，在民间被视为主要的神灵。星占家和方士则把二十八宿作为推测阴阳运气的主要工具，他们把以二十八宿运行为依据而确定的春、夏、秋、冬四季与东、南、西、北四方相配，而加以神话，从气候的视角创造出"四方神"。春天配东方，春天阳光和煦，草木萌生，种子发芽，破土而出，神名为"析"。夏天配南方，夏日阳光充沛，草木著荚，生长茂盛，神名为"夹"。秋天配西方，秋日西风肃杀，草木凋零，神名为"彝"(彝，意谓杀)。冬天配北方，冬天万物蛰伏，神名为"伏"。甲骨卜辞中已有四方神名和风名的记述。他们又把二十八宿、四方和四象(东方苍龙、南方朱雀、西方白虎、北方玄武)相配。于是"四方皆有七宿，可成一形。东方成龙形，西方成虎形，皆南首而北尾；南方成鸟形，北方成龟形，皆西首而东尾。"(《尚书正义》)

　　我国古代不但重视对太阳的观察，同时也注意观察新月。在殷代武丁时期的甲骨卜辞内，有三片以干支纪日的、记有"月有食"的骨片，说明早在公元前十三、四世纪的商代就以干支纪时了。"十干"源自人的十指数算的十进位制；十二支则源自对新月的观察。据学者考证，十二地支的字形，出自对十二个朔望月有关星座的描绘，是由十二个朔望中的新月及其附近星座的图像衍化而来。因干支纪日比较方便，干支以六十为一周期，循环6次，基本上等于一个回归年。六十周期约等于两个朔望月。六十周期又分为六个周期，每期十天是谓"一旬"。一日一个干支名号，依次上推，循环作用，查考时间，相当简便。每月只要求出望和朔的干支，其余日期也就清清楚楚。所以，我国古代历法几乎全都使用干支法纪日。在殷商甲骨卜辞中，几乎每一片都刻有干支纪日，如"癸酉卜，贞二旬亡祸?"直到近代，政府与个人往来函仍用干支纪日。

干支应用于历法，不仅用于纪日，同时也用于纪年、纪月、纪时。"年"作为时间名词，在古文献中称谓不一，"夏曰岁，商曰祀，周曰年，唐曰载"。除"祀"外，"岁"、"年"、"载"现在仍然混用。干支纪年法是在岁星纪年法和太岁纪年法的基础上创立的。岁星（木星）自西向东运行一周天的周期大致相当于十二年。把岁星轨道划分为十二个区域，称为"十二次"，一次为一岁，逐个加以命名，以十二个岁名自西向东依次纪年，这是岁星纪年法。但是，岁星运行一周天的精确时间为11.86年，运行轨道既不规则，运行速度也不均匀。这就必然影响到观测和计算的准确性。另外，它的十二次排列方向和传统的十二辰相反，使用起来也不方便。于是，古人在此基础上加以调整改造，假设一个理想的天体，命名为"太岁"。太岁运行速度均匀，运行一周天的时间恰好为十二年；方向与传统的十二辰一致，自东向西。太岁移动一辰即为一年，十二年历经十二辰。十二辰也逐个加以命名，作为专用于纪年的"岁名"。由此可见，太岁纪年实质上是以十二地支纪年的。然后又有人把太岁纪年的岁名称为"岁阴"，把十干逐个命名，称为"岁阳"，拿来和"岁阴"相配用以纪年。到了西汉，人们感到"岁阴"、"岁阳"过于繁琐，使用不便，于是就直接以干支来纪年了。干支纪月，是把十二支与十二个月份相配，以冬至那个月为子月，然后类推，如冬至在十一月，则以十一月为子月，十二月为丑月，次年正月则为寅月。十二支纪时辰，是把一昼夜平分为十二个时段，即十二辰，与十二地支相配。白昼为七辰，夜间为五辰。以干支纪时辰，一直沿袭至今。现在，婴儿出生一般仍按民俗以"支"记出生时间，如夜间十一时至次日一时出生为子时，五时至七时出生为卯时。

　　西汉今文《易》学"孟氏学"、"京氏学"开创者孟喜、京房根据《易传》发展的象数学（气数，指人的命运和气运），与天文历法的关系亦至为密切。孟喜创造了"十二月卦"、"二十四气"，京房又发展为"分卦直日法"。唐代僧人一行曾在《卦议》中对此作了阐释。他说："十二月卦，出于孟氏章句，其说《易》本于气而合以人事明之。京氏又以卦爻配期之日。《坎》、《离》、《震》、《兑》，其用事自分至之首，皆得八十分日之七十三。《颐》、《晋》、《井》、《大畜》，皆五日十四分，余皆六日七分，止于占灾眚与吉凶喜败之事。"（《新唐书·历志四上》）孟喜提出了"卦气说"。什么是卦气？卦气是孟喜继承《易传》的说法，以《坎》、《震》、《离》、《兑》四正卦分主四方四时。同时，又依据气的变化，以卦爻配节气，形成"十二月卦"、"二十四气"等说。京房则在这个理论的基础上，进一步以卦爻配一年的三百六十日，把历法应用于占卜，赋予天象和历法以浓厚的迷信色彩。

　　前章已对四方、四时作了阐述，这里还需要讲一讲"气"。古人以为"起气为风"。（《春秋繁露·五行对》）风就是气，风是由四方神主司的，东风叫"协"风，由东方神主司；南风叫"凯"风，由南方神主司；西风叫"韦"风，由西方神主司；北风叫"冽"风，由北方神主司。由于四季风决定四季"气"，四季"气"不同，四季气候也就不同。这就是说，四方神主司四季风，所以四时气是由四方神决定的。古人把一年分为四季，每季分为六个节气，共二十四个节气。节，指气温物候变化的一个段落；"气"，有如上述反映了四时变化皆由"气"的变化造成的观念。二十四节气就是二十四个气温物候变化发展的阶段。所谓"日行一度，十五日为一节，以生二十四时之变。"（《淮南子》）太阳运行一周天的周期为 $365\frac{1}{4}$ 天，把黄道从冬至那一天太阳所在的位置起始，等分为二十四分，太阳每走到一个分点，就是交一个节气。用这种

"定气"的方法确定节气，客观地反映了太阳运行的规律，所以直到今天，二十四节气仍被历法采用。

现在，回过头来再看看"十二月卦"。"十二月卦"将《坎》、《震》、《离》、《兑》四正卦分主四方四时，将剩下六十卦按十二个月平分，每月五卦，分别比附为天子、诸侯、公、卿、大夫。如正月（寅）的五卦，《小过》为诸侯，《蒙》为大夫，《益》为卿，《渐》为公，《泰》为天子。由于阳生于十一月之"子"，所以，十二个月的天子卦，从十一月数起，其次序为《复》、《临》、《泰》、《大壮》、《夬》、《乾》、《姤》、《遁》、《否》、《观》、《剥》、《坤》，这十二卦为十二月的主卦，即天子卦，又称辟（君）卦。其他各卦则如诸侯、公卿、大夫听命于天子一样，皆从属主卦。在六十四卦中，从复卦☷（十一月）上五爻皆阴，下一爻为阳开始，经临卦☷（十二月）、泰卦☷（正月）、大壮卦☷（二月），到夬卦☱（三月），下五爻皆阳，上一爻为阴；又从乾卦☰（四月）六爻皆阳，经姤卦☰（五月）、遁卦☰（六月）、否卦☰（七月）、观卦☷（八月）、剥卦☷（九月），到坤卦☷（十月），六爻全阴。这十二卦阴阳爻的相递增减，反映出一年中阴阳二气逐月消长盈虚的变化。《卦议》中指出："本于气而合以人事明之。"这说明一行和尚已经看穿，孟喜说的虽然是天象阴阳二气的变化，看起来好像是在讲天文气象物候，实际上却在宣扬一套占验"灾眚与吉凶善败之事"的神秘哲学。

但是，"十二月卦"在具体运用时，由于每个节气为十五天，"直日用事"，在相同的这一段时间内，节气的作用就不明显。于是，京房将"二十四气"分为"七十二候"，按五日之间"风雨寒温"的"时候"进行占验，这就是京房以"十二月卦"为基础，创造的"卦以地六，候以天五"的"分卦直日法"。所谓"卦以地六"，就是说六十卦每卦主六日或六日余（余，稍多一点）。因为六介乎二、四与八、十之间，为地之中数，所以说"卦以地六"。所谓"候以天五"，就是说将一个节气划分为三段，两个"时候"之间相隔五日有余。因为五介乎一、三与七、九之间，为天之中数，所以说"候以天五"。宋人曾对京氏《易》作了如下概括："大抵辨三易，运五行，正四时，谨二十四气，志七十二候。"（《京氏易传》）《易纬•乾元序制记》则指出其特点为"谨察卦用事日分数，当寒则寒，当暑则暑，当风则风，当雨则雨。此平法。谨司六月中寒温风雨，记其日与时，发时以验方来，万全不失一"。孟喜和京房把天文历法和《易传》八卦、天人感应神学结合起来，创造出以"卦气说"为核心的象数之学，这个学说不仅流行于西汉晚期，而且为后世封建统治者有所利用。历代封建统治者几乎都关注灾异的出现，几乎都相信"邪说虽安于人，天气必变，故人可欺，天不可欺也"。（《汉书京•房传》）因此，由"卦气说"衍生的"十二月卦"和"分卦直日法"就成为封建统治者及御用方士"明人伦而明王道"的工具。

我国历代封建统治者为何频繁地修订、更改历法呢？这主要有两个原因：一是为了不断纠正历法在使用过程中发现的误差，将天象方面新的发现和科研的新成果充实进去。比如秦代使用的《颛顼历》在"古六历"中算是最精密的，但仍相当疏阔。由于推算和安排上的误差，历法上有"朔晦弦望"之名，却没有朔晦弦望之实。朔晦之日，明月高悬；到了月望，反而亏下。弦日却出现了满月，望日月亮反而不圆。加上又以十月为正，先冬后春，与四时之序不相对应，造成民生日用之间许多不便，为此非改不可。同时，西汉以前使用的历法为"四分历法"，将闰月放在岁尾，汉武帝的《太初历》对此进行了改革，将闰月放在没有"中气"的月份作为置闰的原则。古人把二十四节气中从冬至起每隔一气的十二气叫"中气"，其余的十二气叫"节气"。因为一个回归年的数值为365¼日，但是二十四节气，每个节气相隔十五日多一点，也就是多于一个朔望月的日子，这样一来，每隔两三年就会出现没有"中气"的月份。《太初历》经过改革，置闰就具有规律性，而无需考虑以多少年为周期，是为一大进步。又如，先秦时期，人们用土圭测量日影，将日影最短的一天定为冬至日，得到了一年的长度为365¼的数据。东汉末年刘洪在他编制的《乾象历》中，根据二十多年测量积累的数据，经过测算，把一个回归年长度的尾数定为 145/589，即 0.2462 日。南宋杨忠辅编制《统天历》，又测算出一个回归年的长度为 365.2425 日，这个数据与晚于《统天历》3 个半世纪的现今国际通行的格列高利历完全一致。改历的另一个重要原因乃是出于政治目的。历代帝王登基都标榜五德转移、承受天命，因此，"必改正朔，易服色，所以明受命于天。"（《汉书·律历志》）改德、易服色、改历就成为新皇帝上台必须进行的几项重大措施。反之，五德转移，也说明天命无常。皇帝当得不好，违背了上天抚育黎元的用意，就会受到上帝的惩罚，甚至被革去皇位而由新的皇帝嬗代。上帝通过什么方式来惩罚失德的皇帝？就是天降灾异，"邪说虽安于人，天气必变"。为了使历法合于"天行法数"，也有改历的必要。当然，改历不像易服色那样简单，要作长期的准备。所以不是随着主观愿望去随意改动的。

三、祭祀·祈禳

古人非常重视礼俗。《礼记·祭统》说："凡治人之道，莫急于礼，礼有五经，莫重于祭。""礼有五经"是指古人把礼分为吉、嘉、军、兵、凶五类，祭祀天神地祇人鬼的活动为"吉礼"，五礼中以"吉礼"最为重要。

祭祀是由自然崇拜、鬼神崇拜、祖先崇拜而产生的一种宗教活动；通过献礼、祈祷向神灵求福消灾的一种宗教仪式。祭祀的对象有二：一是神，二是鬼。祭祀的目的有三：一是求福，二是消灾，三是报谢。求福的祭祀称"祈"、"祝"、"祷"；消灾的祭祀称"禳"、"祓"、"碟"。古代祭祀活动的名堂很多，繁文缛节，五花八门。下面根据祭祀的对象，分为祭神和祭鬼两大类，择要说明神秘文化对礼俗所产生的深远影响。

祭神

封禅 "封"指筑土为坛祭天。天神中的"昊天上帝"通称为上帝，战国时代，星占家将上帝附会为北极星"耀魄宝"，道家称之为"太乙"。"禅"指祭地。地祇中主要的是土地神，在殷代，土地神称"土"。到了周代，土神被分为代表大地土地的"地"和代表领土土地的"社"。"地"是与"天"相对的地母神；"社"与五谷神"稷"合称为社稷。只有帝王才有资格祭祀天帝和地神。封禅是古代帝王举行的一种祭祀天地的大典。古代改朝换代，认为是出于天命神旨。所以新主继位之后，都要举行封禅活动，借以告示上天，新主受命于天，已经继承王位，祈求上天保佑，赐恩降福。并向普天之下表示，改朝换代是"天命攸归"、"君权神授"，从而提高权威，强化专制，维护统治，所以，历代帝王几乎都把封禅当作头等大事去抓。古人认为在群山中以泰山最高，且泰山为东岳，东方主生，乃万物之始。又说泰山有金箧玉策，能知人寿命长短，因此帝王封禅都到泰山祭天。在泰山下的一些小山如云云山、亭亭山、梁父（甫）山、肃然山等处祭地。

早在夏、商、周三代就有封禅的说法。传说在先秦时期封泰山、禅梁父的就有七十二家。无怀氏、伏羲、神农氏、炎帝、黄帝、颛顼、帝喾、尧、舜、禹、汤、周成王在承天受命之后，都到泰山举行过封禅活动。有史可考的、最负盛名的封禅活动，是秦始皇和汉武帝在泰山举行的大典。秦始皇统一六国之后，曾率文武大臣及一批儒生、博士到泰山举行封禅仪式。始皇帝从南边登上泰山之巅，勒石歌颂泰德，举行"封"礼。然后从北边下山，到梁父山举行"禅"礼。汉武帝在元封元年（公元前110年）先到梁父山行禅礼祭地，又在泰山之东设坛行封礼祭天。然后，他和几个重臣登上泰山顶，再一次行封礼。次日从北山下来，又到肃然山行禅礼。两封两禅，可见对封禅之重视。汉武帝封禅时仪式极为隆重。坛筑三层，周围并设青、赤、白、黑、黄五帝之坛，以白牦牛、白鹿为牺牲，还在山中放置珍禽异兽，以示祥瑞。为了纪念这次封禅活动，还下诏将这一年的年号由元鼎改为元封。在汉武帝之后，东汉光武帝、唐高宗、唐玄宗、宋真宗都曾率领大臣到泰山举行封禅活动。

祭天又叫"郊祀"。宋室南迁以后，帝王就不再亲自到泰山去举行封禅典礼，这可能是由于金与南宋隔淮河而南北分治，泰山在金的统治区内的缘故。帝王祭天时则将封禅和郊祀合并举行。明代迁都北京后，先在南郊建立天地坛，祭祀天地。以后又将圆丘改为祭天之坛，在北郊建立祭地的地坛，恢复天地分祭的古制，《诗·周颂·昊天有成命序》："昊天有成命，郊祀天地也。"陈奂传疏："序言天地，即所谓祀天圜（圆）丘，祀地方丘也。"祭天的圜丘象征天圆，祭地的方丘象征地方，这是古人按天圆地方、四周是海的宇宙模式建立的。由于天属阳，南方与阳相配，所以圆丘建在南郊。这一建筑同样具有神秘的五行色彩。现今北京著名的天坛和地坛就是明清两代皇帝祭天祭地的圆丘和方丘。

祈年 华夏民族，以农为本，祈年就是祈求农业丰收。"年"字甲骨文作"秊"，像一个人，头上顶一束禾，侧面站在那里，这是一个象形文。意思是人把收割的成熟稻谷举在头顶上，以示丰收。所以，"年"指庄稼成熟，即收成之意。《说文解字》释"年"为"谷熟"。"求年"之祭最早见之于甲骨卜辞。"求年"之祭就是周代以后的祈年祭典，这个制度从先秦到明清一直被封建帝王沿袭下来，作为最重要的祭祀活动按时举行。

祈年祭祀的对象说法不一，"天子乃以元日祈谷于上帝"，是祭上帝；"天子乃祈求来年于天宗"。"天宗"，指日月星辰，是祭日月星辰；"荐鲔于寝庙，乃为麦祈实"，是祭祖宗（均见《礼记·月令》）；"凡国祈年于田祖"，田祖指神农，是祭神农（见《周礼·龠章》）；"夫郊祀后稷，以祈农事也"，是祭后稷（见《左传·襄公七年》）；"春藉田而祈社稷也"，是祭社（见《诗·载芟》序）。夏历每年孟春正月的第一个辛日，即惊蛰的那天，天子举行郊祀，以"祈谷于上帝"，并"郊祀后稷"，这就是《左传》中指的"启蛰而郊"。每年春耕季节到来之时，天子、诸侯亲自下田犁一行土地，表示以身作则，重视生产，从而揭开春耕大生产的序幕，这就是《诗》中描绘的"藉田而祈社稷"。"为麦祈实"的庙祭，则在季春三月麦穗灌浆之际举行。

四时迎气 四时迎气又称"时傩"，在每年的立春、立夏、立秋、立冬这四天举行祭祀活动。立春日于东郊祭东方神，叫"迎春气"、"春傩"；立夏日于南郊祭南方神，叫"迎夏气"、"夏傩"；立秋日至西郊祭西方神，叫"迎秋气"、"秋傩"；立冬日于北郊祭北方神，叫"迎冬气"、"冬傩"。上节讲到，春秋时代盛行"四气"之说，方士认为"四气"是由四方神决定的。祭四方神迎四时之气，目的是为了祈求四气顺畅。如果立春以后，冬季的寒气尚未消散，不仅影响春播，而且疫病流行，于是，祭东方神以迎春气，好让冬气及时消散，春气按时到来。其他之傩，道理也是一样的。在"时傩"祭祀中立春和冬至尤为隆重。"立春之日，天子亲帅三公、九卿、诸侯、大夫，以至迎春于东郊"（《礼记·月令》）。《续汉书·祭祀志》在描述这一活动时说："立春之日，皆青幡帻，迎春于东郭外，令一男童冒青巾，衣青衣，先在东郭外野中。迎春者至，自野中出，则迎者拜之而还。"这是一个充满了神秘色彩的戏剧性场面。青幡帻，冒青巾，衣青衣，迎春于东郭外，是因为按五行学说，东方属木，色青，配以四季之春，象征万物复苏。天子出巡东郭之外，似乎也有视察春耕准备工作的意思。古代立春日还有"鞭春牛"的活动，上面讲到天子下田翻犁一行土地是这项活动的主要内容。宋代还举行祈禳色彩浓厚的相牛纳福的活动。"立春前一日，出土牛于鼓门之前，若晴明，自哺后达旦，倾城出观，巨室或乘轿旋绕，相传云'看牛则一岁利市'"（张世南《游宦纪闻》）。每年冬至，天子要在都城南郊所筑的圆丘上举行祭祀大典，以酬谢上天和祖宗在一年中的庇佑，称为郊天。所谓"万物本乎天，人本乎祖，此所以配上帝也，郊之祭也，大报本反始也。"（《礼记·郊特牲》）在这种"报本"的观念支配下，郊天以上帝为主祭对象，而以自己宗室的始祖配祭。周代的帝王祭天，以后稷配祭；刘邦以后的汉代帝王祭天，则以刘邦配祭。郊天的仪式非常隆重，天子穿衮服，戴冕冠，服色"天玄地黄"。祭祀时，先在圆丘山燎牺牲，焚玉币，然后奏乐降神，扫地设祭。以苍璧（礼器）致礼，以陶豆（祭器）荐血，牺牲是用火燎的赤色牛犊。

作为酬谢神灵的祭祀还有"大蜡"。《礼记•郊特牲》说："合祭万物而索飨之。""蜡"就是"索"的假借字。这句话的意思是说，对求索万物的神予以报谢。"万物"之神主要指对促进农业丰收有功的诸神。其中有为人类提供丰富衣食的"百种"之神，即各类作物神；有督导农业生产有功的农官田畯神；有促使人类由渔猎生活进入农耕生活、对发展生产作出贡献的"先啬"神；有为农田排灌而防止旱涝有功的水利设施神；有为农民提供方便的田间亭舍道路诸神；有禽兽神，如虎为农民捕杀危害作物的野猪，猫为农民捕杀田鼠，均被视为神兽。此外还有日月星辰、土神、门神、先祖等按常规祭祀的神灵。所以，大蜡是对众多神灵的大合祭，是自然神崇拜的突出表现。蜡祭也是相当隆重的，天子率百官到都城南郊天神庙礼拜。这一天，农民休假，参加祭典，欢娱宴飨，举国同庆。

祭灶 源于原始社会初民对火的崇拜，在古文献中有多处论及这个问题。《淮南子•氾应训》中说："炎帝作火官，死为灶（神）"；许慎《五经异文》中说："颛顼之子祝融（火神）为灶神"；《太平御览》中说："炎帝作灶，死为灶神。"谁是灶神说法虽然不同，但是三者都和火有密切关系。是初民由茹毛饮血到以火熟食的发展过程中对火的崇拜，亦即自然力崇拜的反映。此后，逐渐渗入一些神话传说，而由信仰崇拜演变为祭祀礼俗。灶神按照人们的愿望而人格化，犹如一团泥巴，被造神者捏成各种形态的人物。《荆楚岁时记》中说："灶神是个男子，且有名有姓。其人姓苏，名吉利，其妻名叫王博颊。"《风俗通》中说：灶神是一位"老姬"。司马彪在《庄子》注中则说："灶神着赤衣，状如美女。"司马彪是晋武帝泰始时的秘书丞，可见直到西晋时期，关于灶神的传说仍带有火崇拜的痕迹。早在东汉灶神已被确定为一户之主，专司保佑本宅平安的职责。至于灶神定期向天帝汇报家宅情况，揭发罪过的说法见于《淮南万毕术》，所谓"灶神晦日归天，白人罪"。记述灶神身世最详的是《酉阳杂俎》："灶神名隗，状如美女。又姓张，名单，字子郭（一云名壤子）；夫人李卿忌，有六女，皆名察洽。常以月晦日（每月三十日）上天，白人罪恶。"灶神是个不定性的神，或男或女、或老或少，不过他的职责倒是很明确的，即"白人罪过"。白人罪过不能等同于打小报告。世人有过，据实向天帝汇报是他的职责。人们要祭祀他（她），一是感谢他护佑家宅，二是祈求他在天帝面前多说好话。江南风俗，在祭灶时贴的灶联即曰"上天奏好事，下地保平安"。为此在送灶神上天时，要以饧（麦芽糖）设祭，用以胶牙封口，所谓"灶君封住口，四季无灾忧"。所以，祭灶，虽为酬神，实有钳制兼贿赂之意。每月上天一次，月月祭祀，人们感到过于频繁，以后逐步改为一年一次，时间定在岁末的腊月二十三至二十五日，按等级和社会地位分别祭祀，在江南一带有所谓"君三民四乌龟王八（妓院鸨儿）五"说法。灶神上天述职后，家人把灶清扫干净，贴上新的灶神像，到了腊月三十，再备茶点、草料将灶神接回。

告庙及献馘属于军事祭典。《礼记·王制》："天子将出征，类乎上帝，宜乎社，造乎祢，祢于所征之地，受命于祖。""造乎祢"是指到祢庙或太庙祭告。"祢庙"即父庙。先秦时期"生称父，死称考，入庙称祢。"（《左传·襄公十二年》何休注）"受命于祖"，是指通过占卜获知出征命令已经得到祖宗批准。同伴，出征归来，也要告庙。"出征执有罪，反（返），释奠于学，以讯馘告"《礼记·王制》。这是说出征凯旋归来，要到奠祭先师的学宫（又称"辟雍"或"泮宫"），备酒肴奠祭祖宗，一是酬谢祖宗助佑，二是向祖宗献战利品，即献俘和献敌人首级。《诗经》中记有鲁国泮宫献俘馘报功的情况："矫矫虎臣，在泮献馘。淑向如皋陶，在泮献囚。"（《诗·鲁颂·泮水》）这里描述的就是鲁国在太庙献俘馘的仪式。

祭鬼

宗庙四时祭，是指古人在每季的孟月举行一次报谢祖先的祭祀。祖先祭祀萌生于原始社会后期的父系家长制氏族。由母系氏族社会的母系血缘关系，发展到父系氏族社会以父系计算血缘关系以后，便形成了以"父子观"为核心的家族观念。夫妇关系，可合可离；父子关系则绵延不绝。自夏朝王统父子相传，商朝王统兄弟相及以后，中国的王朝便由家族传袭。夏朝王统传袭了四百多年，商朝王统传袭了五六百年。不仅王朝由家族传袭，同时也出现了很多绵历很古的家族。孔子的家族从春秋宋国贵族算起，至今仍然传续不绝，虽然历经二千多年，但其传统还是可以指述清楚的。我国古代由祖先崇拜（鬼魂崇拜）发展的祖先祭祀，对象包括三个方面，一是氏族祖先，这又分两个系统，即祢和祧。祢，指祢祖，即氏族内的近亲，有父、祖、曾祖、高祖四代。祧，指远亲，即几个同胞氏族构成的胞族集团（宗族的共同祖先、亦即高祖以上的始祖）。二是民族祖先，殷商以前的多为传说中的神话人物，如黄帝、炎帝、蚩尤、颛顼、喾、尧、舜、禹、契、稷等。这些人物本是原始社会不同氏族受到崇拜的领袖，由于以华夏系为主干的民族融合，逐渐成为炎黄子孙共同祭祀的始祖和远祖。三是历史上的一些功臣和杰出人物，死后被神化而立祠："岁时享之"。如吕尚、孔子、孟姜女、关羽、岳飞、黄道婆等。氏族（宗族）世代传袭，慎终追远，祖先祭祀实质上是鬼魂崇拜的一种表现形式。

从殷墟出土的甲骨卜辞来看，商代是极为重视祖先崇拜的，不仅祭祀规模盛大，而且祭典形式繁杂。据记载：商王武丁时期祭祀王室祖先的祀典就有二十多种，如"乡"、"彡"、"酓"、"出"、"裒"、"勺"、"福"、"岁"、"御"、"报"、"帝"、"告"、"求"、"祝"等。到了周代，祖先祭祀制度逐臻完善，并纳之于"礼"，而形成制度化。郭沫若在《十批判书》中对这个问题作了很好的概括。他说："礼之起，起于祀神，其后扩展而为对人，更其后扩展而为吉、凶、军、宾、嘉等各种仪制。"有的学者则认为，商代祖先崇拜的盛行，为殷以后的中国宗教树立了规范。

宗庙四时祭是祭祀制度化的一种行为程式。春祭称"祠"。"祠"即"食"通（饲），指孟春正月，韭菜新熟，向祖先献食韭黄。夏祭称"礿"（一作：禴）。"礿"即"汋"，义为舀取。指孟夏四月麦熟，舀取新麦祭祀祖先。秋祭称"尝"。尝指品尝，每当孟秋七月，黍稷收割，让祖先尝新。冬祭称"烝"。烝即登，义为进献。孟冬十月新稻登场，也要将刚刚收割的新谷献给祖先，以作报谢。（据董仲舒《春秋繁露·四祭》）祭祀在宗庙中举行，接受祭祀的祖先称"神主"，用一块木片制成的牌位作代表，先献新韭新粮，奉告祖先，再行裸（音贯）礼，由"尸"（扮演神主的人）将盛在彝（酒具）中的郁鬯酒洒在地上，并将肢解的牛羊猪三牲供奉在神主座前。祭典之后，主人举办筵席与宾客同饮。

清明是祭祀祖先的节日，又称鬼节。原始社会初期，人死之后不葬，所以没有坟墓，自然也不祭祀。《易·系辞传下》："古之葬者厚衣之以薪，臧之中野，不封不树。"就是说人死之后，尸体用树枝包扎起来，放在野外，既不封土，也不种树。灵魂观念产生后，人们迷信鬼魂，为了祈求亡灵的护佑，才采取埋葬入土的办法，设法保护人的尸体。坟丘式的墓葬，大概出现于春秋晚期。《礼记·檀弓》中讲到，孔子曾经见到过四种形式的坟堆。这时，人们已经开始在建于坟堆的寝上进行墓祭活动，以后，墓寝逐渐扩大形制，成为专供祭祀的享堂、祠堂。

清明墓祭直到隋唐时期才形成社会风俗。最早见之于官方文书的，是《旧唐书》引用的唐玄宗开元二十年敕，云："寒食上墓，礼经无文，近代相沿，寝以成俗，士庶之家，宜许上墓，编入五礼，永为常式。"这里说的"寒食上墓"，就是清明扫墓。因为在唐代以前，人们重视寒食而不重视清明。同时，历来清明与寒食只相隔一、两天，可以沈佺期《岭表寒食》诗为证："岭外逢寒食，春来不见饧。洛中新甲子，明日到清明。"因此，清明和寒食也就很难细分了。回忆南宋都城临安往事的《梦粱录》中有"清明日，官员士庶俱出郊省坟，以尽思时之敬"的记述。说明自隋唐以后，清明扫墓这一习俗已历代相沿，传衍至今。不过，民间扫墓未必限定在清明这一天，清明前后都有扫墓的。清人顾禄在《清嘉录》中就指出："士庶并出，祭祖先坟墓，谓之上坟，以清明前一日，至立夏日止。"关于扫墓的习俗，明人刘侗的《帝京景物略》中有一段形象而又生动的描述："三月清明日，男女扫墓，但提樽榼，轿马后挂楮锭，粲粲然满道地。拜者、酹者、哭者，为墓除草添土者，焚楮锭，次以纸钱置坟头，望中无纸钱则孤坟矣。哭罢不归也，趋某树，择园圃，列坐尽醉，有歌者哭笑无端，哀往而乐回也。是日簪柳、游高粱桥，曰踏青，多四方客未归者，祭扫日感念出游。"簪柳，又叫戴柳。古代传说清明戴柳可免虿（蝎类毒虫）毒。可见清明还含有驱禳的内容，祭鬼驱禳从迷信观念来说，实际上是一回事。

弥灾　灾，古代指自然灾害和天象变异，包含三个方面的内容：一是突发性的灾难，如狂风暴雨、地震、泥石流和瘟疫等；二是天象变异，如日月食、彗星、太阳黑子、流星雨等；三是季节性的水旱风灾。祈求神灵除灾降福，叫做弥灾。弥灾的主要形式是举行祭礼。中国文化是以农业为基础的，渗透着巫文化的祭祀活动，相当一部分是围绕着天气对农业生产的影响而进行的。

围绕农事而进行的祭祀活动，古文献中记述最多的是"雩祭"。雩祭是古人为求雨而举行的祭典。《春秋谷梁传》中说："雩者，为旱求者也。"古代的"雩"祭是由巫主持的，祭祀的主要方式是巫舞，即《周礼》中说的："司巫掌群巫之政令，若国大旱，则帅巫而舞雩。""女巫掌岁被除衅浴旱暵则舞雩"。我国古代，每有天象变异则归于政者之过，晴雨水旱是作为政应看待的。所谓"六国之时，政治不同，人君所行赏罚异时，必以雨为应政令"。（见《春秋谷梁传》）就是说，国家是政通人和，还是天怨人怒，具体表现在是否风调雨顺。这实质是天人感应思想的反映。基于"旱者，政教不施之应"的观念，作为一国之君的天子对"雩祭"特别重视,《吕氏春秋》中就讲了商汤以自身作牺牲求雨的故事:"汤(太乙)克夏而正天下,天下大旱五年不收,汤乃以身祷于桑林曰:'余一人有罪,无及万夫;万夫有罪,在余一人。无以一人之不敏使上帝鬼神伤民之命。'于是剪其发,剧其手,以身为牺牲祈福上帝,民乃大悦,雨乃大至。"

由于国君的重视,到了周代雩祭被定为雩礼,作为例行的祭典,每年仲夏五月举行,由天子主祭,称为"大雩帝"。除常规的雩礼外,遇到天旱,又举行临时性的雩礼。举行这种祭典,气氛严肃,有时还用人祭。殷墟甲骨文中有大量人祭的记载,不过春秋以后,人祭已不多见。雩祭一直沿袭到唐宋五代,祭祀的规模越搞越大,巫术活动也相应得到更多的应用。汉代,从立春到立秋这段时间,全国如果天旱少雨,府郡县各级政府就要清扫祭坛,公卿百官以次去行雩礼。"闭,诸阳,衣皂,兴土龙,立土人舞僮二佾,七日一变,如故事。反拘朱索社,伐朱鼓。祷赛以少牢如礼"(见《后汉书·礼仪志》)。唐代雩祭阴阳术士、摩尼师直接参与,巫法的神秘色彩更浓。《册府元龟》记载:"二年三月癸亥,以久旱,徙东西二市,于是祭风伯雨师,修雩祀坛,为泥人土龙,及望祭名山大川而祈雨。"又"贞元十五年三月,以久旱,令李巘、郑云逵于炭谷秦岭祈雨。四月以久旱,令阴阳术士陈混常、吕广顺及摩尼师祈雨。"

雩祭的对象起先是天帝,后来逐渐变成龙王。甲骨文中已有作土龙以祭神的记载。汉唐的雩祭也有"兴土龙"、"为泥人土龙"的说法。《左传·桓公五年》记有"龙见而雩"。服虔注云:"四月昏,龙星体见,万物始盛,待雨而大,故雩龙而求雨也。"由龙图腾衍变为龙星又衍化为祭祀对象的土龙,龙似乎是沿着这样一条轨迹,逐步变成呼风唤雨之神。到了宋代,求雨就直接祭祀龙神了。宋代规定雩礼为大礼,作为朝中诏令政事对待,可见其重视的程度。《礼志》中记载:"二年旱,诏有司祠雷师雨师,内出李邕祈雨法,以甲乙日,择东方地、作坛,取土造青龙,长吏斋三日,诣龙所汲流水,设香案著果餐饵、率群吏乡老日再至祝，酬不得用音乐。巫觋雨足，送龙水中，余四方皆如之，饰以方色，大凡日干及建坛取土六里数，器之大小及龙之修广皆以五行成数焉。"又载："十年四月以夏旱，内出蜥蜴祈雨法，捕蜥蜴数十，纳瓮中，渍之以杂木叶，择童男十三岁以下、十岁以上者，二十八人，分两番，衣青衣，以青饰面及手足，人持柳枝，霡水散洒，昼夜环绕，咒曰：'蜥蜴、蜥蜴，兴云吐雾，雨令滂沱，令汝归去。'雨足。"从这段记述来看，不仅以蜥蜴作为龙的化身，而且男童均饰青面，著青衣，并洒水念咒。非常明显，这种祀雨法完全是顺势巫术的具体运用，较之先秦时期的雩礼，与阴阳五行结合得更为紧密，因此，神秘色彩也更加浓厚。显然，这种祈雨法是政教、礼法与巫术相结合的一个实例。

古代祈祷禳除水旱疠疫、雪霜风雨又规定举行禜祭（禜礼）。《左传·昭公元年》中记载子产去晋国探问晋侯病情，曾谈到禜祭问题，说："山川之神，则水旱疠疫之灾于是乎禜之；日月星辰之神，则雪霜风雨之不时，于是禜之，"就是说，遇到水旱瘟疫这样的灾祸，就要祭祀山川神灵禳灾；遇到雪霜风雨不合时令，气候反常，就要祭祀日月星辰禳灾。"禜"古称为"营"，意谓用草席围成一个圈子。发生灾情的时候，在当地选一块平地用草席圈起来作为祭祀的场所。由于进行祭祀活动，所以意符从"示"，"营"则写作"禜"。古代禜祭一般用于禳除水害。《左传·昭公十九年》中记载了一个子产反对禜祭的故事。说是郑国大水成灾，有人看到龙在时门外的洧渊争斗，国人请求举行禜祭禳灾求福。子产不同意，他说："我们争斗，龙不来看，它们争斗，我们为什么要去看呢，洧渊是它们栖息的地方，向他们祭祷，它们又岂能离开。我们无求于龙，龙也无求于我们。"大家听他说得有理，于是作罢。汉代把"禜祭"叫做"请晴"。举行禜祭时，祭祀者头扎赤帻，身穿朱衣，手敲朱鼓。根据阴阳五行，五方五色，赤代表南方阳位，可以战胜北方阴气，阳胜阴，即可由阴转晴。《晋书·礼志》中亦有"雨多则禜祭"的记载，说明直到东晋，遇到水灾仍然举行祭礼。

此外，日食月食，古代传说是天狗吞食太阳、月亮，所以每当发生日食或月食时，就要组织"救日月"活动，击鼓驱赶天狗。日食月食除了击鼓，也有献牺牲以祭祀的。《左传·庄公二十五年》记述：当年夏六月初一发生日食，击鼓，并用牺牲祭祀土地神庙，认为这样做不合常礼。按照常礼，只有夏历四月初一，阴气没有发作的时候发生日食，才用玉帛祭祀土地之神，并在朝廷上击鼓。可见，先秦时期，"救日月"，鼓击和祭社是同时并行的。

四、生活·起居

巫术作为一种行为观念和认识形式影响十分广泛，不仅影响政治历史、天文历法、宗法祭祀，而且影响生活起居。自古以来，人们的服饰、饮食、居住以至行旅，莫不受到巫术的影响。或者说，巫术应用于衣食住行方面，也是相当普遍的，直到现在，流传的许多民俗，仍然明显地反映出巫术心态。

巫术应用子衣食住行，表现的主要形式是禁忌。禁忌源于巫术信仰，相信"物与物因秘密的交感关系能远地发生作用"。物与物的交感，当然也包括人与神的交感，也就相信人的意志可以影响神的意志，从而控制事物的发展，以避凶趋吉，化险为夷。禁忌是作为一种保护意识而存在的。

服饰

服饰包括服装和各种佩饰。服饰大致具有护体、御寒、遮盖、标识和装饰等几个方面的功能。《礼记·礼运》说："昔者先王，未有宫室，冬则居营窟，夏则居橧巢；未有火化，食草木之实，鸟兽之肉，饮其血，茹其毛；未有麻丝，衣其羽皮。"《韩非子·五蠹》中说："尧之王天下也……冬日麑裘、夏日葛衣。"可见原始社会的初民起先是以羽毛兽皮作为服饰的，大概到了父系社会中晚期，即传说的尧时代，人们已开始利用葛麻纤维编结衣裳。1972 年在江苏吴县草鞋山新石器时代遗址出土的器物中就有三块葛布残片。《诗经》中也有"是刈是濩，为絺为绤"；"东门之池，可以沤麻"的记述。不过，从出土文物来看，初民对服饰的需求是把装饰放在第一位的。北京周口店山顶洞人遗址曾经发现一枚骨针和 141 件成串的骨、贝、牙、石制品，骨针大概是串缀兽皮用的，成串的骨贝牙石制品无疑是用作饰物的。据人类学家考察，在至今还处于原始社会状态的部落中，有不少不穿衣服的民族，但是却没有发现过不佩戴饰物的民族。举凡骨、贝、牙、石以及羽毛、兽皮、果壳、树皮，初民都加以利用作为佩饰。身体的各个部位，头、颈、腕、腰、手、足以至耳、鼻，只要可以附着饰物的地方，几乎没有一处不用饰物点缀的。佩戴饰物具有供人观瞻、吸引异性、炫耀胜利等多种目的。不过，隐藏在这些目的背后的，却是原始宗教信仰，它既包含着对图腾物和自然神的崇拜，也包含着祛邪纳福的企望。前章讲到文身、雕题、凿齿，均可归入初民佩饰之类。而文身、雕题则是远古龙图腾崇拜的反映。

服饰的禁忌，前章曾经讲到忌讳白、黑、红几种颜色，但是，颜色的崇向又随朝代的更替而有所不同，这种变异是受"五行生胜、改制更德"思想制约的。夏尚黑，商尚白，周尚赤，秦复夏制尚黑，汉复周制尚赤。唐代服色尚黄，旗帜尚黑。宋沿唐制，元代尚黄；明改制取法周、汉，用唐宋旗帜而服色尚赤；清又复黄。每个朝代崇尚的颜色，是从属于"德"的，就是这个朝代的流行色，反之，便有所讳忌。由此可见，颜色之于服饰既有象征意义，又有禁忌意义。无论是象征，还是禁忌，莫不蒙上了一层神秘的色彩。

服饰禁忌反映在日常生活方面名堂很多。由周礼发展的丧礼，是封建社会的重大礼俗，死人穿的寿衣和活人穿的丧服就有许多讲究。寿衣要在生前做好，人老了感到死亡将至，就将寿衣穿在身上去拜地藏菩萨，或拜城隍老爷，以便死后取得认同。寿衣的材料不能用缎子，盖

"缎子"与"断子"音同，乃有"断子绝孙"之虞。到了近代，寿衣还忌用带"洋"字的布料，"洋"与"阳"同音，寿衣是死人穿着到阴间去的，用不着阳间的衣物。寿衣忌用黑色，要用蓝色，据说死者穿着黑衣转生就会变驴。有些地方做寿衣又忌黑用红，因为，人死后进入阴间首先要上剥衣亭，穿着红色衣服，剥衣鬼以为衣服已经剥掉，并且伤及皮肉，剥出血来；若是穿着黑衣，剥衣鬼就非剥得皮开肉绽不可。寿衣的袖子要长，必须将手完全盖住，如果袖子短，将手露在外面，将来子孙就要讨饭。另外做寿衣还必须在闰月，择吉日。闰是余数，闰月做寿衣，大概含有子孙延绵的意思。丧服按周礼规定，分为"五服"。即按服丧者与死者关系的亲疏分为五个等级，这是氏族血缘关系和宗法制度的直接反映。"五服"最重的（或称一等）叫"斩衰裳"，简称"斩衰"。凡子女（未出嫁的女儿）为父服丧；诸侯为天子；妻妾为丈夫，以及父为长子都服斩衰。周制关系越亲，丧服越重，用布越粗，斩衰裳是用三升或三升半的麻布缝成的（八十条缕为一升）。斩衰裳不纹衣边，所以叫"斩"。穿着斩衰，腰间还要系上一根麻带，叫做"腰绖"，手里还要持一根高与心齐的"苴（通粗）杖"，俗称"哭丧棒"。"五服"制度一直沿袭到近代。由于丧服形制、用料、式样规定得非常具体。所以，民间缝制服装忌讳下摆露出毛边，禁忌腰间系麻绳，也忌讳手持短棒，认为这些装束都是服丧的表现，不吉利。

民间有关服饰的禁忌很多，有共同的风习，有因民族而不同，有由地区而相异，可谓五花八门。比较常见的有衣服的扣子忌双数，因为俗语有"四六不成材"之说，扣子用四、六颗就会影响穿衣者的前途。忌穿别人穿过的衣服，据说衣服上附着本人的魂灵，穿上别人的衣服，受到别人灵魂的干扰，自己的灵魂就不得安宁。晾在竹竿上的衣服收下就穿，"竹竿鬼"会附在人的身上。衣服晾在竹竿上，竹竿就变成穿着衣服的鬼灵。所以，衣服收下以后，一定要折叠起来，存放一段时间再穿，这样经过化解，就可祛邪化吉。妇女和小孩的衣服，特别是妇女的内衣，夜间不能晾在露天，否则会落上贼星，或沾上鬼祟邪气。衣服忌穿在身上缝补，如不脱下，缝补时嘴里一定要衔上一样东西，否则就会被贼偷，或被人诬赖为贼。

饮食

民以食为天，"食色性也"，饮食是用以维持个体生命存在和发展，解决人种延续的最基本的要求。一是生存，二是发展，三是传宗接代，所以和人们的关系最为密切。巫术（宗教）信仰从刚刚脱离动物界而用石块、木棒狩猎和采集食物的原始初民开始，就影响着农业生产活动。随着火的发现和利用，人类从生食进化到熟食，从自然饮食阶段进入调制饮食阶段以后，逐步形成许多饮食习俗。这些饮食习俗，无论是基于原始图腾信仰，还是源于后世的宗教信仰，莫不包含着种种神秘意味的巫术色彩，由饮食习俗反映出来的思想观点、心理状态亦莫不带有巫术性质。

在饮食习俗中，最为人们重视的是食物和食品的相克禁忌。食品相克禁忌，是指两种或两种以上的食物相互作用的结果会产生不利于人的影响，食用以后轻则伤身，重则亡命。民间禁忌同食两种食物的品种很多。如鱼肉与荆芥同食，谓之"鲤鱼犯荆花"，食之必亡；葱与蜜同食，谓之"甜砒霜"，食之必亡；鱼子与猪肝不能同食，食之必亡；花生与黄瓜禁忌同食，食之断肠亡命。清人把这种禁忌称作"物性相反"。又举例说："如河豚同鹿肉食之，杀人；羊肉同鲐酪食之，害人；羊肝得生椒，破人脏；猪肉得胡荽，烂人脐。"（见竹柏山房《闲居杂录》）也有物性相同而禁忌同食的，柿子与螃蟹皆寒，忌同食，食之会得痢疾，或成膈疾；烧酒与生姜皆热，忌同食，食之坏心肺。这种食物相克的观点，显然是从五行生胜说附会而来的。关于食物的原始俗信，又有"物性相感"之说。所谓"物性相感"，就是说每一种食物，都有各自的自然属性，这种自然属性是会传染给食用者的。《孔子家语》说："食水者乃耐寒而善游，食土者无心而不息，食木者多而不治，食石者肥泽而不老，食草者善走而愚，食桑者有绪（丝）而蛾，食肉者勇而悍，食气者神明而寿，食谷者智慧而巧。"（《博物志校证》）上面讲的就是"物性相感"的问题。民间类似的信仰很多，如鲙生与酥乳同食，会生各种虫；鳖鱼与苋菜同食，还会生鳖；牛肉与猪肉同食，成寸白虫；猪肉羊肉以桑楮柴煮炙同食，亦成寸白虫。又如吃了老母鸡的肉，人的皮肤就会粗糙起来；吃了鱼肠，写出来的字就会弯弯曲曲，等等。"同性相感"尤忌食用血液、内脏和不洁净食物。传说动物的血液和内脏含有动物的精灵、魂魄，不能食用，吃了必有灾祸。不洁净食物是指形成宗教信仰特色的那些食物食品，如信仰伊斯兰教的回族和其他少数民族，视猪狗驴骡为"不洁之物"，严禁食用猪肉。不仅不能与猪接近，言谈也忌讳涉及猪字。回族禁食的还有"暴目者、锯牙者、环喙者、钩爪者。吃生肉者、杀生鸟者、同类相食者、贪者、吝者、性贼者、污浊者、秽食者、乱群者、异形者、妖者、似人者、善变者"，等等。（见《天方典礼择要解》）对具有上述各种性质的动物禁食，实际上已经超出了"不洁净"的范畴，含有性质不好的意思。如果吃了这些性质不好的飞禽走兽，它们就会将自己身上不好的秉性传染给食用者，对诚笃的宗教信徒来说，显然这是非常可怕的事情，必须极力加以回避。民间还忌食可能遭到报应的兽畜，汉族普遍有禁食耕牛的习俗。认为牛在农田耕作中出力最多，在以农耕为主的农业社会中，对人的贡献最大。食牛，良心受到谴责，不知感恩反而加害，必然遭到神灵的报应。我国古代关于禁食牛肉的传说很多。如宋人洪迈在《夷坚志》中记载的"食牛梦戒"，说是泰州某人嗜食牛肉，一日忽在梦中受到神鬼的拘斥，从此以后恪守禁忌，不敢再食牛肉。民间还流传有"食牛诗"，告诫人们勿食牛肉。诗云："万物皆心化，唯牛最辛苦。君看横死者，尽是食牛人。"应劭在《风俗通义》中还记载了一个农民以敢食牛肉抵制巫祝勒索的故事，十分有趣。说是"会稽俗多淫祀，好卜筮，民一以牛祭，巫祝赋敛受谢，民畏其口，惧被祟，不敢拒逆，是以财尽于鬼神，产匮于祭祀。或贫家不能以时祀，至竟言不敢食牛肉，或发病且死，先为牛鸣，且畏惧如此。"

忌食牛肉源自禁止杀食作为自我群体的动物图腾。我国某些少数民族或某些地方还有禁食马肉、狗肉、熊肉和鼋、鳖肉的习俗。这些禁忌都和由图腾崇拜而衍生的人与动物的"认同感"、"一体感"有关。应劭是汉灵帝时的孝廉，《风俗通义》编纂于东汉末年，说明早在汉代即有禁食牛的风习。至于巫祝"赋敛受谢"，则说明当时的巫觋已经沦为诈骗钱财的职业迷信者。

作为饮食方式的禁忌，主要反映在祭祀方面。原始的祭祀很简单，没有什么繁琐的仪礼。随着物质生产的进步，宗教制度的政治化，形成一整套"礼"后，祭祀制度越来越复杂，祭祀供品越来越讲究，祭祀方式也越来越繁琐，一切都有具体规定，丝毫不可逾越。作为供品的食品有粢盛。"粢"泛指五谷，包括黍、稷、粱、菽、麦等，常用的是黍稷。"盛"指盛受，盛具一般用簠、簋。有牺牲，牺牲泛指牛羊豕等牲畜。用于比较重要祭典的牺牲，在祭祀前要圈养一段时间，叫"牢"。商代，牛牲称"大牢"，羊牲称"小牢"。春秋以后，"太牢"（即大牢）一般指牛羊豕三牲，"少牢"（即小牢）指羊豕二牲，单独用牛羊豕三牲中的一牲作供品则称"特"。牺牲的制作，用火烧的称为"燎牲"，刺颈取血的称为"刉"，加以分解的称为"割"，开膛去内脏的称为"辜"（一作"剀"），张挂风干的称为"磔"，剖成两半的称为"副"，生肉称为"腥"，熟肉称为"熟"（一作"饔"）。牲肉泛称为"胙"。腥肉放在"俎"上，熟肉盛于"鼎"中。有酒鬯。指实为清水的玄酒，用糯米酿成的秫酒和用秬谷（黑黍）、郁金香草酿造的鬯酒。酒器主要用"尊"和"彝"，也用"壶"。把酒盛在尊中置于神前叫"奠"，把酒泼在神位前的土地上叫"酹"。鬯酒则用于裸（同灌）祭，就是把酒盛在"卣"中，灌在束茅上，以束茅象征神灵。祭祀时盛瓜果菜肴的专用工具叫"笾豆"。笾是竹编的盆盘，豆是陶制或木制的高脚盘。"笾豆"所盛的祭品叫"笾实"、"豆实"。古人在收成以后或捕获到猎物，要先用以祭祀祖先神灵，酬谢神明的保佑，然后自己才可食用。这就是《礼记·少仪》篇中所说的："未尝不食新。"疏云："尝谓荐新物于寝庙也。未尝则人不忍前食新也。"在古代祭祀上供妇女是不准参加的，特别是被认为不洁之人的孕妇、产妇和月经期妇女，被认为身上带有凶煞之气，无福之人的孀妇、无子嗣者、戴孝者绝对不得参与祭祀的炊事活动和接触上祭的供品，以防亵渎神灵。

民间关于饮食的禁忌比较通行的还有"食不语"，主要是防止吃饭时说出不吉利的话。忌用长短不齐的筷子，因为"三长两短"是不吉利的象征。忌讳将筷子竖插在盛满米饭的碗上，因为这是丧葬时祭亡灵的方式。吃饭时忌将饭粒撒在地上，认为"作贱谷物，必遭雷击；吃饭忌剩碗底，必须将饭吃光，对未婚的男孩来说，如若剩碗底，长大就要娶麻妻。这些习俗也含有珍惜粮食、防止浪费的教育内容，这是得以历代流传的一个重要原因。

居住

古人非常重视建舍立家，因为，"宅者人之本，人者以宅为家。居若安，则家代昌盛；若不吉，即门族衰微"。所以，俗谚曰："地善即苗壮，宅吉即人荣。"每当建房以前，先要"占卜问居何处"，考询吉凶，并选定房基，叫做卜宅或卜居。宅，本义为"择"，意谓择吉而处。《尚书·召诰》云："太保朝至于洛，卜宅，厥既得卜，则经营。"可见早在上古即有卜宅之风俗。由于重视房屋的营建，战国以后又兴起撰写"宅经"之风，所谓"宅经"，就是营建房屋的经验介绍，内容涉及择地、择日、格局、结构、建造诸多方面，多从相风水、问卜、考寻吉凶入手，假借阴阳学说相宅问卜。周代虽已卜宅却未见《宅经》，说明《宅经》的滥觞当与战国时阴阳五行学说兴起密切相关。据史料记载，唐宋期间流传于民间的《宅经》有二十多种，其中最著名的是《黄帝宅经》。《四库全书总目》编者指出："案汉志形法家有宫宅地形二十卷，则相宅之书，较相墓为古。"又说："旧唐志有《五姓宅经》二卷，皆不云出黄帝，是书盖依托也。考书中称黄帝二宅经及淮南子、李淳风、吕才等宅经二十有九种，则作书之时本不伪称黄帝，特方技之流欲神其说，诡题黄帝作耳。"由于"方技之流欲神其说"，"宅经"也就逐渐衍化、发展为一套蒙上神秘色彩的相宅、相墓的"堪舆"之学，俗谓"看风水"，操其业者称为"风水先生"。"风水"一词最早见于郭璞《葬书》，是指相看坟墓葬地的，后来才又分为看阳宅和看阴宅两种。（前章已详）看阳宅风水实质上就是以阴阳玄学理论阐述、论证建宅避凶趋吉的意义、作用和效应。

风水强调庄宅与土地和人互相依存的关系。所谓"宅以形势为骨体，以泉水为血脉，以土地为皮肉，以草木为毛发，以屋舍为衣服，以门户为衬带，若得如斯是俨雅，乃为上吉"。基于上述原则，建屋的基本条件：一要向阳，"阳宅福在南，德在西"。南行东入门、南入门均为阳宅。阳宅就是向阳，坐北向南，地基取顺势，忌坐南向北，南高北低。俗谓"前（南）高后（北）低，主寡妇孤儿，门户必败。后（北）高前（南）低，主多牛马"。也忌选在干燥无润处。所以，建房一般建山南水北向阳处。二要避免潮湿。《宅经》说："西有泽，居之凶。""东有泽，居之凶。""东北有泽，居之凶。""西南有泽，居之凶。""西北有泽，居之凶。"唯有三种情况的水泽，居之吉利。即"北有泽，南有高地，及有林木茂盛，居其内，吉"。或"南有泽居之吉。"或"凡宅四面有埠坎沟渠道，泽等去合一百廿步，吉。又卅五步亦得居之，一代安乐吉庆也"。三要居高临下。《宅经》说："凡宅北高南下，名曰韩地；其地东有流水，名曰齐地；或南有流水，名曰魏地；四方高，中央下名曰周地；四方高，中央下，并有水注，地唯边不出，名曰宫地；前下后高，有水东南斗，居之皆富贵，宜子孙、六畜。"凡地形平正，中央小高，有一水横西而流，居之就要"绝世"。概括起来说，建屋的基本要求：一是向阳，二是地势高，三是要有林木，四是既有水源，又有埠坎沟渠之类的水利设施。谚云："前有高阜后有冈，东来流水西道长，子孙世世居富位，紫袍金带拜君王。"又云："宅前林木在两旁，前有丘阜后有岗，若居此地家豪富，后代儿孙贵显扬。"反之，房屋不宜建在生产用地上，不宜建在盐碱地上；不宜建在冲口处，流水处、居山有冲射处（门前直冲河井）；不宜建在塔冢、寺庙、词社、陶冶旁边和旧军营、古战场之上；也不宜建在大城门口和狱门、百川口。如果把房屋建在这些地方，就冲撞、得罪了神灵，会有灭门之灾。俗云："交路夹门，人口不存；众路相冲，家无老翁。"如果选定的宅基冲着冲口、川口、路口、城门、狱门而无法避开，那就得采取"石头镇压法"镇邪。谚云："南来大路直冲门，速避直行过路人，急取大石宜改镇，免教后人哭声频。"用石头镇邪，即于建房破土时，在地基中放一块大石块，用以镇压妖魔鬼怪，这样就可以避祸消灾。唐代《用石镇宅法》并根据灾祸的类别，规定镇石的重量，如"凡人居宅不利，有疾病、逃亡、耗财、以石九十斤，镇鬼门上，大吉利"，"人家居宅以来，数亡遗失钱不聚，市买不利；以石八十斤，镇辰地大吉"，等等。这一习俗，一直流传至今。现在举凡营建大型建筑，都要进行奠基典礼，采用一块石碑，刻上"奠基"二字，并注明奠基时日，邀请官长和名流举锹铲土，埋在地基之下。当然，现在的奠基和古代的"镇石"其意义和作用已经迥然不同。过去是用于压邪，现在则作为纪念。现代举行"奠基"典礼和古代建筑宗庙宫室举行的"奠基"仪礼也完全不同。现代用石块奠基，而在商代则多用人牲（砍头或活埋）奠基。

石头镇压法还有几种衍化的形态：一种是用雄黄、朱砂、石膏等矿粉配成镇宅药方盛于石函之中，石函用三尺五彩丝带捆扎，然后埋在中庭地下。放置石函时读三道咒文。文曰："时加正阳，宿镇天仓。五神和合，除阴祸殃。急急如律令。"咒曰："今镇之后，安吾心室。吾意金玉，煌煌财物。满房子孙，世世吉昌，急急如律令。"又咒曰："东西起云，五神攘之。南北起云，宅神臂（避）之。贼神迷之，发动五神诃之。伏龙起云，五神赛之。朱雀飞动，五神安之。贵登三公，无有病襄。急急如律令。"据说这种用矿物质（石头）碾粉为"镇药"的"镇宅法，"凡人家虚耗，钱败失，家口不健，官职不迁，准九官分宅及五姓宅、阴阳等宅，同用之，并得吉庆。值得注意的是，在这些咒文中再三强调"五神"的作用，也强调朱雀的作用，既是五神崇拜观的反映，也带有祭祀四方神的痕迹。一种是立石于大门左右，以祛除宅舍对冲口、川口、路口以及城、狱门口所带来的不祥，这就是前章已经提到的"泰山石敢当"。另一种办法是宅门对街口巷口，不用石镇，而直接采用巫术手段祛邪。"宅舍寅卯地，有直街巷及开门冲吉，厌之法：鍼女七人，各长七寸，白石七两，虒（虎）头一具，用垎（砖）盛之，用庚（?）埋于寅卯间，入土七尺，大吉。"剪七个七寸长的纸女人，并备七两白石、一具虎头，于寅卯时埋入地下七尺，这就完全是巫术的一套技法了。从巫术的象征律来看，女为阴，将七个纸女人埋在地下，就会变阴盛阳衰为阳盛阴衰。虎亦象征阳盛。而数均用"七"，乃是七为"吉"的谐言。还有一专门用做迁官（升官）的石头镇宅法，即用五寸长的赤石一块，加上钱五文，"阳宅埋丑地，阴宅埋未（地）"，这样就可升迁。上面讲的种种"石头镇宅法"实质上都是古人对石头崇拜，亦即对自然神崇拜的具体反映。

旧时建房讲究择日。择日是说建房破土动土要选择黄道吉日，忌讳冲犯太岁。王充在《论衡》中说道："世俗信起土兴功，岁月有所食，所食之地，必有死者。"所以绝对不得在太岁头上动土。关于太岁问题，前章已作介绍。传说如在太岁方位动土，就会遭到丧亡的灾祸，当然，也有躲避太岁凶神的禳解之法，"见食之家作起厌胜，以五行之物悬金木水土。假令岁月食西家，西家悬其金，岁月食东家，东家悬炭。设祭祀以除其凶，或空亡徙，以辟其殃，连相仿效，皆谓之然。"（《论衡·诘时》）这是采取厌胜法来对付太岁，属于主动出击。有些地方也采取消极的"偷修"办法，乘太岁出游期间，偷偷地将房舍修建完成。传说太岁每逢子日出游，巳日回归。子日到巳日只有五天时间，"偷修"看来只能盖小型房舍，大型建筑就难以抢在太岁出游期间完工了。旧时建房，又有通过观察星象而择定破土之日的。观星择日主要以四方四时四灵为依据，凡四孟玄武、四仲朱雀、四季白虎（孟、仲、季即每个季节的孟月、仲月、季月），都不能修建房舍。此外，修建房舍一般都择双日，忌讳单日。

　　修建房舍的格局、结构、建造也都受到阴阳五行观念和巫术观念的制约，带有许多迷信色彩。在格局方面，讲究"五实五虚"，宜实忌虚，"宅有五虚，令人虚耗；五实，令人富贵。"五虚：宅大人少，一虚；门大内小，二虚；宅墙不完，三虚；地多屋少，四虚；井灶不全，五虚。五实：宅小人多，一实；宅大门小，二实；院墙完全，三实；六畜齐全，四实；渎流东南，五实。择日习双忌单，房屋的间数则习单忌双，一般为三间、五间，不盖双数房间，俗谚"四六不作主"，意思是说修建双间，家主无主见，不能持家。在结构方面，上节讲到房舍结构宜前低后高，忌前高后低，俗谚"前高后低，主人被欺"。也忌中间高，两头低，俗谓"小鬼挑担子"。房顶盖瓦，瓦的行数宜单忌双，因为营造业的祖师爷鲁班乳名"双"，忌双为了避讳。房脊上要置"五脊六兽"，以避邪压火，这一习俗至今在南方农村仍随处可见。门窗的名堂更多，房门忌前后都开，俗谓"鬼推磨"。房门门扇必须大小一致，忌一大一小。左大，即男大，右大即女大，男左女右。男大必克妻，女大必克夫，所以俗谓"左大换妻，右大孤寡"。窗户不能比门宽大，窗为眼、门为嘴，"眼比嘴大"，凡事不顺当。窗户必须对称，切忌一大一小，俗谓"大眼瞪小眼"，家庭不和睦。在建造方面，房屋上梁要择吉日，举行仪式。房主将内盛五谷的红布袋挂在梁上以辟邪，并将写着"吉星高照"、"五世其昌"、"上梁大吉"等字样的红纸横幅贴在梁上；亲友馈赠的红布也都挂在梁上，以示日子过得红火兴旺。上梁时，燃放鞭炮，烧纸祭神鬼。木工则在梁上洒清水，以示房屋洁净。然后在梁上抛撒主人准备的包子、欢团（用爆米和饴糖粘成的圆球），站在下面参加仪式的亲友和闻风而来的邻居则争相夺取。包子是用面蒸的，以示兴隆；欢团又叫"喜元"，象征喜庆；从空抛撒，则意味着天降喜瑞，所以上梁的气氛十分热烈。和上梁有关联的一件大事，就是要预防木工在竖柱上梁时将头发、纸人、木人等"魔魅物"藏在梁上柱头。藏了这些祟物，房屋建成后就会出现种种怪异现象，如发生虚火，莫名其妙的响声，闹鬼。住在里面，整天胆战心惊，甚至吓死。放祟和"射偶人"一样，是用黑巫术的手段进行报复。木工这样做可能是和房主有仇，或是受到房主仇家的收买；或是房主招待不周，怠慢了他们，所以，旧时房主对建筑工人是不敢怠慢的，无不热情款待。据传说，盖瓦时放祟，最初是放房主的头发，并连咒三朝，即生效。咒云："当年生在主人头，筋骨相连今日休。吾师将来安在此，千年万载主人愁。法不虚传，依实我言。"也有放断梳或梳篦齿以代头发的，也都要念咒。放断梳咒云："分明两处尽无情，镜破分梳尽惨形。宅舍不祥当在此，妻离子散各分口。"放梳篦齿咒云："头发蓬松买汝回，年深坏烂把刀裁。将来放在门楼上，主人家道化成灰。"为什么要用断梳或梳篦齿代替头发呢？可能是梳篦天天与头发接触，齿缝里还有发垢，从"同感关系"来看，发可以代人，梳篦及其残留的发垢自可代发，在一时得不到主人头发的情况下，就以梳篦取而代之了。何况，梳断，象征夫妻恩断义绝；篦毁，象征家主家道被毁，岂不是一举两得吗？又据传说，木工放祟物如被人识破，或在放祟物时伙伴、徒弟跌伤，都是主人福厚的反映，暗示"害他不得"。这时施行巫术者就要自行禳解。禳解时先念咒。咒云："不用烟，不用灯，鲁班师傅即降临，速速下凡救弟子，万福臻祥系主人。作怪闲言都不实，凶神恶煞远离分，直到工完事毕后，酬谢先师共众神。"然后从头上扯下一根头发，用嘴吹三下，叫声"从发自去！"吹去头发，巫术即解。（见清《吕班先师解怪集》）

行旅

古人非常重视平安，衣、食、住处处强调安全感，行旅亦不例外。安全一是祈求，二是祝愿，时至今日，我们为亲友送行，仍然要祈祝一句："一路平安。"

我国古代盛行多神教，自然物皆有神，作为通途的道路自然有路神。路神又称道神，行神。《风俗通·祀典》说懂按《礼传》："共工之子曰脩，好远游，舟车所至，足迹所达，靡不穷览，故祀以为祖神。”《史记·五宗世家》索隐说：“祖者，行神，行而祭之，故曰祖也。”祖神就是行神、路神，路神是共工的儿子脩。另一说路神是“黄帝之子嫘祖”。但是《史记》中的“帝系”和“本纪”却说嫘祖是黄帝之妃，说她是黄帝的儿子，又是路神，不知有何依据。不管路神姓什名谁，何处人氏，这并不妨碍人们将他确立为神，也不影响人们对他的祭祀。《礼记·祭法》规定：王为群姓立七祀，诸侯为国立五祀，大夫立三祀，適（嫡）士立二祀，其中都有行祀一项，说明从上到下都很敬重路神，所谓“祖之在于俗尚矣。自天子至于庶人，莫不成用”。（嵇含《祖道赋序》）人们出门上路，无论水陆，都要祭祀路神，要求路神护佑，不为邪祟，旅途安吉，即使遇到凶险，也能化险为夷。

　　旧时出门旅行，一要看方向，即择选吉向；二要看时间，即择选吉时。出门先要占卜方向，方向往往兆示吉凶，占卜以后有所宜忌，才可决定去从。传说有一个罡神在四方云游，“五日正东，六日正南；五日正南，六日西南，西北仿此。元日出行，忌向此行。”所以，出行必须避开罡神，碰到这位凶神恶煞，人必遭祸。安徽萧县一带过去就有“三六九，向东走；二四七，向正西”的俗谚。择日，民间流传最广的是“七不出、八不归”，就是说逢七不出门，逢八不回家。出门又忌黑道日，黑道日为每月的初五、十五、二十五，这三天忌出远门。唐代的“七曜日禁忌”中也有宜或忌出行的内容。创始于古代巴比伦（或埃及）的“七曜历”，八世纪由摩尼教徒由中亚经敦煌传入唐朝，被中国文化改造而汉化，并被利用来占卜吉凶。七曜日为一星期，用“日、月、水、火、木、金、土”七个日月星辰加以排列。《七曜日吉凶推》中即有“蜜日”（星期日），“嘀日”（星期三）不得出行的说法。（见《敦煌遗书总目索引》）这一推断吉凶法在五代时期甚为流行。清代还有“官吏上任及人民移家，每忌正、五、九月”的习俗，不知是何缘故。一说“正、五、九”三月当“至尊之位”，应予回避，这种说法未免过于牵强附会。出行选择黄道吉日作为民俗一直在民间流传。解放以前，一般人家几乎都有一本"皇历"（历书），这种历书上载有宜忌出行的时间、方向，人们外出旅行，先要翻查"皇历"，确定行期。为择吉日出行，人们也去测字占卜。

五、文学·艺术

文学艺术起源于生产劳动，是在劳动中萌芽发展的。舞蹈是人类创造的最早的艺术形式之一。初民最早以狩猎为生，他们获得丰盛的猎物以后，以手舞足蹈的动作来表达内心欢快的感情，这种表达感情的方式久而久之形成了一种习惯动作，原始舞蹈就是在这些动作的基础上逐渐形成的。音乐是伴随着舞蹈而产生的。人们在生产劳动时，由于筋力的张弛，劳作的配合，为了彼此呼应，调整动作，相互鼓动，减轻疲劳，在劳动的过程中发出有节奏的呼声，如"杭育"、"邪许（舆谍）"，等等，以抒发宣泄感情，从而获得一种快感。他们一唱一和，音调和谐，称为"举重劝力之歌"，这是音乐、舞蹈的节拍和诗歌韵律的起源。古人所谓"投足而歌"，就是踏足而按节拍。在初民的艺术活动中舞和乐是融合在一起的。所谓"情动于中，而形于言；言之不足，故嗟叹之，嗟叹之不足，故永歌之；永歌之不足，不知手之舞之，足之蹈之也。"（《毛诗序》）因而乐舞就成为艺术活动的主要形式。原始乐舞，所表现的多是生产过程的回忆，劳动场面的再现，两性的爱慕也是表现的主要内容。雕塑是造型艺术中的主要品种，原始雕塑萌芽于旧石器时代，在我国北京猿人所使用的石器中，就有一种垂直短刃用来雕刻骨角的雕刻器，遗憾的是至今尚未发现用这种工具创作的作品。但是，产生于新旧石器时代之交的陶器，那些龙纹陶壶、鱼纹陶缶，显然都是初民劳动的杰出创造。劳动创造了艺术，文学艺术是在劳动中萌发的，是和劳动紧密相连的，无论是从文献资料来看，还是从出土文物考证，这都是无可置疑的事实。但是，在论述文学艺术的起源和发展时，人们往往忽略了一个主要的方面，就是文学艺术和原始宗教、巫术观念的关系至为密切，无论是粗糙的原始艺术，还是日臻完美的艺术，无论是贵族艺术还是平民艺术，莫不和原始宗教和巫术观念互相影响互相融合。在巫术和宗教仪式中，必须采取最有效和最有力的方法，产生强烈的感情，用情感的魔力，配合巫师完成仪式所规定的程式。从而呼唤、打动主宰自然的神祇，以沟通人与神之间的联系，达到预期的效果。而乐、舞、歌（诗）正是产生这种强烈感情的重要手段，因而也就成为宗教巫术中的一个重要内容。

乐舞

艺术与巫术关系最为亲密的是舞。"巫以歌舞事神"，巫舞是巫的一种重要活动，所以，中国古代巫被称为舞人，舞人也被称为巫，巫与舞是联系在一起的，这可以从文字中得到证明。"舞"的象形为"夾"，"巫"小篆写作"夾"。印证"昔葛天氏之乐，三人操牛尾，投足而歌八阕"。（《吕氏春秋·仲夏记》）这两个字都像巫手"操牛尾"（或鸟羽）在翩翩起舞。《说文解字》中把"巫"字的原型写作"巫"，许慎解释说："巫，祝也。女能事舞形，以舞降神者也。像人网袤舞形、与工同意。"段玉裁注"女能事無形"一语指出："無、舞皆与巫叠韵。"我国古文字从形与音两个方面把舞与巫联系起来，亦足以说明巫舞一体，以舞娱神和降神，是中国古代巫的一大特色。"三人操牛尾以歌八阕"，"八阕"中的第二阕曰："玄鸟"，歌的内容是简狄食了玄鸟的蛋而生契的故事（已在前章叙述），反映了初民对图腾的崇拜。第三阕"逐草木"，祈求草木茂盛，第四阕"奋五谷"，祝愿五谷丰登；第五阕"敬天常"，对上天表示敬意；第七阕"依地德"，对大地神祇表示酬谢；第八阕"总禽兽之极"，祈祝六畜兴旺，这一乐舞基本上反映了基于巫术观念的图腾崇拜和神鬼崇拜，也反映了对巫术效能的信念。至于"敬天常"、"依地德"则显然具有娱神的作用。

在原始祭祀和原始宗教活动中，以歌舞祀神，最初是祭祀图腾崇拜物。原始氏族以图腾崇拜物作为始祖所感生的灵物，所以盛行图腾祭祀活动，其中一项重要内容就是舞蹈。比如，蚩尤族以牛为图腾，这个氏族的始祖蚩尤也就被神化为亦人亦牛的形象。古代冀州地方尊奉蚩尤神。秦汉时期，人们塑造的蚩尤神形象为牛耳，胡须如剑戟，头上有角。传说蚩尤和黄帝大战于逐鹿之野时，就以角抵黄帝。因而，当地在祭祀蚩尤时，表演"蚩尤戏"。这是一种群众三三两两，头戴牛角，互相抵触以为戏乐的舞蹈，又叫"角抵之戏"。头戴牛角无疑是对氏族图腾祖先的模仿。"角抵之戏"显然是原始图腾舞的遗俗，也是原始图腾祭祀的遗制。这种图腾舞蹈的遗俗直到现在，仍在我国西南一些少数民族中流传。云南哀牢山地区的彝族崇奉母虎为其始祖，至今仍祭祀始祖，跳十二兽舞，由巫觋扮演母虎神和众兽，展现母虎追捕众兽的场景。

史前社会遗留下来的，对后世影响深远的舞蹈还有傩舞。举行傩祭，舞蹈是祭仪中的主要项目。《周礼·夏官·司马》中对"傩舞"有一段形象生动的描述："方相氏，掌蒙熊皮，黄金四目，玄衣朱裳，执戈扬盾，帅百隶而时傩，以索室驱疫。大丧，先柩入墓，入圹以戈击四周，驱方良。""方相氏"是古代表演傩舞的领舞者，所以傩舞又叫"方相舞"。"黄金四目"是指领舞者戴了一个有四只金光闪闪眼睛的假面具。"方良"即"罔两"，一作"魍魉"，是传说中的山精鬼怪，可见傩舞规模盛大，有声有色，很能引人入胜。古人对傩礼非常重视，《论语》中说：每当大傩的舞蹈队伍经过孔宅门前时，孔子总是穿着朝服，肃立在迎宾阶上，生怕惊动了先祖亡灵。傩祭从周代以至隋唐，形式基本未变，只是规模有大有小。汉代傩舞除由方相氏领舞，扮演十二兽外，还有一百二十名"侲子"（十岁到十二岁的孩子）跟着跳舞吆喝。到了宋代，宫廷傩舞中的人物由教坊伶人扮演，角色也较过去为多，有将军、门神、判官、钟馗、小妹、六丁、六甲等，开始向专业化和娱乐化发展。到了清代，民间艺人大多跳傩，甚至以跳傩作为乞讨的手段。傩舞在民间流行了数千年，内容越来越广，形式也越来越多，除驱鬼外，还用于酬神、祈谷、治病。解放后湖南、湖北、江西等地民间仍然流行跳傩。在湖南黔江、芷江、怀化一带，还有一种傩舞，俗谓"老背少"。一个巫师身著彩衣，背着一个纸扎的少妇，边唱边舞，时而以老汉面目唱男声，时而又以少妇身份唱女声，并有锣鼓唢呐伴奏，在广场空地表演，以博取一些赏钱。

古人非常重视乐舞的教化作用。到了周代，不仅设立了庞大的宫廷乐舞机构，而且制定了舞蹈教育制度。周公旦制礼作乐就制定了被历代统治者奉为"先王之乐"的"六舞"。（又称"六乐"、"六代之乐"）。《周礼》中规定："以乐舞教国子"，内容就是合称"六舞"的《云门大卷》、《大咸》、《大韶》、《大夏》、《大濩》、《大武》。《云门大卷》简称"云门"，原为黄帝部族的一种图腾舞蹈，相传是由尧臣质创作，尧用以祭祀上帝的。《大韶》原是舜时的乐舞，相传是舜的乐官夔创作的。《大夏》（一作《夏籥》），是皋陶创作，用作庆贺大禹治水的。《大濩》（一作《大护》，又称《桑林》）是商汤歌颂开国功臣的乐舞。《大武》则是周公旦为歌颂武王伐纣而创作的。"六舞"中，《云门》、《大咸》、《大韶》、《大夏》歌颂以文德服天下的黄帝、尧、舜、禹，所以他们的乐舞为文舞。文舞执籥（乐器）、翟（鸟羽）。《大濩》、《大武》歌颂以武功取天下的汤和武王，所以他们的乐舞为武舞。武舞执干（盾牌）、戚（斧钺）。尤其是《大韶》，有人将它比作仙乐。《史记·夏本纪》中说：它能使"凤凰来仪，百兽率舞"。孔子特别欣赏《大韶》所表现的和平之德，说它"尽美矣，又尽善也"。他在齐国看到《大韶》的演出，竟被陶醉得三月不知肉味。到了周朝，舞蹈已经进入宫廷，成为贵族统治阶级祭祀和享乐的雅舞，《大韶》就是雅舞中代表之作。

和"六舞"同时产生的还有"小舞"，这也是祭祀舞蹈。和"六舞"一样，也由六种舞蹈组成：一为"帗舞"，用于祭祀后稷，即土神和谷神。"帗"是把绸带挑在竿上的舞蹈道具，表演者手执"帗"而舞。

二为"羽舞",用于祭祀宗庙和四方神。表演者手持白色鸟羽而舞。一说"羽舞"为翟舞,舞时手执半分开的野鸡尾。三为"皇舞",用于祭祀雨神。表演者头上插着羽毛,身穿翡翠羽衣,手执五彩鸟羽而舞。四为《旄舞》,用于祭祀辟雍,即西周王朝所设立的大学,也用于燕乐。旄为牦牛的尾巴,是手执牛尾起舞的一种舞蹈。五为《干舞》,用于兵事或祭山川,是一种手执盾牌而舞的舞蹈。六为《人舞》,用以祭祀星辰或宗庙,表演者徒手曳袖而舞,不拿任何道具。小舞是西周代表性的舞蹈,并被用作教育贵族少年子弟的教材。

西周初年,奴隶主统治阶级制礼作乐,这里所谓的"乐",实际上包括音乐和舞蹈两个方面,所以古人多用"乐舞"一词。周公旦集中整理前代流传下来的舞蹈,按照统治阶级礼制的要求,建立了较为完整的宫廷雅乐体系。到了西周末年,随着周王室日渐衰败,礼乐制度失去了对新兴势力的控制作用,而形成"礼崩乐坏"的局面,逐渐僵化的雅乐也随之失去了它的吸引力。植根于生活的土壤,不断汲取新鲜养分的民间歌舞则受到普遍的欢迎,并取代雅乐而进入宫廷和贵族之家。比如曾经风行一时的、商代祭祀乐舞"万舞",就是在"礼坏乐崩"的大气候下,由郑卫之音的新声所代替而逐渐消亡的。所以,一贯推崇周代礼乐制度的孔子看到这种情况,竟然愤怒得说出"是可忍,孰不可忍"这样的话来。民间歌舞最具代表性的当推《九歌》。《九歌》原是湘江、沅江一带民间祭神的歌舞。东汉学者王逸在《九歌序》中指出:"昔楚国南郢之邑,沅、湘之间,其俗信鬼而好祠,其词必作歌乐鼓舞以乐诸神。"《九歌》的歌词本为民间歌谣,内容都是美丽的神话传说,屈原感到"其词鄙陋",进行加工润色,写出优雅的新歌词,而成为中国古典文学瑰宝的《九歌》十一篇。由于《国殇》和《礼魂》、《湘君与相夫人》被人视为一篇,而《礼魂》原为送神之曲,所以实际上应为九篇,是谓《九歌》。《九歌》作为大型歌舞,演出场景非常动人。如《云中君》,灵巫用兰草浸泡的香汤沐浴,披上华丽的衣裳,翩翩起舞,绚丽夺目。《东君》,乐者弹瑟击鼓,鼓声伴和着箫声,竽、筝齐鸣。美丽的神巫有如翠鸟展翅，踏着音乐的节拍，舞姿婆娑、飘飘若仙。《礼魂》，体态较好的女巫，从容地传递着手里的鲜花，轮番起舞，祭祀显得既隆重又雍容。从当时演出的情况看，表演者为灵巫、神巫、女巫，总之都是巫，是由巫在主持祭祀活动。显然，这是楚人信鬼好巫风习的直接反映。直到现在，沅、湘一带少数民族依然保存着许多《九歌》味很浓的民歌。

　　先秦时期的乐舞，特别是周代的舞蹈艺术，直接影响着秦汉的乐舞。西汉是我国舞蹈艺术发展的第一个高峰。从宫廷到民间歌舞之风盛极一时，并形成了舞蹈的民族风俗特色，对后世舞蹈艺术的发展产生深远的影响。我国现存的传统舞蹈丰富多样，无论是从舞蹈的样式，还是从舞蹈的体裁去探究，几乎都可在汉代舞蹈中找到它的渊源。关于这个问题，从"小舞"的样式和体裁亦可看到古今之间一脉相传、承上启下的明显痕迹。如原始社会的"百兽率舞"衍化为汉代的"象人"拟兽舞蹈；汉代的"象人"拟兽舞蹈又衍化为今天的龙舞、蚌舞和孔雀舞等民间舞蹈。又如西周的武舞衍化为汉代的《剑舞》、《刀舞》、《棍舞》，又逐步衍化为今日戏曲中的武打和各种兵器舞蹈。

戏曲

　　体系完整的中国古典戏曲虽然直到宋元时期才正式形成，进入瓦舍勾栏，但是戏曲的起源却是很早的。王国维在《宋元戏曲考》中提出："古代之巫，实以歌舞为职，以乐神人者也。"古代巫觋在祭祀活动中，"或偃蹇以象神，或婆娑以乐神，盖后世戏剧之萌芽，已有存焉者矣。"证之我国古代舞蹈艺术的发展过程，戏曲起源于古巫和古优的判断无疑是符合实际情况的。从乐舞的形成，可以看到原始艺术和代表艺术初始形态的民间艺术，明显具有乐、舞、歌、技相结合的特点。比如，公元前532年，在晋平公宴请卫灵公的国宴上，由掌乐太师、古琴演奏家、盲人师旷鼓奏"清徵"和"清角"二曲，演出了两场由乐、舞、歌、技相结合的、具有舞剧雏形的大型乐舞。第一场，师旷抚琴而鼓"清徵"，

"一奏之，有玄鹤二八道南方来，集于廊门之埦（音轨，门的横档）再奏之而别；三奏之，延颈而鸣，舒翼而舞，音中宫商之声，声闻于天"。第二场，师旷鼓"清角"，"一奏之，有玄云从西北方起；再奏之，大风至，大雨随之，裂帷幕，破俎豆，隳廊瓦"。宾客吓得离座而逃，晋平公竟被吓得生了一场重病。（《韩非子·十过篇》）这大概可算作见于文字记载的中图最早的"大型化装舞会"了。所谓化装，即戴假面具。非常明显，这种"舞剧"带有浓厚的原始宗教和巫术的色彩。由角抵发展的"百戏"，在汉代盛行一时。百戏中有"象人"拟兽舞蹈；有带有故事情节的舞蹈，如《总会仙倡》、《东海黄公》等。《东海黄公》中不仅有吞刀吐火之类的特技，人兽斗争之类的武打，还有设置悬念的戏剧结构，实质上已构成了歌舞剧的雏形。汉代以后，歌舞百戏继续发展，到了北齐，出现了《兰陵王入阵曲》和《踏谣娘》这两出歌舞戏。有歌，有舞，有科，有白，戏曲的主要组成部分都已具备。作为完整的戏曲来说，已度过萌芽期而开始走向成熟。及至唐代，歌舞戏就以崭新的面目正式出场了。唐代的歌舞戏，有人物，有故事情节，是一种具有戏剧性质的歌舞，题材广泛，剧目也较丰富。歌颂兰陵武王高长恭指挥士卒英勇杀敌的《兰陵王》，鞭策封建婚姻制度、歌颂妇女争取自由的《踏谣娘》，经过进一步加工提高，已成为当时的著名剧目。到了宋代，鼓子词、诸宫调之类说唱艺术，为戏曲的产生在文学和音乐方面铺平了道路。戏曲于是逐步取代歌舞，在表演艺术中所占有的首要地位，而以宋杂剧的形式出现在汴梁和临安的舞台上。"杂剧"这个名称在晚唐就已出现。杂剧包含的内容很杂，主要是指滑稽戏和歌舞戏。与此同时，产生于浙江温州一带的由村坊小戏演变的南戏，亦由浙闽农村进入城市，在其他艺术形式的影响下逐臻成熟。从而促进了戏曲四大声腔（弋阳腔、余姚腔、海盐腔、昆山腔）和京剧的形成和发展。

无须再作过多的引证和说明，只要用心观察一下现今的戏曲舞台，就会发现行当、行头、化妆、脸谱、程式、声腔、武打、砌末，都可找到"古巫"和"古优"的遗迹。至于现今依然流传于湘、鄂和皖南民间的一些古老剧种如傩戏，则可视为先秦时期"傩"的余韵。

神话

神话是远古时代的初民在与自然斗争和接触社会的过程中，幻想出各种解释自然现象、人类起源和追述祖先活动的集体口头创作。概括地说，神话是"在人民幻想中经过不自觉的艺术方式所加工过的自然界和社会形态"。我国原始神话丰富多彩，有创世神话、说明神话、祖先神话、自然神话、图腾神话，等等。这些以现实生活为基础，又把自然界各种变化的动力归之于神的意志和权力而幻想出来的种种神话故事，实质上是图腾崇拜、自然神崇拜和祖先崇拜的反映，也是原始初民的巫术观念和原始崇教观念的反映。从几个著名的古代神话中即可看出初民制造的"类人的神道"。

属于创世神话的有"盘古开天辟地"，最初"天地浑沌如鸡子，盘古生其中，一日九变"。(《三王历纪》) "先儒说：盘古泣为江河，气为风，声为雷，目瞳为电。古说：盘古喜为晴，怒为阴"。(《术异记》) "盘古之君，龙首蛇身，嘘为风雨，吹为雷电，开目为昼，闭目为夜。"(《五运历年纪》) 所以，在原始神话中把盘古当作"开辟神"。原始神话中又有把烛龙当作"开辟神"的。"锺山之神，名曰烛阴，视为昼，瞑为夜，吹为冬，呼为夏，不饮、不食、不息，息为风，身长千里。在无脊之东。其为物，人面，蛇身、赤色，居锺山下"。"'天不足西北，无有阴阳消息，故有龙衔火精，以往照天门中也。'此所谓'烛阴也'。这位锺山之神不知什么时候化成了石头。于是《玄中记》中又说："北方有锺山焉，山上有石首如人首，左目为日，右目为月，开左目为昼，闭右目为夜；开口为春夏，闭口为秋冬。"山神虽然化为石头，但原始初民视石为神，烛龙的神力是依然如故的，所以又说烛龙是原始的"开辟神"。(袁珂《山海经校注》) 在创始神话中，"女娲搏黄土作人"也是流传很广的。"天地开辟，未有人民。女娲搏黄土作人，剧务力不暇供，乃引绳絚（音耕）于泥中，举以为人。故放富贵者，黄土人也；贫贱凡庸者，絚人也。"（《风俗通义》）《旧约全书·创世纪》中说：上帝耶和华按照自己的形象，"用地上的尘土造人，将生气吹在他的鼻孔里，他就成了有灵魂的活人，名叫亚当。又从亚当身上取下一条肋骨，造了一个女人，名叫夏娃。"女娲抟黄土作人，中国视为人类的始祖；耶和华用尘土造人，被外国视为人类的始祖，二者可以说殊途同归。由此可见，原始神话是人类社会一种特殊的文化现象。因为，世界各个民族的原始初民的智力水平发展到同一阶段时，往往会有一些类似的幻想，因此在解释宇宙和人类起源方面，颇多近似之处。

属于自然神话的有"共工撞坏天柱不周山"。"昔共工与颛顼争为帝，怒而触不周之山，天柱折，地维绝，天倾西北，故日月星辰移焉；地不满东南，故水潦尘埃归焉。"（《淮南子·天文篇》）共工与颛顼争帝失败，一怒之下把天撞坍了，引发了一系列严重的灾害。于是，女娲这位创造了人的女神又来补天了。"女娲补天"的神话，《淮南子·览冥训》中是这样的记述的："往古之时，四极废，九州裂，天不兼覆，地不周载，火爁炎而不灭，水浩洋而不息，猛兽食颛民，鸷鸟攫老弱。于是女娲炼五色石以补苍天，断鳌足以立四极，杀黑龙以济冀州，积芦灰以止淫水。苍天补，四极正，淫水固，冀州平。狡虫死、颛民生。"关于共工与之争帝的对象，有的说是颛顼，也有的说是高辛，或神农，或祝融，还有说是女娲的。大概正因为是神话传说，所以诸说不同，一般多采用颛顼说。颛顼是黄帝的裔孙，共工与颛顼争帝，可能是黄炎逐鹿中原的遗绪。天修补好了，但是太阳仍在示虐，于是又产生了"后羿射日"的神话。《淮南子·本经训》中说："逮至尧之时，十日并出，焦禾稼，杀草木，而民无所食。猰貐、凿齿、九婴、大风、封豨、修蛇皆为民害。尧乃使羿诛凿齿于畴华之野，杀九婴于凶水之上，缴大风于青丘之泽，上射十日而下杀猰貐，断修蛇于洞庭，禽封豨于桑林。万民皆喜，置尧以为天子。"后羿是原始初民幻想出来的一位神射手。因为"羿"又作"弈"，好似箭在弓弦之上。后羿不仅射掉九个太阳，解除了旱灾的威胁，而且杀死了许多毒蛇猛兽，使人民得以安居乐业，这是原始初民按照自己形象塑造的第一个英雄人物。由后羿而衍生的神话传说还有"嫦娥奔月"。"火爁炎"虽灭，而"水浩洋"未息，这又产生了"鲧、禹治洪水"的神话。《山海经·海内经》中记载："洪水滔天，鲧窃帝之息壤以湮洪水，不待帝命，帝命祝融杀鲧于羽部。鲧复生禹，帝乃命禹率布土定九州。"鲧、禹父子二人治水，特别是大禹治水是迄今尚在流传的历史传说，也是古代流传最广的神话故事。大禹治水的重要遗迹现在尚有两处，一在安徽怀远的涂山，一在浙江绍兴（会稽），两地均有纪念大禹的祭祠。绍兴的禹王宫规模相当恢弘。怀远地处淮河之滨，绍兴位于多山的浙东，两地常遭水患，禹是初民幻想出来的一位对治水有大神通的英雄。黄河亦常泛滥中原，禹的故事由越（会稽属越地）、舒（怀远属舒地）流传到黄河流域，正合中原人民祈求得有水神佑助的愿望，这样南北就都信奉大禹为水神了。"黄帝擒蚩尤"也可当作自然神话来看。《山海经·大荒北经》中说："蚩尤作兵伐黄帝，黄帝乃令应龙攻之冀州之野。应龙畜水，蚩尤请风伯、雨师从（纵）大风雨。黄帝乃下天女曰魃，雨止，遂杀蚩尤。"黄帝与蚩尤之战，乃古代神话传说中一大战争。在这场战争中，黄帝为了制服"火神"炎帝蚩尤，又命他的神龙（应龙）畜水灭火，又邀来风伯雨师助威，甚至还把天女旱魃请来压阵，蚩尤寡不敌众。这场"黄炎故用水火"的战斗，终以"炎帝为火灾，故黄帝禽之"而告结束。又是神，又是魔，又是龙，这个神话故事，多么富于艺术想象。

属于祖先神话（图腾神话）的有"天命玄鸟，降而生商"；"禹母吞薏苡而生禹"；"契母吞燕卵而生契"；"后稷母履大人迹而生后稷"，等等（均已在前章阐述）。在我国远古史中，关于伏羲、神农、黄帝、嫘祖、尧、舜、禹、仓颉等著名人物，迄今尚无实物资料证明确有其人，关于他们的生平事迹都是通过神话故事流传下来的。每一个人都有一篇或多篇神话流传后世，如伏羲始作八卦，神农尝百草，嫘祖始创养蚕取丝，仓颉造字，等等。当然，古代的种种发明创造，都是先民在生产劳动中长期实践的结果。神话传说把这些成果集中在他们幻想的英雄人物身上，把企图克服一切自然力的要求变为"类人的神道"，实质上是图腾崇拜、祖先崇拜和自然神崇拜的混合产物。这些原始神话里的人物既被尊之为"行业"的始祖，又被奉之为神灵，而且又与图腾，即氏族或民族所由起源的物种密切关联。

我国丰富多彩、神奇瑰丽的原始神话，促进了华夏文化的形成和发展。神话对自然科学和社会科学具有启蒙的作用，对人类社会生活的渗透是相当广泛的。比如共工怒触不周山，造成"天倾西北，故日月星辰移焉，地不满东南，故水潦尘埃归焉。"这一描述，和我国西高东低、江水东流的地理形势是相吻合的，这对后人认识地貌很有启发。"后羿射日"，古人说太阳里有乌鸦，后羿把九个太阳里的乌鸦射死，九个太阳随即陨落了。所谓"日中有乌"固为神话，却说明我国早在原始社会就已注意到太阳黑子这一天文现象。可以推想，"十日并出，焦禾稼，杀草木"，不正是太阳黑子处于活跃期所引起的异常天气吗？又如盘古开天辟地，"天地浑沌如鸡子，盘古生其中，一日九变"。《旧约全书·创世纪》第一章开宗明义地说："起初，神创造天地，地是空虚混沌，渊而黑暗。"看法与我国"开天辟地"的神话大同小异，反映出人类对宇宙原始状态的思考基本上是一致的。"羲和追日"的神话，说"日乘车驾以六龙，羲和取之"，是古人对天体运行的最初认识，已经多少具有"坐地日行八万里"的意味。还要看到在文字没有出现之前，口耳相传的神话，就是人们了解自己民族（氏族）历史的主要资料。在我国大抵上商周以前的历史是由神话传说及历代学者的考辨而流传下来的。原始神话是古史的重要组成部分，任何民族的远古史，实际上就是一部神话史。神话具有史话性质，是人类在生产劳动的长期实践中，运用幻想，经过艺术加工而创造的口头文学。随着文字的出现，由口头文学而衍化、发展为文学，所以，文学实乃起源于神话。因此，有些学者认为神话是科学的萌芽，哲学的发轫，历史的先河，文学的滥觞。集上古神话故事之大全的先秦典籍中的奇书《山海经》，被历代学者视为我国古代神话传说的渊薮，"古今语怪之祖"。

文学

文学起源于神话，可从形式、表现手法和内容三个方面溯本求源，理清脉络。

从形式上看，神话原是流传于民间的、通俗的口头文学，它的表现方式就是讲故事。随着文字的出现，社会的发展，在神话的基础上衍化为三个分支：一个是民间文学，保留了口头文学通俗性、故事性、娱乐性、教育性和多样性的特色，成为文学艺术的一个重要组成部分。二是传说、传记和史诗。神话是以记神记事为主的，是传记文学的先河。以描摹人物为中心，摹写典型历史人物的传记；以人神结合的"人"或"神"为事件主角的传说；描写民族（氏族）起源与发展的史诗，都是从神话中脱胎而成为文学的新样式的。再一个就是小说。小说受神话的影响最深，蕴含也最丰厚。当然，就小说的内容来看，不是记人，就是记神（怪），或人神并记。不过，在宋以前，民间故事、传说、传记、小说几个门类大多相互交杂，是很难具体划分的。所以南宋史学家郑樵在《通志》中指出："古今编书所不能分者五，一曰传记，二曰杂家，三曰小说，四曰杂史，五曰故事。凡此五类之书，足相紊乱。"直到欧阳修编纂《新唐书·艺文志》，把《隋书·经籍志》、《旧唐书·经籍志》杂传类著录的小说，重新归入子部的小说类，小说的品类才基本定型，小说的概念才较为明确。从神话的角度来看，受古代神话传说影响最深，并继承古代神话传说文学传统的，首先是魏晋南北朝的志怪小说。秦汉以来，神仙之说盛行，东汉崇尚谶纬，大畅巫风，加上道教崛起，佛教传入，"张皇鬼神，称道灵异"（鲁迅语）。炼丹辟谷，求仙升天，灵魂不灭，因果轮回的迷信思想广泛传播。在战争频繁，社会动荡，人民生命经常受到威胁的整个魏晋时期，宗教迷信思想也就更加容易深入人心。同时，广大人民在封建统治阶级的高压下苦苦挣扎，往往借助大胆幻想出来的神鬼故事，以表现对理想的追求和对统治阶级的抗争。因此，"魏晋好长生，故多灵异之说；齐梁弘释典，故多因果之谈"（胡应麟语）。这种流风反映到文学上，则为志怪小说的兴盛。魏晋南北朝的志怪小说，现存的尚有三十多种。所谓"志怪"，就是记述怪异之事。有的记述妖魔鬼怪，有的编录神仙方术，总之光怪陆离，荒诞不经，代表之作是晋干宝的《搜神记》。其他如晋张华的《博物志》、王嘉的《拾遗记》、宋刘义庆的《幽明录》、北齐颜之推的《冤魂志》以及托名汉东方朔的《十洲记》、托名班固的《汉武帝内传》、托名郭宪的《汉武洞冥记》、托名魏曹丕（一作张华）的《列异传》、托名晋陶潜的《搜神后记》等，也都有一定的影响。正如鲁迅先生所指出的："这可见六朝人视一切东西，都可成妖怪，这正是巫的思想，即所谓'万有神数'。"继六代志怪小说而勃兴的是唐代传奇。唐代传奇的勃兴虽与唐代社会发展、文物昌盛有关，但继承前代志怪小说、民间文学和变文的创作方法却是一个重要的因素。初期的传奇创作，普遍存在志怪与传奇兼收并蓄的现象。中期则多以爱情题材为重点，同时"传"的样式在传奇创作中得到普遍的应用和发展。晚期由于唐王朝日渐衰落，藩镇割据，战事不断，政治腐败，人民生活于水深火热之中，因而传奇创作中的神怪色彩又有所加强，并出现了一批名为志怪实为讽刺和抨击政治或反映社会现实的作品，由此而开启了我国讽刺小说的先河。此后传奇复与志怪合流，一些道教信徒则撰写神仙传记，宣扬神仙异人，反映了传奇样式的分化瓦解，及至宋代，由于城市经济发展，市民阶层壮大，供市民消遣的"说话"流行起来。"说话"就是讲演故事，开始出现于唐代，又称"市人小说"，传到宋代，发展成为最受市民阶层欢迎的娱乐技艺。宋室南渡后，"直把杭州当汴州"，瓦子、游棚林立，"说话"十分繁荣，形成四大家，即"说话"艺人分为四个流派。《梦粱录》中对南宋临安的"说话"活动记述甚详，"说话者谓之'舌辩'，虽有四家数，各有门庭。且小说名'银字儿'，如烟粉、灵怪、传奇、公案朴刀杆棒发发踪参之事，有谭谈子、翁三郎、雍燕、王保义、陈良甫、陈郎妇、枣儿余二郎等，谈论古今，如水之流。谈经者，谓演说佛书。说参请者，谓宾主参禅悟道等事，有宝庵、管庵、嘉然和尚等。又有说浑经者，戴析庵。讲史书者，谓讲说《通鉴》、汉、唐历代书史文传，兴废争战之事，有戴书生、周进士、张小娘子、宋小娘子、邱机山、徐宣教；又有王六大夫，元系御前供话，为幕士请给讲，诸史俱通，于成淳年间，敷演《复华篇》及中兴名将传，听者纷纷，盖讲得字真不俗，记问渊源甚广耳。但最畏小说人，盖小说者，能讲一朝一代故事，顷刻间捏合，与起令随令相似，各占一事也。"近代学者孙楷第在《中国通俗小说书目》中将宋人小说归纳为五目，即烟粉、灵怪、公案、铁骑儿、传奇（非上述四类所能包括的），其中"灵怪"演神鬼变化及精怪故事；"烟粉"多讲人鬼幽恋故事，乃是志怪小说的余续。在宋代官修的小说集《太平广记》中，神仙、报应、徵应、定数、梦、鬼、妖怪、再生、龙、虎、狐等类属神话、志怪，神巫故事的色目就占了二百五十多卷。说话包括演、唱两种表演方式，有的以弹唱为主，说白为副，如演唱"诸宫调"，发展到金末元初而产生元杂剧（元曲）。有的以演讲为主，夹有吹弹吟唱诗词，是为明代可讲可唱形式小说"词话"、"诗话"的滥觞。有的全部演说故事，不夹吟唱，如"讲史"。说话用脚本叫"话本"。"讲史"就是长篇小说的话本，由于像平常讲话一样，所以又称作"平话"，俗称"说书"。不过，我们今天称作"平话"的多指"讲史"的长篇小说底本，而"话本"则作为短篇小说的专称。中国白话小说是在"话本"的基础上产生的。由宋及元，长篇白话小说有进一步发展，到了明朝已臻成熟，从而产生了《三国志通俗演义》《水浒传》、《西游记》、《金瓶梅》等长篇白活小说和"三言"、"两拍"等短篇白话小说。而"说话"则作为民间讲唱艺术一直流传下来，现在流行于江浙的苏州评弹、扬州评话就是"说话"的余韵。

从表现手法看，神话的浪漫手法，对楚辞、汉赋、唐诗、宋词、元曲、明代小说都曾产生深远的影响。可以说神话的浪漫手法奠定了我国浪漫主义文学传统的基础，《楚辞》是个典型标本。"楚辞"是战国时期楚国的一种诗歌体裁，"皆书楚语、作楚音、纪楚地、名楚物"。(《翼骚序》）富有浓厚的地方特色，充满浪漫主义的情调。楚国巫风盛行，民间举行祭祀，都由巫觋主持，"作歌乐鼓舞以乐诸神"，充满着原始宗教气氛。"楚辞"就是流行于楚国民间的巫歌。西汉末年，刘向把自己写的《九叹》和宋玉以及汉代仿效屈原辞赋作家的作品汇成一集，称作《楚辞》，产生了我国文学史上第一本"楚辞"专集。《楚辞》的领衔作家及其代表作是屈原的《离骚》、《九歌》、《天问》、《九章》、《远游》、《卜居》和《渔父》，其中成就最高、影响最大的是《离骚》。屈原是我国第一个以口语入诗的作家。这些诗篇广泛采用神话、神巫故事和寓言的表现手法，创造出雄奇瑰丽的虚幻境界，用以歌颂光明，抨击黑暗。《离骚》采用浪漫主义的表现手法，突出地表现在诗人以丰富的形象思维，糅合神话传说、历史人物，和自然现象编造了女嬃劝告、陈辞重华、灵氛卜占、巫咸降冲、神游天国等一系列令人眼花缭乱的幻想境界。《九歌》、《招魂》等篇中的自然崇拜，水神祭祀，礼祈亡魂，迎送神祇，巫神交合，日月观念，等等，都是原始宗教巫风的具体表现。据民俗学家考查，沅湘间巫傩活动极其丰富，从灵物崇拜到鬼神崇拜，从鬼魂崇拜到祖先崇拜，从生殖力崇拜到人神相恋，从女巫娱神到男觋扮神，几乎应有尽有。《九歌》就是巫傩文化哺育的产物。传说《九歌》本是天乐。《离骚》中的"奏《九歌》而舞韶兮"，就是指赵简子升天听到伴有韶舞的《九歌》，所谓"广乐九奏万舞"。《九歌》是被夏后启偷到人间来郊祀享天的，或许亦作盛乐享客。由于在原始生活中，宗数和性爱不易区分，所以《九歌》虽然带有猥亵性的内容，但并不妨碍作为享神的祭乐。这个神话和《九歌》前身是南郢沅湘一带民间祭神歌曲的论断完全吻合。经过屈原的提炼加工，而升华为充满着浪漫的幻想、飘然欲仙的诗歌。《楚辞》的浪漫主义的创作方法对文学创作的影响是巨大而深远的，特别是对我国积极浪漫主义诗歌传统的形成和发展具有很大影响。刘勰在《文心雕龙》中赞颂《楚辞》："农被词人，非一代也。"一部中国文学史说明，"衣被"的岂仅是词人，实乃惠及整个文坛；其影响又岂仅止于一代而已？

从内容看，反映巫术观念和巫风的神话对后世文学创作的深远影响，不仅表现在形式和手法上，而且直接渗透到小说和戏剧的思想内容。许多小说和戏剧都有引用和借鉴神话中的人物和故事的现象。就小说来说，最突出的是明代的神魔小说《西游记》、《封神演义》。《西游记》的作者吴承恩以浪漫主义的创作方法，对玄奘西游取经的故事进行大胆的改造，运用丰富、绚丽、奇诡的艺术想象，创造出一个以神猴孙悟空为主角的神话世界。《封神演义》的作者许仲琳以宋元讲史话本《武王伐纣平话》为底本，博采民间神话传说，进行提炼加工，演绎成一场荒唐、怪诞、神奇的神魔之战。这两部长篇小说的作者在巫、释、道三者之间驰骋，通过对斗法、破阵、咒敌致胜、降魔除妖等巫术、道术、幻术、仙术的具体描绘，"使神魔皆有人情，精魅亦通世故"。（鲁迅《中国小说史略》）令人感到神秘莫测。至于人物的塑造，《封神演义》中胸戴红肚兜、脚踏风火轮的哪吒，无疑是受到《山海经·海外西经》奇肱国人飞车的启发。《山海经》注引《博物志》第56条，对奇肱国人飞车作了如下解释："奇肱民善为拭扛（《太平广记》引为'善作机巧'）、以杀百禽，能为飞车，从风远行。汤时西风至，吹其车至豫州。汤破其车，不以视民，十年东风至，乃复作车遣返，而其国去玉门关四万里。"脚踏风火轮，上天下海、驾驶飞车，从风运行，二者何其相似。《封神演义》中长着一对肉翅，翱翔天空的雷震子，显然和《山海经·海外南经》中记述的"其为人长头，身生羽"的羽民国人形象略同。李汝珍的《镜花缘》也有明显摹拟《山海经》的痕迹。戏剧借鉴神话故事著名的则有《柳毅传书》、《张羽煮海》。

美术　根据考古发掘发现的中国最早的美术作品，主要有绘画和雕塑，这些绘画和陶器、青铜器上几乎都有氏族以图腾形象绘制的族徽，有的还有感生神话故事。为图腾崇拜、祖先崇拜留下了鲜明的标记，印证了原始美术的起源和原始宗教、巫术的密切关系。

绘画包括岩画、陶器纹饰、地画、壁画和帛画。近年考古发现，我国境内有大量岩画遗存，几乎囊括了整个新石器时代早、中、晚各个时期。最早的内蒙古阴山岩画是目前所知的最古老的民间艺术。我国已有十二个省发现岩画，分为南北两个系统。北方地区的岩画以内蒙古阴山岩画和新疆阿尔泰山岩画为代表，内容有动物、人物、狩猎场面和各种符号。如阴山岩画中就有成群的鸵鸟、马鹿和人面纹。有关专家根据鸵鸟生存分布年代变化推断，这幅凿刻在黑色岩壁上的绘画，距今已有一万多年。南方地区的岩画最具代表性的有广西花山崖壁画、江苏连云港将军崖壁画。花山崖画最大的一幅面积达六千多平方米，刻有人物图像一千三百多个，最大的人像高达五米，极为壮观。将军崖壁画，规模不大，但是目前发现的唯一反映我国新石器时代农业部落生活的岩画。南方地区的岩画，除表现动物、人物、狩猎、采集外，还有宗教仪式的场面，体现了自然崇拜和天体崇拜。值得注意的是已发现的岩画，几乎都有反映宗教内容的图画。我们知道一切原始人类的描摹，并不是纯粹地为了表现美的感觉，而是他们物质生活和观念形态（思维）的现实反映。由此说明原始社会到战国时期，不仅崇尚图腾，而且巫风盛行。陶器纹饰有黑陶和彩陶两类。在史前绘画形式中以彩陶上描绘的各种图纹最为突出。作为母题的纹饰有人物、鱼纹、禽鸟，最有代表性的是鱼纹。在鱼纹中有不少是人面鱼身或人面与鱼相结合的纹饰。人面一般呈鱼形，两耳和嘴角两边各有一条鱼纹，象征人的口中含着两条鱼。人面与鱼相结合则表现为在一个鱼头形的轮廓内，现出一个人面人头寓于鱼头之中，象征人鱼一体。这些鱼纹并非一般审美性的纹饰，而是作为仰韶文化时期初民的祖先感生神而绘制在陶器上的。随着历史的发展，仰韶文化的鱼图腾徽帜，逐步演化为龙图腾徽帜。西安半坡仰韶文化遗址出土的陶壶龙纹，两条原始龙的造型，就完全是长形鱼的形象。与半坡型相似的夏墟型龙纹，除增加了双耳、鳞纹外，蛇状长鱼形身躯和半坡型一脉相承。由此可见，作为中华民族象征的龙的造型，显然是由半坡长鱼纹演变而来的。黑陶上以图腾形象绘制的族徽，可以浙江河姆渡遗址出土的黑陶矩形猪纹钵为代表，钵上刻有一头壮实劲健的小猪，可见

当地是有以猪为图腾感生神的。青铜器产生于商周，上面的纹饰多为饕
餮纹、夔纹、龙纹、凤纹，这些都是神化了的动物，作为图腾感生神绘
制在祭祀礼器的青铜器上，无疑是神灵崇拜和祖先崇拜的反映。从实物
来看，青铜器上作为器主所崇拜的图腾动物所构成族徽图案即有二十多
种，除饕餮、夔、龙、凤外，还有虎、象、羊、牛、马、豕、犬、鸟、
鱼、龟、蜻蛉、蚕、蛛、虺（虫）、黾等。地画发现于甘肃秦安大地湾
新石器时代遗址，距今约五千年左右。这幅画绘在室内中间的地面上，
画面上部绘有两人，似为一男一女，右手举过头顶，左手叉腰，双腿作
交叉状。另有一个小人，形象模糊不清。画面下部为一长方形柜，柜内
有动物。由于年代久远，已难辨认，大概是供奉神灵的牺牲。这幅地画
可能是状写当时祭祀场景的。壁画的起源可以上溯到新石器时代晚期，
近年在辽宁牛河梁红山"女神庙"，积石冢遗址翻宁夏固原店河齐家文
化遗址均有发现，不过都是绘在墙上的彩色几何图案。这些几何图案可
能是母系氏族社会女阴崇拜的反映。如新石器时代的彩陶上多有倒三角
"▽"的花纹，就是女性生殖器的象征。秦汉以后的壁画丰富多彩，且
多取材于神话故事，最有代表性的是洛阳卜千秋墓壁画。画面上男墓主
乘龙持弓，女墓主乘三头凤鸟捧金乌，持节仙翁为前导，在各种神兽的
簇拥下，飘然升仙。出现在画面上天上的神灵有人首蛇身的伏羲、女
娲，代表天地四方的青龙、白虎、朱雀、玄武四神，"索室驱疫"的方
相氏，人首鸟身的仙人；内有金乌的日神，显现桂树和蟾蜍的月亮亦悬
挂天空。这幅壁画，实乃集自然崇拜、鬼神崇拜、阴阳五行之大全的杰
作。帛画最早出现于战国，到了汉代进一步发展并逐臻成熟。在长沙楚
墓出土的《人物龙凤图》、《人物御龙图》和在马王堆1号汉墓出土的帛
画是汉代早期绘画的范例。《人物龙凤图》描绘一位贵族妇女在具有神
异力量的龙凤引导下，缓缓升往仙境。飘神龙张举双足，凤凰展翅扬
尾；仕女宽袖长裙，合掌侧立，飘欲仙。《人物御龙图》也是"升仙
图"。画上的人物头戴高冠、身穿长袍，一手握剑，一手拉缰，驾着神
龙，象御车一样，乘风驰骋。马王堆1号"利苍之妻墓"帛画为"T"

字形，自上而下分为三个部分：上部顶端正中为人首蛇身像，据说是楚国信仰的火神烛龙，一说是伏羲或女娲。右上部为内含金乌的大太阳和九个小太阳；左上部为一仰身飞翔的女子，擎托着内有蟾蜍和玉兔的一弯新月。烛龙像下是天门，悬铎之下并立着对称的天阙，两豹攀腾其上。画幅中部为一拄杖缓行于华盖之下的老妪，三个侍女随从于后，前面有两人跪迎。人物两侧，各有一条穿壁相环、抬着墓主升仙的长龙。玉璧之间系着帷幔和大块玉璜。玉璜下边摆着鼎、壶和成叠耳环等礼器，两侧各有七人侍立。画幅下部为身上站着裸体力士的两条交错的巨鱼，四周分布着长蛇、大龟、鸱鸭、羊状怪兽。这三幅帛画有一个共同的特点，即根据远古神话传说，按照现实描绘人和物，构成天、地、人相通境界。其中不少神话图像与《楚辞》的记述完全相符，其承传关系不言而喻，这三幅帛画又都具有葬礼中的铭旌性质，画中的凡人是墓主的形象。这种帛画是用作死者招魂升仙的，又称"非衣"，棺木入土随葬，置放在内棺的板上。对马王堆1号墓帛画的解释，学术界一直莫衷一是，有人认为此画的内容并非墓主升仙，而是嫦娥奔月。尽管众说纷纭，但是有一点可以肯定，即这些帛画都是汉代盛行的阴阳五行观念和巫风的具体而又形象的反映。

雕塑

作为造型艺术之一的雕塑，萌芽于旧石器时代，前节提到的雕刻骨角器，就是这一时期的原始创作。出现于新、旧石器时代之前的陶器也应视为原始雕塑。出土的新、旧石器时代的陶器，不仅有附塑装饰性的堆纹和用工具或指甲戳剔的"剔刺纹"，而且还有在裴李岗遗址发现的陶塑羊头、猪头，在仰韶文化遗址发现的陶屋。特别是近年来在辽宁喀左县红山文化晚期遗址中发现的陶塑裸体女像，在辽宁丹东地区后洼遗址中发现的陶塑、石雕人形，弥补了中国原始雕塑人体塑像比较匮乏的缺陷，也为研究中国古代社会、民俗和宗教提供了具有重大价值的实物。产生于五千年前的红山文化的裸体陶塑女像，是在远郊的祭祀遗址发现的，有两座比较完整。塑像肢体比例准确，腹部隆起，是按怀孕妇女形象雕塑的。据专家考证，这两座塑像可能是当时人们尊奉的生育之神，也可能是农神，或者是兼有生育和生产两种功能的地母神。后洼遗址出土动物形、植物形、人形或人兽合一形的石雕、陶塑艺术品四十多件，都是原始图腾雕像。在人形雕像中，有男女合一的陶塑人头像，结合新石器时代墓葬中出土的兼具两性特征的彩绘陶壶，殷墟出土的合体玉雕人形，北方民族青铜短剑上的合体装饰人像，西双版纳哈尼族村社寨门悬挂的男女合体木雕等来考察，可以看出，原始社会中生殖崇拜和祖先崇拜观念的影响几乎遍及华夏大地。

原始雕塑除陶塑石雕外，还有骨雕、木雕、玉雕、牙雕。骨雕工艺品，在新石器中晚期时代的墓葬中时有发现，山东大汶口墓葬出土较多，且工艺精致，有镶嵌绿松石的骨筒，玲珑剔透的骨梳和雕花骨匕。在距今六、七千年的新石器时代中晚期，已出现制作精细的象牙雕刻。在浙江河姆渡遗址出土的"双鸟朝阳"象牙雕和鸟形象牙雕，就是原始牙雕的代表作。"双鸟朝阳"象牙雕的正面，用阴线雕刻出一组大小不等的同心圆，外圈边框为四射的烈焰光芒，两侧雕有昂首相望的双鸟。这件牙雕似含金乌与太阳的意境。鸟形象牙雕是一只似鹰的猛禽。这两件牙雕上都钻有小圆孔，估计是悬挂或佩带的饰物。玉雕出土较多，以在内蒙古翁牛特旗三星他拉村出土的玉龙最引人注目。这件玉龙是红山文化玉雕中最大的一件，龙体呈"C"字形，头端前伸，略微上仰，颈部长须飘举，目、鼻、嘴雕琢精细。龙的背部有对穿的单孔，悬挂起来头尾处于同一水平线上，可能是饰物，亦即佩物。佩物出现于新石器时代，从考古发现来看，骨佩早于玉佩。佩物习俗的流行，说明人们相信佩戴的东西可以辟邪、治病，实质上反映出初民对佩物（镇邪）的一种巫术的信力。所以原始雕塑往往是既带有宗教色彩又具有实用价值的工艺品。

六、医药·养生

医药

在原始社会中，治病全靠巫术解决。医疗和巫术、药物心理和巫术心理密切结合，求药与求巫统一于医疗活动之中，医和巫相互作用。为人治病是巫师的主要职能之一，巫师就是医师。《孟子·公孙丑上》赵岐注说："巫者为人祈祝，利人之生"；《公羊传·隐公四年》何休注说："巫者事鬼神祷解，以治者请福者也。"所以，为人治病的巫称作巫医。传说古代有十大神医：巫咸、巫即、巫盼（即巫凡）、巫彭、巫姑、巫真、巫礼（即巫履）、巫抵、巫谢（即巫相）、巫罗。十大神医就是十大神巫。巫咸、巫彭又是传说中的中医道创始者。巫医连文，实际上反映了我国古代巫对医的控制。直到近代，在巫术盛行的少数民族地区，迷信思想严重的僻远农村，医疗活动大多仍由巫觋掌握，巫医（神汉、巫婆）仍有活动的市场。

殷墟甲骨卜辞中，有不少关于医疗方面的记载，就疾病的分类来看，有"疾首"（头病）、"疾目"（眼病）、"疾耳"（耳病）、疾齿（牙病）、疾舌（舌病）、疾言（咽喉病）、疾自（鼻病）、疾身（腹病）、疾足（足病）、育子亡疾（产科病），子疾（儿科病）等十多类。但是，在这些卜辞里，未见有用药物治疗的记载，诊治的唯一方法就是占卜吉凶，祈求神灵祖先佑护，这当然与殷人特别迷信神鬼的风习密切相关。所谓"巫所以交鬼神，医所以寄死生"的"医巫分家说"，那是战国以后的事情，在春秋战国以前，巫、医是合而为一、身兼二职的。

巫医治病的方法和手段，古代文献记载说法不一，一说巫医治病，主要是祈祷禁咒术，就是画符念咒。如刘向在《说苑》中指出："苗父之为医也，以菅为席，以刍为狗，北面而视，祝发十言耳，诸扶而来者、舆而来者，皆平复如故。"苗父，就是苗、黎族的巫师，传说他们运用巫术治病，能够咒到病除，立竿见影。一说巫医治病，采用药草。《山海经》中就讲了一个神巫治活窫窳（yà yǔ）的神话。"开明东有巫彭、巫抵、巫阳、巫履、巫凡、巫相，夹窫窳之尸，皆操不死之药以距之。窫窳者，蛇身人面，式负臣所杀也。"窫窳是一种状如龙首的食人怪兽。传说它原是蛇身人面的天神，被式负之臣无辜杀害，上帝命灵山群巫采不死之神药将它救活，以后居于弱水之中，变为龙首。这个神话说明巫是采集百药为人治病的。不过，药服从于巫，药力是通过巫力，亦即通过神和祖先的意旨而起作用的。这个神话的注释中就讲到，灵山是十个神巫"上下于天"的通道，犹如登天的天梯；而上下于天，则是为了"宣达神旨人情"，就是向天帝汇报请示。至于"采药疗死"当然是执行天帝的意旨。

随着社会的发展，人们对自然、生命现象的认识逐步加深，逐步认识并掌握了医药的一些知识，加上巫师队伍本身的分化，大约在东周时期，巫、医并始分工。一部分巫师进入宫廷，充当了相当于王朝祭司的要职；一部分巫师流落民间，变成以医药知识谋生的江湖郎中。《周礼》中就有"司巫掌群巫之政令"和"医师掌医之政令，聚毒药以共医事"的记载，说明在周代巫、医分工已见之于政令。不过，当时医巫不分的遗风犹存，巫和医的矛盾斗争十分尖锐，连孔子生病也不相信医药可以治疗，还是信巫不信医。鲁国上卿季康子给他送药，他不敢尝；子路请求祈祷，孔子说："丘之祷久矣。"（见《论语·述而》）当然，"不敢尝"并不完全出于迷信思想，和当时医疗水平低、病人服药怕担风险也有一定的关系。

巫、医分工后，大约在战国末期出现了医学辉煌巨著《黄帝内经》。这是我国最早的、全面总结先秦医学成就，并奠定了中医学理论基础的一部医学经典文献，对中医学的发展起着极大的促进作用。时至今日仍是医学、生命科学的主要研究课题。《黄帝内经》包括《索问》和《灵枢》两部书，将人的生命活动置于自然界中加以考察，在"天人相应"观念的影响下，创建了阴阳五行、脏腑经络、精气神等各种医学模式。阴阳五行学说是《黄帝内经》学术观点的理论基础。由于阴阳五行学说被引进中医学领域，在实践中又把源远流长的阴阳五行观念推到了一个新的高度，而成为中医学的指导思想。

《黄帝内经》中提出的一系列论断，如"阴在内，阳之守也；阳在外，阴之守也"。"清阳出上窍，浊阴出下窍；清阳发腠理，浊阴走五脏；清阳实四肢，浊阴游六腑"。"阳为气，阴为味，味归形，形归气，气归精，精归化，精食气，形食味，化生精，气生形"，等等。都是用阴阳关系来解释人体的生理活动，腑脏经络、气血津液之间的相互关系，以及机体内部精、味、气、形互相生化的过程。至于疾病发生的机制，中医学认为出于"阴阳反作"，由于各种致病因素作用于机体，使阴阳失去平衡，所以，"阴阳失调"是一切疾病发生发展的根本原因。临床症状具体表现为"阳胜则热，阴胜则寒"。治疗就是使由阴阳失调所表现出来的病理现象在一定条件下互相转化。"重阳必阴，重阴必阳"。"寒极生热，热极生寒。"阳症在一定条件下可以转化为阴症，阴症在一定条件下也可以转化为阳症。由疾病而导致死亡，则由于"阴阳离决，精气乃绝"。阴阳也是诊病的准则，所谓"善诊者察色按脉，先别阴阳"。就是说医生运用"望闻问切"四诊手段，把临床观察的现象，根据阴阳理论进行综合分析而确定病因，以便对症下药。例如，从色泽看，鲜明者病在阳分，晦暗者病在阴分；从声息看，声音高亢洪亮、话多而烦躁不安者多属阳证（实证，热证），声音微弱无力，言少而沉静者多属阴证（虚证、寒证）；脉象则根据部位尺寸、搏动次数、力度强弱，循环形态来区分辨证。所谓"微妙在脉，不可不察，察之有纪，从阴阳始"。为此，中医治病必须先审阴阳，阴阳是"阴，阳、表、里、寒、热、虚、实"八纲辨证中的总纲；纠正阴阳的偏盛偏衰、燮理阴阳的动态平衡是治疗疾病的根本宗旨。古代医学家曾断言："医道虽繁，一言以蔽之，曰阴阳而已。"

《黄帝内经》将五行与阴阳并列，认为二者都是天地万物运动变化的总法则。所谓"天地之间，六合之内，不离于五，人亦应之，非徒一阴一阳而已"。（《灵枢》）"夫五运阴阳者，天地之道也，万物之纲纪，变化之父母，生杀之本始，神明之府也"。（《素问》）"不离子五"，"五运"指的就是五行。古代医家以五行为纲，比类推衍，将自然界各种事物的特性、人体内脏的功能特点结合起来，通过它们之间"相生""相克"和"相乘"、"相侮"的关系，把握人体的活动规律。为了阐明这种复杂的相互促进又互相制约的关系，兹列简表于下：

五 行	木	火	土	金	水
天 干	甲 乙	丙 丁	戊 己	庚 辛	壬 癸
五 季	春	夏		秋	冬
五 方	东	南	中	西	北
五 气	风	暑	湿	燥	寒
五 化	生	长	化	收	藏
五 色	青（苍）	赤	黄	白	黑
五 味	酸	苦	甘	辛	咸
五 音	角	徵	宫	商	羽
五 脏	肝	心	脾	肺	肾
五 腑	胆	小 肠	胃	大 肠	膀 胱
五 官	目	舌	口	鼻	耳
五 体	筋	脉	肉	皮	骨
五 志	怒	喜	思	忧	恐
五 液	泪	汗	涎	涕	唾

从表上列出的对应关系，可以举两例加以说明：五行中的木、五方中的东、五气中的风、五味中的酸和人体中的肝、筋、目之间存在着一定的内在联系。所谓"东方生风，风生木，木生酸，酸生肝、肝生筋，……在天为风，在地为木，在体为筋，在脏为肝，在色为苍，在音为角，在声为呼，在变动为握，在窍为目，在味为酸，在志为怒"。（《素问》）这是就五行和五脏、五腑等的对应关系说的。既然对应，所以彼此的特性完全一致。当年的天干如为土，主宰这一年的就是土运；

土性湿，在气候变化上就与湿的作用密切相关；从人体来说，脾、胃就与土（湿）的作用密切相关。所谓密切相关，也就是说一类事物对另一类事物具有促进和滋生或抑制和约束的作用，亦即五行相生和相克的规律在起作用。所谓"造化之机，不可无生，亦不可无制，无生则发育无由，无制则亢而为害"。（《类经图翼》）一旦五行之间的生克关系失调，就会出现异常变化。异常变化的发生是由于一方对另一方过于克制而引起的一系列异常反映，叫做"相乘"，意为五行相克太过。由于五行力量之间对比的异常，有时又会出现逆向克制现象。以水与火为例，在正常情况下，水能克火，使火气不致过亢；一旦火气过旺，水非但不能克火，反而会造成亢火烁水的异常现象。这种逆向相克现象，叫做"相侮"。"相乘"和"相侮"二者互为联系，往往同时出现。《素问》在阐述这一复杂的自然与机体的关系时指出："气有余，则制己所胜而侮所不胜，气不及，则已所不胜，侮而乘之，己所胜，轻而侮之。"我们可以用肝病来解释五行学说在病理转变关系方面的运用。肝病在临床上一般会出现腹胀、食欲不振、消化不良、嗳气泛酸等症状，从中医学来看，这些症状均属脾失健运之证。因为肝属木，脾属土，在正常情况下，肝木可以制约脾土，倘若肝气过旺，出现逆向相克现象，木旺乘土，则肝病及脾。反之，如果脾旺反侮肝木，脾胃湿热壅盛，熏蒸肝胆，又会出现黄胆症状，中医称作"土壅木郁"。进行治疗，在五行生克乘侮理论指导下，调整脏腑之间的关系。木旺可以乘土，肝病可以传脾，在治疗时，先实其脾气，以防肝邪乘脾。同时通过补肾精以生肝血，压制虚火。因为肾属水、肝属木，水能生木，肾为肝母，这是五行观念在中医学中的具体运用。

养生

我国古代非常重视养生。养生，就是医疗的预防保健。先秦道家、儒家及阴阳杂家都曾提出自己的养生理论。《黄帝内经》在总结先秦诸子百家养生理论时，对其原则和方法概括为"法于阴阳，和于术数，食欲有节，起居有常，不妄作劳"以及导引按跻等。"法于阴阳，和于术数"，就是以协调阴阳作为养生的基本原则，采用综合的、适当的调摄方法使阴阳平和。在阴阳五行观念的主导下，方士提出的养生方法很多，有的符合科学道理，有的纯属神秘玄说，可谓良莠不齐。特别是统治阶级企求长生不老，秦始皇和汉武帝这两位威势赫赫的帝王都非常迷信阴阳五行学说，求仙药，炼仙丹，对方士言听计从，使养生罩上一层浓重的神秘色彩。因而，服食药饵、神仙辟谷、男女合气、吐纳导引等养生之法，由秦汉开始代代相传，而且屡出新招。随着医学科学的发展，古代养生之法经过不断的实践、总结，其合理的、科学的部分得到继承、发扬、提高；其玄秘的、荒诞的内容则逐步摒弃、淘汰、消亡，但在养生学发展过程中所起的影响是不容忽视的。秦始皇、汉武帝企望长生不死，求助于方士下海求仙，开炼丹药。"山在虚无缥渺间"，所谓蓬莱仙山，乃是海市蜃楼，山既不可寻，又何从去寻不老的仙药。秦始皇听信方士编造的谎言，将一个心造的幻影当作现实的存在，不仅一无所获，而且白白地丢掉了一个大臣徐福和三千童男童女。汉武帝步始皇帝的后尘，孜孜不倦地求仙五十年，最后也只得在长安太液池中仿造一座仙山，观赏方士们精心编造的巨型幻术《鱼龙曼延》，以求得心理的平衡。不过，开炼丹药倒是被燕齐方士搞成功了。最早炼出来的丹药名为"金液丹"，用真金或药金（贱金属）加入药物冶炼。药物中有丹砂、雄黄、硝石、铝、锡等。丹砂（硫化汞）受热分解出水银，水银和硫磺不断加热又变成丹砂。方士对秦始皇说："仙人食金饮珠，然后寿与天地相侔。"指的就是此类丹药。及至晋代，士大夫阶层服石之风盛行。服石，就是服食丹药，于是，炼丹术得到进一步发展。这种丹药主要由石钟乳、硫磺、白石英、紫色英、赤石脂五种石类药物组成。服后药力发作，体内烦热异常，头痛心闷，甚至呈现疯狂之状，需着宽衣大袍，到处乱跑；并吃冷食，"行散"发散，所以这种丹药名为"五石散"又称"寒食散"。带头服用五石散的是世称"傅粉何郎"的魏尚书何晏。

晋代名医皇甫谧的《寒食散论》（残存于其他著作中）有关于何晏服石的记述："近世尚书何晏，耽声好色，始服此药，心加开朗，体力转强，京师翕然，传以相授，历岁之困，皆不终朝而愈，众人喜于近利，未睹后患，晏死之后，服者弥繁，于时不辍。""五石散"实际上是一种性药，性药是用于"御女之术"的；而"御女之术"（房中术）又与长寿、升仙相关。"五石散"在晋代之所以风靡一时，服食者完全不考虑后果，当是生活颓废、沉湎声色的社会风气的影响。据说深谙医术、明知其害的皇甫谧亦曾食"五石散"，弄得寒冬腊月犹赤裸而卧、饮食冰块，暑夏由于畏惧酷热，几乎自杀。由此可见"五石散"流毒之深。服丹求仙自然是方士们编造的神话，实际上这类金石丹药，毒性强烈，而且重坠，非人体胃肠所能承受，所以自汉代以来，服丹中毒而死者屡见不鲜。有唐一代，统治阶级追求长生极乐，特别热衷于服食方士炼的丹药，唐太宗，唐武宗、唐宣宗都是因服药而暴死的。唐宪宗、唐敬宗也都因服药中毒，喜怒无常而被随侍的宦官所弑。唐代的王公大臣因服饵中毒而送命的人更多。韩愈亲眼看到和他交往的七位大臣皆服饵中毒而死，于是撰文痛陈丹毒之弊害，说："余不知服食说自何世起，杀人不可计，而世慕尚之益至，此其惑也。"具有讽刺意义的是，痛陈丹毒之弊害的韩愈，到了晚年对服饵竟也慕而尚之，以致57岁就一命呜呼。这些人明知服食丹药危及生命，为何执迷不悟，偏要饮鸩止渴呢？道理很简单，所谓丹药，实为性药，可以起到壮阳的作用。因此，王公大臣、达官显贵便竞相交结道教方士，访求金丹大药，以满足他们纵欲的需要。尽管丹药危害不浅，但是，从客观上讲，炼丹则推动了化学的发展。

神仙辟谷

辟谷是古代的一种养生方法，就是不食五谷，或减食五谷，而食"得天地精华之物"，即可以延年益寿的药草。如黄精、天冬、地黄、茯苓、枸杞、松子、柏子、乌麻、松柏叶、松脂等。古籍中关于辟谷成仙的传说很多，但多为臆测夸大之词。"男女合气之术"的提法见于《淮南子》，就是"房中术"，简称"房术"，别称"阴道"，是古代又一种养生之法。讲求男女性生活中的卫生致寿之道，以调节情欲从而达到长寿的目的。《玉房秘诀》（据《医心方》辑出）说得非常明确："男女相成，犹天地相生"。"人失交接之道，故有夭折之渐。能避渐伤之事而得阴阳之术，则不死道也"。这种养生之法涉及性行为的各个方面，"吐纳导引"是古代的一种健身术，导引又称"道引"。对导引的含义，古人说法不一。有人认为导引义指"导气令和，引体令柔"。有人认为导引之法实指"呼吸吐纳，熊经鸟申"。类似气功和"五禽戏"之类的健身活动。有人认为导引"谓摇筋骨动支节"，仅指肢体活动，就是"五禽戏"之类的保健操。有人为"导引"下的定义则说："凡人自摩自捏，伸缩手足，除劳去烦，名为导引。"尽管对导引的含义、方法、作用解释不尽相同，但是，从基本原则来看，认识还是一致的。导引是一种防病的健身术，或自我按摩，使脏腑经络之气顺畅，血脉流通，辟除外邪，收到防病健身的作用。"吐纳导引"一作"导引按跷"。"按跷"就是古代的按摩。"跷"与"乔"相通，所以古代按摩又称"乔摩"。

"神仙辟谷"、"男女合气"、"吐纳导引"等养生之法，原本都以预防保健为目的。无论是理论，还是原则、方法很多地方都符合卫生之道，具有一定的科学性和实用性。只是在阴阳家介入以后，特别是被道家吸收，成为道家的方术和修养之后，养生学不仅蒙上了一层神秘的外衣，而且一些方法变得十分荒诞。这些问题与道教关系极其密切，将在下章详述。

七、求爱·求子

求爱

早在原始社会，初民就已意识到性爱、婚配是关系到子孙繁衍和生命长短的问题。因此，巫术中有关性爱、生殖、求子的内容非常突出，既有由生殖崇拜而产生的生殖巫术，也有衍化为习俗的性爱巫术和求子巫术。周代开始出现以研究性爱、房事、妊娠为主要内容的房室养生论述。及至战国，房中之学已经流行于诸子百家。孟子明确提出"食色，性也"。《礼记》则曰："饮食、男女，人之大欲存焉。"明白无误地把性活动视为人生本能需要，对此，老子、孔子等都曾悉心研究。两汉正式产生房中之学，亦即房室养生之学。魏晋隋唐五代，方术之士四起，谈论房中之学成为时尚，从而出现大批房室养生著述。特别是唐代，由于思想解放，具有浓厚巫术色彩的性爱习俗盛行。藏于敦煌石窟，描写唐人性爱的名著《天地阴阳交欢大乐赋》、《攘女子婚人述秘》和"男女性爱图"等都是在唐代问世的。宋代程朱理学成为统治思想，"存天理，灭人欲"作为封建统治阶级的意识形态盛行于世。从此，房中之学被视为禁区，由六朝以降的纵欲变成禁欲，房中之术的研究，转为子嗣优生的研究。但是，房中之学并未禁绝，而是在一种封闭式的思想禁锢下曲折遭变地流行。到了明代成化以后，竟又出现了"禁欲主义的反动"。由于社会风气的颓败，朝野竞谈"房术"，不以为耻。方士、道士和一些士大夫因进献房中之术而骤贵，做了大官。在文学作品中尤多赤裸裸的性欲描写，这些极尽秽亵之事的言情小说虽然打着"劝善"的堂皇招牌，宣扬"好淫者必得奇祸"。但是，"果报"主义源自迷信神鬼，一旦迷信不足以束缚人心，"果报"主义便失去效应，露骨的性欲描写，反而产生诱惑的作用，把人引入歧途。这时的房中之学已经起了质的变化，就主旨和内容来说已非原来的面貌。尽管思潮遭变，"房术"时荣时衰，但是由性爱巫术、求子巫术衍变成的习俗，却未受到宋代思想禁锢的影响，而在民间广泛流传，一直影响到现在。

阴阳，作为我国古代哲学概念，是指一切事物或现象本身所存在的相互对立的两个方面，以阴阳和谐与否，解释一切现象。人类的生殖繁衍，自然离不开阴阳之道。男为阳，女为阴，"孤阴不生，孤阳不长"；"两者交通成和，而物生焉"，说明男女交合才能繁衍后代。所以，古人又说："阴阳于人，不翅于父母。"这种哲学思想最早反映在易卦之中。《归藏易》以阴性坤卦为主，反映女性（阴性）的重要作用，可以解释为母性崇拜习俗的反映。因为这是原始氏族和部落处在"只知有母，不知有父"的阶段，对人类是由女子生育而来的蒙昧认识，幻想生育子女是神的恩赐，并归结到对女性生殖器的崇拜。《周易》则以阳性乾卦为主，显然是父系氏族确立以后，已经认识到男性在生育中的作用，又逐渐趋向于对男性生殖器的崇拜。乾卦以☰为代表，取直、通、刚之意；坤卦以☷为代表，取开、断、张之意。据专家考证，乾、坤二卦都与男女性器官有关，☰（乾）、☷（坤）乃是远古生殖器崇拜的符号。并以阴阳交合组成各种卦爻之变易。

从做法来看，古代男女求爱大多运用巫术，或在巫术观念的影响下，采取种种奇异的方法，敦煌石窟书中的《攘女子婚人述秘法》是颇具代表性的。攘，通禳，就是祈求吉祥的意思。"婚人"指已婚的男子。求爱包括几个方面的内容，或是妻子得不到丈夫的爱情时要想方设法去求得丈夫的情爱，或是少男想获得自己所爱慕的少女的爱情而千方百计地去追求，或是妻子另有所欢，或是感到婚姻不美满，想寻求第三者。女子求得丈夫之爱的方法有四：一是赤脚，用脚趾在丈夫肚脐上搔痒，逗引丈夫开心。二是把丈夫的大拇指甲烧成灰，拌和在酒内饮用。三是拔自己两眼下睫毛十四根，烧成灰，用来饮酒。四是将住房门户下方五寸范围内的泥土取出，从而获得魔力。据说采取这些对丈夫以示尊敬的办法，就可赢得丈夫的怜爱。男子求得少女之爱和求得第三者之爱，方法有所不同，总共有八：一是丈夫得不到妻子的爱，乃是妻子的魂被鬼勾跑。只要在子日（每个月的初一）用东南桃枝作一个木人，写上妻子的名字，将木人放在厕所上，就可为妻子所爱。因为鬼怕桃木，又怕秽物，这样一来，就把勾妻魂的恶鬼吓跑了。二是凡欲取得少女之爱者在"庚子日"写上女方的姓名，贴在她的住处。如女方尚待字闺中，即可如愿。"庚子日"为吉日，吉日书名，才能奏效。三是已婚男子欲与自己钟情妇女私通，必须在"庚子日"将书有女方姓名的字条贴在自己的腹部，这样，不出七天即可得手。四是男子欲获得女方之爱，设法弄到女方二十根头发，悉数烧成灰，和酒饮下，即可使女方感动而爱自己。五是已婚男子欲与自己钟情妇女私通，在"庚子日"写上女方姓名，烧成灰，和酒饮下，当即生效。六是男子欲与自己追求的女子私通，在"庚子日"将自己右腋下腋毛全部拔光，并将指甲剪下，一并烧成灰，和在污泥里。七是男子欲获得女方情爱，用苦杨和自己的睫毛烧灰，和酒服下，即可应验。八是凡男子欲使女方爱自己，折取东南方的桃枝，写上女方的姓名，放在厕所上，立即奏效。这十多种方法，内容大同小异，它们的共同特点有二：其一，都是以毛、发、指甲和书有对方姓名的字条化灰服用，作为治疗"相思病"的药物，这和"化符"属于同一类型。其二，都是自己服"药"，治好对方之病，亦即甲方服药，乙方生效。无疑，这些求爱之法都是交感巫术的具体应用。关于巫术应用于男女情爱，古人笔记小说中屡有记述。《夷坚志》中就有一则关于应用模仿巫术治疗"性虚"的故事：宋代有一黄姓男子路过一庙，看到庙内有尊泥菩萨乳房垂于衣外，便用手去抚摸。此后不断借烧香来摸菩萨乳房。一天菩萨眼睛忽然转动起来，并把他拉到帷幔后面去做爱。从此日以为常，经月以后黄生病倒。此事被庙内老僧发觉，某日，与黄生做爱的那个妇人走进庙内，老僧举杖猛击，妇人铿然仆地，变成一堆泥块。碎块中有一类似怀孕数月的泥儿胎，老僧命黄生带回，和药服用，终于治好了阴虚之症。

求子

原始社会初民的信仰，先有图腾崇拜，而后才有生殖器崇拜。当初民逐渐认识到男女交媾才会生儿育女的奥秘后，图腾崇拜就逐渐为生殖器崇拜所取代，并由此而衍生出一位生殖女神高禖。高禖即高母。她不是祖先神，而是原始时代的主管婚恋之神。她最关心本族人口的增殖，实质上是妇女生殖的自然力的象征。高禖又称"郊禖"，因为她的祠庙建在"国"之郊野，这样青年男女在祭祀禖神之后，就可以在郊野找一个僻静的所在进行野合。关于"天命玄鸟，降而生商"就与郊禖有关。《竹书纪年·殷商成汤条》中记述："初高辛氏之世，妃曰简狄，以春分玄鸟至之日，从帝祀郊禖，与其妹浴于玄丘之上。有玄鸟衔卵而坠之，五色甚好。二人竞取，覆之以二筐，简狄先得吞之，遂孕。胸剖而生契。长为尧司徒，成功于民，受封于商。"《史记·孔子世家》中说："野合而生孔子。"又说"祷于尼丘得孔子"。据此，似可得出这样的结论：孔子是其父母到高禖神庙祭奠后，在"尼丘"山野合而受孕的，这是当时风气之使然，并非如传说的那样是私生子。早在原始社会时期，初民就已祀奉以裸体为特征的高禖女神。我国最早的裸体女神造像，出土于青海柳湾三坪台，实物是一个属于马家窑文化的裸体女神陶罐，罐上的女神造型突出双乳，肚脐和敞开的外阴，显示出女神旺盛的生殖力。辽宁红山文化遗址出土的几个陶塑生殖女神，造型更加独特，全部没有头部，因此，乳、腹、阴部显得更为突出。特别是肥臀、大腹、丰满的阴部，把怀孕妇女的形体塑造得极其生动。由此可见，当时的生殖女神受到普遍的崇敬。商周以后，自然神被普遍人格化，生殖女神被附会为各个民族的始祖，于是各个民族都有自己的高禖神。夏人的高禖神为女娲，殷人的高禖神为简狄，周人、鲁人的高禖神为姜嫄，楚人的高禖神为天帝之季女瑶姬（高唐女神）。各族的高禖神几乎都是女性这一事实，说明在初民的心目中，只有女性神才能管理天下生育之事。有学者认为女阴崇拜内还注入过"两性同体"崇拜的内容，伏羲必配女娲，黄帝必配雷祖（嫘祖），没有牝器如何生儿育女？石刻、砖画、绢画和墓壁画中均有人首蛇躯、两尾相交的羲、娲图像。并认为青海柳湾出土的裸体女神陶罐上的神像身材魁梧，乳房很小，不像女人，而像男人。但是下体的生殖器官，既象男性，又象女性，似乎是"一人两性别的形象"，可能是两性同体崇拜的反映。两性同体崇拜可视为由女阴崇拜发展到男根崇拜的过渡阶段。父权制代替母权制以后，亦即人类社会进入父系氏族社会以后，"两性同体"崇拜也就完成了它的历史任务，代之而兴的是男性生殖器崇拜，亦即男根崇拜。"女性的精灵"随着变成"男性的精灵"。尽管如此，有一点是可以肯定的，这就是创世神（开辟神）由女性担任的神话传说远比出男性担任的传说早得多。在人们信仰里并不重视父权社会造成的男尊女卑观念，加上古老的神话传说长期流传于民间，所以民间神祇中的生育之神，一般仍为女性，俗称为"送子娘娘"。人们为求子孙繁衍，大多去找这位"娘娘"。正如马克思说的，这种现象的产生，不过是"关于妇女以前更自由和更有势力的地位的回忆"。（摩尔根《古代社会》）

原始社会初民由崇尚生殖器崇拜进而崇尚高禖崇拜，目的有二：一是氏族生存，一是族类繁衍。进入封建社会以后，儒家"不孝有三，无后为大"的伦理观念，可以视为生殖崇拜之"蛮性的遗留"，也是产生求子心理的一种根源。无后就要求子，人们缺乏生理科学知识，而把希望寄托于神灵的赐予，通过祭祀，祈求女神高禖。在民间有许多与巫术有关的、或带有巫术性的求子活动，其中一些活动并以民俗的形式流传至今。流传较为广泛的是"拴娃娃"和"偷娃娃"。前者是求子的妇女到娘娘庙去进香跪拜默祷，申报自己的姓氏、住处，表达祈求生子的意愿。然后在娘娘神像抱的娃娃塑像身上拴上一根红线。回去后如果怀孕，再去寺庙酬神。巫术作用于拴娃娃，是模仿律的具体运用。娘娘神像手中抱的娃娃，和求子者祈求得到的娃娃两者相似，便可等同对待。用红线拴，是一种巫术手段，拴住了娃娃便属于自己，意味着自己即可受孕生育。"偷娃娃"是在娘娘神像的脚下放置许多泥塑娃娃，让求子的妇女偷取。新婚未孕或长期不育的妇女祝祷后，偷偷摸一个娃娃回家。如果怀孕生了男孩，便塑一百个娃娃送还，这也是巫术的模仿律在起作用。佛教传入中国后，神呈现出"洋为中用"、"土洋结合"的新局面。司管情爱和生育的女神不仅有各个民族的始祖高禖，来自尼泊尔的洋菩萨观世音也负起"送子"的任务。所以民间不仅有送子娘娘，而且有送子观音。直到全国解放前夕的 20 世纪 40 年代，江南一带春节期间，年轻妇女回娘家拜年，返回时娘家仍有送"观音送子"灯（也有送

"张公送子"灯）的习俗。如在晚间，灯里还要点上蜡烛。每年正月初四到十五的傍晚，街头不时可见穿红着绿、手捧送子灯綵的年轻妇女，构成一幅别有情趣的民俗风情画图。

　　象征性巫术运用于求子活动，不仅影响深远，而且丰富多彩。在南方，女儿出嫁，娘家在嫁妆中必配盆桶，又必用红绿布袋装上红枣、花生等置于马桶中，让婆家的小孩去偷取，象征"早生贵子"。沿江一带还有"压床"的风俗，就是在新婚前夕，在亲属中选几个男孩睡在新床上，如有小孩尿床，主人更加高兴，因为这是新婚受孕、将生男孩的预兆。人们不禁要问，果品为什么要放在马桶内，小孩尿床为什么是吉兆？追根溯源，恐怕还是生殖器崇拜的遗风。在北方，结婚合卺时新人要吃子孙饺子。饺子不能煮熟，吃时，伴娘或其他亲友站在旁边发问："生不生？"新人答："生"，这样就达到了目的，皆大欢喜。因为饺子"生"和生子"生"生、生相连，在生子问题上得到了统一。这种语言被赋予巫术意义，同音事物可以发生联系。互指或互代的特殊现象还反映在取名问题上。出于重男轻女的传统保守观念，一般人家都珍视男孩。婚后如果头胎生了女孩，起乳名常叫"带弟"、"招弟"，寄希望于第二胎，企盼带、招一个弟弟来。如果生了男孩，为了防止夭折，使其健康成长，乳名大多叫做"锁柱"、"大拴"，这样似乎就可把孩子锁住、拴住。有的并用"长命百岁"银锁套在孩子的脖颈上，象征牢牢锁住，不会离去。在民间，新房里都要张贴以莲藕象征和合如意，或光屁股娃娃抱鱼、胖娃娃骑鱼之类的年画和窗花，或把具有上述内容的剪纸压在器皿之下。莲多子，藕多孔，莲藕之"莲"和"连生"之"连"，存在交感关系，莲藕象征连连生子，这个意思是容易理解的。至于娃娃多和鱼联系在一起，从表面上看似乎是表现童趣，希望生个胖娃娃，实质上这正是女阴崇拜和生殖崇拜的曲折反映。有学者认为半坡彩陶鱼纹具有女性生殖器的象征意义，半坡母系氏族公社实行以鱼为象征的女性生殖器崇拜。这个见解不是没有根据，摩尔根在《古代社会》中就曾指出："我们必须承认鱼类是最早的一种人工食物。"又说："鱼类的分布无处不有，可以无限制地供应，而且是唯一可以在任何时候获取的食物。"鱼类依靠大量产卵得到绵延和繁衍，否则是经不住长期而又大量捕捞的。初民看到鱼类延绵不绝，自会联想到人类的繁殖，由是而产生以鱼为象征的女性生殖器崇拜，实是符合情理的事情。这个问题从古籍中也可找到佐证，《三秦记》中说："江海鱼集龙门下，登者化龙。"《水经注》说：鱼"出巩穴三月，则上渡龙门，得渡者为龙矣。"《山海经》说："风道北来，天乃大水泉，蛇乃化为鱼。"传说，龙蛇与鱼是可以互化的，龙族与鱼的密切关系由此可见。民间也有以鱼象征性器官的俗语，如"顺大腿摸鱼，手到擒拿"。在这里"鱼"象征什么东西，也就不言而喻了。

象征性巫术运用于求子活动，还直接表现为对男性生殖器的崇拜，男根的象征物主要是其形相似的石祖，还有陶祖、木祖。"祖"从"且"字。"且"是男根的象征，也是男根的崇拜物。崇拜石祖是崇拜男根的遗俗。甲骨文中的"祖"字，并非都有"示"旁，有的写作"合"，有的写作"仓"，直接表示男根，不以为亵。可见直到殷商时期仍有崇拜牡器（男性生殖器）的风尚。对此，郭沫若在《甲骨文字研究》中明确指出："曰祖妣者，牡牝之初字也。"祖是牡的"初字"，牡的崇拜物"且"（祖）又衍化为求子的灵物，崇拜石祖的遗俗，至今仍在西南某些少数民族中流传。求子的妇女到山上去抚摸一下象征男根的石祖，或是在石祖上坐上一会，或是在竖着石祖的水池、洞穴内掬一点积水吸饮，总之与石祖接触之后，妇女就有生育的能力。实际上在夫妻的性生活中，妻子必然要接触丈夫的阳物，但是，经过多次交媾而未能受孕，便得求助于男子阳物的模拟体了。这种直截了当的，毫不掩饰的，并在众目睽睽之下进行的求子活动，正是巫术自信力的反映。至于崇拜陶祖、木祖方式，较之石祖更多，或奉祀，或祈祷，或珍藏，或摸弄。但是，出于神圣心理，以奉祀祈祷为多。如木且演变为"木主"，变成祖先的牌位，俗谓"神主龛"，一般人家都供奉在祠堂里或神龛之上，不容有稍许的亵渎和冒犯。这种崇拜石祖的习俗，以后又衍化为"摸钉"的民俗。旧时，正月十五、十六两天，京城的妇女多相邀去城门上摸钉，以致城门上的铜钉被摸得锃光溜亮。铜钉状似男根，"钉"与"丁"同音，丁为男丁，即男子。摸钉，蕴涵着接触阳物而受孕的意思。图腾崇拜和生殖崇拜早已随着历史的步伐而消亡，但是，从"摸钉"之举仍然依稀可见图腾感生和石祖崇拜，亦即生殖器崇拜的遗韵。

巫术直接运用于求子活动，流传较广的还有"看花宫"。由女巫到"花宫"里去看看花有几朵，花蕾何时开放，花丛有无损坏？所谓"花丛"代表求子的妇女，"花朵"象征子女的人数，花蕾开放表示生育时间。"花宫"似喻妇女的子宫，花宫中花朵的多少则直接关系到子女的多少。这是一种类似女巫过阴朝亡的占卜性活动。女巫进入"花宫"之前，先要上供，接着净面，焚香、申报求子妇女的"八字"，然后念咒，两手拍打大腿，全身颤动，等到进入梦魇状态后，协同表演的老妪即向女巫问话。问花有几朵？花蕊是否开了？花丛长得怎样？是公花还是母花？女巫一一作答。答问完毕，念催回咒，同时向女巫脸上喷水，女巫甦醒过来，看花即告结束。20 世纪 40 年代初，笔者曾在安徽沿江城市芜湖，见过祖辈为儿媳求子请女巫"看花宫"。由此可见，这种巫术活动直到近代仍在汉族中流传。

求子活动民间也有许多禁忌，这些禁忌主要是针对孕妇的，虽然具有一定的妇幼保健的性质，但从根本上说，还是从子嗣递继、宗族承传着想的。明显反映巫术信仰的有"胎教禁忌"和"胎神禁忌"。"胎教"一词始见于贾谊的《新书·胎教》，是讲母亲的行为可以影响胎儿的身体和禀性。说明早在汉代就已重视胎教问题。不过，古代的"胎教"论述往往夹杂一些"玄学"的内容。比如北齐徐之才《逐月养胎方》中的"三月"云："欲生男者操弓矢，欲生女者弄珠玑。"这是古人相信"妊娠三月；未有定象，见物而化"思想的反映。唐代医学家孙思邈亦持此说，他在《千金方·养胎论》中指出："旧说凡受胎三月，逐物变化，禀质未定。"时至今日，在河南郑州一带，民间仍流传着妇女怀孕后先吃一只公鸡可生男孩的说法。"欲生男者操弓矢"，属于宜行的主动行为，通过感化手段去影响胎儿的性别，这无疑是感应巫术信仰在起作用了。胎神禁忌是鬼神崇拜的直接反映，初民认为妇女生育是超人力的神灵起的作用，于是通过幻想而创造出一个能与胎儿灵魂相通的"胎神"。崇敬胎神，它就佑护胎儿，亵渎胎神，它就伤害胎儿。人们对它敬畏有加，不敢稍有触犯，所以胎神又称"胎煞"。传说胎神很讲规律性，每天按一定的时刻、一定的方位出现在孕妇的周围，或者附着在某种物体上，并按月令的变更自动调换位置。宋人陈自明著有《胎煞避忌产前将护法》（见《古今图书集成》）专门讲到按农时节气分定胎煞位置的办法，文曰："月游胎煞：立春在房床，惊蛰在户，清明在门，立夏在灶，芒种在母身，小暑在灶，立秋在碓，白露在厨前，寒露在门，立冬在户及厨，大雪在炉及社，小寒在房母身。"这个位置的变更不知有何依据。江湖郎中、游方术士也常以天干地支推算胎神日游方位禁忌。据有关资料表明，如今台湾民间关于胎神信仰仍较普遍。

怀孕是胎儿的孕育期，孕妇的一切言行都会影响到胎儿的健康成长，所以这方面的禁忌也就特别多。比如孕妇室内忌挂人物画像，孕妇多看画上的人像会出现"换胎"现象，生的孩子会和画上人物长得一样，这是由于画上人物进入孕妇腹中，换走了原来的胎儿。所以，妇女怀孕后多将室内的人物挂画收藏起来，或以针刺画中人之目，据说将眼戳瞎，即不为患。孕妇忌动剪刀、针锥，如若动用，一不小心戳伤胎神，生下的婴儿就会缺耳瞎眼。孕妇忌钉钉子，若不小心把胎神钉住，不能动弹，胎儿就会变成死胎。孕妇忌塞瓶口，塞瓶口会使胎儿的口鼻耳和肛门闭塞。孕妇还忌拆堵门窗，以防弄瞎胎儿的眼睛。如此等等，不一而足，究其根源，几乎无一不是出于同类相互感应的巫术信仰。

第六章
神灵论和法术论

在神秘文化的有机整体中，神灵论和法术论是贯穿其间的两大基本观念。神灵论的观念重视神祇的作用及灵魂的转世，法术论则构成巫术活动的理论前提。把握了神灵论和法术论的基本内容，也就了解了神秘文化的观念形态。

一、史前宗教形态——巫术意识与
宗教观念的结合

世界上的一切宗教，都是由原始信仰而萌生、逐步发展而渐臻完善的。

初民面对神秘、恐怖的大自然，由于生产力水平过于低下，表现得无能为力。但是，为了生存、繁衍后代，他们总是千方百计地企图控制和驾驭自然，迫使大自然，特别是风雨气候、动物稼禾，按照自己的意志，风调雨顺，获得丰收。他们采用符咒仪式的手段，呼风唤雨，对自然进行直接控制。这种离奇诡秘的直接控制的方法，就是巫术方法。正如高尔基在《论文学》中所指出的："古代劳动者渴望减轻自己的劳动，提高劳动效率，防御四脚和两脚的敌人，以及用语言的力量，即'咒文'和'咒语'的手段来影响自发的害人的自然现象。"但是，经过长期实践以后，他们发觉运用巫术的力量并不能如愿以偿，取得预期的效果。于是，相信有一种超自然的力量在控制自然和人类的命运，转而乞求于生灵、精灵、鬼灵、祖先和神祇，由此而产生"精灵崇拜"、"祖先崇拜"和"自然崇拜"。巫术和原始宗教几乎是同时产生的。所以，远古产生的原始宗教又称为"巫教"。不过，巫术和原始宗教之间不能绝对划上一个等号，二者之间密切关联，又有所区别。按照弗雷泽在《金枝》中的说法：区分宗教与巫术，主要是看在控制自然和人的命运时采取何种方法？如果根据自信力，运用某些方法去直接控制自然，这就是巫术的方法。如果自以为对大自然无能为力，只得乞求于神力，通过间接的方式去控制自然，这便是宗教的方法，但是，巫术和原始宗教并不是可以一刀切开，分割得清清楚楚的，实际上二者是互相关联、互为作用的，说得明确些，就是割不断理还乱。

世界上的一切宗教，都经历了一个由原始信仰而萌生、蜕变并逐步发展、渐臻成熟的过程。原始信仰则产生于图腾的规定。图腾制最显著的特征之一，就是同一图腾集团的成员，才能聚集为一个完整的群体，信仰同一图腾，共同崇拜"图腾信仰"的动物或植物。在莽莽洪荒之中，以个人来说，生存的能力极为有限，无论是战胜恶劣的环境，还是获取食物，都必须精诚团结，依靠群体。就是说必须团结在图腾的旗帜下，依靠集体的力量，和自然斗争，并"防御四脚和两脚的敌人"。从群体来说，原始氏族的集聚、扩展、融和，都是基于同一信仰。信仰是一个民族产生和团结的决定因素。杜尔幹在《宗教的初始形式》中说："一大群人，彼此都认为亲属的关系，但是这个亲属关系，不是由血族而生，乃是同认在一个特别的记号范围内，这个记号，便是图腾。"杜氏又说："宗教的"实等于"社会的"。大体上，"一个社会只有具有超乎个人的势力，便也具有一切足以感动神圣之念的能力，因为社会对于分子就与上帝对于信徒一样"。从原始宗教的性质来看，无疑，图腾崇拜是原始宗教的重要内容，图腾自可视为宗教的最初形式。既然如此，归属于"自然崇拜"的一切然物的神秘力量，也就通过图腾主义的宗教形式表现出来。这样一来，巫术附丽于原始宗教，便能充分发挥它的作用，显示它的魔力。"要知道，宗教本身是没有内容的，它的根源不是在天上，而是在人间。"（《马克思恩格斯全集》第27卷，第436页）随着先民从野蛮逐步走向文明，图腾主义衰微了，巫术不断变换形式，原始宗教逐渐蜕变、发展，于是，在华夏大地上出现了第一个反映现实的苦难并对这种苦难进行抗争的宗教——道教。

二、神灵论和法术论的宁馨儿——道教

"中国的根底全在道教"

道教起源于民间信仰，正式形成于东汉顺帝以后，桓帝、灵帝之间。道教是在黄老之学、神仙方术和鬼神迷信盛行的东汉应运而生的，是原始宗教信仰，亦即巫术信仰和鬼神信仰的延续和再造。汉顺帝时出现了"多巫觋杂语"的《太平青领书》，此书就是道教初创时期的重要经典《太平经》。"书多阴阳否泰灾眚之事，有天道，有地道，有人道，云治国者用之，可以长生，此其旨也"。（葛洪《神仙传》）据说这是三国吴人于吉得之于曲阳泉水之上的一部"神书"。后来由其徒弟、活了二百多岁的方士宫崇献给了朝廷。实际上这是一部反映汉代巫师术士思想的著作。此书得之于泉水之上，当与东汉盛行谶纬之术有关。可能就是于吉编造的，因为此人"多说帝王理国之法，阴阳生化等事"，能够很快在民间流传开来，乃是由于此书适应当时民间的需要，符合世俗的习惯力量。风气使然，因而受到朝野一致欢迎。东汉盛行谶纬神学，将谶纬神学和儒学经书置于同等地位。在前朝"独尊儒术"的影响下，虽

一切以儒学为中心，但一切又都以神学去解释，这就为道教的产生创造了极为有利的条件。

《太平经》流传以后，民间出现了两个道教组织，即太平道和五斗米道两大教团。东汉末年，政治极端腐败，加上天灾人祸，农民流离失所，社会动荡，民怨沸腾。巨鹿人张角利用《太平经》建立太平道，组织了历史上著名的黄巾农民起义。关于黄巾起义，《后汉书》是这样记述的："初巨鹿张角自称大贤良师，奉事黄老道，畜养弟子，跪拜首过，符水咒说以疗病，病者颇愈，百姓信向之。角因遣弟子八人使于四方，以善道教化天下，转向诳惑，十余年间，众徒数十万。连结郡国，自青、徐、幽、冀、荆、扬、兖、豫八州之人，莫不毕应。遂置三十六方，方犹将军号也，大方万余人，小方六七千，各立渠帅。讹言苍天已死，黄天当主，岁在甲子，天下大吉。以白土书京城寺门及州郡官府，皆作甲子字。"由于叛徒向朝廷告密，"角等知事已露，星夜驰勒（敕），诸方一时俱起，皆著黄巾为标帜，时人谓之黄巾，亦名为蛾贼，杀人以祠天。角称天公将军，角弟宝称地公将军，宝弟梁称人公将军，所在燔烧官府，劫略聚邑。"（《皇甫嵩传》）这场声势浩大，席卷全国，导致东汉王朝四分五裂的农民大起义，经过十个多月的激战，被官军镇压下去，太平道教团组织也随之逐渐散亡。但以于吉为代表的道士仍在江南传道。《三国志》中就提到此事，"时有道士琅琊于吉，先寓居东方，往来吴会，立精舍烧香，读道书，制作符水以治病，吴会人多事之。"有一天孙策在郡城门楼上宴请将领宾客，于吉盛服来到楼下，"诸将宾客三分之二下楼迎拜之"，接待人员阻挡不住，孙策非常恼怒。下令把于吉抓了起来，虽经孙母一再劝解、诸将联名上书求情，孙策还是以"此子妖言，能幻惑众心，远使诸将不复相顾君臣之礼"的罪名，把于吉杀了并枭首示众。但是，道教信徒并不认为于吉死了，而是认为他已尸解升天，纷纷祭祀求福。（《孙策传》注引《江表传》）再从于吉来到城楼之下，诸将不顾君臣之礼，不怕冒渎主公，纷纷下楼迎拜，亦可见当时道教深入人心的程度，说明道教徒已经遍及各个阶层。

　　大体上与此同时，在西南巴蜀、汉中地区张陵创建了五斗米道。《三国志·张鲁传》说："祖父陵客蜀，学道鹄鸣山中。造作道书，以惑百姓，从受道者出五斗米，故世号称米贼。"传说张陵在蜀郡临邛县赤石城（今四川大邑县境）鹄鸣山学道。顺帝汉安元年五月初一夜半，老子（天神太上大道君）突然降临，授张陵"天师"称号及"新出正一盟威之道"。张陵遂奉《老子道德经》为经典，并加注释，释本名《老子想尔注》。此后，张陵（又称张道陵）自称"天师"，其子张衡称嗣天师，衡子张鲁称"系天师"。所以，张氏祖孙三人创建的"五斗米道"，后世又称之为"天师道"。张陵曾在江西贵溪县龙虎山修炼九天神丹。晋怀帝永嘉年间，张陵第四代孙张盛，遵其父嘱，携祖传印剑自汉中迁回"龙虎山祖师玄坛"，建造上清官，尊张陵为"掌教"、"正一天师"。从此，正式形成以龙虎山为祖庭的正一天师道，世代传续，从未中辍。

　　汉灵帝熹平、光和年间，五斗米道由于符合乱世人民"抚养民夷"的愿望，在巴蜀地区已经广泛传播开来。这时在巴郡、汉中又出现一个"米巫"首领张修。《三国志·张鲁传》说：东方有张角，汉中有张修。"角为太平道，修为五斗米道。太平道者，师持九节杖为符祝，教病人叩头思过，因以符水饮之，得病，或日浅而愈者，则云此人信道；其或不愈，则为不信道。修法略与角同，加施静室，使病者处其中思过。又使人为奸令祭酒，祭酒主以《老子》五千文使都习，号为奸令。为鬼吏，主为病者请祷。请祷之法，书病人姓名，说服罪之意，作三通，其一上之天，著山上；其一埋之地，其一沉之水，谓之三官手书。使病者家出五斗米以为常，故号五斗米师。"这就是说，张修和张角一样，以符水禁咒为人治病。不过，张修又设"静室"，使病人在里面思过；设"祭酒"，教习《老子道德经》；设"鬼吏"，为病人请祷鬼神。请祷鬼神的方法，姓由病人书写三份服罪悔过书，一份放在山上（即所谓"上之于天"），一份埋在地下，一份沉于水中，谓之"三官手书"。病者家须出米五斗以为酬谢。非常清楚，张修传道除教习《老子道德经》外，运用的完全是巫技和巫法。张角在中原发动黄巾起义时，张修也在巴郡起义。张角在征战中病故。张修则逃亡益州，被益州牧刘焉委为别部司马。此时，张鲁也在刘焉帐下充当督义司马。刘焉拟乘天下大乱，割据西南，派二张率兵袭取汉中，断绝从长安入蜀的通路。张鲁乘机杀死张修，将其部下收编，占据汉中，在汉中一带继续传道。《三国志·张鲁传》说："鲁遂据汉中，以鬼道教民，自号师君。其来学道者初皆名鬼卒，受本道已信，号祭酒，各领部众，多者为治头大祭酒。皆教以诚信不欺诈，有病自首其过，大都与黄巾相似。诸祭酒皆作义舍，如今之亭传，又置义米肉，悬于义舍，行路者量腹取足，若过多，鬼道辄病之。犯法者，三原然后乃行刑，不置长吏，皆以祭酒为治，民夷便乐之。"张鲁统治巴蜀汉中地区，实行政教合一，不设官吏，而以祭酒处理地方事务。他的施政纲领是教民诚信，不得欺诈。并在道旁设立义舍，内置米饭肉食，任凭行路之人量腹取食，颇有"吃饭不要钱"的味道。民犯法，原宥三次才用刑。汉末军阀混战，民生凋敝，张鲁实行的这一系列措施大多具有赈济危困的性质，因此得到当地各族民众的拥戴。特别是"五斗米道"的教理和教义基本上反映了农民群众的愿望，符合广大农民反对封建剥削和压迫的强烈要求，对广大农民具有很大的吸引力。因此，信徒日众。其后，张鲁投降曹操，汉中地区被刘备占领，当地教民多随曹军北撤，迁居关陇、洛阳、邺城等地。这样五斗米道又由西南扩散到西北和中原地区，遂流行于全国。张鲁死后，道教失去统一领导，开始分化，一部分向上层发展，经过改造，变成官方道教，或谓贵族道教；一部分仍在民间流传，由原始道教而衍变为民间道教。五斗米道是我国道教的正统派别，直至北魏寇谦之废除"三张伪法租米钱税"，以后，"五斗米道"名称才告消失，而专称道教或天师道。

自东汉以后，历代封建帝王、氏族名流大多崇奉道教，迷信神仙之术。魏武帝曹操和秦皇汉武一样迷信仙术。史书上说他"好养性法，亦解方药"。他"唯才是举"，善于用人，在他网罗的大批贤能中，就有一些著名的方士，如名医华佗，能行辟谷方术的郤俭，擅长行气之术的甘始，还有以房中术而著称的左慈。吴大帝孙权曾步秦始皇后尘，派童男童女入海求仙，止于亶州（今台湾）不还，这批人的子孙常渡海到会稽市买。孙权对介象、葛玄等道士极其优待，宠幸有加。葛玄出身东吴士族家庭，早年师事左慈，后在江西清江县阁皂山修道，被尊为道教阁皂山派祖师，世称"葛仙翁"。葛玄族孙葛洪是晋代著名道教学者，早年学道，晚年热衷于炼丹，曾被司徒王导起用为谘议参军。他的名著《抱朴子·内篇》，全面总结了战国秦汉以来神仙信仰，从理论上加以系统论证；同时，又总结了包括守一、行气、辟谷、导行、房中、医药、炼丹等各种神仙方术，记录了许多炼丹操作方法，为后来道教的发展以及炼丹等方术奠定了理论基础。《晋书》中称赞他"凡所著撰，皆精覈是非，而才章富赡"。由于"推阐仙术，播传甚力"，被视为道教的一大功臣。从东晋起，士族子弟、知识文士信奉天师道的人越来越多，显然是葛洪的理论起了推波助澜的作用。《晋书·王羲之传》说："王氏世事张氏五斗米道，凝之弥笃。"又说：王羲之与许迈"共修服食，采药不远千里"琅琊王氏从王羲之一辈开始遂成为历史上著名的五斗米道世家。及至南北朝，活动于北魏太武帝拓跋焘太平真君年间（宋元帝元嘉年间）的嵩山道士寇谦之，自谓于神瑞二年太上老君授以天师之位，赐给他《云中言诵新科之诫》二十卷，令他清整道教，除去三张（张陵、张衡、张鲁）伪法租米钱税及男女合气之术，"专以礼度为首，而加之服食闭练"。其实这是寇谦之的假托。他提出以封建"礼度"、儒家"佐国扶民"思想为主要内容，以礼拜炼丹为主要形式的新教义，对道教进行了重大改革。他还假托老君玄孙"牧士上师李谱文"，赐给他《天中三真太文录》六十余卷，号曰《录图真经》，要他去"辅佐北方泰平真君（拓跋焘）"。要求拓跋焘"显扬新法"，受到拓跋焘的赞同和重用。在魏都平城建立了"重坛五层"、"给道士二百二十人衣食"的我国第一座道观天师道场。制订乐章，诵诫新法，宣布天下，道业大行，从而形成"新天师道"，亦称"北天师道"。拓跋焘连国号也改为具有道教色彩的"太平真君"。稍后，受到宋明帝重用的南朝道士陆静修，又在整理道教书籍的基础上，撰写《三洞经书录》，为《道藏》奠定了初步基础。他又依据封建宗法思想和制度，重编了道教斋戒仪范，被称为"南天师道"。道教经过南北朝道士的革新，完全适应了封建统治阶级和门阀士族地主阶级的需要，为统治阶级所利用，借以制造"君权神授"的舆论，为强化统治制造合法的理论根据。隋唐以后，南北天师道合流。唐代李氏王朝始终尊奉道教，尊老子（李耳）为教主，视道教为国教。特别是唐玄宗，狂热地崇奉道教，还编撰了道教文献《三洞琼纲》，改年号"开元"为"天宝"，也是从道教教义出发的，入宋后，宋室继承前朝传统，继续尊奉道教，太祖、太宗召见教士，搜访道书，敕建宫观，为遭受唐末五代战乱破坏的道教重建做了大量工作。宋真宗并赐龙虎山天一道教主为张真人。道士张君房又受命主持编修了《大宋天宫宝藏》，凡 4359 卷。这是一部汇集收藏道教经典及有关书籍的大丛书，可谓宋代的《道藏》。金元时期道教内部发生重大变化，相继出现了太一道、真大道、全真道等新的道派。全真道祖师王重阳死后，他的高足丘处机嗣教，由于争得金元统治者的支持，遂使道教在元代进入全盛时期。成吉思汗赐号丘处机为"长春真人"，封国师，敕令总领道教。元成宗大德八年（公元 1304 年），海盐两州，海潮为患，张道陵第三十八代后裔张与材"以术治之"，潮患遂，息被召见于上都，授正一教主，主领三山符箓，总领天师道各派，统称"正一道"。此后，道教遂逐渐形成北方全真、南方正一两大教派，一直流传至今。明朝历代皇帝大都重视道教，入清以后道教才日趋衰落。

道教是中国土生土长的宗教，从东汉五斗米道开始算起，至今已流传一千八百多年，对我国封建社会各个时代的政治、经济、科技、学术思想、文化艺术、民风民俗等方面，都曾产生重大影响。自东汉直到明代，历代帝王几乎都利用道教作为维护封建统治的工具。由于统治阶级和官方的崇尚，道教理论得到很大发展，明代中叶编纂的《道藏》、《续道藏》就有 5000 多卷，保存了许多先秦诸子的著作，是研究古代思想的珍贵资料。道教探求的种种延年益寿的方法，其中确能起到防病健身作用的如"导引"、"服气"等，已经成为传统医学的重要组成部分。炼制内丹，促进了化学和医药学的发展，与火药及酒、豆腐的发明均有直接和间接的关系。据当代国内外学者研究，道教典籍《周易参同契》的基本内容，是研究人体生物能量运动的，涉及古代医药、天文、数学等多方面的内容。从文学艺术来看，韵文的发展直接受到读诵而有韵的道教典籍《黄庭经》的影响，词藻华丽的骈体文，许多出于道教用于仪式、自成体裁的"青词"、"绿章"。历代崇尚自然的山水诗，受道教"清静无为"、"道法自然"的影响。道教中的许多仙话传说是古代文学作品创作的源泉，许多神仙形象如八仙、王母娘娘等更是广大民众所喜闻乐见的艺术形象。它的一些宗教思想和所崇奉的神仙，许多已经溶入民俗。如供奉财神、福禄寿三仙及送灶等。道乐乐曲别具一格，成为民乐、民歌的重要组成部分。道教的禹步、九宫步、步罡踏斗，对中国舞蹈艺术也有一定的影响。王羲之始创行草，成为书圣，实受启示于道教的"符箓"。至于道教的石窟造像、道观的塑像和壁画以及一些道观的建筑，不仅具有特色，在建筑和绘画、雕塑艺术方面也有一定的贡献，而且已成为祖国的重要文化遗产。至于道教重视自然风光，它的"洞天"、"福地"几乎都建在景色优美之处，这些地方又几乎都成了当今的旅游胜地。鲁迅先生说："中国的根底全在道教……以此读史，有多种问题可迎刃而解。"这个论断是很有见地的。

道教源于先秦的道家，同时承袭了中国古代社会的巫术和求仙方术。在发展、改革的过程中，又吸收、融合了儒家和佛教的某些理论和教规、仪式。所以，它的宗教思想体系十分庞杂。从实质来看，它是黄老之学、鬼神迷信和神仙方术盛行的自然结果；是道家思想、巫术迷信和神仙信仰的混同载体。道家是它的义理所本，巫祝是它的信仰之由，神仙是它的追求境界。

道教和道家"三清"

道教源于道家，道家是春秋战国诸子百家中的一个重要学派，它的代表人物是老子和庄子。关于道家的宇宙学说在汉代影响很大，道教在形成的过程中继承了道家的理论，作为道教创世神学的理论基础。不过，道教更加突出了"道"的神秘性和超越性，由抽象到具体，把抽象的"道"神化为具体的神，也就是说塑造成具有人格的最高神灵，使之成为具有无限威力的宗教崇拜偶像，《魏书·释老志》指出："道家之原，出于老子。其自言也，先天地生，以资万类。上处玉京，为神王之宗，下在紫微，为飞仙之主。千变万化，有德不德，随感应物，厥迹无常。授轩辕于峨嵋，教帝喾于牧德；大禹闻长生之诀，尹喜受道德之旨。至于丹书紫字，升玄飞步之经；玉石金光，妙有灵洞之说，如此之人，不可胜纪。其为教也，咸蠲去邪累，澡雪心神，积行树功，累德增善。乃至白日升天，长生世上。"由此可见，道教源于道家，古代以来神仙方士之说，皆托于老子。到了东晋，佛教受到统治阶级重视，和道教形成分庭抗礼之势。为和佛教抗衡，道教始祖就由老子转化为神仙，张角张陵时代奉为开教之祖的老子地位日渐下降，"老君"的称号已非老子一人专有了。按《云笈七籖》记录，道教的始祖，居首位的是元始天尊，继之为太上道君、上清高圣玉晨大道君、三天君；又继之为青灵始老君、丹灵真老君、中央黄老君、金门皓灵皇老君、五灵玄老君，而后始有混元皇帝太上老君，亦即老子。我们知道，一个宗教的兴起，开始必须崇奉一人作为创始人。经过一定程度的发展，感到原有的教主及教义已不能适应新的情况，于是就把所奉之教的起源尽量向前推演，以此显示"先乎天地，超乎万物"，其始祖是神仙，是真正的"天师"。这样，过去奉为教祖的老子也就递减数级，而让位于上清紫霞虚皇、元始天尊。这位"天尊"乃是"二仪（天地）未分"、"混沌玄黄"之际出现的，聚"天地之精"的"盘古真人"。此人"生于太元之先，禀自然之气，冲虚凝远，莫知其极。"老子则是元始天尊度化的信徒。（葛洪《枕中书》、《隋书·经籍志》）在这里，盘古开天辟地的传说，又被东晋的道教上层人士引进道教的创世纪中。不过加在元始天尊头上的尊号"上清紫霞虚皇"，这个"虚"字却泄漏了天机，说明这位"天尊"原属子虚乌有。南北朝以后，基本上确定了以元始天尊、灵宝天尊（即太上大道君）、道德天尊（即太上老君）为首的神灵崇拜体系，即后世合称的"三清"。尽管如此，道教徒对老子的信仰却一直不衰，并在道教典籍中不断编造老子降世显灵的神话。

从教义来说，道教信奉"道"，以"道"的教化和说教，通过个人的修炼而成仙得道，这就是道教的根本宗旨。它最初奉为教典的是老子的《道德经》。"道可道，非常道"。道家认为"道"，无形无名，自然无为，不可思议，不可言说，是天地开辟以前宇宙"二仪末分，溟涬鸿濛"的原始状态；又是超越现实世界一切事物的宇宙最高法则，出天地，超万物，为其极致。道教认为，"大道"不仅在宇宙鸿濛时代化生了天地万物，而且在人类出现以后，不断托身神灵，降临人世，救助危难，教化民众。"上云羽化飞天，次稍消灾灭祸。"（《魏书·释老志》）可概括道教早期的教义。若想消灾灭祸，就要释罪，在静室思过，向鬼吏祈祷，交米五斗，使自己成为受道者。真正释罪，还要通过"男女合气之术"，取得"道姑、道男冠、道父、道母、神君、种民"等称号。只要取得"种民"资格，就能消灾灭祸、罪释病除。迫自两晋南北朝，道教经过革新和改造，特别是葛洪提出"道者儒之本也；儒者道之末也"和"道者，万殊之源也。儒者，大淳之流"的新概念，把儒家的纲常名教包括在道教的教义之中，把道教纳入封建礼教的轨道，竭力使道教的教义符合儒家正统思想的要求，为道教成为统治阶级所需要的宗教在士族阶层和上流社会的流传开拓了通道，使道教由民间而走向贵族，由低级教义发展为高级教义。但是，在求长生、求仙，即羽化飞天这一根本问题上丝毫未变，因为士族阶层更加热衷于长生不死，修炼成仙。

道教源于道家学术，道教之所以称为道教，说明它是道家思想宗教化的产物。但是，作为一种宗教，它和道家毕竟不能等同看待。虽然，道教在形成和发展的过程中，和道家有着牵丝攀藤的联系，但在形成宗教以后，道教和道家二者之间的距离，也就越拉越远。

天地之神和人身之神

道教是多神教或泛神教。道教的神仙信仰来自春秋战国时期的神仙家，与神仙家的成仙方术直接有关。燕国有宋毋忌、正伯侨、充尚、羡门高等"为方仙道，形解销化、依于鬼神之事"的一批神仙家。他们把渤海上的海市蜃楼景象，说成是蓬莱、方丈、瀛洲三座仙山，"有诸仙人及不死之药在焉"。借此鼓吹到东海寻仙采药，以求长生不死。在秦始皇之前，他的前人齐威王、齐宣王和燕昭王，都曾在燕齐方士的蛊惑下派人入海寻求仙药，结果空手而归。在南方的楚国，虽然没有出现类似燕齐方士之类的人物，但是在《庄子》、《楚辞》中都有不少关于神仙游于太空、"飘风振海"、"乘云气，骑日月"、"死生无变于己"的神话传说。在《战国策·楚策》中也记载了"客有献不死之药于荆王"的故事。由此可见，春秋战国时期关于神仙的传说、幻想通过寻仙服药或修炼而达到长生不死、飞升成仙的风气，已流行于东方沿海及南方广大地区。及至秦汉，由于统治阶级的提倡，因而在社会上广泛流行，并与黄老道家思想合流。东汉道教形成后，自然地继承了神仙家的思想及其成仙方术，经过魏晋南北朝道士（方士）的不断补充、完善和发展，于是，修仙得道、羽化飞天便成为道教的根本信仰和最终目的。

道教是多神教。最初，道教尊奉老子为最高天神，认为神仙世界，皆为老子所造。六朝以来，进一步神化老子，说他"无世不出，数易姓名"。黄帝时号广成子；周文王时号燮邑子，为守藏史，武王时号育成子，为柱下史；康王时号郭叔子；汉初号黄石公；汉文时号河上公（《续文献通考》），并据此而衍生出《老子八十一化经》。到了六朝，道士们不仅捧出了元始天尊，而且创造了许许多多的神，于是，道教所尊奉的神也就"杂沓纷纶，漫无统纪"了。

道教的神，分天地间之神和人身中之神。道教认为世间分为天人两界。天界又分三界三十六天，最高统治阶层为"三天"（"三清"），每天分左中右三官，合称"三清九宫"。"三天"之下是"四梵天"，其下又有无色界四天、色界十八天，欲界六天。人间有十大洞天、三十六小洞天、七十二福地，是上天派遣的群仙驻节之地，也是得道成仙之处。鬼界有地狱河、水、星、风、雨、雷、电，四方时日均有所司天神。道教神仙中的最高层，按被梁武帝尊为"山中宰相"的茅山道士陶弘景编撰的《真灵位业图》排列，共分七级：第一级以上清虚皇道君元始天尊为中位，左方二十九君，右方十九君。第二级以大道君为中位，左方太微天帝、赤松子，以下三十君；右方为八君，并三十余名女子。第三级以李帝为中位，左方五十余君，其中有尹喜、葛玄、孔丘、颜回、轩辕、黄帝、颛顼、帝喾、帝舜、夏禹、周穆王、帝尧、巢父、许由等；右方三十余君，其中有庄周、秦佚、接舆、老聃等。第四级以老君及大道君为中位，左方六十余名，其中有张陵、鬼谷先生、张子房、赤松子、东方朔、墨翟等；右方百余名，其中有徐福、葛洪等。第五级以九宫尚书为中位，左右各十九名。第六级以茅君为中位，左方十一人，中有鲍靓；右方三十余名，中有许迈、葛玄、郑思远，又有比干。第七级以北阴大帝为中位，左方有秦始皇、魏武帝、周公、汉高祖、吴季札、周武王、齐桓公、晋文公、光武帝、谢幼舆、庚元规、杜预、李广、何晏、殷浩、刘备等；右方有王敖、陶侃、蔡谟、马融等。从这份图表可以看出道教是实行广泛的"统一战线"的，到处搜罗人才，上到秦始皇，下至一介寒儒颜回，举凡历史上的名人、传说中的祖先，神话中的神灵，它都拉来作为道君的僚属和守护神，扩军备战，在佛道之争中，以壮道教的声威并显示道教的群众性，天神地祇，人鬼诸仙，可谓挖空心思。同时，也可看出人名的排列或时序倒置，或一人重出，真是"其次序之凌杂颠倒，盖不可究诘也"。显然，南朝道士编撰的这张图表是十分荒谬的。这里，以此为例，无非是说明道教尊奉的神灵滥到难以数计的程度。

　　道教认为，人的身体是个小天地，所以，天地之神亦皆附于人的身中，"道之生人，本皆精气也。假相名为人，愚人不知还全其神气，故失道也。能还反其神气，即终其天年"。（《太平经》）身中诸神从"气"

来说分为阴阳二神，体内之气能与宇宙之气往来不绝，就能长命，所以道教讲究练气练丹等吐故纳新的工夫。道教以气为神，因而体内五脏亦各有神来往。"善自持养之，可得寿老。不善养身，为诸神所咎。人叛人去，自安得善乎？……为善，神自知之；恶，神亦自知之"。(《太平经·卷乙部》)而且，体中之神不是看不见摸不着的。"直观五脏之神，空气中，画配当五行五色之童子。春为青色童子，悬东方，一心念之，其神自来助之，万病皆平愈。气为生命之根本，即鼻之中，瞑目内观，守守一之法，其气始出如火赤，皙白，又久青色，可与自然之元气为一体"。(《太平经》)身中之神有面部神、五脏神、丹田神和三尸神，等等。传说老子闲住，曾作七言解说身形及诸神。面部七神为：发神苍华字太元，脑神精根字泥丸，眼神明上字英玄，鼻神玉垄字灵坚，耳神空闲字幽田，舌神通命字正纶，齿神崿峰字罗千。六腑六神为：心神丹元字守灵，肺神皓华字虚成，肝神龙烟字含明，肾神玄冥字育婴，脾神常在字魂停，胆神龙曜字威明。此外，据《老子中经》，身中还有诸神，择要摘录如下，以说明梗概。

其一，上上太一者，道之父也，天地之先也。乃在九天之上，太清之中，八冥之外，细微之内，不知其名，元气是耳。其神，人头鸟身，状如雄鸡。正在兆头上，去兆身九尺。常在紫云之中，华盖之下住。

其二，无极太上元君者，道君也。一身九头，或化为九人。上上太一之子也，非其子也，元气自然耳。人亦有之，常存之眉间，通于泥丸，气上与天连。

其三，东王父，青阳之元气也，万神之先也。治东方，下在蓬莱山。人亦有之，在头上顶巅。东王父姓无为，字君鲜。

其四，西王母者，太阴之元气也。姓自然，字君恩。下治崑仑，上治北斗，华盖紫房北辰之下，人亦有之，在右耳之中。夫人两乳者，万神之精气，阴阳之津沴也。左乳下有日，右乳下有月，王父王母之宅也。上治目中，戏于头上，止于乳下，宿于绛宫紫房，此阴阳之气也。

其五，道君者一也，皇天上帝中极北辰中央星是也。老子太和侍之，人亦有之，姓陵阳字子明，身黄色，长九分。在紫房宫中，华盖之下。

其六，老君者，天之魂也，自然之君也。人亦有之。衣青衣，长九分。

其七，太和老，天之魄也，自然之君也。人亦有之。姓角里先生，字灏灏。衣白衣，长九分。

其八，泥丸君者，腑神也，南极老人也。正在兆头上脑中。

其九，南极者一也，仙人之首出也。主诸灾变，国祚吉凶。上为荧惑星，下治霍山。人亦有之，姓李、名尚（一作常）。衣绛衣，长九分，在心中。

其十，日月者，天之司徒司空公也，主司天子人君之罪过，使太白辰星下治华阳恒山。人亦有之，两肾是也。左肾男，衣皂衣，右肾女，衣白衣，长九分。

其十一，中极黄老者，真人之府，中斗君也，天之侯王，主皇后素女宫也。人亦有之。主辟谷。

其十二，吾者，道子之也。人亦有之，非独吾也，正在太仓胃管中。

其十三，璇玑者，北斗君也，天之侯王也。主制万二千神，持人命藉。人亦有之，在脐中。

特别值得一提的是第十七神仙。"丹田者，人之根也，精神之所藏也，五气之元也。男子以藏精，女子以藏月水，主生子，合和阴阳之门户也。在脐下三寸，附着脊膂两肾根也。神姓孔名丘，字仲尼"。上面列举的人体内的这份神仙谱，可谓荒诞不经，连孔子这位大成殿里的至圣先师，也被道士们"乱点鸳鸯谱"，拉来担任"合和阴阳"的生殖之神，主管男女交合、人类繁衍，岂不是滑天下之大稽。道教中的众神，大体来自四个方面：一是道士们自己创设的，如元始天尊、玉皇大帝等，这是地地道道的"道君"；二是由中国古代神话中转化过来的，如东王公、西王母、土地、灶君等，这类神祇数量最大；三是从佛教吸收过来的，如十殿阎王；四是神化历史人物，为其所用，如老聃、庄周、葛玄、东方朔、张陵，等等。道教的神仙队伍虽然庞杂，但是，由表及里。那就不难看出附在道教崇奉的众多神仙身上的是精、气、神，是魂魄，是与人间相连的璀璨的星辰，道士们把它们糅合在一起，"假相名"为神，实质是神灵崇拜和巫术思想向高层次发展的产物。

方术和巫术

道教非常重视方术，道士们运用的方术几乎都是承袭于古代巫术，"此则古之巫祝史，秦汉之方士，今日之巫觋，皆为本等之行业，而今之道士，亦似含此而外，无谋食之方耳。"（傅勤家《中国道教史》）。道家重视方术，目的是为了消灾灭祸，羽化飞天，特别是羽化飞天，是道教的最高理想。羽化飞天就是成仙。成仙有两个途径，一是肉体成仙，成为天仙或地仙；一是灵魂成仙，通过尸解成为"尸解仙"。成仙必须修炼，修炼必须运用方术。所以，在成仙思想下产生的方术，不仅花样很多，而且皆具"中国土生土长"的特点。

符箓咒语。运用订符箓咒语进行祈禳禁劾活动是道教的重要方术之一。道士常用画符、念咒、发放法箓的手段为人治病消灾。早期道教把符文看作是天神下达指令的手段，是天神授予的"资格证书"，所谓"是生神之愿，辄有符传，以为信行"。（《太平经》）实际上，运用符箓驱邪治病是五斗米道创始人张道陵发明的。传说，阴山有毒龙兴风作怪，张道陵前往治妖，画了一道符投在深水池中，毒龙见符立即逃之夭夭。此后，张道陵就大肆宣传画符驱妖治病的作用，在科学落后的封建社会中，这种宣传很能蛊惑人心，也很容易为人们所接受。到了魏晋南北朝，道教各派无不利用符文，不仅名堂更多，而且神秘色彩更浓。咒语的作用和符文相同，二者经常同时使用。法箓是道士个人修身立业、迁升道职的证书，不起防灾除疾的作用。符箓在道教内被视为人与神、鬼交际沟通的媒介，是人类借助它来战胜现实中的邪恶、灾害的精神力量的凭证，是宗教超灵感应的体现，实际上是巫术观念的反映。

　　道士画符念咒、上坛作法经常配以各种手势。法术、手势、剑术是道教斋醮礼仪中不可或缺的三件法宝。从功能看，手势也是一种法术，和符箓一样，道士通过手势下达天神的旨意，指挥兵曹，伏魔降妖。手指犹如神杖，具有威慑力量的神人合一的权威性。手势的花样很多，较简单的有剑指、金牌指、金龙指、神虎指、雷指、招讨指，等等。复杂的有拜请神灵降临的天师诀；用作勾请神将神兵，呼唤值日功曹、土地神祇的本师诀；目的在于使神灵助威，驱邪伏鬼，增加符箓灵验性的日月君诀；用以指挥鬼神，画符押字的天纲诀；用以向天神申借兵马，统领天将的都监指；还有传令鬼神的金刀指，请将吏下凡发兵马的发兵指，等等。名目繁多，变化无穷。道士施法，运用手势，必须念相应的咒语，手法才能灵验。所以画符、念咒、做手势是道士作法的三个主要手段。

　　守庚申。守庚申是道士修炼的一项重要内容，也是道教的一种斋醮仪礼。为了弄清"守庚申"到底是怎么一回事，首先需要了解"三尸"和"庚申"两个概念。"三尸"又称"三伏尸"。《太上三尸中经》说："人之生也，皆寄形于父母胞胎，饱味于五谷精气。是以人之腹中，各有三尸九虫，为人大害。常以庚申之夜上告天帝，以记人之造罪，分毫录奏，欲绝人生籍，减人禄命，令人速死。"《云笈七籤》中讲得更详细："既食百谷，则邪魔生，三虫聚。"又说："虫有三名，伐人生命，亦号三尸。一名青姑，号上尸，伐人眼，空人泥丸，眼暗面皱，口臭齿落，鼻塞耳聋，发脱眉薄，皆青姑之作也。二名白姑，号中尸，伐人腹，空人脏腑，肺胀胃弱，失肌过度，皮癣肉焦，皆白姑之作也。三名血尸，号下尸，伐人肾，空人精髓，腰痛脊急，腿痹臀顽，腕痛胫疫，阴萎精竭，血干骨枯，皆血尸之作也。此三尸毒流，噬嗑胎魂，欲人之心，务其速死，是谓邪魔。……常于人心识之间使人常行恶事，好色欲，增喜怒，重腥秽，轻良善，惑乱意识，令陷昏危。常以甲寅庚申日，上白天曹，下讼地府，告人罪状，述人过恶。……于是上帝或听，人则被罚,轻者在世迍邅,求为不遂;重者奄归大夜,身形成殃。""三尸"的名称,有的道教典籍亦作彭倨(上尸神)、彭质(中尸神)、彭矫(下尸神)。"庚申"是指天干地支相配六十日一回轮,其中有六个庚日,即庚午、庚辰、庚寅、庚子、庚戌、庚申。庚申日即六庚日之一。

道教认为每当庚申的夜晚,三尸神便会暂离人体,上天庭去向天帝汇报人在世间的功过,或揭发人的罪状,天帝则按人的功过进行赏罚。为了防止三尸上天禀告而带来灾祸,道士"凡至庚申日,兼夜不卧守之,若晓体乏,少伏床,数觉,莫令熟睡,此尸即不得上告天帝"。(《太上三尸中经》)此乃消极防御性的方术。道教认为"三尸"是由百谷化生的,是在胎胞中与人体同时孕育而来的,"三尸"的存在,与人不能绝百谷有很大的关系。

房中术和御妇人法

房中术。房中术始见于《汉书·艺文志》,其中《方技略·房中》一节列举了《容成阴道》、《务成子阴道》、《尧舜阴道》、《汤盘庚阴道》、《天老杂子阴道》、《天一阴道》、《黄帝三王养阴方》、《三家内房有子方》,指出:"右房中八家,百八十六卷。"又说:"房中者,情性之极,至道之际,是以圣王制外乐以禁内情,而为之节文。"所谓"房中术",就是男女情欲达到极点时,运用高深的房中养生之道进行交合的方术。先代英明的帝王外作音乐,用以内制情欲,上述八家,乃是他们为节制性生活而撰写的著作。房中术本来是讲性的禁忌和却病之术的,它的基本精神是:人们应该爱惜精气,节欲保生,不可沉湎女色,纵欲戕身。为了节欲保生,不仅应该节制性生活,而且在性交时必须采取有益于身心健康的方式和方法。我国古代是非常重视性卫生的。《抱朴子》指出:"房中之术十余家,或以补救伤损,或以攻治众病,或以采阴益阳,或以增年延寿,其大要,在于还精补脑这一事耳。"又说:"凡服药千种,三牲之养,而不知房中之术,亦无所益也。"还说:"然行气宜知房中之术，所以尔者，不知阴阳之术，屡为劳损，则行炁（气）难得力也。"
当然，《抱朴子》成书于东晋，时间较晚，但是书中关于房室养生学说，
无疑是葛洪在总结前人经验基础上而加以阐发的。事实上，在先秦诸子
的著述中就有许多关于房室养生的论述。《周易》中说："天地絪缊，万
物化醇，男女媾精，万物化生。""一阴一阳之谓道，生生之谓易。"六
十四重卦中由上坎下离组成的"既济"卦，坎卦代表水、云、女，离卦
代表火、光、男。通过上述两卦相重，卦象阴阳交错，表现了男女相成
相益的高度和谐。所以这一卦象被认为是象征性交的。孔子说："君子
有三戒：少之时，血气未定，戒之在色。"孟子说："食、色，性也。"
《礼记》说："饮食男女，人之大欲存焉。"荀子说："性者，天之就也；
情者，性之质也；欲者，情之应。以所欲为可得而求之，情之所必不
免也。"特别是老子提出的节欲保精的房室养生的根本观点，揭示了人
体生命的实质，为几千年来中国房室养生学奠定了理论基础。无论是道
家、儒家，还是医家，在惜精爱气这一点上，都是以老子为宗，遵循其
道的。秦汉时期的房中著作研究的问题十分具体。长沙马王堆三号汉墓
出土五种古代房中医学帛书和竹简书，其中的《十问》假托黄帝、尧、
舜、禹等与医家、术士的相互问答，从天地阴阳变化的规律，男女交合
采阴补阳的方法，讨论到房中补益之道，以至性交过程中的五种节序。
对有益于健身防病的性交技术研究得具体入微，如四致、五欲、五音、
八动、十修、十势以及某些仿生动作的运用，涉及性交时情绪的反映，
交接时机的掌握，呼吸吐纳的导引，等等。虽然无不与性的活动有关，
但是，研究探讨这些问题，是在精、气、神学说的影响下，以男女交合
中对人体有益的做法，去克服有害的做法；强调"保精守持，乐而有
节，和平寿考"，是为房室保健服务的。所以，先秦两汉时期，对房中
学的研究，一般地说态度还是较为严肃的。

　　魏晋南北朝以降，道教宗派林立，方术之士四起，房中术遂成为道
教修炼的一个重要内容。道士们宣传房中术可以行致神仙之术，学术观
点起了根本的变化，由秦汉时期的节欲保精而变为闭精纵欲。由节欲而

发展为纵欲，房中术就被道士们引上了旁门左道。当然，如果沿着这条魔道探源，必然要追溯到五斗米道所奉行的男女合气之术。五斗米道宣扬"合气释罪"，"至甲子，诏冥醮录男女媒合，尊卑无别"。（《广弘明集》卷九）进行过这种名为"合气"实为乱交之后，才能取得五斗米道"种民"身份。于是，"真人日礼，男女至朔望日，先斋三日，入私房，诣师所，立功德，阴阳并进，日夜六时。此诸猥杂，不可闻说"。（甄鸾《笑道论·道士合气》）其秽亵淫乱的程度可以想见，然而偏要神而明之地顶着一块"劝善"的招牌。及至北魏，在佛教的影响下，寇谦之对道教进行改革，虽然废除了三张伪法租米钱税及男女合气之术，但是仍然强调"修身炼药，学长生之术"。这样一来，"男女合气之术"又被方士们改造为"御妇人法"（俗谓"采补术"），作为道教修炼升仙的一个重要内容而被大肆宣传。说是"闻房中之事，能尽其道者，可单行致神仙，并可移灾解罪，转祸为福，居官高迁，商贾利倍"。因而得以广泛流传，上层人士尤其热衷于御妇采补。连曹丕在《典论》中也说："甘松、左元放、东郭延年，行容成御妇人法，并为丞相（指曹操）所录问。"事实上，自东汉直至明清，"御妇人法"（采补术）一直在社会上或明或暗地流传。特别是历来热衷房术的皇帝和王公贵族推波助澜，即使由于宋代程朱理学"存天理，灭人欲"的思想影响，由六朝以降的纵欲而变为禁欲，也未能遏止住这股暗流。这种病态的、不健全的性观念对社会的危害极大。

道教的房中术是把秦汉时期道家的"合夫妇"、"养性命"发展为专以得道成仙为目的的秘术修炼。御女为了采补，"采阴补阳，以人补人"是他们的基本观点。由于"黄帝御千二百女而登仙，俗人以一女而伐命。"所以不仅主张"数数御女"、"御女多多益善"，而且认为御女"不必皆须容色妍丽者，但欲得年少未生乳而多肌肉者耳。但能得七八人，便大有益耳"。（见《玉房指要》）孙思邈在《千金方》中，把闭精纵欲的主张阐述得更为具体，他说："但能御十二女而不复施泻者，令人不老，有美色，若御九十三女而能自固者，年万岁矣!"所以，道教把女人作为炼内丹的宝鼎，把"合气"、"采补"看作点化的手段，妄图通过多多御女而达到羽化飞升的目的。明代安徽新安医学家洪基编纂的《摄生总要·房中奇书·安置炉鼎篇》中有歌曰："采阴须采产芝田，十五才交二八年，不肥不瘦颜似玉，能红能白脸如莲，胎息有真都是汞，命门无路不生铅，炼成铅汞归元海，大药能为陆地仙。"这首歌诀是对道士采补炼丹的形象概括，炉鼎喻女人的阴部，"大药"指女人的舌津、乳汁和淫水，说采补少女的津液"能为陆地仙"。可见封建剥削阶级既要纵欲，又要长寿，把女人当作玩物，恣意摧残少女，到了荒淫无极的程度。道教宣扬御女升仙，固然是炫耀道术以欺世人，同样也是自欺欺人。由于采补术带有很大的神秘性，荒诞不经，传授者既无法自圆其说，学习者也感到难奏速效。于是，在明代糜烂的社会风气影响下，一些方士（道士）又依据采补原理衍化出直接应用男女精液以长生飞仙的邪说。饮男子精液，名为采补，实为壮阳纵欲。以处女月经炼红铅，名为炼丹，实为猥亵摧残少女。

外丹和内丹

炼丹。道教炼丹分炼外丹和炼内丹。服食金饵就是炼外丹，服食金饵思想是早期神仙思想的发展，也是古代巫术思想的演化，而且又皆以阴阳五行学说为基本理论依据，比附四象、五行。汉代流传"服金者寿如金，服玉者寿如玉。"如金、如玉，是因为黄金入火百炼不消，玉石埋之毕天不朽，可以长存，目的当然是企图长生不老，羽化升仙。西汉方士李少君就劝说汉武帝"祠灶"，用丹砂等矿物原料炼黄金，再用黄金铸成饮食器皿，使用这些器皿，人就可以长寿。它的理论根据就是人接触了金玉，金玉的性质就转入人体，人就可以像金玉一样万年不朽，这正是接触巫术的运用。炼丹服饵可以成仙的另一个依据，源于中国古代的星辰崇拜。古代方士认为天上的星宿都是天神的化身，道教继承这种信仰，为了让人相信食饵可以升仙，又以炼丹所用之药对应天上的星宿。"五石散"有"五石丹方"。"五石丹"是仙人八公授给笃信道教的淮南王刘安的，刘安又将此方赐给左吴，因而传之于世。据称"五石者是五星之精，丹砂，太阳荧惑之精；磁石，太阴辰星之精；曾青，少阳岁星之精；雄黄，后土镇星之精；矾石，少阴太白之精"。因为五石是五星之精，所以"服之令人长生度世，与群仙共居"。（见《太清石壁记·五石丹方》）食饵服金石，"辟谷"则服草木。服之长生的药草和天上的星宿也是对应的，"故地黄实者，恍惚之精也；著桑者寄生，阳之精也；菊花者，阴之精也；茯苓者，木之精也；车前实者，雷电之精也；地肤实者，列星之精也；竹实者，天华太乙之精也。凡七物，上应北辰七星日月"。（见《九转流珠神仙九丹经》）自汉以后，道教炼丹之术历代相承，及至唐代服饵之风大盛，外丹理论亦十分繁荣，服饵烧炼竟然成为社会的风尚。究其缘由，国力强盛、经济繁荣，社会物质生活和文化生活发展，加上几代皇帝的崇奉和支持，是它成为时尚的客观条件。而服食丹药使人相信可以长生不老成仙；能够"点铁成金"以致富；还有或许是更重要的可以壮阳以纵欲，则是促使外丹畸形发展的直接原因，或者说是它繁荣兴盛的真正的推动力。

内丹也是道教修炼的一个重要方法。内，指人的身体；丹，指"圣胎"，又称"丹药"。在精神意识的严格控制下，使精、气、神凝聚为一个小而圆的精神意识的产物，可以在体内循行。据说，丹药炼成以后，可以从脑门中出入，化为身外之身，人就能够永世长存，也就成仙了。不过，炼内丹绝非轻而易举之事，练功之前要祛除一切病症，保证健康；要改变正常的呼吸习惯，变顺行为逆行，即吸气时收腹，呼气时鼓腹，所谓"顺行成人，逆行成仙"；然后才能去炼运转"大小周天"。道教认为人的身体是一个小天地，天行一周三百六十度，丹药在体内通过精神意志的导引，运转一周称作周天功夫，修炼内丹以精气神为主，谓之"三华"，即"以精化气，以气化神，以神化虚，名三华聚顶"。（《潜确类书》）"三华"也是修炼内丹的三个步骤，并有秘诀曰："显密圆通微妙诀，借修性命无他说。算来总是精气神，谨固牢藏休漏泄。休漏

泄，体中藏，汝授吾传道自昌。口诀记来多有益，屏除邪欲得清凉。得
清凉，光皎洁，好向丹台赏明月。月藏玉兔日藏乌，自有龟蛇相盘结。
相盘结，性命坚，却能火里种金莲。攒簇五行颠倒用，功完随作佛如
仙。"实际上连道士自己也对"功完随作佛如仙"表示怀疑，认为这是
不可信的玄言妄语。所以对秘诀又有解之者曰："此精不是交感精，此
气不是呼吸气，此神不是思虑神，幸弗从自己身心中摸索。"

三、道教和佛教

由互补到互斥

道教刚刚兴起，佛教即已输入中国，时在汉明帝永平年间，当时称
"浮图教"。开始道佛二教是互相利用的，就信徒来说，也是佛老兼信，
不分彼此。因为道佛二教同以出世为宗，在世界观和认识论上有其共同
之处，教义在许多方而可以相互附会。如佛言精灵不灭，道求神仙却
死，二者既相得益彰，又转向资益，同时，佛教为了扩大影响，不得不
以斋戒祭祀附庸于鬼神方术，以迎合汉代礼祠鬼神的风尚。因此，佛徒
和方士最初人多是并行其事的，帝王亦并祭黄老和浮图。史载：汉光武
帝诸子类好鬼神方术，楚王英晚年更喜黄老之学，并为浮图斋戒祭祀。
永平八年，汉明帝诏令天下，凡被划死刑者皆可以缣（细绢）赎罪。楚
王英派人携带黄缣白纨（细绢）40 匹去见国相，说是"托在藩辅，过
恶累积，欢喜天恩，奉送缣帛，以赎愆罪"。相国报告明帝，明帝下诏
对楚王英加以宽恕，说："楚王诵黄老之微言，尚浮屠之仁祠，洁斋三
月，与神为誓，何嫌何疑，当有悔吝？"并将赎罪的缣纨退还，"以助伊
蒲塞桑门之盛馔"。"仁祠"，指僧寺；"伊蒲塞"，为梵语"优婆塞"的
异译，指在家受五戒的男性佛教徒，即居士。"桑门"为"沙门"的异

译，指"僧侣"，就是说将缣纨退还作为居士和僧人的斋供。可见在汉代，浮屠黄老虽然同属一"道"，实际上，佛教最初乃为道教之附庸，由此而生出"化胡"之说。据说，老子在周幽王时曾作柱下史，后和尹喜至"西国"，"作佛《化胡经》六十四万言，与胡王，后还中国，作《太平经》"。（见《珠囊》）又一说：《浮屠》所载与中国《老子经》相出入，盖以为老子西出关，过西域，之天竺，教胡。（《魏略·西戎传》），因而胡人所施行的实为老子的教化，这样一来，老子就成为佛陀圣者的祖师了。《化胡经》是西晋道士王浮掇拾旧闻而编造的，不过在汉时已有"化胡"的传说，《后汉书·襄楷传》中就提到"或言老子入夷狄为浮图"。当时佛法初来，道教始兴，合则相得益彰，分则互削其势，在佛教尚未站稳脚跟的情况下，说浮图源于老子的教化，以佛为道教弟子，沙门是认账的。当然，由于当时百姓二教并奉，往往将佛道并为一谈，也是浮屠道教相互结合的主要原因。同时，还要看到佛经刚刚传入中国时，将梵文（天竺文）释为汉字，往往需要利用道家的字义或词汇，如佛经中常用的"妙"字，即借用于老子的"常无欲以观其妙"、"众妙之门"等语。"尘"字则出自老子的"和其光同其尘"一语。不过道教袭取佛经名字和词义之处更多。如"毘卢遮那"、"药王"、"血湖"、"地狱"、"诸天"以及"劫数"、"三昧"、"转轮五道"、"妙法莲华"，等等。这也是佛道相资为用的一个重要原因。

借佛革新

道佛二教在竞争中，一面互相利用，一面又互相诋诽。道士看到佛教传入以后信徒日众，唯恐自己失势，而被沙门夺去衣食，必然要进行攻讦和排斥；沙门为了扩大佛教的影响，站稳脚跟，从而发扬光大，则力图将道教排斥在神坛之外，因此，两家争斗是十分激烈的，自魏晋以后，竟无休止。佛教徒作《笑道论》进行嘲讽，道教徒则作《道笑论》反唇相讥。由教义的争辩发展到以猥语相骂，所以有学者评曰："两家著作日多，极尽村妇对骂之致。"撕开脸皮，竟全然不顾道佛二家的体统。当然，争斗的焦点，一是相争为师，一是保住饭碗，真正教理上的争论是很少的。因为从世界观和认识论来看，道佛二教所宣扬的教义，实质上基本一致，或者说不过大同小异而已，特别是佛教的密宗和道教在教理和礼仪方面相似之处更多。这些相似之处大多皆有明显的相互因袭、模仿的痕迹。

道家主元气永存，精神不灭；佛家谈精灵不灭，生死轮转。道家"导人致于无为"，主张顺乎自然，如此，则不溢其情，不淫其性，归真返朴，省欲去奢。佛家认为"使人愚蔽者，爱与欲也"。"爱欲之于人，犹执炬火逆风而行"。"财色之于人，譬如小儿贪刀刃之蜜"。视财色为爱欲之恨，教人克伐爱欲，去世资财，崇无为，乐施与，出家学道。一说"无为"乃"涅槃"的古译。道教倡吐纳，"呼则出故，翕则纳新"，以导气养性，"度世而不死"，佛家持息念，念"安般"，出息入息，禅心寄托于呼吸。道教讲"守一"，佛教重"禅定"。道教讲房中术，炼合气采补，羽化飞升；佛教密宗参欢喜禅，搞男女双修。道佛二教均以出世为其宗旨，都避恶趋善，都以淫、杀、贪、妄讲为诸戒之本，所以它们的教义颇多相近之处，开始是各传其道的。相互因袭，特别是道教模仿佛教，那是双方看到各自的不足而采取的互补措施。不仅在仪礼、修炼方法等方面互相吸收，仿效。而且相互模仿，利用对方的信仰，造作诸种伪经，以致弄得你中有我，我中有你。到了南北朝，道教在佛教的冲击下已陷入岌岌可危之势，这时道士寇谦之着手革新五斗米道。五斗米道的租米钱税的实质是"贪"，男女合气之术的内涵是淫。而贪、忿、痴佛教视为"三毒"，强调防身（心去贪、忿、痴）和摄生（身除杀、淫、盗）。寇谦之废除三张伪法显然是受到佛教的影响。至于创立《云中音诵新科之诫》（亦名《并进》），"令男女立坛宇，朝夕礼拜"；要求信徒勤修戒律，并设立道观，使信徒潜心修炼，也是学习佛教"每寺立持律，日日相率说诫"的做法，而为振兴道教建立的新的科诫，从而为道教的生存和发展打下了基础，并将道教推进到一个新的阶段。所以，有的学者把南北朝划为道教发展的第二期，即由开教时代进入教会组织时代。这一时代的特点是，仿照佛典的体裁内容拟撰道经，改革道教的形式，而注入新的内容。在一批具有革新思想的道士推动下，道教又"俄然风靡天下"。

四、道教和儒教

儒道的结合

道教在发展过程中，不仅糅合了佛家的、也糅合了儒家的某些理论、教规和仪式。东汉是一个神学时代，根据著名的白虎观会议辩论的结论，由班固整理的会议纪要《白虎通德论》（亦称《白虎通义》）把儒家思想（今文经学）同谶纬迷信紧密结合起来，完成了神人合一的过程，导致了儒学的神学化。一切以儒学为中心，一切都用神学去解释，一切都被包罗在"三纲六纪"的罗网之中。天命、鬼神、儒学形成的"三合一"，成为东汉王朝统治思想中的一股主流。道教就是在这个特殊的历史条件下产生的。白虎观会议后，谶纬神学与儒家经书的结合，作为理论原则，用以指导东汉大政方针，并作为学术思想、道德规范风靡一时，实为道教的产生提供了理想的温床。

修儒和修仙

西晋以前，五斗米道主要在民间流传，信徒多为下层中人。两晋士族盛行"天地万物皆以无为本"的玄学。道教要发展，必须求得士族的信仰。争取士族信仰存在一个难题，即做官和成仙的矛盾。士族儒门不能弃官不做，跑到深山中去炼丹成仙，这个矛盾是由葛洪出来解决的。葛洪是大儒郑隐的弟子，又师事"尝见仙人阴君（阴长生）"，授道诀的南海太守鲍玄。郑隐"晚而学道，犹以《礼记》、《尚书》教授不绝"。葛洪"就隐学，悉得其法"。在郑隐的影响下撰写了内篇属道家（五斗米道），外篇属儒家之言的《抱朴子》，阐发了五斗米道与儒学之间的关系。他提出"道为儒本，儒为道末"的命题；以神仙养生为内，儒术应世为外的主张，把修儒当作成仙的先决条件。他认为"欲求仙者，要当以忠孝和顺人信为本。若德行不修，而但务方术，皆不得长生也。"（《抱朴子·内篇》）并进一步提出仙官结合的问题，认为"长才者兼而修之，何难之有？"既当官佐，又修道成仙，乃为"上士"。而且，"若幸可止家而不死者，亦何必求于速登天乎！"怎样才能达到"止家而不死"、万年当官享乐的目的呢？他提出了"先服草木以救亏缺，后服金丹以定无穷"的办法，并在其著述中专列了《仙药》篇和《金丹》篇，为止家不死，修炼成仙开列了详细的草木金石之方，断言"凡为道士，求长生，志在药中耳"，"长生之理，尽于此矣"。由此可见，官仙结合实为儒道结合。儒教、做官、成仙三者既可兼修，一面读孔、孟之书，讲儒做高官；一面采药炼丹，以冀有朝一日成仙羽化，岂不是"鱼我所欲也，熊掌亦我所欲也"。修仙和儒教、做官之间的障碍一经打开，信仰道教（五斗米道）的士族骤增，因此，五斗米道不仅在下层庶民中、而且在上层士族中取得普遍的信仰。葛洪通过儒道合一取代玄儒合一，为儒教和道教的结合奠定了理论基础。

　　比葛洪稍晚的寇谦之改革五斗米道，代张陵为天师，建立新天师道（称北天师道），不仅借助佛教，而且特别借重儒教，提出"专以礼度为首，而加之以服食闭炼"的新教义。寇谦之制订《云中音诵新科之诫》，其基本内容就是封建"礼度"，儒家的"佐国扶民"思想。所谓"礼度"，就是儒家所宣扬的"臣忠、子孝，夫信、妇贞，兄敬、弟顺，内无二心"。寇谦之在《新科之诫》中规定信徒不得"攻错经道"。所谓"攻错经道"，就是不忠、不孝、不仁、不信，利用道教"诳诈万端，称官设号，蚁聚人众，坏乱土地"。违反"礼度"，太上老君就会震怒，就要将"此等之人"打下地狱；"若有重罪之者，转生虫畜"。不仅来生，而且三生乃至千生，都要"轮转精魂虫畜猪羊而生"。道教的最高目标是羽化飞升，道徒的最大愿望是修炼成仙。寇谦之认为要想成仙，必须先从忠、孝、信、贞、敬、顺做起，并应奉之若"严君"，朝夕礼拜，达到内心无二的程度，这是"科诫"的核心，也是成仙的先决条件。儒道结合，葛洪首先打下理论基础。寇谦之通过"科诫"进一步阐发了道教和儒学的关系，对道教的改革，较之葛洪，显然更为彻底，也更带强制性。刘宋时，庐山道士陆静修也对五斗米道进行改革，糅合儒道两家学说，编成新的道教斋戒仪范。其后，茅山道士陶弘景又将封建等级思想引入神仙世界，编制了将神仙分成许多等级的《真灵位业图》，并撰《真诰》，将佛教轮回之说引进道教，从而正式形成了"三教合流"的思想。

第七章
巫——中国知识分子的原型

在古代神秘文化的传播、流行过程中，逐步形成了一部分职业人员——巫，他们从观念到行为都以传播神秘文化为己任。从文化史角度看，可称之为知识分子的原型。

一、中国古代社会初期的史官、卜官和礼官

中国古代社会初期的史官、卜官和礼官都是由巫充任的，就是史书上所称的"卜"，"占"、"祝"、"巫"一类人物。中国由原始社会进入奴隶制社会以后，建立了夏王朝。据史籍记载，夏王朝已经开始设立史官，称太史令。《吕氏春秋》中就有太史令终古劝谏荒淫无道的夏桀，劝谏无效而弃官奔商的记述。商代的史官称作册、作册内史、史、太史、内史、尹等。到了周代，国家的礼制逐臻完备，史官分为太史、小史、内史、外史、御史五种，内部各有分工。平时在朝廷记录时，内史居左，太史居右，《汉书》中说："古之王者，世有史官，君举必书。左史记言，右史记事。事为《春秋》，言为《尚书》。"记言，就是为国王起草文书，发布文告，推行政令；记事，就是记录与国王有关的一些事

件，诸如人事活动和自然界的重大变化，等等。同时，又是祭祀、占卜、祈禳、巫术活动的主持者，卜兆的释读者。内史多重神事，占卜、预言，这类史官多由巫担任。因为巫的知识和技能可以验测国运，预卜战争，司掌宫廷祭祀。《左传》、《国语》中都记有内史和惠王的对话，其中即有"国之将兴，明神降之，监其德也；将亡，神又降之，观其恶也"。还记载了内史叔服会葬、预卜"不出七年，宋齐晋之君，皆将死乱"等语。由于他们有预卜军政大事成败的本领，对统治集团的心理状态产生深刻的影响，因而受到君主的重视，实际上直接参与军事、政治活动，成为统治集团中全能的具有重要地位的角色。《曲礼》中记有"天子建天宫，先六大：曰大宰、大宗、大史、大祝、大士、大卜"。大史、大祝、大卜都是由巫充任的。《左传》称这类官为"祝宗"、"祝史"。祝本为觋，进入朝廷则成为掌管祭祀典礼的礼官，实际上是一种宗教官。由于官巫在朝廷中的地位很高，所以进入朝廷位列"大"官，就成为巫觋向往和奋斗的最高目标。当然，能够受到君主青睐成为官巫的只是少数。大多数巫觋只能作为"民巫"在下层活动，以愚弄欺诈百姓，谋取钱财。

史官通巫，巫官通史，巫即史官，史官即巫，是夏商周这个历史阶段产生的特殊现象。这种巫史不分的情况，大概一直延续到西周初年。

二、巫职责的变化与发展

周公东征以后，西周王朝出现了空前统一安定的局面，各种礼节仪式、道德规范也逐臻完备。当时即已册命职官，名称、职务、级别都有明确而又具体的规定。《周礼》分设六官："天官"、"地官"、"春官"、"夏官"、"秋官"、"冬官"（《冬官》已佚，汉时以《考工记》补入）。"天官"、"地官"、"春官"所记的各种官职，其职责多为掌四时之礼。

《春官宗伯》开宗明义云："惟王建国，辨方正位，体国经野，设官分职，以为民极，乃立春官宗伯，使率其属而掌邦祀以佐王和邦国。"郑立注说得更加明白：大宗伯之职掌建邦之天神人鬼地示（祇）之礼，以佐王建保邦国。以吉礼事邦国之鬼神示。以禋祀昊天上帝。以实柴祀日月星辰。以槱燎祀司中司命飌（风）师雨师。以血祭祭社稷五祀五岳。以貍沈祭山林川泽。以疈辜祭四方八物。"大宗伯所帅其属中，有大卜、卜师、卜人、龟人、菙氏、占人、簭人、占梦、眡祲、大祝、丧祝、甸祝、诅祝，还有"男巫无数，女巫无数"。大宗伯的职司及其属职官的这些名称和职务可以说明以下几个问题：

其一，中国古代最重祭祀，商周礼仪系统的主要内容就是表葬和祭祀，或者说商周礼仪的核心是重祭和重丧。过去许多学者认定"周公制礼作乐"，《周礼》是周公制定的，不免失之武断。近代学者考证，把《周礼》定为战国时代作品，比较可信。但这部礼仪经典无疑是搜集周王室官制和战国时代各国制度，依据儒家的某些政治主张和理想，添附排比而成的汇编。从《春官》、《夏官》、《秋官》等篇可以看出，早在三千年前的西周祭祀之礼已经相当完备。到了春秋战国时期，礼仪制度经过儒家的改造，孔子删削补充于先，荀子系统论述于后，从而被提到人伦正礼的高度，以其教治化民，建保邦国。及至西汉，武帝将《周礼》、《仪礼》和《礼记》定为国家经典以后，原为初民出于鬼神崇拜以表报恩祈福之情的祭礼，则转化为反映阶级社会等级制度的仪礼。从不成文的习惯礼俗被提高为理论性的经典，成为中国传统文化的核心，指导着封建统治阶级和封建士大夫们的实践活动，二千多年来，对政治、经济、文化产生了重大的影响。

其二，进入阶级社会以后，作为原始社会初民处理各种问题的社会规范的礼，虽然发生了质的变化，并被儒家改造成为系统的、规范化的理论性的经典。但是，却仍然带有从原始社会流传下来的神秘牲。《春官宗伯》中职官的设置，有关占卜的职官就分工极细，既有大卜、小师总揽其事，又有龟人（占龟）、菙氏（菁占）、簭人（占易，卦占）、占梦（以日月星辰占六梦之吉凶）、眠祇（"掌十煇之法以观妖祥，辨吉凶"，煇即辉，指日晕）、冯相氏（"掌日月掌星之位，天文之变"）、保章氏（掌天星、以志星辰日月之变动，以观天下之迁）等各司其职。每项职务的等级少的有三、四级，多的有八、九级。同时，祭祀仪礼中仍然蒙上了浓厚的原始巫术色彩。许多仪礼的规定和一些职官的设置，实质上沿袭了原始巫术的祭法。比如《春官宗伯》中设有司巫中士二人，"掌群巫之政令与下男巫女巫神士等为师，故云巫官之长"。又规定"若国大旱，则帅巫而舞雩。"至于巫，既有男巫，也有女巫，而且定员"无数"，既然"无数"，想来巫的名额是不受编制限制的。贾公彦在《疏》中注释说："巫与神通，亦是鬼神之事，故列于此。"祭祀的对象为鬼神和祖先，祖先也是鬼神，这样，能与神通的巫自然要在祭祀仪礼中充当重要角色而被《周礼》列为官职了。于是，巫术也就融化于祭祀之中。在历史长河中，各个民族在各自发展的过程中，由于文明程度的不同，在不同程度上保留、传承和融合原始巫术形态，从而形成各个民族的独特的礼俗文化。一般来说，汉族地区，固有的传统观念中虽然仍有一定的巫术意识，但是，作为原始巫术形态在祭祀等社会活动中已不复存在。而在西南地区、特别是边陲地区的一些少数民族中，巫和巫术的传统则一直延续至今，随处可见。

其三，在中国古代社会中，巫由民间进入宫廷，既参政，又治史，成为官巫，就是"为仕"。巫能为仕的只是他们队伍中的少数拔尖人物。这些人在歌舞事神、占卜祈禳、驱鬼避邪、预测丰歉、医疗疾病等方面具有非凡的才能。他们在进行巫术活动时，几乎涉及天文、地理、术算、历法、军事、历史、乐舞、医药、技艺诸多方面，在当时的社会中，称得上是全能的人才，也是上古文化的主要承传人。直到三、四千年后的今天，在少数民族中仍然存有这种神秘文化的传承者。世代繁衍生息于我国云南玉龙雪山下的纳西族，以创造由东巴教而得名的东巴文化而闻名于世，纳西族古代的知识分子称"东巴"。"东巴"是集巫、学、艺、匠于一身的纳西族传统文化的传承人，至今仍有少数"东巴"

健在。研究人员遍及几十个国家，被称为文化瑰宝的纳西族象形文字东巴经，就是由这批"东巴"破译成书的。这些入仕的巫既有其愚昧落后的一面，又有其文明进步的一面。他们在愚昧的活动中推进了中国文化，在落后的状态下逐步在走向文明。"我们尽管可以正当地不接受巫师的过分自负，并谴责他们对人类的欺骗，但作为总体来看，当初出现由这类人组成的阶层，确曾对人类产生过不可估量的好处。他们不仅是内外科医生的直接前辈，也是自然科学各个分支的科学家和发明家的直接前辈。正是他们开始了那在以后时代由其后继者们创造出如此辉煌而有益的成果的工作"。（弗雷泽《金枝》）所以，应该说巫是上古精神文化的主要创造者，是中国古代最早出现的知识阶层。隋唐以后朝廷设置的六部，前人多托附于《周礼》的六官分职，以大宗伯为礼部尚书的别称，以少宗伯称呼礼部侍郎。由此犹可看出从巫到史官，从史官到仕这一条随着历史发展而逐渐淡化，虽然已不那么明显，但依然可以寻根溯源的遗迹。

第八章
既是神秘的，又不完全是神秘的

神秘文化作为一种古老的文化现象，不仅在中华民族曾广为流传，在其他民族也曾是极为活跃的。就其观念系统与行为模式而言，神秘文化确有神秘的特征，但另一方面，如果从文化学含义上把握它，又可以找到其可理解的特征。

一、巫术的神秘性与非神秘性

巫术是人类迷信的根源，又是人类文明进步的必经阶段。人类处于蒙昧阶段，巫术是人们对物质世界和精神世界的认识形式和实用手段。从观念来说，它出于人们对客观世界的控制意识；从手段来说，它具有实用性，是用来控制、防止和战胜那些不可预测、却又似乎含有内在逻辑的事变和左右命运的神秘力量。马林诺夫斯基在阐释巫术的生理基础时指出："当人类遇到难关，一面知识与实际控制的力量都告无效，而同时又必须继续向前追求的时候，我们普遍便会发现巫术的存在，须知人类一旦为知识所摒弃，经验所不能援助，一切有效的专门技巧都不能应用之时，便会体认自己的无能，但是，这时他的欲望只是更紧迫着他，他的恐怖，希望，焦虑，在他的躯体中产生了一种不稳定的平衡，而使他不得不迫寻一种替代的行为。"(《文化论》)这种替代行为迫寻的结果，便产生了能够取得心理平衡，并得到某种积极的方法以对付知识和技能所不能解决的难题的巫术。由此可见，在荒渺蒙昧时期，初民由于知识和能力的限制，不能完全控制处境和机会，巫术的产生乃是人类和社会发展的必然。

这里，我们可以就一些具体问题和实用活动来看看巫术实施的情境。在初民社会中，巫术应用最广的地方就是为人治病。由于缺乏生理卫生知识，初民认为生病是由于神灵作祟，鬼魂附体，或是由于犯了迷信的禁条，或是巫觋施法。总之，认为疾病是"具人格的物"，自动攻击人。所以，对付疾病犹如对付仇敌，必须请巫施行巫术破邪。怎样破邪呢？首先探求病源，然后设法对付。如是神灵作祟，便采用恳求的办法，如是鬼魂附体，便采用调解的办法，如是妖魔作怪，则采用驱逐的办法。使用的手段一是祈祷，一是诅咒。在巫的时代和稍晚的巫、医混合时代，祈祷和诅咒之风都很盛行，古籍文献中关于这个问题的记载很多。《灵枢》中记述黄帝和岐伯的对问："黄帝曰：'其祝而已者，其故何也？'岐伯曰：'先巫者，因知百病之胜；先知其病之所从生者，可祝而已。'"，祝，就是祝由，"为祝说病由"。《说文》解释道："祝，祭者赞词者，从示，从儿口；一曰从兑省。"《易》则释为"兑为口为巫"。古人视祝由为南方神，所以古代学者又说："按《易》，兑，悦也，巫所以悦神也。"悦神即诵读祝词，博取神的欢心，从而消灾祛病，这就是祈祷。巫医在施行巫术时必须举行仪式。对此《说苑》中有比较具体的记述："吾闻上古之为医者，曰苗父；苗父之为医也，以菅为席，以刍为狗北面而祝，发十言耳；诸扶而来者，舆而来者，皆平复如故。"刍狗是用草扎成狗形，饰以文彩，是秦汉以前巫医必用的一种仪式。从《庄子》中可以看到这种祭仪的情况："夫刍狗未行也，盛以箧衍，中以文绣，尸祝斋戒以将之；及其已陈也，行者践其首脊，苏者取而爨之而已。"束刍为狗干什么呢？为了向神灵谢过求福。诅咒的手段很多，有

祝、咒、诅、诅、谮、溜、袖、由、禁，等等。传说这种手段能收咒到
病除之效，《左传》中就有："虽有善祝，岂能胜亿兆之诅"这样的说
法。《世本》中记有"巫咸祝树树枯，祝鸟鸟坠。"《黄帝内经》中说：
"病毒，言语轻人者，使唾痈祝病。"唾祝，就是一种巫术。《千金翼
方·禁经：禁唾恶疮毒法咒语》说："百药之长，不如吾之膏唾；吾仰
天唾杀飞鸟，唾南山之木，木为之折；唾北山之石，石为之裂；唾北方
之水，水为之竭；唾百虫之毒，毒自消灭；唾百疮之毒，生肌断血，连
筋续骨，肌充肉实。"唾祝，大概是一边吐唾沫，一边诅咒。唾液本身
具有解毒的作用，显然，这里是将唾液的作用加以夸张而进行的描述。
古人不了解唾液的性能，所以附会为诅咒的魔力。初民起先是祈祷诅咒
医疗疾病，随着经验的积累，知识的进步，发觉治病完全依赖祈祷诅咒
是不起什么作用的，于是巫乃逐渐应用医和药而进入巫与医混合的时
代。医疗的手段也是逐步进化的，开始用符咒之类厌胜物治病，即祝由
科采用的方法；继而使用针灸砭石之类，是为后世针灸疗法的滥觞；再
进而采用简单的药物，但药物治疗仍被视为巫术。所以，有神农尝百
草，"和药济人"；伏羲尝百药而制九针的种种说法。《抱朴子》中又说：
"吴越有禁咒之法，能以炁禳灾祛鬼，蛇虫虎豹不伤，刀刃箭簇不入；
又能禁水使逆流，禁疮使血止，禁钉使自出。"念咒，当然起不了这样
大的作用，这里似乎涉及"运气"，"能以炁禳灾祛鬼"，"炁"为"气"
的古字。《抱朴子》中另有一则记述也讲到这个问题："道士赵炳以气禁
人，人不起；禁虎，虎伏地，低头、闭目，便可执缚，以大钉钉柱，入
尺许，以气吹之，钉即跃出，射去如弩箭之发。"这则记载可为"运气"
的佐证。葛洪是道教信徒，《抱朴子》成书于东晋，所谓"能以炁禳灾
祛鬼"之说，记的起码已是巫、医结合以后的事了。由此亦可看出直到
东晋人们仍然相信诅咒的神力。以巫术治病，现在看来虽然觉得十分荒
诞可笑，但对初民来说则是一种战胜敌对力量的手段，也是仅有原始知
识的心理的一种表现。其所作所为看起来很神秘，一旦揭开奥秘，也就
没有什么神秘可言。

上面讲到在生产力极其低下的情况下，人们只有在知识不能完全控制处境及机会的时候才会施用巫术，这里可以耕种为例加以说明。马林诺夫斯基在阐释"巫术体系"时，曾对巫术施行于耕种的过程和步骤作过具体的表述：决定当年耕种的地点，规划土地，没有巫术；开工，举行大规模的仪式，由巫师念咒祝福禳灾，祈求神灵和祖先帮助，驱除一切危肃，预祝土地肥沃。开工典礼是隆重的巫术活动。仪式完成，划分土地，没有巫术；接着举行禳灾仪式，用巫术来消除一切害虫和疫病。然后，焚烧杂草、清理地面，这项工作不夹杂巫术。一切预备工作妥善之后，举行下种仪式。下种后进行一些实际操作，等到作物出芽，枝叶渐茂，巫师每隔几天就要独自到地头去念诵咒语，促进作物发育。然后又举行一次除草仪式，接着进行除草。最后就是收获了。收获和开工一样，收割前也要举行大规模的巫术仪式，庆祝丰收，酬谢神灵和祖先。（见《文化论》）从这个实例中可以看出，在初民的意识里，既在一定程度上认识到自然努力的作用，也绝对相信超自然势力的作用，因此，对于自然和命运，不论是主动的加以利用，还是消极地进行回避，都是两者交替使用，力求达到预期的效果。由于经验的积累，知道通过某种理性的势力能够产生一定的效用时，他们便充分利用自然势力；而当面对大自然感到无能为力的时候，他们就诉之于巫术，借助于巫术的灵力。仍以耕作为例，掘地、刈草，初民知道必须依靠人力劳作，任何巫术也不可能代替人力，把地翻整、把草刈除，巫术在这里是不起作用的，或是不必要的。但是，作物生长的过程，不论是禾（粟），还是稌（稻），由人力进行的刀耕火种只能起一定的支配作用，因为作物的生长，要受气候、风、水、旱、虫各种自然灾害和瘟病的影响；在极其粗糙的耕作情况下，还受地力的制约，这些人们就束手无策了，只能听任自然势力的摆布，而把信力寄托于超自然势力，由巫师来施行巫术。在原始社会中，一切生产和社会活动，几乎都是"巫术的"和"实甩的"二者相互依赖进行的。从功能上来看，"巫术的"也是实用的，因为施行巫术的目的，是按照一种固定程式作出动作，实现对客体的控制。巫术不同于宗教，是由于宗教的力量在于信仰，巫术的力量在于实用。尽管巫术也是一种信仰，但是这种信仰出自于实用的目的。从人类思维能力的发展水平来说，巫术远没有宗教那样复杂、玄奥、神秘、它是清醒的、朴素的。"支配巫术的是粗浅的信仰，表淡巫术的是简易而单调的技术"。它是达到某种目的或实现某种愿望所采取的一种手段。撇开心理的因素，拂去感情的色彩，原始巫术是极其单调的。当我们接触巫术以后，就会发觉这个神秘莫测的世界，其实并没有多少引人入胜之处，巫术不过是一种技艺而已。

巫术的施行，主要在于仪式，也就是说巫术的力量通常是在仪式中发生或造成的。巫术仪式有各种固定的程式，这种固定程式是一套用来表示为控制某一事物所必需的情绪牲行为模式。对巫师来说，在施行巫术时离开了情绪性行为，魔为也就无由产生，可以说，情绪性行为，或者说情绪的表演实为巫术行为的一个要素。例如巫师施行黑巫术，将手中的梭标或长矛指向对方（假想中的敌人），在极端愤恨的情绪下刺入对方的胸膛，接着反转过来，近乎发狂地将梭标或矛头不断搅动，顺势将"敌人"的胸膛划开，然后再猛撼一下，将利器拔将出来。情绪由暴烈转变为胜利后的痛快和满足。显然，在这场表演中，感染观众的不是猛烈的刺击，而是狂热的感情。如果施行恋爱巫术，情形就迥然不同。巫师表现出害相思病的神态，神魂颠倒，将真人或象征物捉住，拍打、抚摩，显得情意绵绵。若是施行战争巫术，面对敌人要表现愤怒的情绪，攻取要做出凶猛的姿态，斗争要显示狂热的感情。在施行巫术时，巫师要用实物，或称为"法宝"来配合情绪的传递。这些法宝也是和情绪联系在一起的，可以起到陪衬以至深化情绪的作用，而不是观念的物品。如对付敌人，所用的矛，尖端是足以伤人的；用的攻击对方的物品，或是刺鼻的，或者是有毒的。恋爱巫术多用醉人心脾的刺激品，如鲜花、香料。经济巫术则多用在当时视之为贵重的物品。表现情绪仪式的另一种表现方式，是用行为来预兆所期冀的结果。仍以黑巫术为例，巫师从另一侧面装作被施术的受害者，说话时故意把声音压得很低，从喉咙中发出快要咽气时的阵阵吼喘，然后倒在地上做出痉挛的样子，以至痛苦地死去。这样一来，表示敌人已受到致命的打击。这种巫术具有很强的模仿性，称之为模仿目的的仪式。还有的巫术仪式既不夹杂任何的特殊感情和观念，也不应用模仿或预兆，而是直接应用巫力。例如巫师施术时命令起风，于是风起。或者将咒念在特定的物品上，如欲加害对方，剪个纸人，写上对方的姓名和生辰八字，再戳上几根针，念咒以厄，似乎就可发生巫力的作甩。总之，不管是祈求吉祥，还是被禳灾祸；不管是施行白巫术，还是施行黑巫术，都要凭借依赖、使用巫力。到底是什么东西可以产生令人欢欣、又使人畏惧的巫力呢？巫力的神奇性又以什么东西为依托呢？一言以蔽之，就是咒。我们在分析原始巫术的时候，就会发现咒是巫术的最重要的部分，也是巫术的最神秘的部分。或者说是巫术行为的核心（关于咒的问题，前章已作详细阐释）。不论采取什么手段，相信人的意志可以影响神鬼的意志（一种超自然的神秘力量），从而控制事物发展的思想乃是巫术信仰的基础。

错误的思想逻辑，被歪曲了的自然规律体系——关于变感律（交感巫术）

巫术是一种歪曲的虚幻的信念，一种简单的技艺，画符念咒，呼风唤雨，挥刀舞剑，捕风捉影，实际上都是巫师玩弄的魔术。既然如此，为什么它能激发人们的情绪，蛊惑人心，在初民中产生那么大的信力呢？一些著名的人类学家如马林诺夫斯基、弗雷泽在研究了巫术所产生的思想原则后，将巫术行为上升到理论高度加以剖析，认为巫术行为所以能产生魔力，主要是交感律在起作用，或者说基于交感律的交感巫术是巫术行为构成的基本原理。弗雷泽认为交感巫术（交感律）有两大分支：一个是顺势巫术（相似律），一个是接触巫术（接触律）。他在阐述这个问题时说："如果我们分折巫术赖以建立的思想原则，便会发现它们可以归结为两个方面：第一是'同类相生'或果因必同，第二是'物体一经互相接触，在中断实体接触后还会继续近距离的互相作用'。前者可称之为'相似律'，后者可称作'按触律'或'触染律'。巫师根据第一原则，即'相似律'引申出他能够仅仅通过模仿就会实现任何他想做的事；从第二个原则出发，他断定他能通过一个物体来对一个人施加影响，只要这个物体曾被那个人接触过，不论该物体是否为那人身体的哪一部分。基于相似律的法术叫做'顺势巫术'或'模仿巫术'。基于接触律或触染律的法术叫做'接触巫术'。用'顺势'这样的字眼来表示两类巫术中第一类可能更好些，因为，如果采用'模仿'或'模拟'这种术语，即使不是暗示也会使人想到有一个自觉的行为者在进行模仿，那就把巫术的范围限制得太狭窄了。巫师盲目地相信他施法时所应用的那些原则也同样可以支配无生命的自然界的运转。换句话说，他心中断定，这种'相似'和'接触'的规律不局限于人类的活动，而是可以普遍应用的。"（《金枝》）

关于巫术所由产生的思想原则，我国学者也有分为三类的。第一类为感应律（交感律），有两个分支，即顺势巫术和接触巫术；第二类象征律，表现为模仿巫术，有两个表征，即同类相生死、同类相疗法；第三类反物律，表现为反抗巫术，即施行巫术时使用的物品，对巫师所要反对的对象具有反感的性质（惧怕、厌恶、回避等）简单地说就是使用厌胜物。有的学者则认为从交感巫术中的接触律来着，"在中国巫术中所表现出的替身物的观念以及接触律的现象，比较多的则是反映这种事物之间的关联性，象征性，很少是通过它作为中介物对其所属的人身达到自己的愿望"。（《中国巫术》）所以，接触律在中国巫术中称作象征律更为切合实际。

尽管对巫术所由产生的思想原则分类有所不同，但是在内容上并没有什么差异。对交感律是构成巫术行为的基本原理这一看法在认识上也是一致的。交感就是感应。在这种交感关系中，无论针对其中一方进行什么活动，必然会使另一方产生同样的结果，即使相距遥远，也会将一方影响传输给另一方。在施行巫术时，巫师在一种东西上施行法术，在同样的一种东西上就会产生魔力效应。但是，产生交感作用必须有两个前提：一是两种东西必须相似，或是由人体分离出去的某种东西。初民相信相同的事物可以彼此影响。因此，欲要对一个事物施加影响，必取其相同或相似的事物施行法术，这就是"同类相生"或"果因必同"的相似律，在此思想指导下形成"顺势巫术"。因为取其相似，必然采用模拟的手段和方法，因此，"顺势巫术"又可称作"模拟巫术"。一是两个事物必须曾经相互接触；初民认为凡是接触过的东西，即使已经分开，仍然能够相互感应。也就是说，事物一旦相互接触过，二者之间就会一直保持着某种联系，这就是"接触律"，并由此而形成"接触巫术"构成交感巫术的两大支柱的相似律和接触律从心理分析和逻辑分析来看，纯属联想，而且都是联想的错误应用。它们的错误表现在，顺势巫术把彼此相似的东西看成是同一个东西。接触巫术则把相互接触过的东西看成永远保持着接触。

为了论证这些联想的误用，我们不妨通过一些具体事例来看看巫术的荒谬性。托名周代吕望（姜尚）撰写的《六韬》中记述了一个战争巫术的故事：在一次战争中，对方施行战争巫术，姜太公在观察敌阵以后，进行判断。说："听其鼓无音、锋无声，望其垒上多飞鸟而不惊，上无氛气，必知敌诈，而为偶人也。"对方原以为用模拟的木偶，施以巫术，便能克敌制胜，不料这场骗局被不信巫术的姜太公识破，对方精心施行的巫术，变成一场自欺欺人的把戏。即使这场骗局未被姜太公看出破绽，恐怕也只能起到一点迷惑对方的作用而已，哪里经得起战车的冲击、戈戟的刺杀？日食月食，初民误认为日月被天狗吃掉一块，以为是大祸将临的预兆。"日月告凶，不用其行"，"此日而食，于（吁）何不臧"。每当发生日月食的时候，举国上下都要进行救日月的活动，或击鼓以驱天狗，或祭社以祈求上天。久旱不雨，庄稼干枯，认为是旱魃作祟，就要求雨、卜雨、祭雨神，这个巫风一直传承到近代，直到解放前江南一带，每遇大旱，民间仍然举行祈雨活动，或将火神菩萨从火神庙中抬出，脱光袍服，游街示众。火神大概就是古代的旱魃。或将行云司雨的龙王从龙王庙中抬出，放在烈日下曝晒。这样做的用意是使旱魃和龙王晒得难以忍受，迫使它们行雨。明知"菩萨"是木雕泥塑，为什么要将偶像抬出来曝晒呢？这是将幻想的、抽象的自然崇拜物加以具体化，以神偶代表所信奉的自然神，曝晒偶像就等于曝晒神祇本身；对偶像施加影响，便是对神祇施加影响。这是模拟巫术在生产、天象中的具体运用。当然，日食月食，不去击鼓、祭社，施行抢救，经过初食、食甚，最后仍然是日悬中天、月色清朗。求雨，把火神、龙王晒得浑身淌油，无雨依然是赤地千里，巫术的魔力对自然气象是不起任何作用的。历史上著名的商汤祷雨终得大雨的故事，不是巧合，就是文饰。不过商汤剪发断爪，以身为牲，祷于桑林之社，不仅说明殷商仍盛行以"炊"（即以人做牺牲）祭神求雨，而且说明以发爪代替人身，乃是接触巫术用于人身的反映。关于天象变异，求雨，《荀子·天问》中就进行过批判："星坠木鸣，国人皆恐，曰：是何也？曰：无何也，是天地之变，阴阳之化，物之罕至者也。怪之，可也；而畏之，非也。夫日月之有蚀，风雨之不时，怪星之党（同傥）见，是无世而不常有之，上明而政平，则是虽并世起，无伤也；上暗而政险，则是虽无一至者，无益也。"又说："雩而雨，何也？曰：无何也，犹不雩而雨也。日月食而救之，天旱而雩，卜筮然后决大事，非以为得求也，以文之也。故君子以为文，而百姓以为神。""以为文则吉，以为神则凶也。"荀况从"制天命而用之"的唯物主义思想出发，认为由于对"天地之变"、"阴阳之化"，即天象变异的成因缺乏正确的认识，遇到日食、月食、陨星以及大旱，感到惊奇是可以理解的，产生恐惧心理就没有必要了。因为天象变异是常有的事，可以说没有哪个朝代没有。天象和政治并无必然的联系。君主开明则政治清明，君主昏庸则政治黑暗。他又进一步指出：举行求雨的祭祷（雩），用占卜来决定吉凶，推断国家大事，实际上并不是求得了结果，而是用以文过饰非，在政治问题和社会现实问题上掩人耳目。"君子以为文"则吉，"百姓以为神"则凶，不过是所站的立场，所处的地位不同，因而看问题的角度就不一样。这番论述对巫术和占卜的批判非常有力。对揭露巫术的愚昧性、欺骗性以及统治阶级利用巫术愚弄人民也是相当深刻的。王充也说过"食有常数，不在政治"这样的话。事实上，早在周代人们对日、月食的成因已有初步的了解，《易经·丰卦》就有"月盈则食"的说法，不了解太阳和月亮的运行规律及其相互之间的关系，是绝不可能得出这个结论性的意见的。在社会生活中流传的巫术行为并逐渐形成具有巫术意识的一些民俗，实质上也是在巫术行为蒙蔽下的迷信。"结发夫妻"是我国婚姻习俗上的成语。所谓"结发"，在古代是将新郎的头发剪下一缕，梳在新娘的发髻里，新娘也将头发剪下一缕，放在新郎的发辫中，意味着你中有我，我中有你，感情融合，白首偕老。这是通过巫术的接触律在起作用。可是，结发夫妻的婚姻并不都是巩固的，爱情并不都是专一的。由于种种原因，造成感情破裂，"结发"以后，有离异的，有纳妾的，对方是否永远属于自己，一缕头发是拴不住，捆不牢的。因而"结发"只不过是一种象征性的美好愿望而已。就巫术来说，它具有很大的实用性，而从实际情况看，它并不存在任何实用价值。关于模拟巫术，闻一多先生在《伏羲考》中有一段极为精辟的论述。自古以来，龙在中国一直被视为最神圣、最尊荣的灵物。说到君主，是龙的化身；说到祖先，我们是"龙的传人"；龙是中华民族的象征，也是中华民族的吉祥物。闻氏在讲到许慎所谓"刺皮为龙文，以为尊荣之也"时说："就现代人观点来看，人绝不以像爬虫为尊荣。这完全是图腾主义的心理。图腾既是祖宗，又是神，人哪有比像祖宗、像神更值得骄傲的事呢？龙之所以有资格被奉为图腾，当然有个先决条件。一是先假定龙有一种广大无边的超自然法力，即所谓'魔那'（manna）者，然后才肯奉它为图腾，崇拜它、信任它，归依它，把整个身体和心灵都交付给它。如果有方法使自己也变得和它一样，那岂不更妙？在这里，巫术——模拟巫术便是野蛮人的如意算盘，'断其发、文其身'——人一像龙，人便是龙了。人是龙，当然也有它的法力或'魔那'，这一来，一个人便不待老祖宗的呵护，而自然没有谁敢伤害，能伤害他了。依'避害说'的观点，是一个人要老祖宗相信他是龙，依'尊荣说'的观点，是要他自己相信自己是龙。前者如果是'欺人'，后者便是'自欺'了。'自欺'果然成功了，那成就便太大了。从此一个人不但不怕灾害的袭击，因而有了'安全感'，并且也因自尊心之满足而有了'尊荣感'了。人从此可以神自居了。"诚如闻氏所言，模拟巫术就是在"欺人"和"自欺"的迷雾中发挥它的"魔那"效应的。"断其发、文其身"，以人拟龙如此，其他如以纸人木偶模拟仇人；以石祖、木祖模拟男性生殖器崇拜物，以女阴石、女阴穴模拟女性生殖器崇拜物，求雨时作喷水状，作洒水举动，作下雨状表演，等等，亦莫不如此。曲此可见，模拟巫术不管模拟的对象是什么，都是取其与实际存在物之间的相似，赋予巫术的意义，以此取得幻想中的交感作用的。

一套谬误的指导行动的准则——关于象征（象征巫术）

在我国，象征巫术是应用最为广泛，延续最为久远的一种巫术。直到 20 世纪 90 年代，它仍融化在现代民俗中，以巫术意识影响着人们的心理和行为。

有些学者把相似律和象征律相提并论，认为模仿巫术和象征巫术是一个东西。从基本原则来看，模仿巫术和象征巫术都是交感巫术的分支，都是在交感律的作用下运用各自的特点去感应对方，产生魔力效应。但是，模仿和象征并不是是同一概念。模仿就是仿效、效法、描摹，按照某种现成的样子学着去做。仿效的对象或是人，或是物。象征是用具体事物表示某种抽象概念或思想感情。应用在巫术上，是通过某一特定的具体形象，以表现与之相似或相近的概念、思想和感情，加以比附联想。从而，产生某种追求，取其与实际存在物之间的相似而赋予巫术的意义，相信会发生某种巫术作用，达到所欲取得的结果，以满足人们的心理要求。这种"相似物"涵盖面很广，一般来说包括形体、内涵、语音、名称等几个方面。同时，既有实体存在物间的相似，还有撷取实物的内涵和引申意义的相似，又由实体存在物的相似发展为想象的虚体物的相似；再由实体存在物与虚体想象物的类比中，引申出运用事物的称谓和名称谐音，寻求其间的相似（联系、相通）。

实体存在物间的相似而赋予巫术意义比较简单。旧时父母担心男孩夭折，在小孩的颈脖上系上一只金、银锁片，谓之"长命锁"，锁片象征锁，认为这样就可以把小孩的魂魄锁住，而不致被妖魔摄走。不孕的妇女为了求子，跑到庙里祈祷，在送子观音怀抱的孩童身上挂上一根红线，那个泥塑的小孩象征孕育于腹中的胎儿，用红线控住，意味这个小孩已属于自己，即可受孕生子。我国某些少数民族地区流行模拟阴阳交合的巫术求子法。群众请巫师砍一根枝干粗大、根须发达的杉树或枫树，雕成男性生殖器，由巫师用手抉置于下腹部，象征性地向求子的青年妇女追逐，妇女们并不羞怯回避，也不嬉笑，而是似笑非笑地表示接受，整个场面表现得庄严肃穆。为了诅咒情敌、仇人，仿照其人形状制一木偶，或捏一泥人，置木偶或泥人于死地，则象征某人已经死亡。《晋书·顾恺之传》中还讲过这样一个具有象征巫术性质的故事：顾恺之是东晋著名画家，他在江陵的时候，爱上一个女子，离开以后，思念不已，于是作了一幅这个女子的画像，用簪子戳在壁上。不料戳在画像的心脏部位，这个女子正在行途，走了十里，忽然感到心痛如刺，难以迈步。画家绘女子画像，原作壁上观，以解相思之苦，岂料簪戳心脏，却产生巫术效应，几乎危及这位女子的生命。此事传播后，有人说顾恺之实乃有意为之，目的是对所爱的女子进行要挟。如此说来，这位著名的丹青高手竟成为能够通神的巫师了。这个传说当然是荒诞不经的，不过，由此可以看到东晋巫风之盛，在人们的心目中，连艺术形象亦具备通神的巫术性。

撷取实物内涵和引申意义的相似，不像实物本身那样直截了当，必须在内涵或引申中寄予寓意。石榴象征多子，面条象征长寿，鸡蛋象征元宝，牡丹花象征富贵，螃蟹象征横行霸道。安徽某些农村流行"摸秋"，中秋之夜，妇女结伴去田头地间摸取瓜豆，摸得南瓜者宜得男，摸得扁豆者宜得女，摸得白扁豆者则象征夫妻白首偕老。南瓜谐"男"、白扁豆象征"白首"，这都容易理解。扁豆何以象征女性呢？这个比附似乎很牵强，但是联系到女阴生殖器崇拜来推论，其象征性也就不言而喻了。这种在内涵或引申中寄予寓意的象征巫术，甚至被佛教借去用在菩萨身上，去为百姓消灾祈福。走进佛教寺庙的山门，两旁皆有高大的"四大天王"（俗称四大金刚）塑像，按《封神演义》的说法：手执青光宝剑的叫魔礼青，号称"增长天王"；掌碧玉琵琶的叫魔礼海，号称"广目天王"；持混天珍珠伞的叫魔礼红，号称"多闻天王"；抓紫金龙或花狐貂的叫魔礼寿，号称"持国天王"。四大天王手中的法器，宝剑有锋，谐音为"风"；琵琶能弹拨出音调，寓意为"调"；珍珠伞用以挡雨，蕴寓为"雨"；金龙或狐貂的皮毛可以顺着鳞毛抚摸，寓意为"顺"，四个字联起来，成为"风调雨顺"。表现在爱情上的象征性寓意的事物也是很多的，古人把男女坚贞的爱情喻之为"同心结"。同心结是以两股锦带绾成连环回纹形的装饰品，用作恋人之间的信物。由于编结时锦带抽得很紧，很难解开，所以寓意"永结同心"。新郎"挂红绿彩，绾双同心结，倒行"；新娘将同心结"挂于手，面相向而行"，谓之"牵巾"。这种象征两颗心灵结合的"同心结"流传到现在，已经发展为挂在著名风景区安徽黄山天都峰铁索上的"连心锁"。许多恋人将两把锁交相连环地锁在铁索上，并将钥匙扔在峡谷之中，以喻两颗心永远锁在一起。"同心锁"这种男女情意相契的象征物，形成了黄山上展示现代民俗的一大景观，由此说明现代青年心灵深处确实还沉淀着古老的巫术意识。

运用语言的魔力是交感巫术的一个重要手段。我国著名民俗学家李宅安在《巫术与语言》中说："语言所代表的东西与所要达到的目的，根据原始信仰，都相信与语言本身是一个东西。或与语言保有交感的作用。因为这样，所以一些表示欲望的词句，一经说出，便算达到目的。"这里所指的"一些表示欲望的词句"，大多是象征性的词句，是通过象征律产生魔力效应的。需要说明的是这种象征性的语言魔力乃是语言的一般的魔力，至于语言的特殊魔力如咒语，则是一个独特的问题，不属本节论述的范围。（咒语问题，已在前章阐述）

由相信语言的魔力而派生出的象征巫术，一是"谐音"的巫术，一是"名的巫术"。通过谐音寻求关联事物之间的相通，这类例子俯拾即是。"蝠"与"福"、"鹿"与"禄"、"鹤"与"寿"相连，因此祝贺寿诞，贺笺上多绘蝙蝠图案，寿糕上多插上梅花鹿和仙鹤的塑形，以喻福禄寿三星高照。"鱼"与"余"相关，为此，除夕之夜吃"年饭"，必须烹制一条鲢鱼，而且只上桌陈列，不能动箸，以喻生财有道，"年年有余"。新年贴"福"要倒贴，以寓福到。"瓶"与平安相连，逢年过节，喜庆吉日在室内置放瓶饰，以喻家宅平安。据说，八国联军入侵北京，慈禧太后连夜仓皇出逃，曾在保定避难，常去当地名胜"荷花池"消遣，有个民间艺人制作了一座"莲叶托桃"石雕，摆放在慈禧常去的地方，明为进贡，实为嘲讽慈禧不顾国家安危而"连夜脱逃"。南京原太平天国天王府内有一个呈瓶状的荷花池，池畔"漪澜阁"的每扇门上均雕刻着瓶、鼎的精美图案。据专家考证，瓶、鼎是广东方言"平等"的谐音，寄寓着太平天国提倡平等的政治主张。这两个事例谐音及寓意都很有趣，可谓象征巫术在政治上的妙用了。这种由相信语言魔力而沉淀的巫术意识，现在又有沉渣泛起之势。例如，"8"，粤语发音为"发"，因而广东人对带"8"的数码和词语最感兴趣。现在喜"8"之风由南而北，已风靡全国。拍卖电话号码、汽车牌照，"8"字越多，售价越高，争购的人也越多。企业开张多选带"8"的日、月。1992 年 8 月 8 日，上海市开业的公司、商店特别多，不仅有个体户，合资企业，还有国营企业。上海的报纸描绘这种特异的情况为"一年一回八月八，申城如何不发发"。上述种种，通过谐音寻求关联事物之间的相通，虽然目的不尽相同，也可能是潜在的下意识，但是，对语言魔力的相信则是显而易见。关于"名的巫术"，意谓人名亦有巫术作用。李宅安在《巫术和语言》中指出："名的巫术流行于中国，除了'呼名落马'之类的黑巫术，尚有信以驱邪治病的白巫术或吉巫术。"呼名落马"一语出自《封神演义》。书中描写双方交战，使用巫术，呼唤对方的名字，此人即从马上栽了下来，或束手就擒，或被刺死，利用姓名加害于人和人名的忌讳在古代是被广泛运用的，按照巫术原理，名字既可被人用来谋害本人，也可以避凶趋吉。所以原始氏族大多以私名为忌，不让别人知道，或将真名隐匿，使用化名，以防被人施行黑巫术而受到伤害。至于可以避凶趋吉的人名，或者说用于施行白巫术的人名多具有符箓性。如过春节贴上书有"太公在此，百无禁忌"的条幅；盖屋上梁写上"太公在此，诸神退位"的字句；凡是符箓必须写上"太上老君，急急律令"，似乎没有姜太公、太上老君出场，就难以镇邪，也难起到指令性的作用。不仅人名，连野兽、昆虫之名有的也不能直呼。猎人认为野兽有灵性，并有事先预知的本领，一直不敢直呼其名，而以"大虫"、"神"、"长尾巴"作为老虎的代称，以"大爷"、"老爷子"作为熊的代称。蚕农对语言的禁忌更多，蚕不能直接呼蚕，要叫"蚕宝宝"、"蚕姑娘"。蚕室忌说"跑了"、"没了"、"完了"之类的字，也忌说"伸"字，因为蚕死了才伸直，伸与笋谐音，所以蚕农称"笋"为萝卜；亮蚕是一种病，所以忌说"亮"，天亮了要说天开眼了，如此等等。这类名称和谐音的运用，其巫术作用和巫术目的是十分明显的。

象征巫术不仅作用于谐音、人名，并且由禁忌、避讳而形成市井隐语。隐语，古人称作"讔"。《文心雕龙》解释说："讔者，隐也；遁词以隐意，谲譬以指事也。"按照闻一多先生的说法："隐"的手段和"喻"一样。喻，有隐喻、借喻、明喻等。借喻、明喻的目的，"训晓"，是借另一事物来把本来说不明白的说得明白点。隐喻的目的则完全相反，"训藏"，是借另一事物来把本来可以说得明白的说得隐晦些，用意同样在于避凶就吉。如"舟中讳'住'，'翻'，谓'箸'为'快儿'；'翻'转为'定'，转'幡布'为'抹布'。又讳离散，称梨为'圆果'，伞为'竖笠'。又讳狼藉，谓榔头为'兴哥'、'响槌'、'发槌'"。（陈士元《俚言解》）旧时科举考试忌言"落"字。《遁斋闲览》中记有一则笑话：说举子落榜不言落而言"康"。有一个叫柳冕的士子应举多忌，谓"安乐"为"安康"，榜出，叫仆人去看榜，仆人回来报曰："秀才康也"，世人传为笑谈。这类隐语至今在民间仍不稀见，如把药说成"糖包"、"香茶"。人死了回避"死"而说"老了"、"走了"。小孩夭折说成"跑掉了"、"丢了"。民间最忌"死"字，唯恐戏语成谶，弄假成真，所以在广州一带连死的同音字也要避开，把气死我说成"激生我"，笑死我说成"笑生我"。有人统计过，我国各族、各种宗教中，死字的代用字就有近百个之多。上述种种语言的信力，实为巫术观念的引申。语言力量的扩大，既是运用得最为广泛的巫术，也是具有巫术观念的、广为流行的现代民俗。

马林诺夫斯基和弗雷泽在分析种种交感巫术后得出同样的结论：交感巫本是"两大思想基律的误用"。顺势巫术是根据相似的联想，而把相似的事物看成是同一事物，接触巫术是根据时空中接触性的联想，而把互相接触过的事物看成始终保持接触。求其相似，必须模拟，于是又派生出模拟巫术。至于象征律则是中国巫术所由产生的思想基础中的一个重要因素。象征性是通过某些事物之间的相似，追求其中的象征意义而产生某种追求，进行某种活动，从而达到某种目的。象征必须由某种相似而产生联想，所以，基手相似律而派生的象征律，无论是外延，还是内涵都比相似律大，运用也较相似律广泛。尽管由交感巫术而派生的种种巫术是那样的五光十色，光怪陆离，但是，从骨子里看，都是相信相互感应的作用，受交感原则支配，认为相似产生相似，神秘的影响要以通过关联而传递。巫术的力量通常是在仪式中发生和形成的，但是巫师在仪式中表演的情绪、念诵的咒语，使用的模拟物和"法器"，毕竟不能代替现代物理学中的"以太"。尽管巫师在作法时感情激动，充满了想象力和象征性，表演得十分精彩，实际上并不能收到预期的效果，将龙王抬出来曝晒未必就能降雨，孩童戴上金锁、银锁，照样生灾害病；结发夫妻中途分手的即使在封建社会也是屡见不鲜，否则就不会出现"孔雀东南飞"、"钗头风"这类悲剧，患有不育症，摸回再多的"娃

娃"，依然不育；诅咒如能置人于死地，世界上就不会再有坏人，相互
为仇的人也会死尽，沾上"8"就要发，如果用谐音"罚"呢，岂不就
要受罚。马林诺夫斯基指出："这两大基律应用得正确就得到科学，误
用了就得到巫术。"初民出于联想对"两大基律"的误用，并非完全出
于想象力和情感作用，其中也包含着理智选择，或者说，巫术是感情及
理智的联合作用。从哲学思想来看，这种作用是建立在主观唯心主义和
形而上学基础上的。所以，这种作用只是一种心造的幻影，虽能起到平
衡心理的作用，却不能作用于所欲达到的目的。求灵于点金术，并不能
点石成金，求灵于香草，并不能得到钟爱的情人。"总之，我们可见巫
术的举动是在某种条件下，产生特殊的力量，这条件使那举动整个成为
超自然的性质，且使全部空气变为神话式的，同时使一切手段与目的相
同化，而让无出路的情感得到戏剧性的发泄"。（《文化论》）

　　交感巫术是巫术中占主导地位的法术，巫术仪式大多含有交感原
则，巫术中所用的东西都具有交感性。但是，也有许多是和交感作用毫
无关系的。马林诺夫斯基在分析这个问题时举了很多事例。有些地方用
裸女或尸体求雨。印度古俗，遇到大旱，由妇女赤身裸体于夜间锄地。
以为这样即可降雨。我国也有类似这种"以性的不净冲天"的做法，前
章提到漳州祈雨风俗中有在露天焚烧处女所着木履的习俗，就是"以秽
冲天"。在江浙地区，蚕农在蚕上"山"时，多在蚕室门口放上粪桶，
"以脏祛邪"，使邪恶的东西不敢进屋，以起到护蚕的作用。在战争、狩
猎、捕鱼等巫术中，几乎都在出发前夕和整个战斗、作业过程中严禁性
生活，这并不是因为有何交感作用，而是由于性生活被认为是污秽亵渎
行为，生怕由此亵渎神灵，受到上天的惩罚、降罪而使战争失利、狩猎
无获、捕鱼落空。同时也出于生理作用的考虑，避免过度的性生活以保
持精力旺盛和体力强劲。由此说明，并不是所有巫术都受交感律的支
配，还有一些巫术是受制于它的特具的性质及传统规律。巫术为什么会
成为人类进程中的一种思想、文化的表现，在原始社会中人们为什么都
相信巫术，随着民族文化的发展，巫术观念融合到宗教和民俗之中，又

广为人们所接受呢？这主要有两个原因：一是出于心理因素和生理需要。以巫医治病为例，在原始社会中，巫的一个重要职能是治病。人们在病中莫不盼望尽快恢复健康，由于对医药极端无知，生病被看作是日常生活中无法控制的事情，恐惧、希望、焦虑在心理上产生一种不稳定的平衡，于是只有求助于巫术，希望巫师能够抓住在自己身上作怪的超自然力量。"在这一切情感的溃决和原始形态的巫术动作之中，总有一个希望着的目的在那里支配着。这是一个纠缠的想象，它使语言和动作都倾向于一个固定的目标"（《文化论》）当病人寻求的征象，祈求的神力，预感的佳兆，这些纠缠在一起的想象和倾向的固定目标取得一致或相近，人们就会感到想望的目的即将得到。这时，想望的目的完全支配着自己的意识，心理、生理又逐渐得到平衡，精神振奋起来，身体似乎也在康复。加上巫术仪式的神秘性，施行巫术的法师在上古又多为被群众视为神通广大、威望很高的氏族和部落的领袖人物，他们个人的声望在提高对巫术效力的信仰上具有重要的作用。对他们的法术，人们几乎没有疑惑责难的余地。甚至由于氏族和部落之间的争相夸大，而产生"巫术的当代神话"，这又大大增加了巫术的可靠性，因而，对于巫术的效能坚信不疑。现在也可找到这样的例证：有个信神的老妇，腹腔长了瘤子，医生认为必须开刀，可能还有危险。这位老妇跑到庙里去祈神许愿，对着神像说："菩萨呵！如果你保佑我度过这一关，我要多施香火钱。"祈祷后她去医院手术，结果很好，瘤子是良性的，身体也很快得到康复。于是她把准备办后事的一千元作为香火钱，布施给了神庙。（见1992年6月23日《文汇报》）这位老妇开刀后身体很快得到康复，肯定不是神灵保佑，但这和她祈求神灵后产生的乐观自信的心态有很大的关系。因为她相信神会降福于她，正是对神灵的信力起到了心理疗法的作用。当然，这是就一般而言，如果患的是足以致命的重病，心理平衡虽可起到一定的缓解作用，还是不能从根本上解决问题，希望着的目的是无法实现的。正如同人们企图运用巫术去取得土地丰收、事业成功、发财致富一样，成功的希望是极其有限的，除非碰到偶然的机遇。

否则，幻想，预期只能是望梅止渴、面饼充饥，获得的满足感不过是一种心理的慰藉。二是巫术的社会重要性。巫术信仰和它的社会功能是密切相关的。巫术本来没有专门的术士、法师，只要具有巫术观念，在日常生活中人人都可施行巫术。当"个体巫术"上升到"群体巫术"以后，才有为部落的公共利益而施术的专门的巫。当部落的福利被认为有赖于巫的法术和巫术仪式时，巫就取得很高的声望和地位，往往取得领袖的地位和权力。人们敬仰他们，听命于他们，这就赋予他们以组织和指挥群众的职能，成为部族利益和既成秩序的保障者。同时，每个氏族都有根据自己氏族图腾神话而规定的某些重要的巫术仪式，并由此而形成组织体系、组织原则和氏族的习惯法，这就构成一种有组织性的力量，使得巫术成为具有很强组织功能的一种社会维系力。当我们了解了巫术的功能以及巫术之所以能够产生迷人的信力的原因以后，也许就会感到巫术并不那么神秘了。

二、科学的思想方法与伪科学的玄学理论——阴阳五行

阴阳、五行的产生

"阴阳"二字根据古代文献记载，最早见于商周时期的《龏伯子盨铭》。"龏伯子宧父，作其征盨。其阴其阳，以征以行。"（见《商周金文录遗》）《诗·大雅·公刘》说得较为明确："笃公刘，既溥既长，既景乃岗，相其阴阳，观其流泉。"清代文字学家朱骏声在《说文通训定声》中解释：侌（阴）者见云不见日，昜（阳）者云开而见日。可见那时的阴阳观念，只是地理名词。按后者的说法，是对自然状态的一种描述，并无哲学意义。最早具有哲学范畴意味的阴阳概念的文献记载是《国

语·周语上》，记述周大夫伯阳父对地震的见解。西周末年，镐京发生了大地震，伯阳父认为是阴阳错位所致。在伯阳父看来，阴阳是自然界中普遍存在着的相互对抗的一对矛盾，它们处于一定的关系之中，其变化是有序的。如果扰乱了这种正常有序的关系，就会导致自然的灾变。这种见解从本质上看，是人类思维水平的一大提高，因为它否定了原始先民对鬼神灵魂的信仰，排除了对于自然异常现象的神秘解释。但是，伯阳父又把阴阳失序和人事的变化，国家的兴衰，和自然界的阴阳关系联系起来，认为人事的变化影响阴阳关系，反之，阴阳关系的变化又影响人事。由于阴阳失常而引起的大地震，就是周朝即将衰亡的征兆。这样，原来作为自然界中普遍存在着的相互对抗的力量，就被赋予了"天人感应"的色彩。

这里可以举两个例子：鲁僖公十六年春，"陨石于宋五，陨星也。六鹢退飞，过宋都，风也。周内史叔兴聘于宋，宋襄公问焉，曰：'是何祥也？吉凶焉在？'对曰：'今兹鲁多大丧，明年齐有乱，君将得诸侯而不终。'退而告人曰：'君失问，是阴阳之事，非吉凶所生也。吉凶由人，吾不敢逆君故也。"（见《春秋左传注·僖公十六年·传》）在宋国，天上坠落五块陨石，有六只鹢鸟被大风刮得倒飞经过宋都，宋襄公询问内史叔兴，这两件异常现象预示什么，吉凶如何？叔兴不敢违背宋襄王的意旨，明明知道有关阳阴的事情，与人事吉凶并无关联，却胡编了一通谎言，去迎合宋襄王。鲁昭公二十四年"夏五月乙未朔，日有食之。梓慎曰：'将水。'昭子曰：'旱也，日过分而阳犹不克，克必甚，能无旱乎？阳不克莫，将积聚也。'"五月初，发生日食。梓慎意见是将要发生水灾，昭子则认为这是旱灾的预兆。因为春分已过，而阳气尚且不胜阴气，所以出现这种现象。阳气正处于积聚过程，一旦胜过阴气，就会发生旱灾。

这场争论说明人类思维过程中已经出现科学观念的萌芽，阴阳观念就是在观察天象、气候的基础上萌发的。

西周时，人们已经用阴阳观念来解释四季变化、自然界的反常现象和灾异。先秦道家认为阴阳是万物是万物变化最基本的原因。《老子》提出"万物负阴而抱阳，冲气以为和"的观念，"有无相生，难易相成，长短相形，高下相盈，音声相和，前后相随，恒也"。《庄子》说："至阴肃肃，至阳赫赫，肃肃出乎天，赫赫发乎地，两者交通成和，而物生焉。"（《田子方》）又说"阴阳于人，不翅于父母。"（《大宗师》）并进而认为"寇莫大于阴阳，无所逃于天地之间。"（《庚桑楚》）在庄子看来，万物是在阴阳之间交通成和，互相作用的过程中产生的，不仅产生万物，而且产生了人，从而制约着万物和人的变化和发展，作为万物和人所普遍具有的属性而发生着作用。经过道家的发展，阴阳不仅是一种具体的物质，而且是一种抽象的属性；不仅蕴涵于万物之中，而且超然于万物之外；不仅是物质变化的原因，而且是万物的本原。《易传》则在道家认识的基础上，对阴阳范畴作了进一步的发挥，强调阴阳是宇宙间两种普遍存在着的相互矛盾的势力和属性，把阴阳上升为宇宙间的根本规律和最高原则，所谓"一阴一阳之谓道"。（《易传·系辞传上》）凡属同性的、动的、热的、在上的、向外的、明亮的、亢进的、强化的、积极的，等等，均属阳；凡是柔性的、寒的、在下的、向内的、晦暗的、减退的、虚弱的、消极的，等等，均属阴。一切相对的矛盾的事物关系，在《易经》中都被视为阴阳关系，是谓"立天之道，曰阴与阳；立地之道，曰柔与刚；立人之道，曰仁与义"（《说卦传》）。如自然界的日月、山川、水火、天地、寒暑，日、山、火、天、暑为阳，月、川、水、地、寒则为阴。社会中，贵贱、尊卑、男女、君臣、父子、夫妻、生死、利害、安危、治乱等，前者为阳、后者为阴。同时，每一事物的内部也包含着阴阳两个方面。《易传》对阴阳观念从哲学的高度加以概括，从自然界和人类社会复杂的现象中抽象出阴（--）和阳（一）两个基本范畴。它把所有卦象的变化都归结为阴阳二爻的变化，就是说阴阳之间不断地相互作用、相互交感，制约并推动着事物的发展。由于阴阳的相互作用，宇宙万物乃处于永恒的变动和生生不息之中。"爱恶相攻而吉凶生，远近相取而悔吝生，情伪相感而利害生"（《系辞上》）。同时，在阴阳相互作用时，强调阳性方面起着主要的和决定性的作用，肯定"成象之谓乾、效法之谓坤"（《系辞传上》）。这就以阴阳为基础，建立起一个较为完整的哲学体系，把阴阳的存在及其相互间的运动变化，作为自然界最根本的规律。从"阴阳"观念的发展来看，是一个由具体物质逐步趋向原则概念的抽象化过程。因为，"阴阳"虽有名而无形，而"气"或两种具体的对立力量都是物质性的东西。由于人们把它当作一个既定的原则，在运用时只注意它的作用和功能，而不注意它的实体，这种思维方式使阴阳愈来愈脱离具体物质而成为抽象的概念。春秋战国时期，《易经》把阴阳理论系统化，使之臻于完善和成熟。但是，也正由于它所具有的抽象的属性和功能越来越突出，而变得"闳大不经"，以致儒家、道家都喜欢凭借《易经》来发挥他们的哲理，特别是邹衍"深明阴阳消息，而作怪迂之变"；董仲舒将自然现象拟人化，将自然规律和社会法则相混同，天人相副，"以类合之"。因此，阴阳学说不仅成为近乎宗教神学的唯心主义理论，而且形成人们顽固的传统观念和思维习惯。

五行是木、火、土、金、水五种物质的总称，是西周初期人们对宇宙万物最基本的分类。反映春秋史实的《国语·郑语》中记载的西周史伯和郑桓公对话，就讲到"故先王以土与金、木、水、火杂，以成百物"。已经开始认识到土、金、木、水、火是构成百物的基本元素。成书于战国时代的《尚书·洪范》不仅把物质分为五行，而且指出了五行的性质与五种自然现象及五味的联系："一曰水，二曰火，三曰木，四曰金，五曰土。水曰润下，火曰炎上，木曰曲直，金曰从革，土爰稼穑。润下作咸，炎上作苦，曲直作酸，从革作辛，稼穑作甘。"实际上，五行观念和阴阳观念一样，早在原始社会就已萌芽，从人类思维发展的一般规律来看，五行观念似乎应产生于阴阳观念之先，或与阴阳观念同步。《尚书·甘誓》中记述："启与有扈，战于甘之野"，就讲到"大战于甘，乃召六卿。王曰：'嗟，六事之大，予誓告汝，有扈氏威侮五行，怠弃三正。天用剿绝其命，今予惟恭行天之罚。"据古史记载，公元前

2196 年，当治水有功的大禹，带头打破"禅让制"，把王位传给自己的儿子启以后，同姓诸侯有扈氏不服，起来反抗。启借口有扈氏轻慢五行，怠弃"三正"（正德、利用、厚生三大政事），犯了逆天大罪，因而举兵讨伐，企图剿绝，在甘（陕西户县西）对有扈氏大动干戈。"威侮五行，怠弃三正"的罪状，已经含有一点"五德始终说"的味道。这个观点可能是战国时的阴阳家的附会，因为在西周以前，还没有把五种基本元素的"五行"加以抽象去附会万事万物，那时对"五行"的认识还具有朴素的唯物观。

　　关于五行观念的起源问题，历来众说纷纭。学术界有以顾颉刚为代表的"五星说"，认为五行一词最初的含义是指五星的运行。有以郭沫若为代表的"五方说"，认为五行起源于地理方位的观念。出于对风雨、物候观察的需要，由东、西、南、北四方加中央后土而成五行。有以金景芳为代表的"五数说"，认为五行起源于数的启示。在人类早期文化中就有对于某种数字的崇拜。在许多语言中，"五"和"手"往往用一种符号表示，所以五行起源于五指计数。这些说法都有一定的道理，但是，不论依据那一种说法，又都有一个不好解释的问题，就是五行的起源何以能够和水、火、木、金、土这样五种具体的物质现象联系在一起？近年来，有的学者又提出"五工说"，认为五行观念的初始与生产实践有直接关系。早在奴隶社会初期，农业和手工业中就已产生治土的土工、治水的水工、治火的火工、攻金的金工和攻木的木工五种基本生产活动，叫做"五工"。国家并设置了"五工正"，或称"五行之官"。"五行"说可能源于与生产实践直接相关的"五行之官"。从农业生产来考察，此说不仅持之有故，而且言之成理。《尚书·洪范》中关于五行的次序为：水、火、木、金、土，这个次序显然不是随意排列的，它反映出五行之间必须的关联，合乎农业生产的规律。种植谷物首先要防止水患，治理灌溉，没有水就没有生命，所以把水排在首位，接着是火种（放火烧荒）、耒犁（木制）、刀耕；最后一道工序则为平土（把土耙平）。证之古代文献，《尚书·虞书·大禹谟》中就有"言养民之事在先修六府"之说，"六府"即"水、火、金、木、土、谷"。显然，这个观点是比较合乎科学道理的。

由于五行代表了五种基本元素（物质），这五种元素具有五种属性、基本作用和功能，产生五种效果。它们之间相互影响，从而产生"相生"、"相胜（相克）"的关系，构成了宇宙之间万事万物的变化和发展。五行说产生以后，经历了不断的演变。西周晚期，"五行"说向着"五行相杂说"演化；春秋末期，"五行相杂说"开始向"五行相胜说"演化，战国初期，一些思想家看到了"五行相胜说"的不足，提出了"五行相生说"。到了战国后期，阴阳五行学说的代表人物邹衍将"五行相胜说"和"五行相生说"结合起来，提出具有较为完整形态的"五行生胜说"，揭示出各种具体事物的区别和联系，以及它们之间所存在着的对立统一规律。所谓"生"，是指互相依赖关系。"相生"是指一种物质可以生出另一种物质，其规律为：水生木、木生火、火生土、土生金、金生水。植物赖水而生，故水生木；木可燃烧，故木生火；火烧木材而成灰，故火生土；土中的矿物质可以提炼出金属，故土生金；金属熔化则成液，故金生水。所谓"胜"，是指相互对立的关系。"相胜"是指一种物质可以抑制战胜另一种物质，其规律为：木克土、土克水、水克火、火克金、金克木。植物覆盖大地，故木克土；古人用土湮水，故土克水；水可以灭火，故水克火；火可以销熔金属，故火克金；金属可以削木，故金克木。

这种相生相克的关系，原本具有一定的客观性，也符合唯物主义的观点。但是，把它当作绝对的准则，用它来比附万事万物，解释万事万物的相互关系，把世界的发展看作是一种循环反复的运动，并牵强附会到社会历史领域，就失之偏颇。邹衍的"五德终始说"就是"五行"说在历史观中的具体应用，其正确的一面是用客观的五行说来绎解历史；其荒谬的一面是混淆自然和社会的界限，使历史陷入循环论、神秘论的泥坑。他的代表作《五德终始说》虽已亡佚，但散佚于各种古籍的有关资料，仍能勾画出他的思想轮廓。他的学说对后世影响很大，不仅被统治阶级所利用，成为封建王朝"奉天承运"实行改朝换代的理论根据，而且被融入儒家思想，衍化出一整套维护封建等级制度的"三纲五常"学说，成为长期统治我国封建社会的理论根据。

　　阴阳和五行合而为一，以后，逐渐渗透到社会意识形态的各个领域，而成为中国神秘文化的核心。促使阴阳五行合而为一的是星占术。阴阳的观念基于天，本来是指气或气温，五行的观念基于地，本来是指物或万物。二者原来就有着多方面的内在和外在的联系。春秋时期已经开始出现五行和阴阳联系的萌芽，及至战国，根据天象来预卜人间事务的星古术得到进一步发展。星占家们"仰则观象于天，俯则法类于地，天则有日月，地则有阴阳。天有五星，地有五行。天则有列宿，地则有州域。三光者，阴阳之精，气本在地，而圣人统理之"。（《史记·天官书》）从天文学的角度来看，星占家把阴阳和五行联系起来，可以看作是对天体运行认识的深化。这个观念被诸子百家加以利用而融入诸子学说之中。春秋末期的军事家孙武，在他的著作《孙子兵法》中把道、天、地、将、法"五事"，视为取得战争胜利的五个条件，提出善于用兵者必须掌握度、量、数、称、胜五个方面。以五声之变不可胜听，五色之变不可胜观，五味之变不可胜尝的道理，说明"兵无常势，水无常形，能因敌变化取胜者谓之神。故五行无常胜，四时无常住，日有短长，月有生死"。从而得出"五行无常胜"的论断，就是把阴阳五行观念及思维方式运用于军事理论的有力证明。墨家则提出"五行毋常胜"的命题，涉及到五行相胜关系的另一个侧面。认为五行是否相胜，关键在于"度"。举例说："火铄金，火多也。"火把金熔化，必须是烈火，高温，微火是无法熔金的。另外，墨家又把五行和五方、天干搭配起来，说是帝以甲乙日杀青龙于东方，以丙丁日杀赤龙于南方，以戊己日杀黄龙于中方，以庚辛日杀白龙于西方，以壬癸日杀黑龙于北方。帝高居一切之上，如果帝在某日屠某方之龙，人们则应注意禁忌，不应到某方去。墨子在这里把五行观念进一步引入宗教神秘主义，并为占筮提供了理论依据。

　　《管子》承前启后，把阴阳五行观念推进到一个新的高度。以推求时令交移的变化，把四时和阴阳对应起来，认为五行是阴阳所生，阴阳五行的交替而导致了四时的推移。万物的生化都是阴阳五行的作用，并赋予阴阳五行以人的德行。提出人应模仿阴阳五行而行，因为阴阳是"天地之太理"，"以天为父，以地为母"，"通乎阳气以事天，通乎阴气以事地"。这样，就由阴阳五行观念而导致天地人万物合为一体，从而形成"天人合一"或"天人感应"的宇宙论图式的雏形。按照这个理论，阴阳化育万物，人们奉事天地阴阳，都是四时通过五行的作用而实现的。具体地说：东方曰星，其时曰春，其气曰风，风生木与骨，其德即作用是喜孕育。当此之时，王德应该发出修治堤防，耕耘树艺，宽赦罪人一类号令，刚柔风甘雨自然而至。倘若不施行此类有关的德政，而行冬政夏政或秋政，不是万物凋零，便会下霜。南方曰日，其时曰夏，其气曰阳。阳生火与气，其德是施舍修乐。当此之时，王者应该发出封官赐爵一类号令，则时雨乃降，五谷百果丰登。中央曰土，土德起着辅助四时交替的作用。土生皮、肌、肤，土性和平用均，中正无私。春天，帮助木孕育；夏天，帮助木养长；秋天，帮助金收藏；冬天，帮助水闭敛。夏行春政则多风，行秋政则多木，行冬政则万物凋零。西方曰秋，其气曰阴，阴生金与甲。其德忧哀，静正严顺。当此之时，王者应该发出量民资以积蓄一类的政令，使民无怠。北方曰丹，其时曰冬，其气曰寒。寒生水与血。其德性是怒而周密。当此之时，王者应该修禁徒民，断刑致罚，无赦罪人。这种"天人合一"的宇宙论图式，所采用的论述方法是一种取象比类的类比法，如黄河中下游春天多风，风吹动草木，万物更新，就说木性喜孕育，由此又把人的骨骼跟五行之木归为一类；进而又说应该做与万物生育有关的事情。其他照此类推，便把万事万物跟时令变化即五行联系起来，而与五行相应。天象有五星，人体有五脏，饮食有五味，帝王有五帝，神仙有五神，行政有五官，行业有五正，人伦有五常。动物有五虫，音乐有五律，文采有五色，祭礼有五祀，等等，几乎无事无物不与五行发生关系。凡是与五行相对应的事物，都被认为具有相应的五行属性，都可用阴阳五行之间的关系来说明对应事物之间的关系。如以五脏来说，肝被认为具有木的属性，春天，草木发青，春风吹动，是肝气旺于春的表现，易得肝病。如此等等。而被抽象为"五藏一体"、"五行一体"、"四时一体"、"天地一体"、"天人一体"、"万物恒动"。由此可见，作为观念形态的阴阳五行，已经离开了具体的阴阳五行之物的本身，成为形而上学的思维方式，而被到处套用。为了便于了解本书有关内容，试以《阴阳五行表》来说明古代学者如何运用阴阳五行解释天、地、人、宇宙万物的相互联系及其发展变化的规律。

五 行	木	火	土	金	水
五 方	东	南	中	西	北
五 时	春	夏	季 夏	秋	冬
五 色	青	赤	黄	白	黑
五 官	宗 伯	司 马	司 徒	司 寇	司 空
五 常	太 皞	炎 帝	黄 帝	少 皞	颛 顼
五 神	句 芒	祝 融	后 土	蓐 收	玄 冥
五 味	酸	苦	甘	辛	咸
五 律	大 簇	中 吕	黄 钟	夷 则	应 钟
五 脏	肝	心	脾	肺	肾
五 祀	户	灶	中 霤	门	行
五 声	角	徵	宫	商	羽
五 臭	膻	焦	香	腥	朽
五 虫	鳞 虫	羽 虫	裸 虫	毛 虫	介 虫
五 灵	龙	凤	人	麟	龟
五 星	岁 星	荧 惑	填 星	太 白	辰 星
五 代	夏	周	汉	商	秦
十 数	三 八	二 七	五 十	四 九	一 六
十 干	甲 乙	丙 丁	戊 己	庚 辛	壬 癸

及至战国，阴阳家把五行纳入传统五方观念，由此又形成包罗万象的五行方位系统。"干支"原为我国古代用来记录时间的一套专门的序数系统。阴阳家把十干与五行、五方相配合，原来只是用以表示五行相生的循环次序，经过演化，却变成了推断五运六气交感变化及"天人感应"的符号。秦汉以后，占卜家又把它发展成极其玄奥的迷信理论，即五行方法系统、干支系统以及由此而分化出来的"五运六气"，这些都是卜筮星相的理论基础。在中国神秘文化的舞台上，几乎没有哪一场闹剧可以缺少这些要素。

五方就是四方加中央。早在原始社会，初民已将四方与四季、四色、四数等相配，五方与五时、五色、五数等相配。古人认为土神司中央即国都及其附近土地。到了战国时代，传说共工氏之子句龙能平九土，乃奉为后土神，后称后土神为中央神，成为东南中西北"五方"，并与水火土金木"五行"对应起来。

五时就是春、夏、季夏、秋、冬。季夏（夏季的末月）是在汉代为拼凑五行之数硬加进去的。"四季"古人称"四时"，"时"含孟、仲、季三月，而季一般是指"时"的末月。四时与五方、五行无法对应，不知是谁想出这个主意，硬把夏季的末月抽出来凑数，和"中"、"土"相配，这样"四时"就变成了"五时"。

五色就是青、赤、黄、白、黑五种颜色。据古文献记载，五色最早源于鸟图腾氏族。太暤（伏羲氏）的儿子少暤（帝挚）成为首领的时候，正遇见凤鸟降临，所以用鸟名来作部落名称。少暤下属有二十四个部族都是用鸟命名的。（见《左传·昭公十七年》）其中的"五鸟"族为：凤鸟氏、玄鸟氏、伯（白）赵（伯劳）氏、青鸟氏、丹鸟氏。少暤氏的嫡族称凤鸟氏，凤鸟是五色鸟，处中央之位。另四鸟所具的玄、白、青、丹四色，正好与战国五行家的东青、南赤（丹）、西白、北黑（玄）理论相合。一说源于五行，木色青、火色赤、土色黄（中原为黄土高原）、金色白（金为金属之总称，并非指黄金）、水色玄（水指川水，视之玄黑）。

　　五味最早见于《尚书·洪范》："水曰润下，火曰炎上，木曰曲直，金曰从革，土爰稼穑。润下作咸，炎上作苦，曲直作酸，从革作辛，稼穑作甘。"以此推测，大约是水味咸，指海水湖水味咸；火味苦，指食物烧焦味苦；木味酸，指春季草木幼芽或嫩果味酸；金味苦，指金器兵戈有辛辣之性和血腥之气；土味甘，指大地生长的禾谷甘香。

　　五虫（五灵）就是鳞虫（有鳞动物，相当于鱼类）、羽虫（有羽动物，相当于鸟类）、毛虫（有毛动物，相当于兽类或哺乳类）、介虫（有甲动物，相当于爬行动物）、裸虫（一作倮虫。表示无鳞、无甲、无羽、无毛的生物，指人）。古人把脊椎动物分为五大类，恰与五行之数相等。战国时代的阴阳家把"五虫"与"五方"相配：鳞虫配东方、羽虫配南方、裸虫配中央、毛虫配西方、介虫配北方。五灵就是龙、凤、人、鳞、龟。龙凤鳞龟原是原始时代的氏族图腾，这四种动物作为一个系统而称为"四灵"。《大戴礼记·易本命》对此作了具体解释："有羽之虫三百六十，而凤凰为之长；有毛之虫三百六十，而麒麟为之长；有甲之虫三百六十，而神龟为之长；有鳞之虫三百六十，而蛟龙为之长；倮（luǒ）之虫（人）三百六十，而圣人为之长。"古人把万灵之长的人排除于动物之外，正好是四灵。四灵中麒麟由于被视为祥瑞珍异之兽而居毛虫之长。但是，根据远古流传下来的习俗，百兽之王是虎而非麟，所以，到了战国时代，四灵又有了另一种说法，即龙、虎、凤、龟。五灵与五方、五行相配可能和二十八宿有关。"二十八宿"是古人探索天文时除日月外，最先注意到的天象，是对环绕黄道与赤道附近一周天的二十八颗恒星星座的总称。"宿"是止宿的意思。"二十八宿为日、月舍，犹地有邮亭，为长吏廨矣"（《论衡·谈天》）。把二十八宿按由西向东排列次序分为四组，即东方七宿，北方七宿，西方七宿，南方七宿，叫做"四个四平方位。"早在公元前5世纪，二十八宿就已形成一个完整的体系，对古天文研究和历法编制具有重要意义。但是，在流传过程中，又被星占家加以神化。《尚书正义》中讲到"四方皆有七宿，可成一形，东方成龙形，西方成虎形，皆南首而北尾；南方成鸟形，北方成龟形，皆西首而东尾"。指的就是二十八宿同四方（东南西北）和四象（东方苍龙、南方朱雀、西方白虎、北方玄武）相配。及至汉代五行学术兴盛，阴阳家又将"四个四平方位"与"五行"相配，成为星占家和方士推测阴阳与命运的重要工具。据《月令》等文献记载，五方、五时、五虫、五色、五灵与五行相配如下：

东　方	木	春	鳞　虫	青（苍）	龙
南　方	火	夏	羽　虫	赤（朱）	凤
中　央	土	季　夏	裸　虫	黄	人
西　方	金	秋	毛　虫	白	麟
北　方	水	冬	介　虫	黑（玄）	龟

在五行学说的影响下，五方不仅与五行、五时、五色、五虫、五灵相配，还与被附会为主宰五方的五帝、五神相配。战国的阴阳家虚构出一套五行运转的帝德学说。所谓帝德，就是每一个朝代的天子都具有五行中某一行的性质。为此，每一个朝代都要受某种"德"的支配。因为每一个朝代的始祖都是五帝中某一天帝的儿子。《元命包》说："夏白帝之子，殷黑帝之子，周苍帝之子，是其王者，皆感大微五帝之精而生。"（见《礼记·大传》孔颖达《疏》）对封建社会影响至大的"五德终始说"就是在这个理论基础上发展的。

五帝的提出源于战国，盛于秦汉。所谓"五帝"有三种不同的概念：一是三皇五帝的合称。对三皇五帝也说法不一，司马迁在《史记》中指出：五帝为黄帝，颛顼、帝喾、尧、舜。张守节《正义》则说："太史公依《世本》、《大戴礼》，以黄帝、颛顼、帝喾、尧、舜为五帝。谯周、应劭、宋均皆同。而孔安国《尚书序》、皇甫谧《帝王世纪》、孙氏注《世本》，并以伏羲、神农、黄帝为三皇，少昊、颛顼、高辛、唐、虞为五帝。"后一说的高辛、唐、虞，亦即帝喾、尧、舜。二是五方神的代表。古人认为中央和东南西北四方各有一个神灵。据甲骨文和《礼

记·月令》等古文献记载：中央神主司中央（即国都）及其附近的土
地，商代建都于商，中央神就叫"中商"或"商土"，周人则称"后
土"。四方神主司四方的风及四时（季节）气候，它们的名称实际上反
映了四季物候的特征。东方代表春季，春天种子破裂发芽，所以东方神
叫"析"，又叫"句芒"。"析"表示破裂分解；"句芒"即勾萌，表示草
木幼芽萌生。夏季草木繁茂，日光明亮，所以南方神叫"因"，又叫
"祝融"，"因"读为"茵"或"殷"，含有茂盛的意思；"祝融"则为明
亮的意思。（见《国语·郑语》）秋季草木肃杀，作物收成，所以西方神
叫"彝"，又叫"蓐收"，"彝"读为"夷"、或"薙"，含有草木刈杀的
意思；蓐是农的古字，"蓐收"即农业收成。冬季万物藏伏，气象昏冥，
所以北方神叫"伏"，又叫"玄冥"，"伏"表示蛰伏，玄冥表示幽冥。
到了战国时代，中央神和四方神又被人格化，凡神都被附会一个实在的
历史人物来充当。传说共工氏之子句龙能平九土，于是句龙就被奉为后
土神，也就是中央神。由于五行学说的影响，古代所谓"帝"被附会为
主宰五方神的帝，原先的五方神也就降了一级，变成五方帝的臣属，而
被称为"帝臣"或"佐"了。阴阳家把五帝附会为五方帝，并不是没有
一点历史依据。黄帝是远古住在陕西黄土高原的一个古老部落的代称，
由于当时把那一带当作天下的中央，所以叫"中原"，黄帝属于中央土，
色尚黄，所以黄帝配"中"、"土"、"黄"，不是没有道理。其他如炎帝
号烈山氏，又叫神农氏，是农业的创造者。"烈山"意为焚山造田，所
以配以"火"。太皞即伏羲氏，《后汉书·东夷列传》说："昔尧命羲仲
（伏羲的支属）宅嵎夷，曰旸谷，盖日之所出也。"据考证伏羲活动的地
带在今山东曲阜一带，称"羲"跟东方日出的自然现象有关。皞，古代
常写作昊、皓，是白亮的意思，所谓皓日、皓月，而以之代表日神与月
神，分别配以东方和西方。颛顼是水神，《史记·律书》中就有"颛顼
有共工之阵，以平水害"的说法，所以配北方。于是又出现了一套五方
与五帝、五神相配的模式。列表如下：

五 方	五 行	五 季	五神职及其充任者		五 帝	五 色
东 方	木	春	句芒（析）	重	太皞	青
南 方	火	夏	祝融（因）	黎	炎帝	赤
中 央	土	季夏	后土（中商商土）	句龙	黄帝	黄
西 方	金	秋	蓐收（彝）	该	少皞	白
北 方	水	冬	玄冥（伏）	侪熙	颛顼	黑

春秋以前，天上只有一个昊天上帝，简称上帝。到了战国时代，天人感应思想逐渐流行，人间的事物往往被附会为天神，在这种思想主导下，星相家又把位于二十八宿翼宿北边的五颗星附会为天上的"五帝"，这就是"五帝"的第三种概念。阴阳家又把五方和天上的五帝相配，称为"五帝座"，再以人间的五帝相配，形成另一个模式，见下表：

五 方	五帝座名	人间五帝
东 方	苍帝—灵威仰	太皞
南 方	赤帝—赤熛怒	炎帝
中 央	黄帝—舍枢纽	黄帝
西 方	白帝—白招枢	少皞
北 方	黑帝—汁光纪	颛顼

干支、生肖的来龙去脉

除了这些相配模式外，在阴阳五行观念中，还有一个用作推断不可或缺的重要工具，这就是记录时间的专门的序数系统"干支"，以及作用相当于十二地支的纪时系统十二生肖。

"干支"，是"天干"和"地支"的简称。干支是我国古代用来记录时间的一套专门的序数系统，也是运用阴阳五行理论推断五运六气交感变化的主要符号。

"干"指十干，排列次序为：甲乙丙丁戊己庚辛壬癸，古人用以纪日。"支"指十二支，排列次序为：子丑寅卯辰巳午未申酉戌亥。古人用以纪月。月亮盈亏一次就是一月。依据阴阳分类法，日为阳，月为阴，天为阳，地为阴，所以十干称"天干"，十二支称"地支"。据晚近学者研究，十干源自十进位制，而十进位制是由原始初民用两只手十个指头计数而来。十二地支则源于初民对新月的观察。当时人类观察月缺月圆的周期已经相当准确，因而用以纪时。干支纪日早在殷商时代就已产生，甲骨文已有完整的干支相配表；十二支制定所依据的天象年代，可上推到夏代初年（公元前 2100 年前后）。干支相配就是干支按顺序两两对应，六十次循环一周，以天干第一干"甲"与地支第一支"子"命名，称为一个"甲子"。"干支"一词出现较晚，最早见于东汉的史籍，"甲乙者干也，子丑者枝也"，即以树木枝干纵横的状态来形容十干和十二支的相配。干支相配的具体顺序为：

六十甲子表（或称六十干支表）

甲子、乙丑、丙寅、丁卯、戊辰、己巳、庚午、辛未、壬申、
癸酉、甲戌、乙亥、丙子、丁丑、戊寅、己卯、庚辰、辛巳、
壬午、癸未、甲申、乙酉、丙戌、丁亥、戊子、己丑、庚寅、
辛卯、壬辰、癸巳、甲午、乙未、丙申、丁酉、戊戌、己亥、
庚子、辛丑、壬寅、癸卯、甲辰、乙巳、丙午、丁未、戊申、
己酉、庚戌、辛亥、壬子、癸丑、甲寅、乙卯、丙辰、丁巳、
戊午、己未、庚申、辛酉、壬戌、癸亥。

干支不但用以纪日，还用于纪年、纪月、纪时辰，在中国历法上占有重要地位。干支纪日法是我国历史上最早使用的纪日法，也是使用年限最长的纪日法，自殷代一直沿用到近代。古籍中也有单用十干纪日的，如"自今辛至来辛亡大雨？"（见甲骨卜辞）；"甲之朝（朝）吾以行"。（《楚辞·哀郢》）但未普遍流行。干支纪日以六十日循环一周的方法依次记下去，一日一个干支名号，循环使用，既简便，又准确。据考

证，《尚书·伊训》所载，"惟元祀十有二月乙丑"的干支纪日，合于公元前 1738 年阴历的十二月乙丑朔日，说明干支纪日至今已有 3700 多年，依然不乱不叠。干支纪日六十日周期又分为六个周期，每期十日叫"旬"。旬是殷商时出现的一个计日周期。据郭沫若考证，旬主要取十干循环一周之意。他说："盖古人初以十干纪日，自甲至癸为一旬，旬者遍也，周则复始。"（见《卜辞通纂》）这就和十干纪日吻合起来。旬，开始只与干支有关，而不系于月。到战国时用法渐变，脱离干支而与月相配，将一月分为三段，每段一旬，"月有上中下旬。"（《管子·宙合篇》）不过，干支纪日也有不够完善之处，纪日而不系于年份和月，在阅读古籍时往往不知所记之日干支属于何月，于是从西汉起采用事件发生之月朔日的干支与事件发生之日干支并记的方法。如："二年三月，戊申朔，乙亥，御史臣光守尚书令、丞非、下御史书到。"（《史记·三王世家》）三月朔（初一）的纪日干支为"戊申"，"乙亥"下推到"戊申"为 28 天，可知这一天为三月二十八日。同篇中又有"六年四月，戊寅朔。癸卯，御史大夫汤下丞相……"四月朔日为"戊寅"，"戊寅"至"癸卯"为 26 天，可知这一天为四月二十六日。干支纪年是从战国对代的太岁纪年法发展而来的。"太岁"是古人假想出来的一个天体，它运行一周天的时间恰为 12 年，与传统的十二辰一致。太岁每年移动一辰，十二年历经十二辰。古人为此给十二辰另起了一套专用的名称即"岁名"，与十二辰对应，实质上和十二地支纪年法一样，无非是换个名称而已。古人把太岁纪年的岁名称为"岁阴"，又配之与十干相对应的"岁阳"，再把"岁阳"与"岁阴"相配，组成六十个年名，其实就是干支相配的六十甲子，也就是用干支纪年。太岁纪年法，流行于战国时代，如"摄提贞于孟陬兮"（《离骚》）、"维秦八年，岁在涒滩。"（《吕氏春秋》）用的就是太岁纪年法。"岁阴"与"岁阳"相配纪年法始创于西汉，《资治通鉴·汉纪十》胡三省注年代就有"起著雍涒滩、尽柔兆执徐凡九年"的诠释，"著雍"与十干"戊"相配，"涒滩"与十二支"申"相配，"著雍"、"涒滩"即戊申年。到了东汉，干支纪年得到普遍应用，建武三十年（公元 54 年）并以政府命令的形式颁行全国，一直沿用至近代，如"戊戌变法"、"辛亥革命"，等等。单纯以干支纪月始于汉代。古人很早就有"月建"的观念，即把十二地支和十二个月份相配，以冬至所在的那个月为子月，然后类推。在纪月时不直接用十二地支名，而给十二地支所建之月份分别另取一个名称，"正月为陬，二月为如，三月为病，四月为余，五月为皋，六月为且，七月为相，八月为壮，九月为玄，十月为阳，十一月为辜，十二月为涂。"（《尔雅·释天》）到了汉代，不仅用"岁阳"与"岁阴"相配纪年，也用以纪日，又为十个与十干相对应的月份分别取了一个月名，总称"月阳"。这十个月名为"月在甲曰华，在乙曰桔，在丙曰修，在丁曰圉，在戊曰厉，在己曰则，在庚曰窒，在辛曰塞，在壬曰终，在癸曰极"（《尔雅·释天》）。用干支纪月以五年为一个周期，五乘十二，恰为干支相配的一个六十甲子。其中闰月不计干支，五年中虽有两个闰月，但月份仍为六十甲子一循回。干支纪月法除阴阳家、星占家和方士外，一般很少使用。

干支纪时是把一昼夜乎分为十二个时段，再和十二地支相配称为十二时辰。即沿着地平线的大圆，以正北方为子，向东、向南、向西依次为丑、寅、卯、辰、巳、午、未、申、酉、戌、亥。其正东为卯，正南为酉。这一纪时辰法也是从汉代开始实行的。此外，也有用十干纪时辰的，"昼有朝，有禺，有中，有晡，有夕。夜有甲、乙、丙、丁、戊"（《隋书·天文志》）。古代漏刻把一昼夜划分为十个时段，以十干纪时辰是以十干的前五个表示夜间的五个时段，后来的"五更"制度就是从十干纪时的夜间部分演变而成的。

干支本来是用于纪时的，被阴阳家拿去与阴阳五行相配以后，就被赋予阴阳属性。天干属阳，地支属阴。天干又分为阳干和阴干，地支又分阳支和阴支，依天干和地支之序，凡奇数者为阳干阳支，凡偶数者为阴干阴支。奇为阳，偶为阴，是阴阳五行的基本定理之一。依照阴阳五行观念，万事万物都是由阴阳之间的消长变化而推动的，干支既然意味着宇宙万物生化的过程和秩序，那么，它自身自然包含着一阴一阳，否则就不成其为"道"（自然规律）了。天干本属阳，又分阳阴，地支本属阴，又分阴阳，这样，便阳中有阴，阴中有阳，阴阳相互作用，事物也就变化无穷了，见下表。

天干	阳干	甲	丙	戊	庚	壬	
	阴干	乙	丁	己	辛	癸	
地支	阳支	子	寅	辰	午	申	戌
	阴支	丑	卯	巳	未	酉	亥

干支与五行之间的对应关系：天干为甲乙，木；丙丁，火；戊己，土；庚辛，金；壬癸，水。由于天干有阴阳之分，所以，甲为阳干，乙为阴干（见上表），这样两两对应，依次类推，便有了阳木、阴木、阳水、阴水之分。地支为寅卯，木；巳午，火；申酉，金；亥子，水；辰未、戌丑，土。地支与五行的对应不是遵照地支的次序，而是根据地支纪月法的月序（农历正月、二月……腊月）为轨迹的。由于地支亦有阴阳之分，对应的结果和天干的情况完全一样。这样一来，天干和地支都集阴阳五行的属性、功能于一身，便可如法推断时令变化交移。

十二生肖，又称十二属相，原是我国古代一种用十二种动物为名称的纪时系统。我国古代盛行以十二生肖纪年，其作用相当于十二地支。十二生肖与十二地支的具体相配如下：

十二地支	子	丑	寅	卯	辰	巳	午	未	申	酉	戌	亥
十二生肖	鼠	牛	虎	兔	龙	蛇	马	羊	猴	鸡	狗	猪

早在先秦的文献中，就有十二地支中个别符号与动物相对应的记录，有以午对马的，如"吉日庚午，既差我马"。（《诗经·小雅》）有以辰对龙的，如"龙尾伏辰"。（《左传·僖公五年》）由此可见，十二地支与十二种动物的对应关系早在春秋时期就已初步确立。到了战国时代，

阴阳五行学术兴起，阴阳家又将干支纪日与十二支所属动物相对应，并联系十二支的五行属性用以解释种种自然现象，推算祸福灾异。1975年湖北云梦睡虎地十一号秦墓出土的竹简文献中，有两种供选择时日吉凶的数术书《日书》，甲种《盗者》一章是讲占卜盗者相貌特征的，文中就提到了十二生肖。如"子、鼠也，盗者兑口希须"；"丑、牛也，盗者大鼻长颈"。《盗者》中所列的十二生肖动物与后世基本相同。睡虎地十一号墓主下葬于秦始皇三十年（公元前217年），《盗者》一章可能来自楚人。记述十二生肖纪年并联系十二地支五行属性最全的古籍当推王充的《论衡》，这本书的《物势篇》提到十二生肖中的十一种："寅，木也，其禽虎也；戌，土也，其禽犬也；丑未亦土也，丑禽牛，未禽羊也。……亥水也，其禽豕也；巳火也，其禽蛇也；子亦水也，其禽鼠也；午亦火也，其禽马也。"在《言毒篇》中又提到"辰为龙"。可见，到东汉时十二生肖纪时已经形成一套完整的理论。至于将十二生肖用来与年及人的出生年份相联系（也就是至今仍然应用的十二生肖年），可能肇始于东汉。因为，在南北朝时已有关于运用的记载。《南齐书·五行志》中就有"崔慧景属马"、"东昏侯属猪"，"梁王属龙，萧颖胄属虎"等。《盗者》与《论衡》有关十二地支与十二生肖相配列表如下：

十二支	子	丑	寅	卯	辰	巳	午	未	申	酉	戌	亥
《盗者》	鼠	牛	虎	兔		虫（虺）	鹿	马	环（猴）	水（雉）	老羊	豕
《论衡》	鼠	牛	虎	兔	龙	蛇	马	羊	猴	鸡	犬	豕
五 行	水	土	木	木	土	火	火	土	金	金	土	水

　　十二生肖作为古人的一种纪时方法，并没有什么特殊意义，赵翼在《陔余丛考·十二相属》中就曾指出："窃以为此本无甚意义，古人但取以纪年月而已。"事实上，世界上许多国家如印度、埃及和巴比伦都有类似我国那样的以十二兽纪年（或纪日）的方法。我国的一些少数民族

如彝、黎、傣、维、藏也都有或曾经有过起源于氏族图腾的十二兽历法。只是由于阴阳家的附会，依据阴阳五行的相生相克理论，以生肖推算吉凶祸福，才使十二生肖蒙上一层神秘的色彩。

自然禀性与道德法则

阴阳五行、干支、生肖是在观察天象、物候，用以纪时，制定历法的基础上产生的，又都与农业生产密切相关，是和当时的生产实践和人们对某些科学知识的积累相适应的。特别是阴阳五行观念的萌发，产生了我国古代朴素唯物论和朴素辩证法，成为推动我国古代科学技术向前发展的积极因素。从这个意义上来说，阴阳五行学说包含着某些科学的思想方法；从它们的功能和作用来看，在萌生、发展的前期，是物质的、具体的，只具有自然禀性，而没有任何神秘色彩。天，在先民的观念中，是作为与地相对而言的天空出现的，从而引申出自然、规律等观念。气，本来是指天气、元气，"天地，合气之自然也"。（《论衡·谈天篇》）按照古代唯物主义哲学的看法，气是一种与云雾相似的原始的物质元素，天地和自然界的万物都是由阴、阳两种元气自然构成的。道，是被视作宇宙的本体提出来的，"道生一，一生二，二生三，三生万物"。（《老子》）道原是一种自然的力量。但是，这些自然的物质和力量被赋予神秘色彩以后，情况也就大不一样。天，变成了有人格的上帝，天与人、天道与人道、自然与人的关系，变成了"天人合一"、"天人感应"的关系。指导人的行为规范的不再是自然规律而是天命、天意。气，不再是自然元气，而是"合以人事明之"的手段和工具。道，固然促进了中国医学、气功学的发展，但又衍化为天道、人道。自然规律被混同于社会法则，自然现象被注入封建社会的道德属性，而这一切又听命于天、神。连作为计算符号的数，也被衍化为天数、气数、命数、定数，充满着宿命论的色彩。阴阳的观念原本基于天，指气；五行观念原本基于地，指物，是谓"物生有两、有三、有五、有陪贰。故天有三辰，地有五行"（《左传·昭公三十二年》）。阴阳和五行本来就有着多方面的内在的和外在的联系，由于占星术的发展，促使二者合而为一，并逐渐转化为可以随意引申、到处套用的僵化的、机械的理论和公式。命相家用它占卜相命；相地家用它堪舆相宅；方士用它"承天受命"，炼丹求仙；巫师用它驱鬼下神，祛邪纳福。除宗教、巫术、数术等领域外，其他如传统医学、天文、地理、科技、历史、哲学、文学艺术等亦莫不与阴阳五行纠结在一起，几乎渗透到一切领域，简直是无所不在，无所不能。

产生阴阳五行的春秋战国时代，诸子百家纷呈，思想繁杂。就"天人合一"的观念来说，有持赞同态度而作为思维模式加以运用的；也有持反对态度而进行批判，否定这种思维方式的，由此而导致了中国哲学史上著名的"天人之辩"。这场大辩论的核心是如何正确认识天与人、天道与人道，亦即自然与人为的关系问题。据文献记载，早在商周时期，就已提出"天命不易"的天命观。周初，周公鉴于殷亡的教训，把"天命"与"人德"联系起来，制定了一套完整的宗教天命观。乃至西周末年，随着奴隶制的没落，出现"礼崩乐坏"的动乱局面，人们开始怨天并对"天命"提出大胆的怀疑。开批判之先例的是子产。郑国的裨灶主张用瓘斝玉瓒祭神，以祈禳上天，避免火灾，子产坚决反对。他提出质疑问道："天道远，人道迩，非所及也，何以知之？"（《左传·昭公十八年》）意思是"自然之理幽远，人世之理切近，两不相关，如何由天道而知人道？"（见杨伯峻《春秋左传注》）进入春秋战国时期，"天人之辨"正式展开。孔子怀疑鬼神，信守天命。子路问服事鬼神的方法，孔子说："未能事人，焉能事鬼？"但是，他又断言"巍巍乎！唯天为大"。（《论语·泰伯》）并把"畏天命"列为"三畏"之首。墨子却怀疑天命，信守鬼神。他一方面彻底否定不可捉摸的"命"的存在，说"自古以及今，生命以来者，亦尝见命之物，闻命之声乎？则未尝有也。"（《非命中》）另一方面，在他的思想中又存在着浓厚的天、神观念，"明鬼"是他思想中的一个主要部分。老庄学派提出道法自然，思孟学派则主张"天人合一"。荀子通过对前人思想的认真批判，关于天人关系，提出了"故明于天人之分，则可谓至人矣"的著名论断。在提出这个论点时有一段精辟的剖析："天行有常，不为尧存，不为桀亡。应之以治则吉，应之以乱则凶。强本而节用，则天不能贫；养备而动时，则天不能病，修道而不忒，则天不能祸。故水旱不能使之饥，寒暑不能使之疾，祆（妖）怪不能使之凶。本荒而用侈，则天不能使之富；养略而动罕，则天不能使之全；倍（通"背"）道而妄行，则天不能使之吉。故水旱未至而饥，寒暑未薄而疾，祆怪未至而凶。受时与治世同，而殃祸与治世异，不可以怨天，其道然也。"荀子指出天具有一定的客观规律性（即四时不变的秩序），这种客观规律性是不以人的意志为转移的。所以，在天人关系中，必须尊重客观规律，对统治者也不例外。为了说明天是客观的，物质的，他又对自然界中的一些特异现象作了理性的解释："列星随旋，日月递炤，四时代御，阴阳大化，风雨博施，万物各得其和以生，各得其养以成，不见其事而见其功，夫是之谓神。"又说："星坠、木鸣，国人皆恐。曰：是何也？曰：无何也，是天地之变，阴阳之化，物之罕至者也。怪之，可也，而畏之，非也。夫日月之有蚀，风雨之不时，怪星之党见，是无世而不常有之。"（《天论》）由此说明天是指客观存在的自然界，根本就没有任何神秘性质。

在波澜壮阔的历史长河中，从先秦到近代，在天人关系问题上，唯物主义和唯心主义、辩证法与形而上学、无神论与有神论的斗争，此起彼伏，一直未曾中断。东汉桓谭继承荀况唯物主义传统，坚持反对谶纬神学，以唯物主义的"形神论"，对董仲舒建立的，体系庞大的神学目的论和两汉之际的神学思潮进行了彻底的批判。他的批判的锋芒触及鬼神迷信观念、"天人合一"观点、阴阳五行学说、"天人感应"思想诸多方面，以战斗的"新论"，横扫一切宗教迷信观和神学唯心主义。他嘲笑王莽"好桀筮，信时日而笃于事鬼神"，然而，结果仍然"为政不善，见叛天下"。进一步证明荀子提出的"天行有常，不为尧存，不为桀亡"的观点，"其道然也"。他借火与烛的关系，比喻神与形的关系，说明精神依附于肉体，"气索而死，如火烛之俱尽矣"。（《新论·形神》）提出"人死如灯灭"的崭新观点，证明长生不死纯属妄想，对求仙长生迷信思想进行了有力的批判。他坚决反对祸国殃民的谶纬神学，指出《河图》、《洛书》"有兆朕而不可知"，是后人"妄复加增依托"。指出自然界常有怪异现象，与人事无关。"夫（灾）异变轻者，天下所常有，无世而不然"。并非上天有目的安排，驳斥了流行的神学目的论。甚至"冒死复陈"，在极端迷信图谶的刘秀面前"极言谶之非经"。以致触怒刘秀，被贬为六安郡丞，以近八十的高龄病死赴任途中。继之而起批判神学目的论的是王充，这位唯物主义无神论者，用三十年的心血，在总结汉代自然科学成果的基础上，继承荀况唯物主义思想，写出了在中国思想史上具有深远影响的《论衡》，对当时风行的"天人感应"学说和谶纬迷信思想作了有力的揭露，驳斥了"君权神授说"。王充认为天是无生命的含气物体，这种含气物体就是元气，也叫"阴阳之气"。是构成万物的最基本的因素，是世界的本源。"天覆于上，地偃于下，下气蒸上，上气降下，万物自生其中间矣。"认为产生人与万物，是阴阳二气运动中的偶然结果，"犹夫妻合气，子自生矣"。（《自然》）人与人、人与物的关系，是在生存过程中形成的一定关系。"故天用五行之气生万物，人用万物作万事。不能相制，不能相使，不相贼害，不成为用"。（《物势》）绝非如神学目的论所宣扬的"天地故生人"，天为人"故生万物"。符瑞和阴阳灾异是以"天人感应"为核心的神学目的论的两大论据，也是谶纬神学的两个基本要素。王充从天、人、物三方面的关系，揭穿巫师、方士利用罕见的自然物或伪造的"诡为隐语"的宗教预言，假托天意，牵强附会，妄言灾异祯祥、宣扬君权神授，为巩固统治或改朝换代提供"天命"的根据。他驳斥道："夫巨大之天，使细小之物，情指不达，何能使物！物亦不为天使。"再就符瑞，实即人与物的关系而言，也不能情意相通。他以麒麟、凤凰为例，认为麒麟凤凰是"仁圣禽"，"思虑深，避害远，中国有道则来无道则隐"，云云，是为"圣人"张目。即使"圣王遭见圣物"也是偶然相遇。他反诘道："且鸟兽之知，不与人通，何以能知国有道与无道也？人同性类，好恶均等，尚不相知；鸟兽与人异性，何能知之？人不能知鸟兽，鸟兽亦不能知人，两不能相知，鸟兽为愚于人，何以反能知之？"接着，他又一针见血地指出："儒者咸称凤凰之德，欲以表明王之治，反令人有不及鸟兽，论事过情，使实不著。"（《指瑞》）关于灾变，他说："夫天无为，故不言灾变，时至，气自为之。夫天地不能为，亦不能知也。"（《自然》）同时，他又认为，自然现象的灾异发生，具有一定的规律性，而且可以预测："夫变异自有占候，阴阳物气自终始，履霜以知坚冰必至，天之道也。"（《谴告》）王充以天道"自然无为"，把天还原为无知觉、无理性、无目的、无作为的气体，从自然现象提到理论高度，对神学目的论进行了相当彻底的清算。王充还继承和发展了桓谭的形神论，作出"精神倚赖形体"的论断。他说："人之所以生者，精气也。死而精气灭，能为精气者，血脉也，人死血脉竭，竭而精气灭，灭而形体朽，朽而成灰土，何用为鬼？"（《论死》）进而提出无可辩驳的论据："人之死，犹火之灭也。火灭而耀不明，人死而知不惠，二者宜同一实。论者犹谓死有知，惑也。人病且死，与火之且灭何以异？火灭光消而烛在，人死精亡而形存，谓人死有知，是谓火灭复有光也。"（《论死》）王充的形神理论，不仅正确地阐明了生死关系，也为批判鬼神迷信、白日飞升、得道成仙、长生不死等巫术和宗教观念，提供了有力的思想武器。

佛教传入中国以后，至隋唐，集数百年的英华，而进入极盛时期。道教尊老子李耳为教主，唐朝为李家天下，视道教为李姓宗教，因此，出现佛老盛行的局面。为了同佛老的法统相抗衡，韩愈提出了"道统说"。他认为体现在"天道"、"地道"、"人道"之中的"道"，主宰世界的万事万物，是最高的永恒存在。"先天不违之谓法天，道济天下之谓应道"。韩愈不信佛老，却信天命和鬼神，"道统"说无疑具有浓厚的天命论色彩，必然会遭到坚持唯物主义的学者反对。柳宗元和刘禹锡的自然观，就是针对韩愈的唯心主义天命论而提出的。他们坚持世界的物质性，否定有意志的造物主的存在。柳宗元提出"合焉而三，一以统同"

的元气论。刘禹锡提出了万事万物"乘气而生"的宇宙发生论。二人提出的命题虽然不同，而观点上并无分歧。他们认为世界上万事万物的生长和变化，莫不体现着元气的自然而然的运动，都是物质性的气运动的结果，不以人的意志为转移。天地是没有意志的自然物，"其焉能赏功而罚祸乎？"（《天说》）"功者自功，祸者自祸"，"存亡得丧"完全取决于人事的功过，求天怨天实乃大谬不然。到了南宋中期，永嘉学派的叶适和理学家周敦颐、朱熹等人围绕道和物的关系，又展开一场论战。理学家认为"理先气后"，天地万物都有生有灭，唯有道是永恒的、绝对的，超越一切事物而存在。叶适坚持唯物主义立场，认为道不能离开事物而独立存在，"物之所在，道则在焉"。有物才有道。道是事物内部规律的反映，"其道在于器数，其通变在于事物。"（《叶适集》）离开具体事物的抽象的道是不存在的，所以也不存在什么先于天地而存在的造物主。叶适对理学家唯心主义的批判，坚持物是道赖以存在的基础，换一个侧面来看，实质上也是对天命观的批判，它对后世唯物主义的发展产生了积极的影响。

现在，我们可以得出如下的结论。

阴阳五行学说，一方面成为推动我国古代科学技术发展的积极因素。早在战国初期，数学方面已经能进行比较复杂的面积和体积计算，并已开始运用分数。天文方面，在长期天象观测的基础上，已经逐渐形成有关日月星辰运行规律的认识，包括日月食、彗星、太阳黑子等天象记录，其时代之早、数量之多、范围之广、记录之详，在世界上堪称首屈一指，并且产生了世界上最早的恒星表"甘石星经"。物理学方面，相继发明了司南、杠杆、滑轮等仪器和机械，并且出现了探讨几何学、光学、力学、声律学以及机械制造原理等自然科学著作的《考工记》、《墨经》。特别是在医学领域，对治疗、预防、养生等都有普遍而又深入的研究，基本奠定了中医理论。成书于秦汉时期的医学理论著作《黄帝内经》，运用阴阳五行学说阐明人体生理结构和发病机理，达到相当高的水平，成为中医学的经典。从这个意义来说，阴阳五行是科学的，或者说包含着某些科学的思想方法。另一方面，阴阳五行学说，经过不少思想家，特别是一些方士的推演、改造，逐渐变成一种近乎宗教神学的唯心主义理论。由它衍生的"五德终始说"，"天人感应"思想，在"天人合一"的思想基础上，进一步神化天人关系，使儒学神学化，建立了一套庞大的"天人感应"的神学目的论体系，成为后代统治者受符承命、奉天承运，实行改朝换代的理论根据。同时，阴阳五行思想由于战国以来的思想家和术士的改造、应用，通过各种赋有巫术观念、蒙上神秘色彩莳迷信活动在社会上广为流传，逐渐沉积为一种顽固的传统观念和思维习惯，形成种种迷信思想潜伏在人们的心灵深处，成为自己特有的"集体无意识"。

三、用扑克牌算命——《周易》与 占卜的关系

"三易"、《周易》

根据古代传说，远古时代以龙为图腾的氏族部落联盟领袖伏羲氏，通过观察天地万物的自然景象，从近处参照人体自身，从远处参照天地万物，从而创造了八卦，用它来通达神明的德性，模拟万物的情况。三国时代的史学家谯周指出，伏羲氏创作八卦才开始有了占筮术。晋代史学家皇甫谧认为，伏羲创作了八卦神农氏又将八卦重迭为六十四卦，黄帝、尧、舜又在六十四卦的基础上进一步发展改造，分成两大流派。一派叫"连山"，是夏代人按照炎帝神农的名号命名的；一派叫"归藏"是殷代人按黄帝的名号命名的。及至周代，周文王又进一步推广六十四卦，按各卦的阴爻阳爻编著成书，这部书就是后人奉之为经典的《周易》。就是说，古代占筮术见于文字记载的除了《周易》，还有《连山》、

《归藏》两种，统称"三易"，为三种不同的易学。《连山》是夏代的易学，由神农传下来的，由"艮"卦开始，象征"山之出云，连绵不绝"。《归藏》是殷代的易学，由黄帝轩辕氏传下来的，由"坤"卦开始，象征"万物莫不归藏其中"。《周易》是周代的易学，由乾、坤二卦开始，象征"天地之间，天人之际"。由于《连山》、《归藏》已经失传，所以说《周易》卦是由伏羲氏传下来的。

结绳、刻契、蓍策计数符号

原始的八卦符号是由原始的数学符号构成的。在原始社会早期，人们尚无数字概念，大约到氏族公社产生以后，为了统计狩措和谷物的收获，以便进行分配，才逐渐产生数的概念。开始是以手指计数，满十以后，就在绳子上打一个结，或用尖利的工具在器物上刻画数字符号，以免忘记。由于手指不够用，用石块又太沉重，所以草茎和竹棍便成为最理想的计数工具。草茎通常用蓍草，也有用其他草茎的。《论衡·卜筮篇》即有"蘺苇藁芼，可以得数，何必以蓍"之说。小竹棍称为"策"（也作"筴"）或称作"筹"。《老子》即有"善数不用筹策"之语。以筹策作为计数工具，直到商代以后，还很盛行。最早的数字符号，基本上有三种类型：结绳计数、刻契计数和蓍策计数。

结绳计数：每数完一个十，就在事先预备好的一把绳子上打一个结，打过结的一根绳子代表一个十，两根代表两个十，如此类推。这种计数方法，通常用于十的倍数。刻契记数：在器物上用尖刻的工具刻画数字符号。属于六千年前仰韶文化的原始陶器上常见这种符号。蓍策记数：一根策代表数字一，二根代表二，以此类推，多少根策就代表多少。

根据考古发现，最早的卦是用数字符号构成的，而不是用阳爻"—"和阴爻"--"构成的。郭沫若编著的《西周金文辞大系图录》中就编有最早的八卦（包括重卦）符号"龡""龡"。这两个镈在西周初期的青铜器"中鼎"上的铭文，自北宋重和元年（公元1118年）出土以后，历代古文字学家一直不解其谜。郭沫若认为这两个奇数可能是器主的氏族徽号。后来又陆续在商周遗物中，发现了许多类似的符号，又被一些学者误认为是商周以前的某个氏族创造的、已经失传的一种文字。直到20世纪70年代，著名学者张政烺终于把这个谜解开，原来这类由三个或六个古代数字构成的奇字，是最原始的易卦符号。从出土的商周文物来看，不同地区、不同器物、不同材料上的数字卦符号，其基本数字元素的构成都是一样的。

由数字卦到占筮术

现在可以回到伏羲始作八卦的问题上来加以判断，上面列举的最古老的记数符号之一，属于仰韶文化的陶器刻契符号，是在六千年前仰韶文化发祥地陕西关中地区出土的。以伏羲氏为祖先的，以龙为图腾的氏族正是发源于这个地区。由此可见，早在六千年前以龙为图腾的伏羲氏族就已经发明了记数符号。从长沙马王堆西汉墓出土的帛书六十四卦来看，也可找到数字符号简化为阴阳爻的痕迹。帛书上的卦和现在见到的《周易》卦大同小异，奇数一都为阳爻"一"但作为偶数八的阴爻"--"，帛书上一律画作）（如兑上巽下的"大过"卦䷛，帛书上画作㸚；坤上兑下的"临"卦䷒，帛书画作㟅。安徽阜阳双古堆汉墓出土的《周易》残简，凡阴爻一律画作八，如䷒画作㟅。说明阳爻阴爻是由数字卦的一和八两个符号演变的，《周易》卦来源于数字卦，似无疑义。再从"帝喾"来看，帝喾就是传说的太皞（即太皓），太皞就是伏羲氏，帝喾的喾，如果把作为声符的"告"去掉，作为意符的"𦥑"，正是甲骨文的"学"字。"教"和"学"在古代不仅字形相近，而且读音也相近，是由同一个词分化出来的。这又表明，早在六千年前，伏羲氏族不仅发明了记数符号，而且已经出现了演算法和八卦占筮法。不过，商周古卦还不能算是最原始的数字卦。1979年在江苏省海门县青墩遗址出土的骨角柶和鹿角枝上，竟刻有八个卦画符号。这些卦中使用了至少六种数，即一二三四五六。其中一个卦的数字为"三五三三六四"，相当于八卦中的"遁卦☰☰"；另一个卦的数字为"六二三五三一"，相当于八卦中的"归妹卦☰☰"，值得注意的是六种数字中的"二三四"在商周古卦中都未见到。可以肯定这些数字卦比商周占卦更加原始。再作进一步推测，这些数字卦既是重卦，那就不是最原始的卦，最原始的卦理应是单卦，而不会是重卦。这又说明可能在原始社会的新石器时代，六十四卦的占卦法已由黄河流域的关中平原流传到长江流域的江淮地区。伏羲始作八卦是古人在没有实物依据的情况下根据传说所作的臆测，不过，根据种种迹象表明，也绝不是无稽之谈。可以肯定，在伏羲氏的那个时代，演算法和八卦占筮法已经有所发展。至于伏羲氏是不是推动八卦发展的主要人物，迄今尚无确凿的资料可以证实，所以，对伏羲始作八卦一说，不可不信，亦不可全信。在初民的观念中，数是一种神秘的现象。比方说，上次打猎获八头鹿，而这次只打到五头，就会产生疑问，这是什么缘故？又是什么力量在暗中驱使的？按照原始思维逻辑，只能归结为神灵的意志，是"上天"决定的。所以，初民认为"数"也是有灵的物，所谓"天数"、"气数"、"定数"就包含着这个意思。既然"数"是上天的意思，便企图通过"天数"的昭示来预知未来，决定行事，于是数字符号逐渐演变为占卜的符号，由此产生了占筮术的"八卦"。

演算八卦手续十分繁琐复杂，运算的方法最早见于《周易·系辞上》：

"大衍之数五十，其用四十有九。分而为二，以象两；挂一，以象三，揲之以四，以象四时，归奇于扐（le），以象闰；五岁再闰，故再扐而后挂。""是故四营而成易。十有八变而成卦，八卦而小成。引而伸之，触类而长之，天下之事能毕矣"。

"大衍之数五十，其用四十有九"。是说宇宙变化（天数）的推演数字为五十，所以占筮使用五十根蓍草。但在占筮时，实际只用四十九根，有一根不用，象征太极（宇宙万物之原）。至于推演之数为什么要定为五十？这有几种说法：一说为十干、十二支、二十八宿之和；一说为太极、两仪、日月、四季、五行、十二月、二十四气；一说为天五地十相乘。"分而为二以象两，挂一以象三，揲之以象四时，归奇以扐象闰"。是说将四十九根蓍草，任意分握在两手，以象征天地两代，这是第一营。从右手中取一根挟（挂）在左手的小指中，象征天、地、人三才，这是第二营。再将左右手中的蓍草，每四根一数，象征四季。这是第三营。以相等的数一次次地分除总数之后，将两手中的余数分别挟在中指和无名指之间，然后合并放在一旁，这是第四营。这种做法近似古人用蓍策推算历法的"积余日置闰"法，所以说"归奇（指余数）于扐（勾勒），以象闰。""五岁再闰，故再扐而后挂"。是说在历法中，五年闰月两次，在占筮中也分为五个步骤，得出余数。（由于相当繁琐，不再详述。）"是故四营而成易"。是说经过以上四营，从一开始的四十九根蓍策，经过三变（连续三次演算），最后得出的数字有四种可能性：六、七、八、九。六、八是偶数，属于阴数，七、九属阳数。阴阳又各分"老少"，六属"老阴"，八属"少阴"；九属"老阳"，七属"少阳"。这样便可确定每一爻的阴阳老少，据此画出一条阳爻"—"或一条阴爻"--"，所以叫做"三变得一爻"。"十有八变而成卦，八卦而小成"。是说八卦（单卦）是由三爻构成的，既然三变得一爻，那么，九变就可成为一个单卦；十八变（两个单卦）就可成为一个重卦。重复三次得三爻，重复六次得六爻，六爻构成的不是八个单卦，而是八八六十四个重卦，亦即三变得一爻，按同样方法再做五次，即可得到其他的五爻。实际上，占筮的结果不止六十四卦（六十四种可能性），因为还有"变卦"按占卦的原则，"老变步不变"。假定经过六次演绎得出的结果是七七七八六八，按"初""二""三""四""五""上"，由下而上的顺序，即䷊泰卦。但第五爻是老阴，就要将老阴变成阳，这样一样，泰卦䷊就变成需卦䷄，称作"泰之需"。原卦叫"贞"（正也），又称"本卦"；变卦叫"悔"，又称"之卦"。假如六次演绎的得数都属少阳七，或属少阴八，六个数中没有老阴或老阳，那就无须变卦，这种情况称作"遇某"（某，代词）。假定六次演绎的得数是八七七八八七，乃为䷑蛊卦。《左传·僖公十五年》中就有"秦伯伐晋，卜徒父筮之，以其卦遇《蛊》䷑"。若是变卦，又常以"遇某之某"（之，动词）表述，如"穆姜薨于东宫。始往而筮之，遇艮䷳之八。史曰：'是谓艮之随䷐'。随，其出也。君必速出！"（《左传·襄公九年》）五爻皆变，只有六二爻是"八"未变，所以说"艮之八"（之，连词），五爻变化后，成为《随》卦，谓之《艮》之《随》。"引而伸之，触类而长之，天下之能事毕矣"。是说占卦根据不同的卦变情况，通过对《周易》的系辞进行解释，或是由易象的分析来判断吉凶，天下一切事物经过占卦都是可以预知的。尽管对"四营而成易"、"三变得一爻"、"十八变得一卦所作的诠释已力求简明扼要，但仍然相当繁琐。这是由于古代的卜官和占筮家为了显示八卦的神秘性，而在演算方法上故弄玄虚。其实，这种演算方法完全可以简化，下面我们不妨看看也是古人创造的几种简易占筮法。

数籤法：五十根竹籤，先除去一根为太极。四十九根竹籤分握于两手，由右手抽出一根挟在左手的小指中。然后用右手数左手中的竹籤，八根一数，如数尽则不留，如有余数，则将余数加上挟在左手小指中的一根合并计数。各计为一（实际上无余数），是乾卦☰，为二是兑卦☱，为三是离卦☲，为四是震卦☳，为五是巽卦☴，为六是坎卦☵，为七是艮卦☶，为八是坤卦☷。一次就可得到下卦。再用同样的方法演算，就可得到上卦。不过，这样演算法不会出现"变卦"。"变卦"也可采用简算法。将四十九根竹籤分握左右手，由右手取出一根挟在左手小指中，将左手的籤六根一数，如数尽则不留，如有余数，则将余数加小指中的一根合并计数，出现下列情况：无余数（只剩下指挟的一根）是为初爻，为二是第二爻，为三是第三爻，为四是第四爻，为五是第五爻，为六是上爻为"变爻"。

掷骰法：做一个粽子形正四面体骰子，每面分别标上六、七、八、九四种点花，投掷一次可定一爻，投掷六次就可定出六爻，而成一重卦。

掷钱法：用三个铜钱（硬币）抛掷：两正一反是少阳"—"，两反一正是少阴"--"，三个背面是变爻老阳，三个正面是变爻老阴，这样抛掷六次就可以由下而上得到全卦。

问卜占断是个相当复杂的问题。简单地说，占断主要看本卦的变爻，如泰卦䷊，六五为老阴，是变爻，"六五"的爻辞就是求得的答案，但也要参考卦辞，以了解卦的整体性质。如果一卦中出现若干变爻时，按照朱熹《易学启蒙》的说法，有两个变爻时，看本卦的两个爻辞，但以在上者为主。如有三个变爻，则看"本卦"和"之卦"的卦辞，可是，"本卦"的卦辞和"之卦"的卦辞往往互相矛盾，所以，一些易学家认为有两个以上的变爻时，以"本卦"的卦辞为据较妥。《易经》和《易传》对遇卦和变卦的占断都没有说明，汉唐的易学家对此也是语焉不详，倒是在先秦史籍《左传》、《国语》中有些有关占筮的具体事例，可据以了解、探求变卦的占卦法。有两个以上变爻以"本卦"的卦辞为据，就是根据《左传·襄公九年》关于"穆姜薨于东宫，始往而筮之，遇艮䷳之八"的记载而作出的判断。宋人朱熹在总结前人占筮经验的基础上，为了更加便于应用而拟定一些占筮的条例，其中自不免有许多臆测和想象的成分，和先秦史籍中记载的占卦法并不完全吻合。古人占卦并不完全依据《周易》系辞，往往撇开系辞，而只分析卦的爻象。同为宋人的著作，朱熹的《易学启蒙》和当时流传的《周易古占》，对变占法的解释就不尽相同。事实上，利用《周易》系辞占筮具有很大的随意性，载于《左传·襄公二十五年》有关崔武子欲娶棠姜而占筮的故事就很能说明问题。崔武子吊唁齐国棠邑大夫棠公之丧，发现棠公的妻子棠姜长得很美，想娶她为妻。棠姜的弟弟东郭偃认为崔武子和棠姜同为姜姓，不可通婚。武子乃去占卦，得困卦䷮变为大过䷛，太史都说"吉利"。因为"困卦"为坎下兑上，"兑为少女，坎为中男，以少女配中男，故吉。"崔武子又去询问陈文子，陈说："夫从风，风陨妻，不可娶也。"因为"坎为中男，故曰夫"。遇"困"变为"大过"，兑变而为巽，巽为风，故曰从风。兑仍在上，故曰"风陨妻"。崔武子辩解说：她是寡妇，有什么妨碍？凶兆已由她死去的前夫承担了。结果还是娶了棠姜。崔武子占筮得"困"卦变成"大过"，同样的卦画，太史根据"困"卦的卦辞解为"吉"，陈文子则依据"一爻变占视本卦变爻之辞"的规则解为凶，可见利用《易》辞占筮全凭解筮者的好恶去取舍。太史慑于崔武子的权势，当然难免阿谀奉承的意图。这种解释的随意性，从敦煌残卷《管公明卜要诀》和《卜书》中亦可得到佐证。

　　弄清了八卦的来龙去脉及演算方法，可以概括为这样一个基本概念：《周易》是运用数算（奇偶）、八卦、六十四卦符号自然变化的规律，比附推演，印证客观存在的人事变化，作为穷理的工具。它把天地间一切事事物物及其相互间的极其复杂的关系，统统包括在变化无穷的六十四个符号之中。它只具有符号逻辑的性质，并无预知未来的功能。原始的"易"，仅是文字出现之前，初民新创造的一套用以象征万事万物及其变化的符号，只起表意的作用，连符号逻辑的性质也不存在，又遑论预知未来，判断吉凶？

"时"和"位"

　　"时"和"位"是易经里的两个基本概念，具有牵一发而动全身的重要作用。易经的六十四重卦均由两个单卦叠成。两个单卦在时间上表示前后两个阶段，在空间上表示高下两个地位，依据卦象判断在某一时间、某一地位采取阳性姿态，抑或采取阴性姿态；是进取，还是退守。组成单卦的三爻表示时间和地位的上中下或前中后三个境界。一般来说，在最先的阶段或最下的地位象征时机尚未成熟，凡事应采取谨慎或渐进的态度。在最后的阶段或最高的地位，象征机运已过，事势将变，凡事宜采取警戒或退守的姿态。处于正中的一个时间和地位最宜于采取积极进取的行动。把三种境界和重卦的六爻相对应，第二第五两爻处于一卦之正中，时间、地位最宜进取；第三、第四两爻，可上可下，变动性很大；第一、第六两爻，则表示无论从时间、还是从地位考虑都应退居守势。然后依据这个原则来推断全卦六爻所象征的具体事物，即可确定所应采取的态势。

殷商时代已经使用文字进行占卦和预言（甲骨文、金文），象征万事万物及其变化的八卦符号的含义，逐渐演进到用文字来表述。到了东周产生了用文字撰写的作为占卜工具的"易"、爻、传，从此"演八卦"正式登上了中国神秘文化的舞台。传说"西伯囚羑里，演周易"（《史记》）。卦辞是周文王撰写的，爻辞是文王的儿子周公撰写的，《易》的解说部分"传"（又称"十翼"）是孔子作的。"孔子晚喜易，序彖、象、说卦、文言，读易韦三绝"（《史记·孔子世家》）。实际上，《周易》从形成到逐臻完成，源远流长，经历了相当悠久的时间，积累了众多智者的心血，并不是哪一位圣贤的个人创造。据有关学者考证，东周以后流传的《周易》，在体系上已非《周易》的本来面目，只是利用原来的六十四卦符号及其变化的规律作为占卜的工具。论据是《左传》中记述的占卜爻辞与易爻小同大异，汉人《焦氏易林》中的占爻辞则与易爻根本不同，这也是解爻随意性的表现。所以有学者说：《周易》和占卜的关系，就像现在用扑克牌算命一样。

第九章
不是解不开的谜

中国传统文化内容十分丰富，且多带有浓厚的神秘色彩，有如谜语，令人费猜。实际上，许多问题虽然诡谲莫测，并不是解不开的谜。弄清了它们的来龙去脉，再以现代科学进行验证，那些隐晦曲折的、玄秘深奥的事物，或者露出庐山真面目，昭然若揭，使人得以了解事情的原委，或者犹抱琵琶半遮面，初露端倪，为进一步揭开谜底找到途径。由于神秘文化涉及自然科学和社会科学的诸多学科方面的问题，一个问题往往又与几个学科交叉关联，呈现出"边缘"状态，环环相扣，犹如难分难解的"九连环"。要想解开环扣，必须寻绎它的思维套路。解环的目的，就是要把连接科学性和非科学性之间的链条解开。

一、从原始思维学看神秘文化

原始思维、文明思维和原始巫术

原始思维是人类思维发展过程中的低级阶段，是原始时代的人类的思维，亦即人类童年时代的思维。原始社会生产力是低下的，作为思维工具和交际工具的语言能力也是低下的。低下的生产力限制了人的认识能力，低下的语言能力也影响了逻辑思维能力。最能说明问题的莫过于对自然规律的认识了。

远古时期，人们都以惊慌的眼光去看待日月之食，由于认识能力的局限，只有将这种自然现象视为"日月吉凶，不用其行"。天将降临大祸，因此每当日食、月食发生，就要组织"救日月"的活动，驱逐"天狗"。但是，到了西周，人们已经开始了解日、月食的成因，掌握了"月盈日亏"的自然规律。及至西汉刘向在解释日食的成因时已能正确指出："日蚀者，月往蔽之。"（《五经通义》）张衡对月食的成因又作了进一步的解释，在《灵宪》中把月球位于地球阴影中而形成月食的道理讲得更加透彻。王充在《论衡·治期》中又深入一层，指明日月食具有规律性："在天之变，日月薄蚀，四十二月日一食，五（十）六月月亦一食，食有常数，不在政治。"古人对太阳、月亮运行规律及其相互关系的认识的提高，是随着生产力的发展，从而与认识能力和思维能力的提高相适应的，语言能力的提高，则提高了表达的能力，而把问题讲解得清晰明了。还可以某些自然现象为例。远古时期，人们对鸟儿惊飞、蚂蚁搬家、蚯蚓出穴等自然现象感到惶惑不解，认为是灾祸的征兆，而祈祷神灵。王充则依据自然界自身变化的规律，提出"达物气之理"的理论，提出："天且风，巢居之虫动"；"且雨，穴处之物扰。"（《论衡·变动》）刮风之前，鸟儿因天气将变而惊动出巢，下雨之前，蚂蚁、蚯蚓也因天气将变而不安于穴。虫鸟因为风雨之气而感动，是自然界自身的变化规律，亦即物气之理所使然。古人认为鸦鸣主凶，"乌鸦当头叫，无灾亦有祸"。尤其是白头乌鸦在宅院内啼叫，被认为有报丧之嫌，这是民间普遍流传的禁忌。人们遇到乌鸦当头啼叫，都要连"呸"三声，吐三口睡沫以作禳解。这种禁忌意识大概是初民看到乌鸦在临终病人的洞口或巢畔盘旋啼叫，视乌鸦为不祥之鸟而产生的。当人们具有生物学知识以后，对此现象就可作出科学的解释。因为乌鸦是一种杂食性鸟类，不仅喜食谷物树果、害虫鼠类，而且爱吃动物尸体分解的腐烂物质。长期的生活习惯，使它练出了特别敏锐的嗅觉，在很远的距离就能辨别腐尸散发的微弱的气息。有些病人在临终前，新陈代谢严重障碍，部分细胞组织开始变质分解，释放出微弱的尸臭气味，诱使乌鸦竞相飞至，所以并不是乌鸦有什么预知的神通，而是其习性使然。

关于这个问题，还可以举一个发生在现代的有趣事例：安徽省阜阳市有一座始建于康熙三十五（公元1697年）的文峰塔，1991年8月31日傍晚，塔顶铁凤凰尾部突然有黑色烟雾冒出，呈丝带状，东西方向飘动，时断时续，持续约一小时。此后，每天下午6时左右都可看到这种奇观。此塔为砖木结构，塔刹和顶端的铁凤凰为生铁铸成，塔身既未着火，何以冒烟？消息传开，众说纷纭。有人说首出的烟雾像两条摇头摆尾的神龙，有人说晚上看到大仙坐在塔上。顶礼膜拜者源源不绝，彻夜香烟缭绕，鞭炮震响，朝拜及围观者最多时超过万人。为了揭开谜底，当地政府会同有关部门对塔顶进行实地考察，发现冒出的"烟雾"原来是由无数个小昆虫组成的。经生物学家鉴定，这是一种双翅目长角亚目瘿蚊科昆虫，体长不足一毫米，黄褐色，生活在阴暗处，常在清晨或傍晚飞出，群体活动，不能远飞，当年雨水多，因而大量繁殖，飞出时呈烟雾状。（见1991年9月24日《新民晚报》）这个当代奇闻，说明迷信常使人思维能力变得低下，认识能力大大下降，甚至出现意识上的"返祖"现象，把人引回原始状态中去。

原始思维学的创造者、法国学者列维·布留尔认为原始思维规律与文明思维不同，它是一种前逻辑思维，具有四个特点：一是"本质上是综合的思维"；二是"思维、语言差不多只具有具体的性质"；三是"思维、感觉和行为的整个方式本质上是神秘的"；四是具有稳定性，是停滞的，很少变化。概括地说，原始人的原始思维具有综合性、直观性、神秘性和稳定性的特点。布留尔又指出：原始思维不是以概念去反映事物，把握世界；而是用幻想，集体表象去认识事物，把握世界。所以它不遵循逻辑规律。文明思维带有自主性，原始思维缺乏独立性；文明思维富有理性，原始思维富于情感；文明思维遵循同一律和矛盾律，原始思维遵循互渗律。如果把原始思维和原始巫术加以对照，就会发现原始思维的特点基本上概括了原始巫术的特点。巫术就是在生产力低下，人的认识能力低、语言能力和思维逻辑能力低下的原始社会里，在知识受到限制，人对大自然无能为力的情况下，产生的一种具有实用目的的特殊仪式活动。这种特殊仪式的程式是一固定不变的，每一个举动都包含着标准化的行为，语言（咒语）既符合规定的格式，又针对具体的对象；主持仪式的巫师竭尽全力发挥情感的魔力。不言而喻，这种巫术仪式正是远古原始思维的产物。

互渗律

布留尔在讲到原始思维遵循"互渗律"时列举了梦中的事物与真正的事物互渗、人与影子互渗、人的衣服、工具、指甲与人互渗等例证。"互渗律"就是巫术的"交感律"。我们不妨就这些例证来做一些剖析。梦中的事物与真正的事物互渗可以初民狩猎为例。原始人在未发明刀耕火种之前，是以采集渔猎为生的。他们白天去打猎，晚上躺在洞穴里，常常在睡梦中亦去野外打猎。明明自己的肉体并未离开洞穴，怎么会去外面打猎呢？经过长期的思索，逐渐在头脑中形成一种观念：在人的肉体当中，还有一种支配肉体而又看不见、摸不着的东西，这个东西在人睡眠时离开肉体到外面去活动。梦中重现白天活动的情景，重复白天所做的事情，就是这个东西活动的映象。这个东西不仅夜晚脱离肉体而活动，人死之后也离开尸体而游转，不知什么时候，人们给这个空灵的东西起了一个名字叫做灵魂，从而形成灵魂观念。古人把梦境和灵魂活动联系起来，认为做梦是灵魂离开肉体外游，这样又形成梦魂观念。恩格斯分析梦魂观念的成因时就说过这样一段话："在远古时代，人们还完全不知道自己身体的构造，并且受梦中景象的影响，于是就产生一种观念：他们的思维和感觉不是他们身体的活动，而是一种独特的、寓于这个身体之中而在人死亡时就离开身体的灵魂的活动。"（《路德维希·费尔巴哈和德国古典哲学的终结》）人体这个"皮囊"包含着一个活的灵魂。灵魂又支配着这个"皮囊"，躯壳和灵魂结合便成为一个有生命的人。人类对于自身血肉之躯的理解，在很长时期内，甚至直到现代有的人仍带有这种奇异的色彩。正是初民原始思维"互渗律"的作用，梦才形成了灵魂观念，反过来，又用灵魂观念解释梦境和梦象。梦和魂就这样互相渗透，难分难解，紧密地联系在一起。初民相信万物有多灵，崇拜鬼神，认为人的一切都是神灵赋予的，都受神灵的支配，灵魂活动当然也要由神灵来支配，所以梦魂观念产生以后，自然会和鬼神观念结合，把梦看作是祖先神灵对自己的指点和启示，于是产生梦兆迷信，俗话谓之"托梦"。《红楼梦》中描写秦可卿临终时"托梦"给王熙凤，讲了一通"月满则亏，水满则盈"，"登高必跌重"，"乐极生悲"的道理，预示贾家将由盛而衰；又以"烈火烹油，鲜花着锦之盛"预兆"贾元春才选凤藻宫"，"荣国府归省庆元宵"，就是梦境与现实互渗的传神之笔。正像布留尔在《原则思维》中说的：梦是梦者"与精灵、灵魂、神的交往"，梦是"神为了把自己的意志通知人们而常用的方法。"在贾宝玉的梦中，秦可卿是太虚幻境警幻仙姑的妹妹，她入世为人，在天是神。她在王熙凤梦中所作的警语是完全可以视为神的意志的。《红楼梦》产生于 18 世纪中叶，离原始社会已经相当久远。由此可见梦兆迷信源远流长，在中国古代社会生活中影响之深远。

　　人的衣服、工具、指甲与人互渗，英国学者劳逊讲过一个希腊迷信：希腊人建筑房屋，要慎重考虑怎样可以使基地上原有的精灵既不觉得被人冒犯，又愿作新屋的守护神，于是产生杀牲以祭的"平安祭"习俗。起先是用一头牛或一头羊，或一只雄鸡，在基地上把喉管割开，让血流在基石上，或用血在基石上画个"十"字，然后将牲体埋于地下。以后人们认为欲保房屋稳固，用牲祭不如用人祭，但将人杀死于心不忍，于是采取"同感式法术"（即交感巫术），找一个将死的老人，用他的一根头发或一片爪甲，他的衣服上的一块布条，或他的一只旧鞋，也可用与其人全身和足等长的一根线或一根木条，埋于新屋的基石下面，代替人牲算是献给基地的精灵。据说，被献爪甲、衣物的老人在一年之内必死无疑。我国古代关于以爪甲作本人替代品，亦即爪甲与人互渗的事例更多，流传最广的就是成汤剪发断爪，以己为牲，祷于桑林之社的故事。传说汤自伐桀后，大旱七年，人们想尽办法，老天就是不下雨。再问卜，所得的判词说必须用人为牲。成汤不忍心杀他的臣民，决心自己作牺牲，但是，他是元首，如果去死，固然可以使鬼神感到心满意足，而一个氏族却少了一个领袖人物，如何使得？既然不能真死，便采取象征的方法，将发爪剪下，献给上帝和旱魃，这样就算"以己为牲"。按照初民的认知，发爪是人的精华，一个人除去性命，身上最可宝贵的东西就是发爪，所以它是本人最好的替身，祭祀神鬼时可以代替他为牺牲，还可以代替本人做许多自己不能做或做不到的事。发爪如果被人或鬼，精怪或禽兽弄去厌制、吞噬，或者染上污秽，本人的身心就要受到影响，不是生病，就要遭灾。所以会有这样的观念，就是"互渗律"，即"同感式法术"在那里起作用。

右脑和左脑

国外一些学者在研究原始思维产生的根源时，从生理学的角度，研究了原始思维与大脑活动的关系。西方远在古希腊时代就意识到思维、智慧是大脑的产物。近代美国学者斯佩里研究人的思维特点，发现了大脑两个脑半球不同的思维特点和相互关系。右脑的思维具有形象性、直观性和幻想性的特点，左脑的思维具有逻辑的、抽象的特点。据认为原始思维是人的右脑思维方式，原始人类的精神活动右脑起主要作用，所以右脑所具有的特点也正是原始思维的特点。后来随着社会发展水平和语言发展水平的提高，左脑逐渐发达起来。这样人类的思维就逐渐由富于感性变为富于理性，或者感情和理智联合发生作用。由此得出这样的结论：文明思维是由原始思维发展而来，原始思维是文明思维的源头，中国的八卦最能说明这个问题。八卦的起源很早，是原始社会原始思维的产物。有人认为八卦是从八种自然物质取象而来，有人认为是一种原始的象形文字，有人认为起源于男女生殖器崇拜，有人认为起源于蓍草排列的方式；近年，还发现周初的一种由筮占而得出的与现存八卦不同的图形（已在前章介绍），被认为是八卦的前身。尽管认识不同，意见不一，但是都认为原始八卦是表象的，具有形象性、直观性和幻想性，这和原始思维是相符的。八卦原本是宗教巫术的产物，是古人占筮的工具，最初仅限于探测神意，表示吉凶。卦只是一种占筮符号，它的本身并不蕴涵任何意义，它的含义是后人赋予的，人们根据不同时代背景，不同的社会发展程度，不同的思想水平和不同的目的而赋予八卦以不同的意义。随着生产力的发展，社会发展水平的提高，人的思维开始启动左脑，感性逐渐向理性倾斜。人们在演算八卦的实践中，逐步发现八卦的排列组合具有一定的规律性，含有某种数学意义。运用它的特殊规律，可以将八卦组成一个严密的系统，据以进行演算和发展。殷周之际有人（传说是周文王）将八卦的单卦叠合为六十四重卦，使排列组合的规律性得以验证。不过这时对八卦的数学性质还没有自觉的认识，它的数学的内容尚未进一步展开。及至汉代，有人试图从卦位的变化来阐述八卦的意义，因而发展成为极为复杂的象数之学。后来，德国数学家莱布尼茨发现，中国的八卦包含着二进位制原理，从而受到启发，创立二进位制，并纳入他首先提出的数理逻辑体系，又进而类推出乘法计算机原理。数理逻辑的研究在电子计算机的设计和应用方面具有重大的实际意义。西方有些学者甚至认为八卦是电子计算机的先驱。由莱布尼兹首创的、经过其他西方数学家发展的数理逻辑具有符号化、数学化，抽象化的特征，这些特征恰恰正是八卦所具有的特征。可见西方数学家对《易经》的重视，对八卦的评价，是以科学为依据的，是把处于萌芽状态的科学引入现代科学而进行论证的。对于八卦做哲学的解释并加以发挥的是成书于春秋的《易传》，它以八卦来论述社会等级制度和伦理关系的永恒性和合理性，又赋予八卦以社会政治和伦理的内涵。天文学把八卦同天体和地理方位结合起来，进行天象研究，并利用它来制定历法。道士以及后来的气功师利用八卦研究真气的运行，而使气功学得到很大的发展。我们之所以举出这么多的事例，就是以八卦来说明由原始思维而产生的某些事物，由于时代和认识水平的局限，无法理解其科学性，只能处于蒙昧的、模糊的感性状态。随着生产力的发展，科学水平的提高，人类由原始思维发展到文明思维，对那些本身具有科学性的事物，就可以现代思维和科学观点作出新的解释，赋予它以新的内涵。

原始思维把人们内心主观世界的东西和客观世界外在的东西在许多地方混同起来，因而在推理时，联系推论两端的并不是实在的、合理的实证，而是虚幻的、空灵的冥想，这就必然会使思维、意识观念以及由此而发生的行为带上神秘的、迷信的色彩。人类只是在进入文明思维阶段之后，才能从迷信中解脱出来，赋予自然和人事的变化以科学的解释。

二、从概率学看神秘文化

碰和猜

有人说过占卜一是碰，二是猜，这话说得不无道理。碰，从数学的角度来看，实则是概率学问题；猜，既是数学问题，也是心理学问题。概率学是以数量的角度研究"或然现象"规律性。因为某种事件在同一条件下可能发生，也可能不会发生，表示发生的可能性大小的量叫做概率。概率理论应用的范围非常广泛，占卜术不论是杯珓占、金钱占、灵棋占，还是测字占、签占、牌占，都是概率论的"或然现象律"的作用。

先来看看筮法。五十根竹签演算较复杂，可以把它的程序简化如下：50 根竹签，先除去 1 根为太极，将 49 根竹签分握于两手，由右手中抽出一根夹于左手的小指中，将左手中的竹签 8 根一数，数尽为止。

余数加小指中的 1 根合并计算：一是乾卦，二是兑卦，三是离卦，四是震卦，五是巽卦，六是坎卦，七是艮卦，八是坤卦，这样一次就得到下卦。然后用同样的方法求得上卦。再将 49 根签分握两手，由右手取出一根，挟在左小指，左手的签 6 根一数，数尽时不留。不满 6 根者与小指中的一根合计，数尽者为 1 即初爻，余一为二爻，余二为三爻，余三为四爻，余四为五爻，余五为上爻。

　　再看掷钱法。用三个铜钱抛掷，可能出现四种不同的结果：两个面一个背，是少阳一，两个背一个面，是少阴--，三个背，是变爻老阴□，三个面，是变爻老阳×，这样抛掷六次就可以由下而上得到全卦。我们还可以把掷钱法再简化一下：用三个不同年号的铜钱装在袋内，每次摸出一枚，记下年号，再放回袋内，这样摸十次、八次，显示出的三种年号肯定是不规律的，但若摸几百次、几千次，进行分类统计，就会发现摸到的三种年号的铜钱数量几乎相等。同样，用一枚硬币随意抛掷，可能出现正面，也可能出现背面，抛掷几次当然看不出什么名堂，但若抛掷几百次、几千次，正面和背面呈现的次数则大体相等。国外学者对此作过试验，一枚硬币分别抛掷 4 千次和 1 万次，正面和背面出现的次数相差都只在 1% 左右。

　　八卦的六十四重卦的卦辞和爻辞虽然冗繁深奥，但是，归纳起来它所预示的无非是"吉"、"无咎"、"吝"（或"悔"）、"凶"四种情况。吉是吉祥；无咎表示没有灾难、过错，虽不是吉，也不是凶；吝是羞辱，悔是后悔，程度相同，虽不是凶，但是厄运；凶是凶恶、凶险，厄运。用 50 根（实为 49 根）竹签演算。以其余数 1～8，对应八个单卦，演算两次求得下、上卦，得一就卦。用同样的方式演算，以其余数 1～6，对应六爻，寻求变爻。看起来错综复杂，使人眼花缭乱，实际上同样具有规律性，演算多次，预示四种结果的重卦出现的次数大体相等。任何问卜者占到其中之一的可能都是一样的。从由竹签筮法衍化的签占看的重更清楚。假若签筒中有 20 根衍签，预示的不外乎吉、凶两种情况，虽然吉凶又有上上、上中、上下、中上、中中、中下、下上、下中、下下之分，但这只是表明吉凶的程度，等级，并不影响其性质。求签时摇出其中任何一种的可能性都是 1/20，从实质来看仅为 1/2，因为非凶即吉，非吉即凶，所以灵验的程度是很高。信徒弟子不懂这些，以为真是神灵旨意，当然也就迷而笃信了。

推理、诡辩、骗

不过，机会相等是就总体而言，不论采取什么方法进行古卜，其结果未必都能"碰"得那么准，这就需要运用"骗"的办法以圆其说。就八卦来说，它不仅具有高度的抽象性，而且具有高度的辩证性，这就给巫师、卜者以很大的回旋余地。在演八卦时可以运用变爻，谓之卦变。八卦是阴爻和阳爻任意选择三次的排列结合形式，不论是单卦还是重卦，任何一只卦要有一爻发生变化，或由阴变阳，或由阳变性，都会导致卦的变化。如乾卦☰可以变成遁卦☶，也可以变成坤卦☷。卦变了，对卦义的解释就不一样，是凶、是吉；是交好运，还是交厄运？解释的随意性是很大的，俗谓"变卦"就是这个道理。在演八卦时又可以运用"反卦"（又称"相综"、"复象"、"综卦"），就是将一个重卦的上、下卦倒转，变成另一个卦，如屯卦☳倒转过来就成为蒙卦☶，二卦有彼此相反相成的意思，可以互相参照。屯卦象征草木萌芽，充满生机，有充满、充实的意思。另一方面示意草木萌芽过程，相当艰难，又含有艰难、停止的意思。蒙卦意谓蒙昧、幼稚，也有启蒙、教育的含义。人的成长犹如草木萌芽，处于蒙昧幼稚时期，必须进行教育。二者互补，阐释起来余地就很大了。演算八卦还要根据占算对象的爻位归属，分析其与它爻的乘、承、比、应关系。相邻的二爻，上方的爻对下方的爻是"乘"，下方的爻对上方的爻是"承"。内卦与外卦的"初"、"四"、"二"与"五"、"三"、"上"爻必须一为阴爻，一为阳爻，异性相吸，阴阳对应；如果同为阳爻或阴爻，同性相斥，则不相应。"相邻二爻相比"，必须一阴一阳，才能亲近。特别是反映自然或人事在不断变化过程中某一瞬间的"时",解释卦时意义的"时义"以及反映卦的时间效用的"时用",在判断吉、凶、无咎、吝(悔)时往往带有很大程度的不确定性,卜者可以揣度同卜者的心理,随意发挥,加以阐释。

抽象概括的八卦融进"数"的关系,这就使得占筮中的易数推理可以随意组合,变化万千。所谓"参伍之变,错综其数,通其变,遂成天地之文;极其度,遂定天下之象"。加上在概括归纳过程中渗入了阴阳五行、社会政治、人伦德性诸种因素。用四十九策(竹签)演卦,把占算对象纳入卦中,然后"引而申之,触类而长之",事无大小,物无远近,都可以"探颐索隐,钩深致远",宇宙的万事万物似乎都可以收容到这个阴阳八卦太极图中。但是,在占筮的演算过程中,被作为推论判断重要依据的,是那些被赋予必然属性的偶然因素,如筮数,时,时效,等等;这在一定的程度上就要靠"碰"。同时,占断的结论主要依据解释"卦辞"的彖传和象传,这些解释又大多带有脱离实证的虚幻性,都是玄秘深奥的东西。如坤卦,卦辞:"坤,元亨,利牝马之贞。君子有攸往,先迷后得主,利西南得朋,东北丧朋。安贞,吉。"彖曰:"到哉坤元,万物资生,乃顺承天。坤厚载物,德合无疆。含弘光大,品物咸亨。牝马地类,行地无疆,柔顺利贞。君子攸行,先迷失道,后顺得常。西南得朋,乃与类行,东北丧朋,乃终有庆。安贞之吉,应地无疆。"象曰:"地势坤。君子以厚德载物。"这种阴阳变易理论应用于被占事物,是否真正能够对上号也是一个疑问。当然,自八卦、《易》与占卜结合以后,在古代,占筮受到人们的普遍信奉,说明占筮有一定的应验性,历史上还出现过一些著名的占筮家。三国的管辂、晋代的郭璞都是精通《周易》以及占、相之道,"妙于阴阳算历"的高手。《三国志·管辂传》、《晋书·郭璞传》中就记载了许多他们进行占筮的案例。传说玄学家何晏梦见青蝇聚于自己的鼻准,驱之不散,让管辂为他释梦,占卜吉凶。管辂根据《荀爽九家易》解释,按易象"艮"为鼻,又为山。鼻在天中,天中之山,高而不危。逐臭的青蝇落在鼻难之上,高上加高,预示物极必反,高耸过头则有倾覆的危险。并按易传中《象》、

《象》的精神，奉劝何晏谨慎行事。在座的邓飏嘲讽管辂老生常谈。管辂不以为然地说："老生者见不生，常谈者见不谈。"果然不出所料，没过多久，何晏、邓飏即以谋反罪被司马懿杀害。这个筮案灵验不灵验呢？从表面上看当然是灵验的，但是只要有点历史知识，认真思索一下，就会看出管辂占筮之所以应验，并不是由于天人感应，受天命鬼神力量的驱使，而是根据何晏当时社会环境和个人处境，作一般哲理性的推论。首先从"大气候"来看，魏晋时期，天人合一思想已经破产，独尊儒术观念已经动摇，汉朝的神权统治受到严重打击，重天、重名教的思想为重人、重人谋、重人才思想所代替，产生了以客观唯心主义的玄学，神不灭论和神灭论进行着激烈的交锋。从人事关系来看，何晏的母亲被曹操纳之为妾，他自己又娶金乡公主为妻，官至吏部尚书，在政治上是曹氏集团中的一员。"内忌外宽，猜忌多权变"的司马懿一直觊觎曹魏政权，对曹氏集团中人自然视为政治上的隐患。司马氏世族服膺儒教，并不把"绝礼弃学"的老子当圣人，而玄学的始创者何晏则认为老子"与圣人同"，在政治思想上又和司马氏针锋相对。对这样一个人物，司马懿岂不欲除之而后快，而何晏授人以把柄的地方又是很多的。管辂为他占筮，按易象所作的解释，实际上是根据何晏当时处境问题性质、发展前景所作的常理的判断，正是"旁观者清"。本书"导言"讲到《三国演义》中描述诸葛亮借东风，火烧连营，大败曹军，联得赤壁之战的胜初。曹军这次大败在主客方面虽然都有许多不利因素，而决定因素却是意想不到的风向问题，江面上刮起东南风，给了孙刘联军以可乘之机，正是这个偶然因素，使得曹军全线溃败，从而奠定了三国鼎立的局面。假若"东风不与周郎便"，曹操打败了孙刘联军，不仅会造成"铜雀春深锁二乔"的难堪局面，这段历史也将重写。至于诸葛亮借风，并不是由于他"曾遇奇人，传授奇门遁甲天书，可以呼风唤雨"，而是由于他精通天文星象之学，能够从天象变化中预测风向，充分利用偶然的机遇。从这个角度来评估孔明先生"仰观、风角、占、相之道，无不精微"，无疑，他的占断是具有一定的科学性的。不过，这种偶然应用到占筮之中，也是要"碰"的。

占筮应验靠"碰"，因为数算中有个"概率"的问题，所以任何高明的占筮家也无法保证自己的占筮完全应验。偶然既寓于必然，也就存在着"碰着"和"碰不着"两种可能性。碰着了也就应验了；碰不着呢？那也不要紧，可以用"骗"去弥补。不过，这种骗术不是街坊算命先生的无稽之谈，而是依据易传中的《彖》、《象》进行唯心主义形而上学的诡辩。

三、从心理学看神秘文化

巫术和心理活动

巫术、迷信和半迷信的举动，都是个人心理活动的反映。个人和思想、感情和行为必然会受到他人存在的影响。所谓"他人存在"是指实际存在、想象中的存在或暗指的存在三个方面。人们通过交往，产生相互的感知、理解、模仿、暗示和信任。所以在社会生活中，人际交往中的心理现象是相当复杂的。

巫术、迷信活动是通过感知、模仿而达到理解和信任的心理活动，这种心理活动主要受想象中的存在或暗指的存在影响。当经验和理智告诉人们科学无能为力时，人们就想象有一种在那里支配着的力量，这种力量就是天命鬼神。固然，天命难于逆料，鬼神神秘莫测，但是它们好像总是在暗中操纵着人的命运，事物变化之前它们似乎都在发出预兆，事物的推演又似乎含有内在的一贯的规律。人们于是对这种想象中的力量产生敬畏、寻求依赖和保护的感情，这就是巫术信仰、占筮迷信的主要心理因素。人们问卜，目的是想预知前途命运；又总是从趋吉避凶的心理出发，或求之于巫术，或乞求于神灵，以取得心灵的刺激和慰藉。

所以从卦象来看，总是吉卦多于凶卦，以适应人们祈吉纳福的心理，鼓励人们求富贵，战病魔，避邪恶，交好运。

人们相信巫术，是因为对自然界怀有敬畏和恐惧的心理，但是为着生存和发展，人们总想利用、控制和驾驭自然。当找不到有效现实途径而感到无能为力时，便幻想通过一种神秘的仪式或行动，产生一种特殊的力量，从而按照自己的意愿从事。在遇到危险和不幸时，则企图受到这种超自然的特殊力量的庇护，当然，这种超自然的力量实际上是并不存在的。从心理分析来看，既作为手段又是目的的神秘仪式和举动，不过是让无出路的情感得到戏剧性的发泄，以求得心理平衡而已。古人对天象变异和自然灾害如日食、月食、地震特别恐惧。这样，恐惧的心理往往使人产生种种企图解脱的、虽然盲目却又认为是必要的举动。

就是平常不相信神鬼的人，当恐惧的心理支配着自己的时候，也会皈依于"神圣"的事物，甚至会做出极其愚蠢的行动。即使在现在仍有这样的事情发生。1978 年 8 月 24 日四川省松平地区发生地震，川西平原人民惊恐万状。由于出现地震前的宏观异常现象，加上地震预报失控，谣言四起，在四川省安县秀水镇红光村就发生了 61 人集体投水自杀，死亡 41 人的事件。另有 32 人集体投水，在行进途中被民兵制止，才幸免丧生。61 人集体投水前，在反动会道门头子（实为巫师）黄官全的率领下，做功、打坐、念咒，又唱又跳，又打又闹，整整折腾了四天四夜。8 月 27 日凌晨，众人都已精疲力尽，神志不清，黄官全裸着全身，双臂交叉系着红绸，手执文帚，蛊惑众人说："现在要大地震了，老母要下界收恶人，不真心上不了慈船，不能回西天躲震避灾。"并宣布："慈船已经到了泉塘，我们已被恶人发现，赶快到泉塘上船。"于是男女老幼 61 人呼啸而出，冲向塘边。黄官全指挥众人面向西方跪下，烧纸、叩头、念咒，然后，随着黄的呼叫"开始上船，冲啊！"61 人悉数跳入水中。（见《中国减灾报》1992 年 9 月 1 日）

这是一幕令人窒息的闹剧，也是一场典型的巫术仪式。令人吃惊的是这场巫术仪式的情境和远古初民巫术仪式几乎一模一样，由巫师主持，通过咒语引起神迹的重演，在巫师的煽动下人人感情激动到近似疯狂的程度。这61人为什么会采取集体自杀的行动呢？从心理分析，由于生产力水平不高，在某一个空间和时间段内，人们在自然灾害面前显得无能为力，对地震、山崩、泥石流等毁灭性的自然灾害，本来就十分畏惧，唐山大地震及震后景象的传播更使人不寒而栗，紧接着又发生松平地震，使人们的神经绷得更紧。极端恐怖的情绪，造成心理严重失衡，丧失了正常的机理和理智，也就容易受到欺骗和迷惑，而寄希望于神灵的拯救，狂热的情绪和失常的举动，都是使心理不平衡得到发泄的替代动作。因为"当一个人的情感到了他自己不能控制的时候，他的言语举动，以及他的身体内部和相关的生理作用，都会让那被遏制的紧张情绪奔放出来。在这种情形下。替代的动作便发生了一种必需而有益的生理功效"。(《文化论》)这种"替代的动作"置于巫术观念之下，总有一个希望的目标在那里支配着。这时，想望的目的完全支配了人们的意识，人们相信自己神秘的语言和动作所产生的"魔力"，可以达到自己所想往的目的。正是在这种意识的驱使下，巫师挥剑一呼，61人才义无反顾地跳入水中。显然，情绪的因素，也就是心理的因素，在这个令人触目惊心的事件中起了主要作用。并把我们拉回到人类原始的时代。由此亦可见人类原始思维方式是根深蒂固的。

"他人存在"：实际、想象、暗指

巫术、迷信具有暗示性，并且大多采用暗示手段，实质上都是一种暗示活动。人和环境之间的信息交流，形成人的无意识的心理倾向，通过这种倾向激发人的潜力，都是暗示的作用。心理学家、研究人和环境关系的先驱比奈经过对儿童进行一系列实验证实，接受暗示的能力是人类的本能，凡是影响于心理的都是暗示。这就证明巫术心理、迷信心理活动受暗指（暗示）存在的影响，是经过实证得出的科学结论。事实表明，颜色、语言、声音、气味等都可以对人们构成某种暗示，进而转化为人的一定的行为或产生某种效应，巫术行为和巫术效应就是这样产生的。

从颜色来说，巫师求雨，多用黑的颜色。黑的烟，黑的牲畜，暗示天阴。反之，久雨祈求天晴，则多用红的色彩，红的球，红的圆盘，红的果子，暗示日出，太阳红火。语言和声音集中表现为念咒语，巫师在向作法的对象念咒时，对象若是仇人，开始念咒时怒气冲冲，近似发狂，充满着愤恨的情绪，并配以刺杀动作，似乎必置对方以死地而后快。接着，声音越来越低，好像对方被刺后身体愈来愈弱，当念到致命的口诀时，声音则逐渐低沉，暗示对象已经死亡。气味常常用于恋爱巫术，如香草暗示自己爱慕的女子。这种暗示作为潜意识往往出现于梦中，"热则梦火，寒则梦水"；"卧藉彩衣则梦虎豹"；"藉带而寝者则梦蛇"；"遭丧则梦白衣，恩宠则梦衣锦"等。

颜色、语言、声音、气味的暗示俱从梦中反映出来。因为梦作为潜意识的活动，无拘无束，不受"自我"支配，各种感情、意念、愿望不管是美的还是丑的，善的这是恶的，它都兼收并蓄，所以，梦中的意象活动便具有"类化"、"因衍"、"转移"等特点，这便成为占梦、释梦的主要依据。

圆梦：直解、转释、反说

占梦术的逻辑分析不外乎"直解"、"转释"和"反说"三种方式。直解比较简单，梦象和所预兆的人事在形式和内容上属于同一关系，有什么样的梦象，就认为会有什么样的人事。转释比较复杂，有"象征法"如"伯劳为声可恶也。梦见伯劳，忧口舌也"。伯劳是一种叫起来声音非常难听的鸟，是梦中与人口舌的象征。"梦见鸂鶒，忧不双也。妇梦见之，此独居也；婿见之，恐失妻也"。鸂鶒是一对水鸟，古人认为鸂鶒"精交而孕"，在一起虽然眉来眼去，情意绵绵，却不同居共栖。梦中被看作夫妇关系的一种象征。假若妻子梦见，预兆将丧夫，丈夫梦见则将鳏居。"花锦"比喻笔墨华章，梦见花锦一般被视为文才横溢的象征，李白的梦笔生花；王勃梦墨丸盈袖；江淹梦见生花之笔被仙翁取走；从此"江郎才尽"。有"连类法"，如"梦围棋者，欲斗也"。"梦见杯案，宾客到也"。"梦见谷，得财，吉。"这是把梦象转化为同它相连的某类东西，然后根据这类东西来说明梦意和人事。有"类比法"，如"将显贵则梦登高"，"谋为不遂则梦荆棘泥途"。有"破译法"，首先将梦象转换成一种符号，或为"阴阳"，或为"五行"，或为"八卦"，然后根据转换得来的符号解释梦意。《晋书·索紞传》中讲到索紞为张宅占梦，张宅梦见自己走马上山。索紞说："马属离，离为火，火，祸也。"这是先把马换成符号"离"卦，再把离卦换成符号五行的"火"，然后以"火"谐"祸"。这种"换码"又有一种"解字法"，它和换码法大同小异，只是将符号和译码换成汉字的笔画而已。如古人从"屋"字分解出"尸""至"二字，梦见与屋有关的事就认为死日将至。还有"谐音法"，它同解字法在本质上没有区别，只是把梦象转化为语言，如"鱼"谐"余"，"桑"谐"丧"。解字和谐音往往合用。如梦见肉挂在车旁，占曰："肉必有筋，筋者斤也（谐音）。车旁有斤，吾其戮乎？"因为车斤二字合在一起即是"斩"字。"反说"是从反面解释梦意，说明人事，这是一种流传很广的释梦方法，民间即有"梦是反的"谚语。梦见火烧房子预兆发财，梦见身死是长命有福的预兆，梦见哭泣有喜事，梦见秽物污衣得财，梦见斩伤出血大吉，等等。

梦，说明人在睡眠之中，通过潜意识系统使得感情、理智和意念等精神活动处于松弛的状态，而不受自我支配，因而有助于调节各种心理因素的平衡。人的意识活动一般来说总是比较紧张的，自我的欲望，如在意识活动中遇到障碍，失业、失恋、事业失败，夫妻失和，人的心境不佳，便会感到困惑，产生忧虑和烦恼。在这种精神状态下，潜意识活动往往会使自我欲望在梦中得到实现。所以，尼采认为"梦是白天失却的快乐与美感的补偿"。占梦家正是抓住这个可以在梦境里找回的"补偿"加以直解、转释、反说，游刃有余地把梦说圆，所以占梦俗谚圆梦。

但是，做的如果不是美梦而是噩梦，不是喜梦而是惧梦，那又怎样解释呢？从心理分析看，这是因潜意识尚未促成心理平衡。占梦家则从"正调"转向"负调"进行反说，发挥梦的"警戒"作用，还是可以自圆其说的，所谓"义出万途，随意会情"，讲的就是这个道理。当然，占梦家不管采取什么方式占释，也不管他们是有意还是无意，在占梦时都要通过梦象进行心理分析，然后根据梦者的心理状态去选择梦的方式和内容，再预测事态发展的几种可能性，进行比较，从而得出结论。也就是说，占梦讲究应验，而要使梦应验，就涉及梦的心理原因和心理特征。

"心里的疙瘩"：情结和意结

基于对人的心态的深入观察和体验，成书于春秋战国的《周礼》就已经注意到梦都同一定的心理状态相联系，是"六梦"之因。此后，关于梦的成因，众说纷纭。东汉的王充提出"精念存想"说，东晋的张湛提出"情化往复"说，宋朝的李觏、陈士元提出"心溺"、"情溢"说，清初的熊伯龙则提出"忧乐存心"说。这些学说论证的角度虽不一样，但有一个共同的特点，探求梦的成因都注意到意念、情感的因素，都探讨了梦的精神心理原因。尽管对梦的心理分析一般都较简单。谚曰："日有所思，夜有所梦。"梦，总是同某种外在的影响和内心的感受有关，作为触发的因素，既有生理病理的刺激；又有感情心理的刺激；还有潜意识的情结、意结的作用，在诸因素中后者是最重要的因素。口干舌燥，梦里便会到处找水喝，这是生理病理刺激。白天与人吵架、争斗，梦中便会遇到魔鬼追逐，或被人刺杀，这是精神心理刺激。但是，起主要作用的还是潜意识活动，还是由潜意识活动形成的情结或意结，正是这种"心理的疙瘩"，决定着梦的心理状态和心理倾向。这是一种盘旋于头脑中的意念，积淀下来，沉入潜意识，在一定刺激触发下的结果。这种心理活动几乎人人都有体验。比如有一个什么问题没有解决或是没有结果，一直缠绕在心头，虽然尽可能不去想它，把它排除在主体意识之外，但是它又总是不时地浮上心头，"不思量，自难忘"，尤其是常常出现在梦中。实际上，也就是潜意识情结和意结的释放。因为潜意识中沉淀的意象受到生理刺激或精神刺激的触发，便会活跃起来，或"类化"，或"因衍"，或"转移"，直接地或曲折地表现出"心头疙瘩"欲解的愿望。以近代暗示学的观点来看，人们日常活动往往是在"高级神经活动的无意识形态"控制下进行的，感情是意识心理活动的有机组成部分，无意识心理活动可以产生丰富的想象力。

在探索神秘文化与心理因素的关系时，着重阐明梦的成因，是为了说明暗示促使人和环境之间的潜意识关系发生作用；或者说由于某种事物对他构成某种暗示，进而转化为人的一定的行为或产生某种效应。只是在没有进行科学的生理分析之前，这种行为和效应必然会蒙上浓厚的神秘色彩，梦和占梦就说明了这个问题。作为迷信活动表现形式的扶乩、关亡、过阴实际上都是人和环境之间的潜意识关系发生的作用。扶乩和关亡都是幽灵回到人间，示人以未来的吉凶祸福；过阴则是人到阴间探望死去的亲人，求幽灵预示前途吉凶。扶乩、关亡和过阴都是人鬼交流的一种方法。扶乩最初是将箸插在箕上，受术者扶着移动的箕，使箸在沙盘上写字。后来将箕改为丁字形杆，插笔于垂直一端，用两手或两人执着横的两端在沙上写字。乩是通过人手而移动的，扶乩时扶乩者思想和观念高度集中，在受到暗示的情况下，双手不知不觉地移动乩笔，从而按照暗示的指挥写出字来。强烈的意念可以激发感情的冲动；感情冲动会引起生理的变化，必然从态度和动作中表现出来。如果这个人情绪激动，意念很强，便会通过表情、言语、动作将信念传播给他人。自己看到某人脸色不对，精神不好，情绪不佳，便能了解他对某人某事的态度如何，因而影响到自己对某人某事的态度，这是暗示作用影响行为的最简单的事例，扶乩的进行就是循着这个程序表现出来的。扶乩是心灵活动的现象，亦即意念和灵感活动现象，有灵必有所感，感应的表现就是乩示。这种灵感多半是从坛场上参与扶乩的人中发出的，一大堆人的意念集中在一两个扶乩人的身上，使他们不自觉地在沙盘上写字，而所写的字又几乎离不开在场众人的意念。这就是说乩动与在场者的意识密切相关，受在场者的知识和意识所左右。在场的人所不知道的事物，乩仙也不会知道。所以乩仙只知道已知的事物，不可能知道未曾知或不可知的事物。这种感应既有暗示作用，也有生理的作用。电波、光波、声波、电磁以及粒子都微妙地起着传播信息的作用，这就是现代科学对心理物理相互作用加以验证，把心理物理的相互作用成功地运用于对心灵现象的解释，使心灵和意识从玄学家的手中解放出来，汇入科学的重大构想中去。

催眠——意识变更

关亡和过阴从心理分析来看，主要是催眠的作用。根据现代科学实验，注意力集中于一个明确的对象，意识场被极度缩减，人便会进入催眠状态。催眠使人的中枢神经系统受到抑制，在这种状态下，可以使接受暗示能力达到最高值。催眠暗示可以导致"意识的变更"和"存在的转变"，使思维改变，对自我和现实去控制的情感，知觉被歪曲。导致年龄上的倒退，能够找回失去已久的记忆。这一切都是在催眠者的语言、动作、情绪的导引下产生的，被催者则依从于催眠者的充满感情的愿望和期待。

催眠状态的心态，极为接近巫术心理，进入催眠而呈现出的恍惚状态被视为滋生超自然现象的温床。就关亡和过阴来说，催眠者通常是巫婆，与亡灵对话和灵魂被引入地府去会亡灵的人就是被催眠者。需要特别注意的是催眠能找回失去已久的记忆。关亡、过阴者和亡灵一般都是亲属关系，一旦陷入神情恍惚状态，见到死去的亲属，自要话说往事。巫婆正是抓住这个特点来探路问话，随机应答的。和扶乩一样，关亡、过阴只能回答已知的事物，预知的事物则为模糊概念，只能附会，无法明说。

四、从医药学看神秘文化

五运六气

中国医药学的发展，经历了由巫到巫、医混合，再到巫医分立这样一个过程。从原始公社末期至西周，医一直为巫所掌握。以巫术治病是初民社会中的普遍现象，所以马林诺夫斯基在《文化论》中说："巫术应用最广的地方，也许就在人们忧乐所系的健康上，在初民社会中几乎一切有关于疾病的事都是靠巫术的。"到了东周，巫医开始分化，医学的发展逐渐从巫术中挣脱出来。但是，下层社会的巫师，很多走向民间成为江湖医生，这就使得医巫不分的遗风长期在社会上流传。战国以后，阴阳五行盛行，阴阳五行学术被引进医学领域，成书于战国，杂合周与战国制度、寓以儒家政治思想的《周礼》，就涉及病理学，已经提出"五运六气"并有以阴阳五行阐述病理的内容。规定医师的职责为：究人之血脉、经络、骨髓、阴阳、表面，察天五运，并时六气，眡人五声、五色、九窍、九藏之动，以探百病，决死生之分。及至东汉，道教产生以后，医学又渗入道家神仙导养之法。由于诸种因素的掺杂、糅合，使中医学精华与糟粕并存。实际上阴阳五行学说导入医学，对形成中医学的独特的理论体系，对促进中医诊断学的发展，起了巨大的作用。对许多巫术、迷信的行为，运用医学科学分析，可以拨开迷雾，做出合理的解释。

阴阳五行最早见于中医典籍的是《黄帝内经》。它包括《素问》、《灵枢》两个部分，内载黄帝、岐伯等君臣问答之辞，实际上是后人伪托的，关于《黄帝内经》成书的年代，历代学者意见不一，有主张黄帝时作品的，有主张周秦时作品的，有主张战国时作品的，也有主张秦汉时作品的。现在比较一致的看法是大约成书于战国末期。在辗转传抄的过程中，又掺入了秦汉医学的观点。"观其旨意，殆非一时之书，其所撰述，亦非一人之手"。这种看法是比较符合实际情况的。

《黄帝内经》基本内容包括藏象、病机、诊法、治则、运气等几个方面。藏象是研究人体生命活动的基础医学理论，又称"脏腑经络学说"；病机是研究疾病发生和变化的内在机理；诊法提出"望、闻、问、切"四法，为后世中医诊断学的渊薮；治则研究病情变化与患者的体质以及气候、地理环境等因素的关系，从而把握病症的病机，探求致病的原因，根据病情采取各种不同的治疗方法；运气研究自然界与人的关系，特别是气候的常变对人体生理、病理影响的变化规律。这些学说都是在阴阳五行、天人相应、整体运动等思想观念的指导下，对人与自然、生理与病理以及各种疾病的诊断、治疗、预防等方面作了全面而又系统地阐述。

阴阳五行是作为哲学概念被引进中医学领域，经过改造，与医学理论有机地结合起来形成中医的阴阳五行学说。"阴阳者，有名而无形"；"人生有形，不离阴阳"；"生之本，本于阴阳"；"阴阳者，天地之道也，万物之纲纪，变化之父母，生杀之本始，神明之府也，治病必求于本"。《黄帝内经》认为物质世界内部的阴阳相互作用是万物生成、变化、消亡的根源，不存在什么"神明"和超自然的力量。人们对疾病的防止同样离不开阴阳对立统一的根本规律。人体的组织结构及其生理过程皆可用阴阳学说加以阐释："夫言人之阴阳，则外为阳，内为阴；言人身之阴阳，则背为阳，腹为阴；言人身之脏腑中阴阳，则脏者为阴，腑者为阳；肝、心、脾、肺、肾五脏皆为阴，胆、胃、大肠、小肠、膀胱、三焦六腑皆为阳。"人体的上下内外都包含着阴阳的对立，疾病发生的机制是由于"阴阳反作"，治疗疾病的准则是为纠正阴阳的偏盛偏衰，燮理阴阳的动态平衡。五行学说导入中医学，促使人们从系统整体联系中把握事物和人体的活动规律，以及机体各个组成部分的功能特性。古代医家将自然界各种事物的特性和人体内脏的功能特点进行比类推衍，纳入五行系统，形成一个便于应用的、人与自然相应的固定模式，见下表：

五 行	木	火	土	金	水
五 季	春	夏	长 夏	秋	冬
五 方	东	南	中	西	北
五 气	风	暑	湿	燥	寒
五 化	生	长	化	收	藏
五 色	青	赤	黄	白	黑
五 味	酸	苦	甘	辛	咸
五 音	角	徵	宫	商	羽
五 脏	肝	心	脾	肺	肾
五 腑	胆	小 肠	胃	大 肠	膀 胱
五 官	目	舌	口	鼻	耳
五 体	筋	脉	肉	皮	骨
五 志	怒	喜	思	忧	恐
五 液	泪	汗	涎	涕	唾

人与自然相应，有一定规律可循，这在五行学说中被表述为"相生"关系："东方生风，风生木，木生酸，酸生肝，肝生筋。""在天为风，在地为木，在体为筋，在藏为肝，在色为苍，在音为角，在声为呼，在变动为握，在窍为目，在味为酸，在志为怒。"（《素问·阴阳应象大论》）事物之间既有促进和资生的作用，即五行的相生关系；又有抑制和约束的作用，即五行的相克关系。正是这种生克关系维持事物和机体的相对平衡。如果五行之间的生克关系失调，那么人的机体就会出现异常变化。

人体的生理、病理的变化，受自然界气候的影响，古人对自然界与人的关系的探索，创立了"五运六气学说"，认为自然界的气候变化有周期性的规律，人的病理变化与这个规律相应，在运气太过或不及的年份这种相应性表现得特别明显。简单地说五运六气是古人凭借阴阳五行观念而推演出来的自然法则，它也有一套推演的模式。五运：以十天干甲乙丙丁戊己庚辛壬癸化为土金水木火。即甲己，土运；乙庚，金运；丙辛，水运；丁壬，木运；戊癸，火运。这种对应关系也是推演五运变化的基本法则。六气：以十二地支子丑寅卯辰巳午未申酉戌亥配合三阴三阳化为君火（暑气）、相火（火气）、湿、燥、风、寒。所谓"三阴三阳"就是将阴阳各划分为三个层次：阴气最微弱，为一阴，称厥阴；阴气较多为二阴，称少阴；阴气最盛为三阴，称太阴。阳气最微弱为一阳，称少阳；阳气较多为二阳，称阳明；阳气最盛为三阳，称太阳。两相对应为风水，厥阴；君火，少阴；相火，少阳；湿土，太阴；燥金，阳明；寒水，太阳。推演六气变化的基本法则是地支与六气相对应：子午—少阳君火；丑未—太阴湿土；寅申—少阴相火；卯酉—阳明燥金；辰戌—太阳寒水；巳亥—厥阴风木。为何要这样对应？一说十二支的前六支属阳，属刚，后六支属阴，属柔，前六支与后六支对应，意味着阴阳结合。一说与方位有关，地支是方位的标志，将代表某一方位的支与气合而为一，再与所对应的地支结合起来，便产生这样地支与气的对应关系。不过推演的程序和方法是相当复杂的。总之，在阴阳五行观念中，天干地支，都各具阴阳五行属性，一定的干支年份意味着一定的运气，将运气结合起来，即可推断一定干支年份的气候变化及其与人体和自然界变化之间的关系。这里所谓："运气"，是指气候变化。因为，五行彼此之间存在着复杂的生克关系，运和气的盛衰是依据这种生克关系确定的。晚近学者为了证实五运六气学说的客观性，曾依据某些地区气象资料与运气学说的推论进行比较，发现其符合率竟高达60～87％，如蚌埠地区在1952～1970年的18年里，有14个相符，占74％。按运气学说推算天津1959年（己亥）为风气大行之年，这一年天津有60天为大风天，是近20年中刮大风最多的一年，1966年（丙午）为寒气大行之年，结果这一年冬季气温最低温度为－22.9℃；1978年（戊午）为火气太过之年，这一年夏季气温最高达41℃。气候变化既然对人体生理病理有一定的影响，那么，按照五运六气的思想和法则，指导人们趋利避害、防病治病，就是科学，而不是玄学。

《黄帝内经》明确指出了"人与天地相应"的观点。"天人相应"观点是"天人合一"观点的发展和改造，它摒弃了我国古代自然崇拜观念和神秘主义思想体系，运用医学、天文学、气象学、物候学等自然科学的丰富材料，从人体与自然界变化之间的关系出发，将人置身于"天地气交"之中去考察自然环境对人的生理、病理方面的影响，论证天与人的关系。所谓"天地之大纪，人神之通应也"。这里所指的"人神之通应"，不是指人与神交感的"天人感应"，"人神"是指人的生命活动现象。"天人相应"认为"气"是构成世界的本原物质，阴阳二气相互作用，是自然界一切事物生成、发展变化和消亡的根源。人既依赖大自然而生存，必然与之息息相通，同时人体对自然界的变化又有适应调节的能力。"天人相应"是在先秦"气一元论"的影响下创立的唯物主义理论，"天人感应"则杂凑阴阳五行、儒家思想，把自然界某些偶然现象与人类社会政治扯在一起。

我国古代医学的诊断治疗、养生保健等方面，医巫混杂、科学和迷信不分的现象相当普遍。符咒是巫术，具有浓厚的迷信色彩，但是有些治疗的符咒如果揭去它的符篆，里面包藏的却是防治疾病的奇妙药方。如专供产妇吞服的难产符，符后说明："此符难产，随年几（纪）与吞。桃汤下，以醋点汤。七立（粒）桃仁，去兴。此法极秘，勿传。"李时珍《本草纲目》指出：桃肉和桃仁均有治妇人难产与产后百病的功效。醋也是产妇用到的一种中药，"产妇房中，常以火炭沃醋气为佳，酸益血也"。胎死不下，"大豆煮醋服三升，立便分解，未下再服"。胞衣不下，"以水入醋少许，噀面，神效"。难产符是道士故弄玄虚画的，吞符是荒诞无稽的，但是，掺和中草药吞服则是符合治疗原则的。起实效的不是一张黄表纸，而是几味中草药，迷信符咒效力也就难免受到道士的蒙骗。过去，道士做道场、打平安醮清宅驱鬼，都用炭火喷醋，实际上喷醋起到了消毒杀菌的作用。

蛊和病

蛊是谈虎色变的黑巫术，关于蛊有许多使人毛骨悚然的传说，并有一些预防中蛊的禁忌。但是，经过实地考虑，盘是以毒虫害人，一般用蛇、蜈蚣、金蚕等有剧毒的爬虫；或用浸透毒液的物品如石头、篾片等人们容易接触的东西；或提取毒菌的毒汁；或将泥鳅放在用竹叶和蛊药浸泡的水中，让泥鳅带有毒素，使人中毒致病。甚至致人于死地。在我国南方僻远地区，过去有些人家专以制蛊来谋财害命。制蛊多选在端午这一天，而且多在午时制作，传说此刻阳气最盛。（也就是民间传说的五月初五午时最毒）一切妖魔鬼怪都要设法躲过这个时刻。制蛊，毒性最烈。当然，如果深究这个问题，就要从阴阳五行，运气学说中去寻找根据了。一说蛊毒可能是西南山区的瘴气毒气，外地人在这些地区水土不服，感染瘴气，因而附会为中了蛊毒。一说蛊为寄生虫。《说文》中指出："蛊，腹中虫也。"是指蛔虫、绦虫、蛲虫之类的寄生虫。古人缺乏卫生知识，不知道吃了虫卵腹腔会生虫，以为是鬼邪作祟，所以称之为蛊。一说蛊为自然界的毒虫。《周礼》中设有"庶氏"之职，"掌除毒蛊"。除蛊的一个方法就是"嘉草攻之"。"嘉草攻之"就是用草药熏虫除蛊。根据这个说法，蛊，似为自然界的毒虫，不过此时尚未被人利用作为害人的工具。所以，在秦汉以前，蛊并不像后来传说得那么神秘、恐怖。近代医学史家陈邦贤根据《左传·昭公元年》"晋侯有疾"的记载认为蛊亦指花柳病。晋平公有病，请秦国的良医和为他诊治。和说："疾不可为也，是谓近女室，疾如蛊，非鬼非食，惑以丧志，……阴淫寒疾，阳淫热疾，风淫末疾，雨淫腹疾，晦淫惑疾，明淫心疾。女阳物而晦时，淫则生内热惑蛊之疾。……'于文皿虫为蛊。'"不过，陈氏所指的花柳病似为淋病。《素问》中有"小便黄赤甚则淋"的病侧。花柳病是日本译名，为性病的另一名称。常见的性病梅毒，在16世纪以前，中国医学文献尚无记载。据确切的考证，中国最初发现梅毒是在1505年，是葡萄牙商人在印度感染后带入广东的。

　　敦煌遗书中的《攘女子婚人述秘法》载有用毛发、指甲、桃枝、苦杨等治疗相思病的奇异方法，从形式上看似乎是运用巫术的魔力，实际上乃源于古代的中医，因为这些东西都具有药用价值。《本草纲目》中记述："时珍曰：发乃血余，故能治血病，补阴，疗惊痫，去心窍之血。""附方云：阴阳易病，用手足爪甲二十片，中衣裆一片，烧灰，分三服，浸酒下。男用女，女用男。""桃枝主治卒心腹痛，鬼痊，破血，辟邪恶气，腹满，煮汁服之"。"苦杨气味苦，烧作灰，置酒中，令味正，经时不败"。从中医学观点来看，相思病是一种心理变异引起的精神病，应从养心安神入手治疗，毛发、指甲、桃枝等具有镇定、安神的作用，所以看似神秘，其实一点也不神秘。

　　古代建造房宅"太岁"为一大禁忌。前章讲到太岁是古人假想出来的一个天体，太岁纪年法在汉代以前曾被广泛应用。堪舆家则认为太岁是对应于天上岁星的地上凶神，可以根据岁星的位置推测地上太岁所在的方位。《荀子》中就有"武王之诛纣也，行之日，以兵忌东南而迎太岁"的记载。建宅如在太岁所在的方位兴工动土，便会掘出蠕动的球状的肉块，这就是"太岁土"，建宅者必须避忌，否则就要遭灾，谚语"太岁头上动土"，就是这样来的。古代笔记小说如《酉阳杂俎》、《续夷坚志》中就不乏敢于在太岁头上动土而举家相继而殁的记述。《论衡》中对太岁禁忌记载较详："移徙法曰：'徙抵太岁凶，负太岁亦凶。'抵太岁名曰岁下，负太岁名曰岁破。故皆凶也。假令太岁在甲子，天下之人皆不得南北徙，起宅嫁娶亦皆避之。"王充并据此说加以驳斥说："实问：避太岁者何意也？令太岁恶人徙乎？则徙者皆有祸；令太岁不禁人徙，恶人抵触之乎？则道上之人南北行者皆有殃。""太岁"之谜延续千百年一直未能破解。1986年12月，甘肃省永登县连村有三位农民掘土打坯，从十米深的地下挖出一个上白下黄、状如坛子、光滑的肉球，即传说的"太岁土"。经兰州大学有关专家鉴定，这个直径14厘米、高17厘米的"太岁土"，竟是一种罕见的白膜菌新种，现已正式命名为"太岁菌"。"太岁土"原来是"太岁菌"，古人缺乏生物知识，加上迷信思想严重，建宅时掘出"太岁菌"这样的怪物，因而和太岁方位联系起来，附会为太岁凶神，这也是合乎当时人们的思维逻辑的。

见鬼及"后象"作用

见鬼是具有迷信思想的人坚信无疑的事实，有的人不仅夜晚见鬼，而且白日见鬼，其实见鬼是人的主体的心理作用和生理作用。或是由于错觉、幻觉造成的。因为心里有鬼，所以总是疑神疑鬼。见鬼也可能是视觉的"后象"作用。我们在和别火闲谈时，眼睛注视对方，时间久了，视觉的"后象"作用便会加强，忽然往外一瞥，往往就会发现似乎有人影在那里移动，心里如果存有鬼魂观念便以为看到鬼了。

由于"后象"所现的底色与实物为相反的比色，实物是白色，后象便现黑色；实物是黄色，后象便现蓝色；实物是红色，后象便现绿色。夜晚在没有灯光的情况下，整个空间是一片灰黑色，后象呈现的则是不同程度的灰白色。所以，描述夜晚见到的鬼，几乎都是身披白色的衣物。鬼，本来就是生理的和心理的原因，在主、客观条件相结合、相印证下的心灵的产物。

内气、外气、布气及房中

气功为吐纳导行的养生之法，"以我之心，使我之气，适我之体，攻我之疾"（《云笈七签》）。强调意守入静，在入静的基础上进行气的锻炼，以达到强身和保健的目的。气功锻炼到一定的程度就会形成"内气"，"内气"可以引起体内某些部位出现异样感觉。内气在意念控制下运行于体内，自主调节脏腑生理活动，能够改善和提高生理效应。内气积聚到一定程度时，可以从体内某一部位如手掌发放于外，称之为"外气"。内气外放可以为受气者治病，谓之"布气"，可以移动物品，可以发生高热而燃烧易燃品，可以产生人们意想不到的能量。明了气功的作用和效应，就可以对某些巫术或巫术性的迷信活动作出较合理的解释，或者为破解某些神奇的迷信活动找到一条途径。有些少数民族在进行"神判"时，作法者采用"上刀山"（爬刀梯）、"过火海"（踩火链）的方法蛊惑群众，其中自有欺骗的成分。爬刀梯前，先在刀口上抹一层鸡血，鸡血凝固后刀口就变钝了；爬时再在刀口垫上一些纸钱，使脚底板不直接接触刀刃。踩火链之前，将炭火上的灰烬搧去，再以黄丹水喷在炽热的炭火上，以降低热度。但是，主要的还是气功的作用，在意念控制下，积聚内气于脚底，使脚底板坚硬如铁，不易受到损害。武侠小说中描述的"金钟罩铁布衫"、"刀枪不入"等，都是在神秘外衣笼罩下，积聚内气所产生的效应。前章讲到"赶尸"这一不可思议的湘西古俗，在巫师的作法下，尸体何以会像麻雀一样跳着前进？据说全靠贴在尸体脸上的那张黄表符纸，一到旅店停宿，巫师立即将符纸揭下，否则尸体会看自动从门后跳将出来。这当然是巫师故弄玄虚，藉以唬人。尸体能够跳动，很可能是巫师气功"内气外放"的作用。巫师是气功师，夜晚赶着尸体走，"布气"于尸体，运用外气的能量推动尸体跳跃。这个看法只是推测，个中奥妙到底如何，尚待对此有兴趣者进行科学验证。总之，"气"的本质和气功原理涉及自然中最复杂的一种运动形式。巫术或巫术性迷信活动中的一些奇异的问题，是可以通过意识和人体相互活动的规律作出合理解释的。

我国古代非常重视养生，养生之道中"房中"是一个重要方面。"房中"又称"房中术"，本来是讲房中禁忌和却病之术。范文澜在论述《汉书·艺文志》时指出"房中"类"是调节情欲以求寿考"。房中讨论的主要是男女性生活中的健康致寿之道，这本来是性事保健方面的问题，现代称之为性学或性医学。长沙马王堆三号汉墓出土的古医书《天下至道谈》，就是谈论房中养生之道的。提出节制性欲，爱惜精气这一房室养生学的根本观点，并对房室生活中的"七损八益"作了相当具体的阐述，对研究我国古代性医学具有很高的文献价值和学术价值。但是，秦汉以后，在封建社会意识形态的长期影响下，房中术逐渐扭曲变形，而掺入不少迷信与伪科学的内容。特别是为道教利用，被宣传为可以行致神仙之术，诡称"黄帝御一千二百女而登仙"，等等，更将这门研讨性卫生的学问引入旁门邪道。魏晋方士倡导纵欲闭精之说，认为纵欲，多多御女，可以"采阴补阳，以人补人"；"闭精不泄，还精补脑"；后世还有"三峰采战"之说，甚至主张采食女子淫精以养丹田。唐代医药家张鼎以冲和子之名撰写的《玉房秘诀》中就说："欲行阴阳取气养生之道，不可以一女为之，得三若九若十一，多多益善。采取其精液，上鸿泉还精，肌肤悦泽，身轻目明，气力强盛，能服众敌，老人如二十时，若年少势力百倍。"连孙思邈这样的医学大家在《千金方》中也宣扬"但能御十二女而不复施泻者，令人不老，有美色。若御九十三女而能自固者，年万岁矣"。这些说法当然是极其荒谬的。这不仅为一夫多妻、纳妾制度提供了理论根据，而且导致玩弄妇女、摧残少女、服食外丹壮阳之风盛行于世，对社会危害极大。早在晋朝，有识之士对此曾进行过有力的批判。葛洪在《抱朴子内篇》中驳斥道："闻房中之事能尽其道者，可单行致神仙，并可以移灾解罪，转祸为福，居官高迁，商贾倍利，信乎？抱朴子曰：此皆巫书妖妄过差之言，由于好事者增加润色，至令失色。或亦奸伪造作虚妄，以欺诳世人，隐藏端绪，以求奉事，招集弟子，以观世利耳。夫阴阳之术，高可以治小疾，次可以免虚耗而已。其理自有极，安能致神仙而却祸致福乎？"恣意纵欲，摧残妇女怎么可能长生不老、羽化登仙呢？不仅不能却祸致福，相反，必然会祛福致祸，戕害身体，毒化社会。

最后，还要讲一下人体特异功能问题。特异功能是晚近才提出的生命科学的一个特殊问题。根据史籍记载，自古以来，具有特异功能的人却代不乏人。古代著名医学家扁鹊的眼睛，犹如 X 光机器，能够"尽见五脏症结"，并能隔墙看人。老子的弟子亢仓子，能以耳视而目听，类似现在所说的用耳朵认字。宋代山阳有一女巫，"人心所知者彼亦知之"。能明瞭千里之外的事物，甚至能够知晓别人心中刚刚萌发的意愿。

清代天台人齐召南目力超人，能在 20 里之外辨别红紫颜色，等等。由于古人不了解人体特异功能具有超常本领，因而把具有特异功能的人视为神人，认为他们能够交通上天，秉承上天的意志办事。对他们超常的本领加以附会、渲染，因而带上浓厚的神秘巫术和宗教色彩。

主要参考书目

1. 《十三经注疏》

2. 《四库总目提要》

3. 《周易》

4. 《古史辨》

5. 《图书集成》

6. 《史记》

7. 《艺文类聚》

8. 《楚辞·离骚》

9. 《论语》

10. 《荀子》

11. 《墨子》

12. 《汉书》

13. 《资治通鉴》

14. 《殷墟卜辞研究》

15. 《太平广记》

16. 《黄帝内经》

17. 《马克思、恩格斯文选》

18. 马林诺夫斯基《文化论》、《巫术科学宗教与神话》

19. 弗雷泽《金枝》

20. 摩尔根《古代社会》

21. 泰　勒《原始文化》

22. 王　充《论衡》

23. 葛　洪《神仙传》

24. 刘　安《淮南子》

25. 杨伯峻《春秋左传注》

26. 袁　珂《山海经校注》

27. 鲁　迅《中国小说史略》

28. 闻一多《伏羲考》

29. 程大昌《演繁露》

30. 章学诚《丙辰札记》

31. 赵　翼《陔余丛考》

32. 郎　瑛《七修类稿》

33. 周　密《志雅堂杂钞》

34. 徐　珂《清稗类钞》

35. 吴自牧《梦粱录》

36. 吴志元《东京梦华录》

37. 张　华《博物志》

38. 段成式《酉阳杂俎》

39. 陶宗仪《辍耕录》

40. 应　劭《风俗通义》

41. 司马光《太玄经集注》

42. 刘　基《灵棋经解序》

43. 李约瑟《中国科学技术史》

44. 胡朴安《中华全国风俗志》

45. 许地山《扶箕迷信底研究》

46. 江绍原《发须爪—关于它们的风俗》

47. 傅勤家《中国道教史》

48. 汤用彤 《汉魏两晋南北朝佛教史》

49. 钱　穆 《中国文化史导论》

50. 陈邦贤 《中国医学史》

51. 张紫晨 《中国巫术》

52. 高国藩 《中国民俗探微》

53. 夏之乾 《神判》

54. 何晓昕 《风水探源》

55. 费秉勋 《奇门遁甲新述》

56. 岑家梧 《图腾艺术史》

57. 詹鄞鑫 《八卦与占筮破解》

58. 李安宅 《巫术与语言》

59. 严文明 《甘肃彩陶的源流》

图书在版编目（CIP）数据

中国古代神秘文化/李冬生著. —北京：人民出版社；合肥：安徽人民出版社，2011

（人民·联盟文库）

ISBN 978－7－01－010178－1

Ⅰ.①中…　Ⅱ.①李…　Ⅲ.①传统文化-研究-中国-古代

Ⅳ.①K203

中国版本图书馆 CIP 数据核字（2011）第 164808 号

中国古代神秘文化

ZHONGGUO GUDAI SHENMI WENHUA

李冬生　著

责任编辑：丁怀超　李　斌　王一萌

封扉设计：曹　春

出版发行：人民出版社

　　　　　北京朝阳门内大街 166 号　　邮　编：100706

网　　址：http://www.peoplepress.net

邮购电话：(010) 65250042/65289539

经　　销：新华书店

印　　刷：三河市金泰源印装厂

版　　次：2011 年 8 月第 1 版　　2011 年 8 月北京第 1 次印刷

开　　本：710 毫米×1000 毫米　1/16

印　　张：25

字　　数：347 千字

书　　号：ISBN 978－7－01－010178－1

定　　价：49.00 元

《人民·联盟文库》第一辑书目

分 类	书 名	作 者
政治类	中共重大历史事件亲历记(2 卷)	李海文主编
	中国工农红军长征亲历记	李海文主编
哲学类	中国哲学史(1—4)	任继愈主编
	哲学通论	孙正聿著
	中国经学史	吴雁南、秦学顸、李禹阶主编
	季羡林谈义理	季羡林著,梁志刚选编
历史类	中亚通史(3 卷)	王治来、丁笃本著
	吐蕃史稿	才让著
	中国古代北方民族通论	林幹著
	匈奴史	林幹著
	毛泽东评说中国历史	赵以武主编
文化类	中国文化史(4 卷)	张维青、高毅清著
	中国古代文学通论(7 卷)	傅璇琮、蒋寅主编
	中国地名学源流	华林甫著
	中国古代巫术	胡新生著
	徽商研究	张海鹏、王廷元主编
	诗词曲格律纲要	涂宗涛著
译著类	中国密码	[德]弗郎克·泽林著,强朝晖译
	领袖们	[美]理查德·尼克松著,施燕华等译
	伟人与大国	[德]赫尔穆特·施密特著,梅兆荣等译
	大外交	[美]亨利·基辛格著,顾淑馨、林添贵译
	欧洲史	[法]德尼兹·加亚尔等著,蔡鸿滨等译
	亚洲史	[美]罗兹·墨菲著,黄磷译
	西方政治思想史	[美]约翰·麦克里兰著,彭维栋译
	西方艺术史	[法]德比奇等著,徐庆平译
	纳粹德国的兴亡	[德]托尔斯腾·克尔讷著,李工真译
	资本主义文化矛盾	[美]丹尼尔·贝尔著,严蓓雯译
	中国社会史	[法]谢和耐著,黄建华、黄迅余译
	儒家传统与文明对话	[美]杜维明著,彭国翔译
	中国人的精神	辜鸿铭著,黄兴涛、宋小庆译
	毛泽东传	[美]罗斯·特里尔著,刘路新等译
人物传记类	蒋介石全传	张宪文、方庆秋主编
	百年宋美龄	杨树标、杨菁著
	世纪情怀——张学良全传(上下)	王海晨、胡玉海著

《人民·联盟文库》第二辑书目

分　类	书　名	作　者
政治类	民族问题概论(第三版)	吴仕民主编、王平副主编
	宗教问题概论(第三版)	龚学增主编
	中国宪法史	张晋藩著
历史类	乾嘉学派研究	陈祖武、朱彤窗著
	宋学的发展和演变	漆侠著
	台湾通史	连横著
	卫拉特蒙古史纲	马大正、成崇德主编
	文明论——人类文明的形成发展与前景	孙进己、干志耿著
哲学类	西方哲学史(8卷)	叶秀山、王树人总主编
	康德《纯粹理性批判》句读	邓晓芒著
	比较伦理学	黄建中著
	中国美学史话	李翔德、郑钦镛著
	中华人文精神	张岂之著
	人文精神论	许苏民著
	论死生	吴兴勇著
	幸福与优雅	江畅、周鸿雁著
文化类	唐诗学史稿	陈伯海主编
	中国古代神秘文化	李冬生著
	中国家训史	徐少锦、陈延斌
	中国设计艺术史论	李立新著
	西藏风土志	赤烈曲扎著
	藏传佛教密宗与曼荼罗艺术	昂巴著
	民谣里的中国	田涛著
	黄土地的变迁——以西北边陲种田乡为例	张畯、刘晓乾著
	中外文化交流史	王介南著
	纵论出版产业的科学发展	齐峰著
译著类	赫鲁晓夫下台内幕	[俄]谢·赫鲁晓夫著,述弢译
	治国策	[波斯]尼扎姆·莫尔克著,[英]胡伯特·达克(由波斯文转译成英文),蓝琪、许序雅译,蓝琪校
	西域的历史与文明	[法]鲁保罗著,耿昇译
	16～18世纪中亚历史地理文献	[乌]Б. А.艾哈迈多夫著,陈远光译
	亲历晚清四十五年——李提摩太在华回忆录	[英]李提摩太著,李宪堂、侯林莉译
	伯希和西域探险记	[法]伯希和等著,耿昇译
	观念的冒险	[美]A. N.怀特海著,周邦宪译
人物传记类	溥仪的后半生	王庆祥著
	胡乔木——中共中央一支笔	叶永烈著
	林彪的这一生	少华、游胡著
	左宗棠在甘肃	马啸著